# 中国农村资源资产
# 市场化资本化
# 研究

ZHONGGUO NONGCUN ZIYUAN ZICHAN
SHICHANGHUA ZIBENHUA YANJIU

毛科军　于战平　曲福玲　著

山西出版传媒集团
山西经济出版社

# 序 言
## PREFACE

中国共产党第十八次全国代表大会明确提出，城乡发展一体化是解决"三农"问题的根本途径，要让广大农民平等参与现代化进程、共同分享现代化成果。这是一个令广大农民期盼 60 多年的美好愿景，也是一个令广大"三农"工作者感到中国"三农"大有希望的方针策略。但是，通过怎样的一体化来实现平等参与、共同分享？余积 30 多年"三农"理论研究和工作实践之经验，深知欲达平等参与、共同分享之目的，必须在制度的一体化上实现突破。具体讲，在 3 个方面：

一是政治制度的一体化，平等的人，平等的公民，平等的政治权利。

二是经济制度的一体化，平等的市场主体，公平的资源配置机制，自由经营自己财产的权利。

三是社会制度的一体化，平等的社会地位，有序的社会关系，自由迁徙的权利。

本书所要讨论的是经济制度的一体化问题。基本观点就是，通过理论创新、修订法规、深化改革，不断完善社会主义市场经济的理论、法律法规、政策制度，推进农村资源资产的商品化、市场化、资本化，构建主体性、增强流动性、顺应分离性、实施可控性，建立起城乡一体(公开、公正、公平)的市场经济制度、体制、机制，使农村居民在权利与义务对等的前提下，以市场主体、产权主体、利益主体的身份，平等参与现代化进程、共同分享现代化成果。所以，本书定名为《中国农村资源资产市场化资本化研究》。

我们的研究基于这样一个判断或事实，就是改革开放 35 年来，特别是实行社会主义市场经济 20 年来，中国农村资源资产的商品化、市场化、资本化程度还很低，农村经济的市场化、资本化发育还很不足，没有取得像城市那样的资源市场化配置的平等机会与制度空间，这不但是农村进一步发展的制度性障碍，而且是缩小城乡差距、建成全面小康社会、实现中国梦的重大障碍。因此，必须从理论上完善社会主义市场经济，从实践上探索农村资源资产商品化、市场化、资本化的有效途径，推进农村全面发展。

## 一、问题的提出

2012 年是中国改革开放的第 35 个年头。35 年的改革发展取得了举世公认的巨大成就，不但改变了中国，也改变了世界。但是，就城乡关系、农村发展、市场体制等方面而言，一些事关中国发展全局、决定现代化成败的重大问题，不但没有得到解决，反而愈加严重。这里列举 3 项。

第一个问题：为什么城乡差距那么大？

党的十六大以来，中央提出城乡统筹发展的方略，工业反哺农业、城市支持农村的思路，多予少取放活的方针，连续出台 9 个"一号文件"，政策性强，含金量高，形成了清晰的强农惠农富农政策体系。概括地讲，就是 5 个字：减免补统同。减，就是减轻农民负担；免，就是免除农业税；补，就是给农民补贴；统，就是统筹城乡发展；同，就是三化同步，现在，是四化同步。这些都是中央解决"三农"问题的顶层设计。这一系列强农惠农政策，确实改变了农村面貌、改善了农民生活、改进了农业生产。但我国的城乡差距不但没有缩小，反而扩大了。

先看城乡居民收入和消费差距。改革之初，城乡居民收入和消费差距一度明显缩小，从 1978 年到 1985 年的 8 年间农民收入和消费实际增幅达到 169% 和 94%，增幅高于同期城市居民近一倍，8 年间城乡居民人均收入比从 2.57:1 降到了 1.86:1，生活消费支出比由 2.93:1 降至 2.31:1。反观现在，2011 年我国城乡居民人均收入比为 3.13:1，中西部部分地区达到 4:1 以上。这还仅是农民以纯收入为口径进行的收入对比，倘若换算为可支配收入，则差距将进一步拉大。而且收入差距的比较还是在忽略城乡社会服务和社会保障差距等并非不重要因素的情况下进行比对的，如果将城市居民所享有的各类补贴、劳保福利和社会保障等隐性收入计入，那么城乡居民收入的实际差距可能在 1:5~1:6 之

间。国际上是什么样子呢？国际上大多数国家城乡居民收入差距在
1.6:1左右，英、美等发达国家甚至仅为1.5:1。收入和社会保障的差距
直接导致了城乡消费水平和结构方面的巨大差异，2011年我国城镇居
民用于生活消费的支出达到13471元，同期农村居民的生活消费支出
仅为3859元，城镇居民是农村居民的3.5倍；2011年城镇居民恩格尔
系数是35.7，农村居民则是41.1，农村居民食物类支出更多。

其次看城乡教育的差距。最突出的差距就是农民的孩子考入全国
重点大学的比重下降了。以中国农业大学为例，1999年到2001年期间，
农村生源比例平均为39%，而2007年下降到13%，6年间降低了26个
百分点，平均每年下降4.5个百分点。我们再做进一步分析，2011年我
国的城市化率达到50%以上，也就是说农村人口占全国人口的比重为
50%。但这个城市化率是"伪"数据，因为有1.5亿~2亿未享受城镇居民
待遇的农民工被城镇化了。就是说农村人口占全国人口的比重至少在
60%以上。2012年农村考生占比为62%。我们比较一下，一个13%，一
个62%，差距令人震惊。这还是农业院校，其他如北京大学、清华大学等
非农院校的比例就更低了。农村小学、初中的辍学率相对上升了，根据
21世纪教育研究院公布的研究报告显示，2011年全国小学辍学率回升
到8.8‰。有的课题组在以乡镇为样本的抽样调查时发现，被调查的17
所农村初中学校，辍学率参差不齐，差异性较大，最高的为74.37%，平
均辍学率约为43%，大大超过了"普九"关于把农村初中辍学率控制在
3%以内的要求。在不少地方存在着初一3个班、初二2个班、初三1个
班的情况。还有的调查认为，尽管改革开放以来，我国三级教育的升学
率分别从90%、60%、20%，迅速提高到99%、90%和53%。但是城市和
农村的差距依然明显。城市已经普及了九年义务教育，小学升入初中的
比例已经达到98%以上，而农村还有10%左右的学生由于各种各样的
原因不能或不愿升入初中。2001年，全国初中的升学率平均为53%，但
城市里的初中升学率达70%、80%、90%不等，有些城市的初中升学率
达100%，而农村的初中升学率是30%、40%不等，有些经济欠发达地区
的初中升学率甚至不足30%。农村学校的师资水平、基础设施、教学条
件与城市比差距更大了。农民受教育水平我国为7年，美国为10年，日

本为 11 年。

改革开放以来，特别是 20 世纪 90 年代以来，中国开展了农村教育布局的调整。国务院办公厅 2012 年 48 号文件对这个调整作了评价说明，原文是，"随着我国进城务工人员随迁子女逐年增加、农村人口出生率持续降低，农村学龄人口不断下降，各地对农村义务教育学校进行了布局调整和撤并，改善了办学条件，优化了教师队伍配置，提高了办学效益和办学质量。但同时，农村义务教育学校大幅减少，导致部分学生上学路途变远，交通安全隐患增加，学生家庭经济负担加重，并带来农村寄宿制学校不足、一些城镇学校班额过大等问题。有的地方在学校撤并过程中，规划方案不完善，操作程序不规范，保障措施不到位，影响了农村教育的健康发展。"

这个说明虽然指出了问题，但是仅仅是表面的。实质是这个布局调整，在最关键的制度层面，存在歧视性思想思维，缺乏公平的制度安排。考察一下新中国教育的政策，在方向上强调重点在城市、城市要优先于农村；在目的上农村务农、城市务工；在经费上农村自理、城市由国家包办。形成了城乡二元的教育制度，否定了城乡居民平等受教育的权利，忘却了保障适龄儿童少年就近入学是义务教育法的规定，是政府的法定责任，是基本公共服务的重要内容。40 年前，我的老家是一个 1500 左右人口的村庄，我的幼儿园、小学、初中都在本村就学，高中在 2.5 公里外的学校上学；20 多年前，我们村的小学、初中以及我所读的高中相继撤销了，那以后，小学、初中要到 5~10 公里以外就学，高中要到 10~20 公里以外就学。撤并学校所带来的费用上升、安全缺乏保障、家长工作量增加等，又加大了城乡教育的鸿沟。加之目前严峻的就业形势，新的读书无用论在农村大有市场。我历来引以为自豪的"晋南重视教育"的良好文化积淀和观念正在被无情地颠覆。联系到最近农村辍学儿童意外死亡、就学儿童交通事故死亡等恶性事件频频发生，足以令我们警醒与反思！

再看其他方面的差距。除了收入和消费差距，城乡在社会保障、基础设施等方面的差距也很大，也不能忽视。举 5 个比较典型的方面，一是全国尚有 1.7 亿左右农村人口没有解决安全饮水问题；二是部分地区农民出行难的问题仍没有得到有效解决；三是农村三级医疗卫生体系建设滞后，农村医疗机构条件差，新型农村合作医疗保障水平低；四是农民工社会保障缴费时间相对较长，社保关系跨区域转移难度较大；五是农村缺乏像城市那样的就业保障、培训机制和政策，农民隐性失业现象普遍存在。

到底是什么原因导致了城乡差距的形成，甚至是不断扩大，我觉得主要是3个制度方面的原因：

一是不合理的工农产品价格制度，主要表现是工农产品价格"剪刀差"。从1953年实行农产品的统购统销制度到1985年取消，农民通过工农产品的价格差，对工业化的贡献估计得有6000亿~8000亿元。马克思曾说过："积累就是资本的规模不断扩大的再生产。"在国家财政支农力度相对不足情况下，农业的自身积累对农业、农村、农民的发展具有至关重要的作用，长期、大幅度的"剪刀差"在一定程度上扭曲了工农关系、扩大了城乡差距。目前有没有工农产品的"剪刀差"？我认为仍然存在，只不过表现形式不一样罢了。因为形成"剪刀差"的理论基础和思维方式（或者说惯性）还没有改变。何以见得？请看，每当农产品供求出现大的波动，尤其是涨价幅度较大时，从中央到地方都要求加强管理、控制物价；从新闻媒体到街谈巷议，都在炒作、唯恐落下这个天大的新闻，都在以能说"蒜你狠""豆你玩""姜你军"为能事。反之，工业产品，特别是与农业生产紧密关联的农业生产资料涨价时，又有多少人、多少媒体关注？

二是不合理的二元土地制度，表现为土地价格"剪刀差"。根据有关资料，改革开始以来的35年，特别是近20年来国家向农民征收土地700多万公顷，利用垄断一级市场制度和征地"剪刀差"，总共从农民手里拿走土地资产2万亿元以上。最近几年随着城市化、工业化的不断推进，农村征地规模更是不断扩大，从1997年到2008年，全国征收土地规模达到7000万亩（1公顷=15亩，下同），土地出让金达到5.2亿元；而国土资源部公布的数据表明，2009年、2010年和2011年，全国土地出让金规模达到1.5万亿元、2.7万亿元和3.15万亿元。就是在国内外形势严峻并严格控制征地的2012年，全国政府土地收入达到2.8万亿

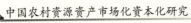

元,房地产业缴税 1.1 万亿元,银行获利息 0.84 万亿元。

三是不合理的城乡劳动报酬分配制度,表现为城乡劳动者工资福利"剪刀差"。进城农民工的低收入、低福利乃至无福利,是目前城乡收入差距拉大、低质城市化的根本原因。农村外出就业劳动力达到 1.64 亿人,平均工资水平不到城镇劳动者工资水平的一半(根据有关报道测算,2011 年城镇职工年平均工资 4.2 万元, 农民工年平均工资近 2 万元)。考虑到农民工的劳动技术含量、劳动强度、劳动效率等因素,每个农民工年平均收入少于 1 万元, 那么每年农民工就贡献了 1.6 万亿元的收入。

从表面上看,农业产品、农民土地、农民劳动力等农村资源资产市场化方面存在的"剪刀差",以及农业农村资源资产的外流,导致了工农关系的失衡以及城乡差距的扩大。如果我们深入思考、认真分析一下就会发现,城乡二元政治制度、二元产权制度、二元教育制度、二元资源配置制度才是各类"剪刀差"和资源要素外流的根源。正是由于工农、城乡各类资源资产在产权归属、交易规则、市场主体等多方面二元结构的存在,才为各类掠取农业农村资源要素的行为创造了制度条件。或者说,正是由于在构建社会主义市场经济制度方面,一如既往地继承,乃至发展了城乡分割的二元思想、制度、政策,才导致了城乡差别的扩大。如果说为了工业化的起步和城镇化的推进,各类"剪刀差"政策是一个无可奈何的必然选择的话,那么当我们已经进入工业反哺农业、城市反哺农村的阶段后,这种歧视性的制度就必须被否定,而要彻底打破各类二元政策赖以为续的制度构架,就必须铲除等级、阶级或阶层歧视思想,树立人人生而平等的政治、哲学、社会理念。在经济制度上,就是要加快推进农村产权制度改革,积极推进农村资源农民资产的市场化、资本化步伐,构建起城乡平等的要素交换关系。

第二个问题:为什么小产权房屡禁不止?

小产权房可谓是中国现行政治经济制度下的又一个"特色"。小产权房一开始是市场机制配置资源实行城乡二元分割体制、政策的结果。在国家政策没有明确禁止城市居民不能购买农民房屋前,不存在小产权房的问题,更没有这方面的争议,直到 1998 年和 1999 年两个新政策出台后,才真正开始有所谓大小产权房之分。小产权房由最初的小范围、小规模,最终演变成为目前土地领域比较棘手的问题,大、小产权房巨大的价格差异是其中非常关键的因素,在大城市周边小产权房的售价往往只是商品房的 1/3~1/2。这就解释了,为什么国家和相关监管部门不断发出风险提示,甚至下令全部停建和停售所有再建和在售小产权房,但许多买房者仍趋之若鹜。据有关部门统计,2011 年我国小产权房的存量已达到全部城镇房屋建筑面积的 20%,近 81 亿平方米。一线城市小产权房所占的比重更高,问题也更为突出;目前北京在售的小产权房建筑总面积达到了 700 万平方米,占到同期全部在售房屋总量的 1/3,涉及 30 多万个家庭;通州区的小产权房比重高达 50%。深圳的情况更为严重,截至 2011 年年底,深圳小产权房达到 37.94 万栋,建筑面积高达 4.05 亿平方米,占全市住房总建筑面积的 49.27%,部分村如宝安区的沙井镇万丰村 90% 以上的房屋都是小产权房。

诚然,巨大价格差所引致的巨大需求,以及建设者和购买者法不责众心理是造成小产权房泛滥的重要因素。但就问题产生的本质而言,城乡分割的二元土地管理制度才是问题产生的根源。《中华人民共和国宪法》第十条规定:"城市土地属于国家所有。农村和城市郊区的土地,除由法律规定属于国家所有的以外,属于集体所有;宅基地和自留地、自留山,也属于集体所有。"《中华人民共和国土地管理法》第二条规定:"中华人民共和国实行土地的社会主义公有制,即全民所有制和劳动群众集体所有制。"第四十三条规定:"任何单位和个人进行建设,需要使用土地的,必须依法申请使用国有土地。"只有国有土地才可以进入一级交易市场,农村集体所有土地则不允许进入以进行使用权的转让。这些规定,把农村集体土地排除在了土地交易市场以外,同时也使得农村集体建设用地上建设商品房成为非法行为,而这正是小产权房问题的根源所在。

要在新时期全面解决好小产权房问题,除了需要根据历史渊源、占用土地类型等多方面进行分类处理解决好存量房外,还需要从制度供给入手,加快推进农村资源资产市场化资本化,切实打破城乡二元土地管理结构,推进城乡土地市场一体化,确保集体建设用地和城市建设用地"同地"、"同价"、"同权",赋予农村集体经济组织自主经营集体建设用地的合法权利,赋予农民对自有宅基地的处置权能,保证农村、农民能在工业化和城镇化过程中,充分分享社会经济发展成果。

第三个问题:为什么农村土地纠纷剪不断理还乱?

以前农村出现了矛盾,大部分无非就是家庭内部、邻里之间,或者是宗族之间的内部矛盾,一般不会出现大的问题,通过村民间的调解很多都能解决。但近年来,随着"农民非农化"和"农地非农化"的不断推进,农村地区纠纷逐步演化为以经济利益,特别是与土地权力和利益诉求为主,矛盾呈现扩大化、组织化、群体化和暴力化趋势。相关统计显示,国家每年从农民手里征收的土地将近 20 万公顷,因征地引起的农村群体性事件已占到全部农村群体性事件的 65% 以上。2004~2010 年全国发生的 100 多起大规模群体事件中征地、拆迁是主要诱因之一。

虽然说目前我国正处于社会、经济、文化等各领域发生重大变革的敏感时期,期间会出现很多问题,形成很多纠纷矛盾,在社会利益不断走向良性调节的过程中,各类纠纷,乃至群体性事件的出现是社会发展、制度完善进步的必然过程,一定程度上可以认为是社会进步的代价。但是,各类纠纷事件的发生,不仅严重影响了农村地区的和谐稳定,更伤害了城乡关系,影响了工农协调发展。因此,在进一步深化推动农村改革之前,我们必须对土地纠纷产生的深层次原因进行分析,找出导致问题发生的关键。

从目前情况看,造成土地纠纷频发的原因主要有 3 个方面:一是工业化、城镇化过程中,土地资源和相关利益分配不公,过多关注、偏向于工业和城镇,造成了土地利益结构的严重失衡,使得协调土地利益关系的难度不断加大。二是征地制度和补偿机制不合理。在现有征地制度框架下,农民缺乏基本的知情权、表达权和否决权;在征地补偿标准和征地收益分配上,农民只是征地价格和收益分配的接受者,没有表达意愿和意见的渠道和途径。三是基层管理组织行为不规范。对农民的自主经营权干预过多,越权处理承包合同的现象时有发生,对经济林、池塘水库等承包合同的干涉尤为突出,甚至违法行政侵害农民的土地利益。2011 年发生的引起国内国外广泛关注的广东陆丰乌坎事件的起因就是由于村委会对集体土地的违法转让以及对征地补偿不到位，加上后期处理过程中的失当，最终导致了事件升级，形成规模化冲突。

进一步分析土地纠纷形成的主要诱因不难发现，实质根源还是土地产权制度不合理。在现有制度框架下，产权实质被分为了两个部分，即土地所有权和使用权(承包权)。农村各类土地资源的实际所有权归集体所有，农民享有使用权(承包权)，但没有处置权。而且，需要注意的是，目前集体还是一个非常模糊的概念，现有不同法律中还存在着不同甚至互相矛盾的界定，比如《中华人民共和国宪法》对集体的概念就是"农民集体"，《中华人民共和国民法通则》中集体的概念是村农民集体和乡(镇)农民集体，《中华人民共和国土地管理法》则强调集体包括村农民集体、村内集体经济组织和乡(镇)农民集体，集体概念的不确定直接导致了农民集体所有权的虚拟化。改革开放以来的社会主义市场体制改革，并没有解决计划经济体制下农村集体经济产权所有权主体虚置、产权处置权被剥夺等重大问题。反之，由于在推进社会主义市场经济体制改革过程中，对城乡资源配置采取不同的体制机制，城乡之间的制度鸿沟越来越深、差距越来越大。可以说，正是由于现有农地制度设计得不合理造成农民与农地实际所有权的分离，为政府对农村土地实行行政化配置，为各类土地流转交易产生的纠纷，提供了制度基础。要想从根源上解决土地纠纷频发的问题，必须从推进产权制度改革入手，全力推进农村资源资产的市场化资本化，全面理顺土地产权归属、扩大农民产权权能、完善产权和利益保护机制，把农村与城市、农民与市民放到一个平等的市场体系之内，将应该由价格控制、供需决定的交易交由市场配置，政府仅在有限公益范围内参与运作。

5年前，即2008年的中央1号文件提出，在符合土地利用和城镇总体规划的条件下，城乡土地实行"同地同价同权"，并要求有关部门修订相关法律法规。但是，5年过去了，这样的法律法规并未问世。国务院相关部门负责人在谈到现行《中华人民共和国土地管理法》第四十七条对征地补偿的不合理条款时竟认为，这些规定与当时的经济社会发展水平是相适应的，只是由于到了发展新阶段了，才暴露出一些问题来。这就揭示了3个问题，一是城乡歧视性思想是多么根深蒂固；二是计划经济体制是多么根深蒂固；三是靠有这样思想的人去修订符合市场经济的《中华人民共和国土地管理法》，有可能吗？在这场农民利益、政府利益、特殊集团利益、特殊群体利益的旷日持久较量中，谁是胜利者？拖得愈久对谁愈有利？更可悲的是，有些专家和官员已经开始担心，如果提高征地补偿，会在城市周围出现一个因征地暴富的"暴富圈"，造成新的不公。我们认为，问题的关键不在于提高补偿标准，而在于用市场机制来配置土地资源，至于由于所有权关系造成的"暴富"，可以通过税收政策来调节。我们的社会总不会容忍某些人靠偷、靠抢、靠霸占别人资源或财产而"暴富"，也不能容忍一些人开发利用自己的资源而"暴富"。

## 二、它们为什么能富起来

创新是一个国家、地区、单位乃至个人实现持续发展的不竭动力。在中国社会主义计划经济体制下，由于制度存在诸多不合理之处，特别是教条、僵化和"宁左勿右"的思维，导致中国经济发展缓慢，虽然没有像某些人说的"国民经济到了崩溃的边缘"的程度，但是制度框架下的人不能尽其才、物不能尽其用却是不争的事实，物质贫乏、生活贫困成为计划经济的代名词。怎样走出这种制度困境？总要有人去蹚地雷、去先行先试，是我国各项重大改革取得成功的重要经验。我在《中国农村改革发展30年》一书中讲过，中国的改革，特别是农村改革，是农民或基层摸索、试验、突破在先，学者调查研究居中，党和政府总结、指导、推广在后。从包产到户到家庭联产承包，从发展社队企业到乡镇企业异军突起，从乡镇企业产权制度改革到集体经济组织股份制改革，从分散经营到合作组织，从民主选举、村务公开到农村社会管理改革等，农业农村众多领域关键性改革的背后，都显示了农民和基层从实际出发，对现行法律法规、政策和管理体制的勇于探索、不断创新和大胆突破。回顾天津农业农村改革发展实践，我们有非常多、非常好的典型经验和做法值得总结、借鉴，特别是在破除生产关系对生产力的束缚、探索农村资源资产市场化资本化、开展农村产权制度改革等方面，双街村、华明镇等进行了富有成果的改革创新，可以称之为破冰之为、率先之举。它们都在不同的时期,通过不同的方式和思路,走出了符合自身发展需要的强村、兴业、富民之路。

以集体土地所有权置换国有土地使用权,实现了土地资源向土地资本的转换。双街村坐落于天津市北辰区双街镇域内,总面积173公顷,全村共有823户,人口2048人。长期以来,该村坚持"开拓创新、求实进取、和谐发展、惠泽于民"的精神,不断推进经济社会又好又快发展。双街村的第一桶金挖于1998年,当时双街村一部分土地被北辰经济开发区征占,土地性质从集体经济组织所有变为国家所有,双街村获得2400万占地补偿费。但是,双街村没有按照通行惯例将补偿金均分到户,而是用补偿款加银行贷款投资4800万元,在北辰经济开发区购置了120亩"九通一平"的国有工业用地使用权,建起了3.6万平方米的标准工业厂房,打造了北辰区第一家村级外国中小企业工业园,当年进账租金580万元。以此为基础,双街村先后又建起了3个工业区,建起标准化工业厂房用于出租,我们称之为"工业地产"。目前,年租金收入达到1500多万元。并成立置业集团实行资本运营和多元化发展。利用工业地产的收入,改造传统农业,建起现代化农业园区和农业工厂化生产车间,村民入股,可获得股金收入;发展房地产业,村民户均住房3套左右,用于出租,可获得租金收入。2012年双街村实现销售收入58亿元,村集体收入达到1亿多元,农民人均年收入近3万元。双街村先后获得全国创建文明村镇先进单位、全国民主法制示范村、全国敬老文明村、天津市红旗党组织标兵等荣誉称号。村党总支书记刘春海同志被评为全国劳动模范、全国十大杰出青年农民企业家、全国优秀党务工作者,多次受到党和国家领导人的亲切接见。

现在凡年满18周岁以上的村民都给上了社会统筹养老保险,村里男年满60周岁、女年满50周岁以上老人每月村里发给1000元的养老金,并实行村民医药费二次报销,报销比例最低可达90%。同时,制定了困难家庭救助金、大学生奖励、计划生育奖励等制度,凡有劳动能力的村民,只要是不挑岗位,完成岗位技能培训后,全部都会得到安置。现在基本解决了村民看病就医、退休养老和就业等切身实际利益问题,使群众无后顾之忧。2009年全体村民全部迁入双街新邨小区。

分析双街村的创业之路不难发现，转变原有"吃光分净"的征地补偿金分配模式，利用征地补偿金壮大集体经济实力的创新思路是踏上致富之路的关键。双街村在征得集体组织成员同意后，由集体经济组织统一经营、管理征地补偿金，用于发展工业地产和商贸服务业，取得了非常显著的成效，村集体经济实力的增强和壮大确保了农民能够获取持续稳定的租金、股金收入，能够享受到高标准的社会保障和公共服务。双街村的成功不仅为深化改革提供了借鉴，同时也折射出现有土地制度的弊端。仔细梳理双街村的做法不难发现，在现有土地制度约束下，农民不是通过市场机制而是通过向垄断者提供一笔垄断费用，将自己的农业用地转化为国有土地，再买进国有建设用地的使用权，从而进行开发利用。也就是说，农民必须首先低价向国家出售集体农地使用权，然后再用高价买入变性后的土地才能有限制地进行经营开发，相当于村集体要开发利用原属于自己所有的建设用地之前，必须首先交付足够的土地变性费，而且这还必须是在国家对村集体土地有征占需求的前提下，如果国家对土地没有征占意愿，那么即便村集体想转变土地性质进行开发，也不可能实现。如果开发就是违规，建设商品房，就形成了所谓的"小产权房"。即便不说是对原本就较为贫穷的农村的一种"盘剥"，起码也是对发展、壮大村集体经济规模和实力的一种制约。

将农村集体建设用地所有权转换为国有土地使用权，实现资源的市场化资本化。城市化进程中，最难解决的问题是什么？一个是土地，一个是资金。在大都市农村，怎样挖掘和利用自己的优势，实现新型城市化？天津华明镇的实践给了我们一个好答案。

华明镇于 2006 年撤镇建街，区域面积 15600 公顷，下辖 14 个行政村，农村人口 5 万。华明示范镇是天津市第一批示范小城镇试点，通过几年的努力，先后完成总建筑面积 220 万平方米，包括并镇在内的共计 17 个村近 6 万农民已搬入小城镇居住，成为拥有薪金、股金、租金、保障金的"四金"农民，初步实现了广大农民安居乐业有保障，在一样的土地上过上了不一样的生活。基本做法，就是在国家现行政策框架内，坚持承包责任制不变、可耕种土地不减、尊重农民自愿的原则，高水平规划、设计和建设有特色、适于产业聚集和生态宜居的新型小城镇。

农民的宅基地、村庄建设用地一分为三：

第一份，用于农民还迁房建设。农民以其宅基地，按照规定的标准，换取小城镇中的一套住宅，迁入小城镇居住。农民原有的宅基地统一组织整理复耕，实现耕地占补平衡。在这里，农民换取的住房变为商品房，而不是以前的"小产权房"，5年后，可以上市交易。

第二份，用于商品房建设。通过市场开发出让的方式，建设商品住宅或写字楼，向社会公开出售。用土地出让收入平衡小城镇建设资金，主要用于农民还迁房、公共设施建设等。

第三份，用于公共设施建设。包括社区服务中心、休闲广场以及便利店、医务室、托幼园等公共配套设施。

这种做法的关键是，实现了"两个平衡"：

一是土地平衡。华明镇建设近5万人的居住社区，新占地3476亩，原有12个村的村庄土地拆迁后平整土地12701亩，增加可利用土地8595亩，实现耕地不减少又增加建设用地。

二是资金平衡。把小城镇总用地分为两部分，一部分为农民还迁用地3476亩，另用4000余亩进行市场运作挂牌出让，土地出让收益返还用于建设小城镇。华明小城镇总投入接近50亿元，用于市场运作的出让地总收益超过了50亿元，目前已全部还清了小城镇建设的贷款资金，真正实现了政府不出资百姓不掏钱，项目实现资金自我平衡。

华明镇的做法已经形成了一套完整的新型城市化之路，分为5步走：

第一步：实行宅基地换房，实现了农村城市化，农民享受到了现代城市的文明社会方式，是农民生活方式的一次革命性变化。村民用价值几万元的老村旧房换取了新市镇价值几十万上百万元的正式大产权楼房；人均居住面积从23.6平方米增加到38.7平方米，60%的农户换有2套房；享受社区公共服务的便利，老年活动中心、残疾人康复中心、培训中心、图书馆、阅览室、文体活动中心、书画室、博物馆、世博会展馆都免费开放。

第二步：实施"三区"联动，推动城镇产业的现代化，实现可持续发展。三区联动就是农民居住社区、示范工业园区和现代农业园区联动统筹发展。华明工业园区是天津市示范工业园区,先后被市政府和科技部批准为市级高新区和国家火炬计划节能装备特色产业基地,规划面积1000公顷。目前28家大型央企、世界500强落户,协议投资额超过300亿元。预计到"十二五"末,园区实现园内生产总值(GDP)200亿元、工业总产值700亿元、税收30亿元,安置就业6万人。现代农业园区主要是对原村庄用地进行复垦发展现代农业,目前形成了5个现代农业园:宅基地复垦设施农业园、滨海国际花卉园(占地3400亩,是亚洲最大的集中花卉温室)、蔬果贮藏加工以及创意农业旅游园、北方集团苗木园、宽达水产农业园等。

第三步:推进"三改一化",真正实现人的城市化,农民待遇加市民待遇。"三改",就是"集体经济组织股份制改革"、"农民户口改为市民户口"、"村委会改为居委会";"一化",就是消除"二元"体制,实现真正意义上的城乡一体化。

第四步:建设村镇银行,创新农村金融体系,增加经济社会发展流动性。2012年华明村镇银行成立,注册资本5亿元,其中东丽区农村集体经济组织持股51%,山东寿光农商行持股40%,其他股东持股9%。2012年实现利润总额2200万元,预计到2013年年底,存款达30亿元,贷款达20亿元,利润达1亿元,力争到2014年实现东丽金融网点全覆盖。华明村镇银行不仅将为农村金融市场发展注入新的活力,同时对引导鼓励农民参与金融活动、满足群众的多种金融需求具有重要意义。

第五步:实施"智慧华明"过程,推进"四化同步"。顺应工业化、信息化、城市化及城乡一体化发展趋势,开始"智慧华明"建设。该项目结合华明实际,将保障和改善民生、全面提升社会管理水平作为项目立项的出发点和根本目标,以"智慧华明"建设为主线,围绕百姓"便捷生活、平安生活、健康生活"的新期待、新需求,坚持标准化建设、项目化运作、市场化推进的思路,搭建"覆盖全镇、互联互通、资源共享、功能协同"的智慧网络体系架构。

通过股份合作形式将固化使用的土地承包经营权转变为流动性配置的资本股权,实现了资源向资本的转变,促进了农业现代化和农民增收。30多年前的土地承包经营改革,为农村发展注入了活力,在短短几年的时间里就解决了全国人民的吃饭问题,可谓是居功至伟。但是如何利用有限的资源,实现农村持续发展、农民不断增收,却是一直没有得到很好解决的难题。天津市宁河县岳龙镇小闫村从自己的实际出发,对30年前的土地承包经营改革实行再改革,就是将分散的土地承包经营权资源以股份的形式变为资本,使土地经营权成为商品而流动起来,统一规划、统一建设、统一经营。具体形式是一部分实行企业化运作,还有一部分由农民经营,但是农民作为股东,不再是土地的承包经营者,而是设施农业的经营者。

小闫村地处宁河县东北部,是传统农业村,有 80 户、281 人,耕地 1450 亩。村"两委"班子围绕推进新农村建设,积极探索农业增效、农民增收的新模式,全村耕地实现了设施农业全覆盖,农民年人均纯收入由 2006 年的 7000 余元跃升到 2011 年的近 3 万元,成为远近闻名的设施种养专业村和文明生态村,走出了一条设施农业引领新农村建设的新路子,开辟了农民增收致富的新天地,被授予全国设施蔬菜标准园和天津十大"美丽乡村"称号。

整合土地资源、发展设施农业是小闫村促进农民增收的关键措施。设施农业是集约型农业,单靠一家一户单打独斗难以形成规模效应。围绕提高农民组织化程度,他们抓住《农民专业合作社法》颁布实施的有利契机,在充分借鉴先进地区经验的基础上,先后成立了兴达、福兴、奥时、兴远 4 个农民专业合作社,合作社负责人分别由村"两委"班子成员担任,班子成员率先垂范,动员亲戚朋友支持土地流转,采取村企合作、社员联合、银农结合、统建分包等方式,将全村土地承包经营权作价入股,利用合作社的法人地位和组织优势融资贷款,收益按土地入股比例分红。还贷期间,收益的 70% 用于偿还贷款,20% 给社员分红,10% 留作再生产基金和集体积累;贷款还清后,收益的 70% 给农户分红,20% 用于村集体发展公益事业,10% 留作再生产基金和集体积累。这种土地入股、按股分红、联户合作的经营模式,不仅有效解决了农业投入不足、土地集中困难等问题,而且使土地从传统种植业中解放出来,赋予了土地资本属性,让土地"活"了起来、"动"了起来,不仅有效吸纳了金融资本,而且带动了劳动力和民资的就地转移和投入。目前,小闫村共建成温室和大棚600余座,立体种养400多亩。设施农业共吸引信贷资金和社会投资2400万元,村民足不出村,家庭经营和在合作社打工就可赚取经营性、工资性和入股分红3份收入;全村2012年人均可支配收入估计突破3万元,是以前同样土地面积产出的4倍多,实现了土地资源综合效益的最大化。

农民富裕了,村"两委"班子又在谋划建设小闫村的新蓝图。他们按照"方便居住、突出特色"的原则,正在规划建设具有乡土气息、田园特色的高品质农民居住社区,让农民享受像"市民"一样的人居环境。投资6400万元的一期108栋乡村别墅已完成主体工程,2012年年内具备入住条件,项目二期于2013年启动实施,2016年全部建成后,小闫村将成为集农业观光、休闲、宜居为一体的"世外桃源"。

有成功的典型就必然有失败的案例,与积极探索、改革创新的成功经验形成对比的是,部分地区仍在坚持走老路,甚至是错误的路,缺乏对农民长期利益的考量,没有采用可以使资源资产得以持续运作的模式方法,进一步保护好、发展好农民利益,在将凭借赖以为生的土地换取的大笔补偿金挥霍一空后,最终农民只能成为无土地、无工作、无社保的三无农民。这样的例子,近年来可谓数不胜数、屡见报端,比如哈尔滨市红星村就属于"分光吃净"、"今朝有酒今朝醉"的情况,哈大高铁和哈西客站被征用土地所带来的巨额补偿款没有为当地农业农村发展添加活力,相反带来了奢侈、攀比甚至是腐化堕落。

### 三、问题的关键到底在哪里

城乡差距、小产权房以及土地纠纷等各类棘手问题的产生,大多是由于我国渐进式改革所导致的改革不彻底性以及缺乏系统的整体设计、顶层设计形成的。但通过上面的分析不难看出,计划经济体制下形成的城乡二元思想、法律法规、政策,特别是在推进市场化改革进程中,资源要素市场的城乡分割、不平等交换、垄断等才是问题产生的关键。具体体现在3个方面:

一是农村市场主体不完整,主体性残缺。一个健全的市场经济体制,必定有一个完整的市场主体。一个完整的市场主体,必须在权利与义务对等的前提下具备 3 个基本条件。第一,具有对市场供求的认知能力,从而做出合理的经营决策,这就像古典自由经济学所假定的每个经营者理性人一样。第二,具有参与市场经济活动的资本,这个资本可以是物质的,比如土地等资源性生产要素;也可以是非物质的,比如知识、技术等精神性生产要素。第三,具有对自己所拥有的参与市场经济活动的资本进行处置的权利。这 3 个条件决定着市场主体参与市场活动的规模与成效。前两个条件是通过市场主体自己的努力或自身禀赋来实现的。第三个条件在西方市场经济国家可以说是天赋人权,而在中国,则是完全取决于制度的供给与否。在计划经济体制下,生产者完全被剥夺了处置的权利。在当前的社会主义市场经济体制下,农村市场主体被赋予了一定的资产处置权,但是很不完整。最突出的例子是农村集体经济组织作为集体土地的所有者,却没有依法取得处置土地的权利,甚至在符合土地利用规划的情况下,也被剥夺了对自己土地的开发利用与经营权。所谓要获得建设用地就必须改变土地的所有权主体,即由集体所有变更为国家所有的法律规定,这不但是以法律形式公开剥夺农民、剥夺农村的典型的不合理制度安排,也是以法律形式阻碍社会主义市场经济体制自我完善的制度性缺陷。近年来所谓的"小产权房"就是这种制度缺陷的恶果,真正是具有中国"特色"。当家不做主,这是当前社会主义市场经济机制在农村的真实写照。我在 1993 年的专著《中国农村产权制度研究》一书中,对这个问题已经做过充分论述,但是至今无论是理论上,还是实践上仍然没有得到根本解决。

二是计划经济时代的法规法律限制农村发展商品经济,流动性缺乏。市场经济是以商品经济为前提的,而商品经济的发展则是以资源的商品化、生产要素或资产的商品化以及这些商品的流通和交换为基础的。所以,没有商品化就没有商品经济,没有成熟的商品经济,就没有完善的市场经济。资本主义的市场经济如此,社会主义的市场经济仍然如此。我国有许多的法律法规是在计划经济体制下制定的,否定了社会主义经济的商品经济属性。特别是土地管理法和有关农村财产的法律规定,把农村土地仅仅作为一种资源,而不是商品,基本上不允许流动;农民的资产——像房产、宅基地以及其他一些设施,仅仅是作为一种资产,而不是商品,也基本上不允许流动;把农民的劳动能力也仅仅作为资源,虽然允许流动,甚至是鼓励流动,但却是以一套非商品化、非市场化的制度组合——流动的廉价劳动力与固化的土地制度、户籍制度、居住制度、财产制度(尤其是固化的农民房产制度)等把根留住了,形成了又一个中国特色——农民工。在世界金融危机导致经济危机、全球"流动性"过剩的大背景下,中国农村却明显地"流动性"短缺。

三是城乡分割的市场经济体制,二元性刚化。市场经济是人类文明的共同成果,市场经济的一般原理适合于任何一种社会制度的国家。纵观世界市场经济发展的历史,经济发展区域化、全球化是一个基本趋势。之所以有这样的趋势,正是市场经济理论的普适性原则的作用。但是,现有的政治制度、经济制度乃至文化制度却在制造着在一个统一的国家内两种市场机制发挥作用的、扭曲的经济体制——城乡分割的市场机制。这种分割的市场体制主要表现之一就是同一市场主体由于其户籍不同(一个是农业户口,另一个是非农业户口)对其所拥有的资产处置权不同,城市居民的房产连同其土地使用权可以有产权证,可以抵押而获得金融机构的贷款,可以在房地产市场上自由交易;而农村居民相对应的则是三个不可以。表现之二是同一市场主体由于其所有制不同(农村集体经济组织所有的是集体土地,而城市国有企业或国有部门所有的是国有土地),城市国有企业或国有部门可以将自己所拥有的国有土地使用权抵押以获得金融机构的贷款或融资,可以在自己所拥有的国有土地上进行非农产业的开发甚至是房地产业的开发,可以在土地交易市场上处置其所拥有的土地,并获得收入;而农村集体土地的所有者相对应的同样是三个不可以。表现之三是同一社会主义市场经济体制下的公民,由于在宪法中的政治地位不同,一个是领导阶级,这个阶级包括城市工人(虽然目前农民工也作为工人阶级的一部分,但是它还没有享受到城市工人阶级的待遇,充其量只是准工人阶级或农村工人阶级)与城市知识分子等,另一个则是处于同盟军地位的农民阶级,领导阶级可以享受更多的投票权,可以享受更多的发展权,可以享受更多的国家福利或者财政转移支付,而同盟军阶级相对应的还是三个不可以。类似这样的制度安排还有很多。

残缺的市场主体、非商品经济的法规制度取向、不平等的市场主体地位是当前农村乃至整个国家市场经济体制的重大缺陷。近年来,中央虽然提出了"多予少取放活"的方针、"城乡统筹发展"的方略、"工业反哺农业,城市支持农村"的举措,加大了对农村的投入、农民的扶持、农业的补贴,取得了一些成效,但是并没有从根本上遏制城乡差别的扩大。关键在于没有动摇造成城乡差别的上述制度基础。这也是中国社会主义市场经济体制完善的方向,而最迫切的就是从理论上、法律法规上、制度上消除对农村资源资产市场化资本化的限制。

## 四、推进农村资源资产市场化资本化是深化改革的关键

要实现资源资产的市场化资本化,关键在于把属于市场的一整套机制——供求、价格以及竞争等机制,引入农村资源资产的配置过程,同时将现代化金融服务贯穿、渗透于农村资源资本开发利用及管理等各方面和各环节,推动农村稀缺资源向可用资本转变,促进农民资产向金融资产转化,通过农村资源使用效率的提高,以及农民资产潜力的挖掘推进农村发展、农民富裕。推进农村资源资产的市场化资本化关键要抓好4个方面:

(1)必须从法律法规上确立农村集体经济组织和农民的完整市场主体地位。完整的市场主体应该在两个方面实现平等。首先是经济上的平等。经济上的平等主要是确立农民和集体经济组织真正的产权主体地位,也就是农民和集体经济组织作为产权主体享有所有权、使用权(或经营权)、处置权和收益权等一组完整的权利。其次是政治上的平等,作为中华人民共和国的公民和基本经济组织,无论是自然人还是法人,都享有平等的政治权利。围绕这两个平等,重构法律法规体系,修改完善、废除已有的否定市场经济改革取向的法律法规,制定有利于促进、规范农村商品经济、市场经济发展的法律法规体系。当前的重点是修订土地、户籍、社会保障、就业、选举、公共财政、组织、结社等方面的法律法规。完善法规、实现平等,必须消除那种不相信、不尊重农民的愚民思想,改变那种认为农民狭隘、行为非理性的观念,制止那种千方百计代替农民决策、充当救世主的行为。农民和集体经济组织作为完整的

市场主体，有权力对自己的资源和财产进行开发利用，其形式包括出售、租赁、股份化、合资、抵押、质押等。而不需要由别的主体去代替，除非在他们自愿的条件下。

（2）必须加快农村资源资产的商品化步伐。市场经济的前提是商品化，农村资源资产之所以没有很好地市场化资本化，关键在于农村的资源资产没有适度地商品化。也就是说，农村的商品化程度决定着农村的市场化和资本化程度。如何加快农村资源资产的商品化？第一，在理论和实践上承认一切有价值或使用价值的物品（无论是物质的或者是精神的，也无论是自然资源还是人工合成、制造之物）都是商品，比如农村土地资源、农民的房地产、农民的技术发明创造（技术专利权），乃至农民的货币资产、农民自身的劳动力等。第二，允许或鼓励商品的自由流动。在商品经济条件下，社会生产的分工十分发达，人们生产的目的是获得商品价值，而商品只有经过交换、流动才能实现其价值。这个规律也适用于社会主义市场经济。只不过在中国特色的市场经济体制下，有的商品流动和交换的是商品的一切权利，包括所有权、使用或经营权、处置权和收益权，例如绝大部分农产品、部分基础设施、机器设备等；有的商品流动和交换的是商品的部分权利，例如农民的宅基地、部分集体建设用地、农民的耕地承包经营权等。需要强调的是，在现代产权制度和现代企业制度下，由于产权权能分离性的特点，其流动和交换也呈分离或不完全的特点。第三，实行等价交换的原则。商品的流动与交换，其价格是由市场供需来决定的，而不是由政府来定价的。除特殊情况外，商品流动和交换的价格应由买卖双方协商决定。

（3）必须加快建立和完善农村产权交易市场体系。在确立市场主体、加快农村商品化的条件下，如何保证农村资源和农民资产规范、有序、公开、公正、高效流动与交换是农村资源和农民资产市场化资本化的又一个大问题。对农村资源和农民资产进行确权认证、建立农村产权交易组织、完善农村产权交易机制、制定农村产权交易政策、出台农村产权交易管理办法则是促进农村资源和农民资产市场化、资本化的主要工作。当前应重点抓好3件事，第一，对农村资源、资产进行确权颁证，主要是对农村集体的土地、企业、房产等资源资产，对农民的土地承包经营权、宅基地、房产、生产与生活设施等资产,乃至对农村集体经济组织、农民的债权、股权、知识产权等进行产权认定,明确归属,界定权利,颁发产权证书。第二,建立农村产权交易机构。这个产权交易机构必须承担3种职能:①农村产权信息服务,包括搜集、整理、发布与分析,成为农村产权的信息平台;②农村产权交易服务,包括资源资产的评估、过户、结算等,成为农村产权的交易平台;③农村产权招商引资服务,包括协调外部客商购买农村产品,投入资金、技术等开发农村资源和资产,成为农村产权的投融资平台。第三,研究制定农村产权交易的政策及管理体系。政策的着眼点应该是鼓励支持性质的,也就是将农村产权交易作为缩小城乡差别、推进农村发展、提高农民收入的战略性、公益性举措,在起步阶段给予财政扶持,并支持城市产权交易公司、企业等为农村产权交易提供服务,或无偿、低偿,或由财政给予补贴。

(4)必须积极开展农村资源资产市场化资本化试点。农村资源资产市场化资本化符合社会主义市场经济理论不断发展和完善的要求,符合党的十七届三中全会精神,符合新阶段农村改革发展稳定的实践,是利国利民的大好事,必须积极探索,总结经验,加快推广。当前要重点在以下几个方面开展试点。

一是"权"的市场化资本化试点。主要是对土地承包经营权、林权、宅基地使用权、集体建设用地使用权、股权、债权、知识产权等,开展租赁、出售、转让、抵押质押等资本化形式试点,促进"权"的流转与交易,达到以"权"换资本、换收入从而促进农村发展、农民增收的目的。

二是"物"的市场化资本化试点。主要是对农村集体经济组织和农民资产(包括房产、地产、企业产、农业设施、农产品、其他资源等)开展租赁、出售、转让、抵押质押等资本化形式试点,促进"物"的流转与交易,达到以"物"换资本、换收入从而促进农村发展、农民增收的目的。

三是"货币"的市场化资本化试点。主要是通过创新农村金融体制,探索发展农村合作金融组织、农民合作金融组织、各种资金互助组织等,将农民手中的货币转化为农村发展的资本。

## 五、农村资源资产市场化资本化的积极效应

推进资源资产的市场化资本化不仅仅是解决城乡差距、小产权房、土地纠纷等典型问题的关键，也是推动农业农村发展、提高农民生活品质、激发农村活力的战略举措。农村资源资产市场化资本化的推进将形成 4 个方面的积极效应：

一是解决农业农村发展有效投入不足的难题。过去讲农村的发展一靠投入、二靠科技、三靠政策，现在还要加上四靠制度、五靠法规、六靠平等的公民身份。这是因为农村的发展已经进入了一个新的阶段，突出的标志就是正在从生存型向发展型过渡。而在这个发展的新阶段，需要大量的金融资本投入，单纯依靠调动劳动者的积极性是绝不可能完成这个过渡的。而目前农村金融资本的投入远远不能满足发展的需要。其原因是：①金融机构的商业化使其对农村的资金投放大量减少，或者说对农村的信贷规模占其信贷总规模的比重下降；②政策性银行本身信贷规模比较小，即使基本上投在农业上还显不足，更遑论支持其他产业发展了；③外资基本上投在大中城市，乡镇、村很少有外资进入；④国家财政对农村的投入从规模上看有很大增长，但是从比重上看仍然不高，甚至有所下降，并且大部分投在农业产业上。同时，不允许集体建设用地以及农民的宅基地、房产、土地经营权等进行抵押以获取金融机构的贷款。从农村内部讲，农村的集体土地资源只有变为国家资源才能资本化市场化，而这个过程中农民、农村集体经济组织被排除在外，土地变为资本的收入大部分被政府和开发商拿走了。相关研究表明，土地增值部分的收益分配，"农民的补偿款占 5%~10%，地方政府拿走土地增值的 20%~30%，开发商拿走了土地增值收益的大头，占 40%~50%"。这样，外部资金难以进入，内部资本难以激活，造成了农村发展的资金瓶颈。解决办法，除了从政策上加大财政投入、引导商业银行扩大信贷规模外，最有效、最直接的办法就是推进农村资源资产的市场化资本化进程，向资源要投入、向资产要投入。从法律法规上破冰，赋予农民、农村集体经济组织土地开发权、资产经营权，将会给农村的发展注入不可估量的投入，从而促进农村更快发展。

　　二是破解新形势下持续增加农民收入难题。当前中国"三农"问题的核心是农民问题,而农民问题的核心是收入问题。无论是后金融危机背景下的扩大内需的现实问题,还是实现全面小康社会的战略目标,农村、农民既是潜在的空间,也是难点和关键点。占全国人口70%左右的农民的收入水平上不去,扩大内需就是一句空话。怎样提高农民收入,从收入来源看:①家庭经营性收入,这需要大幅度提高农民的创业能力,而缺乏创业文化和创业资金是一个难题;②工资性收入,这需要将农业领域里大量的剩余劳动力转移出去,并且逐步提高工资标准;③转移性收入,这需要公共财政对农村更多地投入;④财产性收入,这需要将农村的资源、农民的资产商品化,建立农村产权市场。在这4个来源中,创业性的家庭经营收入和财产性收入是农民自主性的收入。分析农民人均纯收入排在全国前列省市的结构,这两项收入的比重都比较高,而且增长速度比较快。其意义在于这些农村的市场化程度比较高,与其他地区相比,农村的资源资产得到较好的开发与较高的商品化。这也说明农村资源资产的市场化资本化促进了农民自主创业,增加了农民收入,加速了农村工业化、城市化进程,也加速改变了农民的生活方式,对于构建平等的公民社会也起到了推动作用。

　　三是化解农村土地型纠纷的有效途径。农业税的取消和工业化、城市化加速向农村的推进,改变了土地与乡村各主体的价值关系,导致农村土地博弈激增。农地产权制度和征地制度的缺陷致使激增的土地博弈呈现无序化趋势,由此所产生的矛盾无法有效地、制度化地解决,致使征地型群体性事件频发。加快推进农村资源资产市场化资本化的一项重要内容就是明确和保障农民对于土地的权利,对农村集体土地产权制度进行完善与改革。改革的基本方向就是实现国有土地与集体土地的权利平等。也就是说,农村集体可以跟城市政府一样,在其所拥有的土地上设立建设使用权,并以同样的价格向工商企业转让。政府可以对这些交易活动进行管制,也可以制定土地利用规划,并且对土地交易征收赋税;但土地增值的收益从法律上将归农村集体所有,农村集体将仍然保有土地的最终所有权。通过理顺关系、明确权属和理通渠道,能够有效减少或避免传统征地过程中,在基层政府与农民及村级组织之间围绕征地的面积、价格及其他补偿标准、补偿款的发放时间,农民与村干部之间关于补偿款分配,以及房地产商、工业企业与农民之间关于施工对村民造成损失的补偿费用等博弈过程中矛盾的产生与激化,对缓解目前土地型纠纷突发、频发具有重要意义。

四是充分激发农村集体经济组织发展活力。中国特色的农村集体经济诞生在计划经济体制下,改革之初乡镇企业得到了很大发展。虽然在向市场经济体制转换的过程中,对集体所有、集体经营的乡镇企业产权制度进行了改革,大部分集体性质的乡镇企业转制为个体私营或民营企业,但仍有相当一部分集体性质的乡镇企业保留了下来,其中部分企业得到了很大发展,有的进行了股份化、公司化改革。总体上看,集体土地资源、房产资源、企业资源乃至货币资本等被固化,商品化、市场化的程度低,集体经济组织成员与集体资产联系不紧密,农村集体经济目前存在的产权主体模糊或不到位、运行机制不适应市场经济体制要求、资产收益率低,甚至流失等问题仍然严重存在。加快农村资源资产的市场化资本化进程,就可以从体制上促进集体经济组织建立现代产权制度和现代企业制度,从而更好地推进集体经济的发展,并确保和扩大农民与集体经济组织的合法权益。

## 六、农村资源资产市场化资本化改革已风起云涌

农村改革是一个长期、动态的过程,需要根据社会经济发展形势变化做出调整,改革的目标是确保生产力和生产关系、经济基础和上层建筑保持动态匹配。近年来,天津、广东、成都、重庆、武汉、上海等省市在推进农村资源资产市场化资本化方面取得显著成绩,在集体建设用地使用权、土地承包经营权、房屋使用权市场化资本化方面开展了诸多有益尝试,在农村综合产权交易平台运营管理方面总结了众多宝贵经验,值得进一步深入研究中学习借鉴。主要是 4 个方面:

一是集体建设用地使用权流转。比较典型的是广东省,2005 年广东省就率先在全国出台集体建设用地流转管理办法,允许除农民宅基地以外的集体建设用地使用权出让、出租、转让、转租和抵押,但只可用于兴办各类工商企业、公共设施、公益事业和兴建村民住宅,不可用于商

业房地产开发和住宅建设。

二是土地承包经营权流转。在我国上海的土地流转率最高,它在土地流转方面的做法和经验很值得认真研究。从目前情况看,上海已经基本形成了主导产业推动、家庭农场带动、现代农业园区拉动、农民专业合作社驱动以及与新农村建设联动的多元化承包经营权流转模式,打造形成了土地承包管理信息系统、"先押后包"流转模式、土地流转补贴等一系列强有力的抓手。

三是宅基地和农村房屋使用权抵押。成都是全国宅基地和农村房屋使用权抵押的先行区,早在2009年就允许抵押后有适当场所的农民,在对宅基地使用权变更为集体建设用地使用权,并提出相关申请和做出不再申请宅基地承诺后,开展宅基地和房屋使用权抵押融资。

四是开设农村综合产权交易所。作为国内首个农村产权综合性交易平台,成都农交所涵盖林权、土地承包经营权、农村房屋产权、集体建设用地使用权、农业类知识产权、农村经济组织股权等6类产权,并提供农业产业化项目投融资专业服务。武汉农交所作为交易产权类型最丰富的综合性产权交易所,产权品种包括土地承包经营权、集体"四荒地"使用权、养殖水面承包经营权、林地使用权和林木所有权、农业知识产权、农村集体经济组织股权、农村房屋所有权、农村闲置宅基地使用权和农业生产性设施使用权等九大类。

从各省市主要做法及成果看,广东省集体建设用地政策的创新改革为探索集体建设用地流转进行了有益尝试,但实施过程中存在的土地开发利用项目控制不严,产权主体界定不清,权能界定不明,税费征收、收益管理、基准地价制度等配套制度不完善,以及备案登记制度执行不彻底等问题需要加以充分重视。上海市通过建立健全土地承包经营权流转有形市场,强化规范农村土地承包经营权流转合同管理,给予产权受让双方资金补贴,并对规模经营实体给予信贷、保险、用地、用电等政策扶持等方式推动土地承包经营权流转的举措值得借鉴。成都市在农民房屋抵押试点中,首先通过变更土地类型,给予农民《集体土地使用证》和《房屋所有权证》的基础上,成立农村产权流转担保有限责任公司为农民提供信用担保,农户再用房屋产权为担保公司提供反担保的形式,实施农民房屋抵押融资。成都的操作模式避免了直接使用宅基地使用权进行抵押而与《中华人民共和国担保法》、《中华人民共和国物权法》条款产生的冲突,为农民房屋抵押开辟了相对合法、可行的途径。武汉、成都等农村综合产权交易所为农村资源资产市场化资本化提供了高效平台,对推动农村资源资产的有效激活利用创造了有利条件。但从目前现有运行情况看,各大农交所普遍存在软硬件水平不高,入场交易产品少、成交量低、交易不平稳以及资源资产抵押业务进展缓慢等问题。

各省市创新实践经验表明,适度先行的政策创新是推进农村资源资产市场化资本化的政策保障;规范民主的确权制度是农村资源资产市场化资本化的基本前提;科学合理的价格形成机制及收益分配制度是确保农民合法权益的关键构成;高效透明的转化市场是确保农村资源资产公平转化的重要平台;严谨健全的规章制度是确保农村资源资产规范转化的核心保障;系统完善的配套措施是提升转化效率、拓展转化途径的重要支撑;严格规范的监管体系是确保农村资源资产合法转化的必要的配套;专业个性的服务能力是降低转化成本、提高转化收益的有效补充。以上省市政策、措施及所取得的宝贵经验应在下一步研究中予以高度重视,积极吸纳其中既有创新性又具有普遍性的经验,进一步深化研究制订出符合国情、具有特色的农村资源资产市场化资本化道路。

# 目 录

# 第一章　农村资源资产与市场化资本化

一、农村资源与农村资产解析

二、农村资源资产的市场化剖析

三、农村资源资产的资本化剖析

**内容提要:**在市场经济体系下,充分挖掘长期沉睡的庞大财富——农村资源资产,实现农村市场要素从资源资产向资本的转变,加快农村资源资产的市场化资本化是破解当前农村市场化发展动力不足的唯一途径,是适应市场经济发展、改变农村资源资产管理落后局面的必然要求。市场化与资本化对于经济的发展是互相促进,密不可分的。资本化是市场化发展的更高阶段,也是市场化发展的更高要求。农村资源资产市场化的实现和水平提高,必须建立在完善的农村市场体系和健全的运行机制基础之上,从而形成适度有效的宏观调控下的规范市场关系。实现农村资源资产市场化应确立农村集体经济组织和农民的完整市场主体地位,加快农村资源农民资产的商品化步伐,加强农村集体资产资本化制度建设和方式创新,全面推进农村产权制度改革,加快建立和完善农村产权交易市场体系,进一步完善农村社会保障制度。实现农村资源资产资本化需要从农村产权制度改革、资本化制度建设着手,以农村土地资源资本化为突破口,以农村人力资源资本化为核心。

　　自1992年确立市场经济体制的改革目标以来,市场化和资本化这两个曾经像瘟疫一样的词汇,却让中国的城市和农村发生了巨大的变化。由于城乡市场化资本化运行的条件、基础和环境不同,使得市场化资本化产生的影响力和作用力不同, 其结果必然造成目前的城乡经济文化生活水平的差距越来越大。在市场经济体系下,在农村资源资产商品化发展的基础上,充分挖掘农村长期积累的庞大财富——资源资产,实现农村市场要素从资源资产向资本的转变,加快农村资源资产的市场化资本化是破解当前"三农"难题的战略性举措。

## 一、农村资源与农村资产解析

### 1. 农村资源概述

资源的概念来源于经济学,狭义的资源仅指自然资源。《辞海》对自然资源的定义为:指天然存在的自然物(不包括人类加工制造的原材料),如土地资源、矿产资源、水利资源、生物资源、气候资源等,是生产的原料来源和布局场所。联合国环境规划署将资源定义为:"所谓资源,特别是自然资源,是指在一定的时间、地点、条件下,能够产生经济价值,以提高人类当前和未来福利的自然环境因素和条件。"广义资源指的是一切可被人类开发和利用的客观存在,是自然资源和社会资源的总和。社会资源包括人力资源、物质资源、资本资源、文化资源、技术资源、制度资源、商标、信息等无形资产资源。资源是一个动态的概念,随着科学技术的进步,人们对资源的认识和开发利用能力的不断扩展和加深,曾经没被发现、不能开发利用或者开发利用率低的资源被人们开发和利用变成了宝贵的财富。(秦大河,张坤生,2002)如近几年来新兴起来的乡村旅游就是通过利用农村景观资源、农村经营活动及农村文化等资源开发利用形成的旅游新兴产业。国家旅游局公布数据显示,2011年年底全国休闲农业与乡村旅游年经营收入达到1500亿元,年接待休闲旅游人员超过6亿人次,农家乐达150万家,休闲农业园区超过2万家,带动1500万农民就业。

可见由于内涵和外延方面的不确定性,使得对资源难以进行准确的把握和定性。于宗先指出,资源一词是具有向度的一个观念,一种物质被称为资源是有时间、社会制度、目的与手段设计及技术的向度的。(于宗先,1986)也就是说,对资源的把握必须在给定的外部条件下,根据研究的需要确定归属和范围,这样既能超越狭义的资源观,又能避免广义的无边界资源观。根据本书研究目的,将对在市场化资本化进程中处于重要地位、发挥重要作用的部分农村资源进行重点分析。农村资源是指在特定的农村地域范围内可利用开发的资源,是农村自然资源和农村社会资源的总和。

(1)农村自然资源。农村自然资源既是人类生存和发展的基础,又是环境要素,包括土地资源、森林资源、水资源、生态资源和矿产资源等。农村土地资源是农业发展的基础,是经济和社会发展的物质前提,也是农村资源资产市场化资本化进程中处于重要地位的资源。伴随我国城市化、城镇化进程的加快,农村土地资源的非农开发利用规模迅速扩大,土地资本化不断加速。例如,2010年8月12日,全国首次农村建设用地指标电子竞拍——蒲江县农村土地综合整治项目挂牌融资在成都农村产权交易所举行,最终竞拍价每亩高达15.2万,融资上亿元。目前,我国农村土地资源配置的主体是以集体为主,国家对农村集体土地资源配置通过法律、政策和条例等手段进行宏观指导。《中华人民共和国宪法》第十条规定:"农村和城市郊区的土地,除由法律规定属于国家所有的以外,属于集体所有;宅基地和自留地、自留山,也属于集体所有。"《中华人民共和国土地管理法》第十条规定:"农民集体所有的土地依法属于村农民集体所有的,由村集体经济组织或村民委员会经营、管理;已经分别属于村内两个以上农村集体经济组织的农民所有的,由村内各该农村集体经济组织或者村民小组经营、管理;已经属于乡(镇)农民集体所有的,由乡(镇)农民集体经济组织经营、管理。"

森林资源也是一项重要的农村自然资源,它既能够为生产和生活提供原材料,还能够为人类经济生活提供多种物品,更重要的是能够发挥调节气候、保持水土等功能,是一种无形的环境资源。目前我国集体林业建设取得了较大成效,对经济社会发展和生态建设做出了重要贡献。为进一步解放和发展林业生产力,2008年中共中央国务院全面推进集体林权制度改革,在坚持集体林地所有权不变的前提下,依法将林地承包经营权和林木所有权,通过家庭承包方式落实到本集体经济组织的农户,确立农民作为林地承包经营权人的主体地位。2012年国家林业局经济发展研究中心、农村林业改革发展司、发展规划与资金管理司组成的集体林权制度改革监测项目组,对辽宁、福建、江西、湖南、云南、陕西、甘肃7省内70个样本县、350个样本村、3500个样本户的集体林改现状进行了跟踪调查。结果表明,截至2011年年底,样本地区已基本完成明晰产权、承包到户的改革任务。样本县98.81%的集体林地已确权,97.84%的确权林地已发证,64.07%的确权林地实现家庭承包经营,94.51%的农户承包的林地产权清晰。样本县林业产业对地区产值贡献率达22.61%,林业发展当年拉动地区经济增长4.54个百分点。样本户户均林业收入4266.79元,占家庭总收入的18.87%,林业对家庭收入增长的贡献率为25.81%。

水资源是人类赖以生存的最为重要的、不可再生的自然资源之一,对人类活动具有重要的使用价值和经济价值。同时水资源也是农业的命脉,目前我国农业用水约占全国用水总量的62%,部分地区高达90%以上。但我国农业用水效率不高,灌溉效率仅为50%,与发达国家70%的水平有很大差距,因此农村水资源合理利用问题一直是备受关注的问题。有专家估计,如果中国农业用水效率提高10%,每年可节水400亿立方米(接近三峡水库的库容量)。另外,农村水资源污染问题也越来越严重,水环境状况恶化趋势明显。水环境污染、水资源利用效率不高,其根本原因是长期以来水资源长期无偿或低价利用,水资源价值被严重低估。走出"公水"的悲剧,必须明晰水资源产权,走资源资产化、资本化的道路。尽管2002年新修订的《中华人民共和国水法》将农村水资源所有权收归国家统一所有,对农村水资源所有权进行了明确的界定,但对水资源使用权的界定却比较模糊,行使的主体、范围等问题都缺乏明确规定。

生态资源是人类赖以生存的环境条件和社会经济发展的物质基础。一方面人类从事的生产活动是人类对生态资源的利用过程和利用结果,是人与生态系统之间进行物质和能量交换的过程。另一方面,生态资源利用的深度和广度又与人类社会的进步与发展紧密相连。因此,生态资源随着人们对它的认识不断发展与完善,其内涵不断扩大。随着经济的发展、人类需求的提升,生态资源也逐渐转化为经济资源,转化的范围和程度也越来越深,必将产生生态资源的短缺,因此实现生态资源可持续利用刻不容缓。只有保护生态资源、合理地利用生态资源、科学地开发与管理生态资源,才能保证人类永续不断地利用生态资源。随着经济快速的发展,农村的生态资源价值在不断提升。据北京市统计局、国家统计局北京调查总队公布的数据,2010年北京都市型现代农业生态服务价值达到8753.63亿元,其中直接经济价值为348.83亿元,占总价值的4%;间接经济价值为1002.75亿元,占总价值的11.45%;生态环境价值达到7402.05亿元,占总价值的84.55%。在城市化进程中,对农村生态资源保护的同时,要深入挖掘生态资源的价值,开拓生态产业,实现生态资源的市场化资本化才是实现生态资源可持续开发和利用的根本出路。

自然资源中的各种土地资源、森林资源、水资源、生态资源和矿产资源等都不是孤立存在的,而是相互联系、相互影响、相互制约的有机整体。农村自然资源开发要遵循综合开发利用的原则。而且大多数自然资源(如土地)都呈现出稀缺性,这与人类社会不断增长的需求相矛盾,故必须加大资源的合理开发利用与保护。总体看,我国自然资源及其利用的基本特征是资源总量丰富但人均少,资源利用率低且浪费严重。我国以占世界9%的耕地、6%的水资源、4%的森林养活着占世界22%的人口。自然资源的分布和优劣对地区的经济结构和生产布局有着重要的影响,因地制宜是自然资源利用的一项基本原则,尤其是农业。如地理标志农产品就是自然资源区域性特征的挖掘和利用。2011年全国地理标志调研报告发布会公布,目前我国地理标志数量已经超过2300个,列入调研的1949个地理标志总产值超8300亿元,其中涉农产品数量超过总数的94%。利用地理标志的开发和保护,可以有效地将地方的资源优势转化为比较优势,提高农产品市场竞争力,进而提高农业的整体素质和竞争力。

(2)农村社会资源。社会资源是人类在社会生活与生产实践活动中所创造出来的各种要素,如人力资源、物质资源、资本资源、文化资源、技术资源、制度资源、商标、信息等。一般来说,社会资源拥有的丰富程度和利用的水平决定了地区经济发展水平。作为自然资源只提供基础与可能,而社会经济资源则把这种可能变为现实,通过对自然资源的开发时序、开发程度和规模、开发效益等体现出来。因此,无论是对国家,还是对地区发展来说,社会经济资源的丰富程度和开发利用水平,对其社会经济的发展有着重要作用,农村社会资源的重要作用也是如此。农村的市场化水平为什么远低于城市,其关键就是社会资源拥有量以及开发利用效率远低于城市。

农村人力资源的开发利用程度,直接决定着农村社会经济的发展水平和发展速度,也是影响农村市场化资本化水平的关键因素。我国是个传统的农业大国,农村人力资源数量丰富。2010年第六次全国人口普查数据显示,中国内地总人口达13.39亿,乡村就业人数达到5.74亿。随着科学技术在农业生产中的应用越来越普及和劳动生产率的日益提高，农业所需的劳动力数量会逐渐减少，农村剩余劳动力将继续增多。按现有生产条件衡量和世界平均的农业生产率大致推算，容纳1亿农业劳动力比较合理，也就是说未来中国必须转移出大概4.7亿农村人口。必须开发农村人力资源，核心任务就是将人力资源转化为人力资本，这是解决农民问题和农村可持续发展问题的主要途径。

农村文化资源根植在农村特定的环境，是农村社会生活中人们从事各种文化生产活动可以利用的各种资源的总和，包括农村历史文化资源、农村生产文化资源、农村名人故里与历史遗迹文化资源、农村民情民俗文化资源、农村民间艺术资源、农村景观文化资源、农村饮食文化资源等。文化资源的丰富程度和质量高低是当地经济的一种文化反映，受经济发展的制约，同时又直接对文化经济的发展产生多重影响。农村文化资源有效开发和整合是建设社会主义新农村的新机遇，是促进农村生产发展的新动力。据报道，河南以汴绣、钧瓷、玉雕等为代表的民间手工艺，以宝丰魔术、濮阳杂技等为代表的民俗文化异彩纷呈，广大农民生产生活中文化艺术创造形成了新产业，已有近百万农民参与其中成为新型职业农民，农村文化资源转变成文化资本。据报道，河南王公庄村——"中国画虎第一村"，将手工艺做成了手工产业，年创造绘画作品8万多幅，2012年创造产值6000万元，产品远销日本、韩国等国家；宝丰县的魔术文化产业也已遍布每一个乡村，从业人员发展到6万，魔术产业链变出了10亿元的收入，宝丰魔术占据了全国民间演艺团体近1/3的江山。当然，目前全国农村文化建设整体水平还很低，文化基础设施落后，文化资源的开发严重不足，与经济社会的协调发展和全面小康建设目标要求不相适应，与农民群众的精神文化需求不相适应。

**2. 农村资产概述**

资产是一个具有多角度、多层面的概念，在不同的学科领域有着不同的定义。根据我国《企业会计准则——基本准则》的定义，资产是指企业过去的交易或者事项形成的、由企业拥有或者控制的、预期会给企业带来经济利益的资源；同时规定，在满足"与该资源有关的经济利益很可能流入企业"和"该资源的成本或者价值能够可靠地计量"两个条件情况下，可以确认为资产。

经济学中的资产概念是广义的概念,强调资产是一种资源,一种稀缺的资源,着眼于资产的内在经济价值,是特定经济主体拥有或控制的,具有内在经济价值的所有实物和无形的权利。并不是所有的资源都是资产,都能转化成资产,资源要真正成为资产必须具有以下3个基本特征:第一,资产必须是经济主体拥有或者控制。一般来说,一项资源要作为经济主体的资产予以确认,应该拥有此项资源的所有权,或者经济主体虽然对其不拥有完全的所有权,但依据合法程序能够实际控制的,按照实质重于形式的原则,也应当将其作为经济主体资产予以确认,这是资产的法律属性。如城市土地在我国是国家所有,但通过支付土地出让金等方式可以取得土地的使用权,成为在一定条件下可以控制的资产;农村的土地属于集体所有,作为集体成员可以依法取得具有一定限制条件下土地的承包经营权,因此在一定意义上也是农民的一项资产。第二,资产是预期能够给经济主体带来经济利益的资源。资产具有能够带来未来利益的潜在能力,预期不能带来经济利益的,就不能确认为资产,这是资产的经济属性。第三,资产必须能以货币计量。资产的价值必须能够运用货币进行计量,如果不能用货币计量,就难以确认和计量这种经济资源的价值,不能确认和计量的经济资源也就不能被确认为资产。在现实中农村所拥有的各种经济资源,如房屋、机器设备、仪器、材料等有形资产,都可以用货币来表现和计量。专利权、商标权、土地使用权等无形资产,也都可以从一定的角度,采用一定的方式进行货币计量。

根据经济学对资产的定义和资产的特性,农村的资产存量十分巨大。从资产权属对农村资产进行划分可以分为农村集体资产和农民个人所有的资产。

(1)农村集体资产。农村集体资产是指归乡镇、村集体经济组织全体成员集体所有的资产,是广大农民历年辛勤劳动积累下来的成果,是发展农村经济和实现共同富裕的重要物质基础。广义的农村集体资产包括集体所有的土地、山林、水面、矿产等资源性资产,集体所有的各种固定资产、流动资产、无形资产等经营性资产以及村办公楼、公益事业设施等非经营性资产。全国范围的农村集体资产核查首次也是唯一的一次是1997年年初农业部根据国务院的要求进行历时两年半的农村集体资产清产核资工作,共清查了全国29个省、自治区、直辖市(缺辽宁、贵州两省)。清查结果显示,截至

1998 年 3 月,账内外农村集体资产(不包括土地、山林等资源性资产)总额为
25776.4 亿元,相当于国有资产总额的 35.7%。全国农民人均拥有集体资产
2989.8 元,乡级平均拥有集体资产 2655.5 万元,村级平均拥有 180.2 万元。
集体经济组织经营性资产为 16145.4 亿元,占总额的 62.6%,非经营性资产
为 9631 亿元,占总额的 37.4%。十几年来随着农村市场化进程的推进,农村
集体资产积累越来越多,规模越来越大,但到目前为止再未进行全国范围内
的农村集体资产的清查。各地尤其是经济发达地区已经逐步开始推进农村
集体资产的清查工作,北京、天津、江苏、四川等地制定了农村集体资产管理
的地方性法规,并进行了资产的调查。2012 年北京市农村集体资产达到
4525 亿元;2012 年上海农村集体"三资"监管平台建设实现全面覆盖,导入
总资产达到 3330 多亿元。这些足以可见经济发达地区集体资产规模积累之
多,扩大之快。对农村集体资产进行有效管理是壮大农村经济、保护农民合
法权益、构建和谐社会的客观要求。如果管得不好,就会造成集体资产流失
和贬值、农民利益受损,影响党群干群关系,影响农村和谐社会的建设。

随着农村市场化改革的不断深入,农村集体资产管理工作存在的不足
逐渐显现。一是家底不清。自 1997 年开始的历时两年半的新中国成立后首
次农村集体资产清产核资以来,现在已经过去 15 年,至今再没有进行全国
范围内的集体资产的清查,由于经济环境和社会物价水平的变化,有些资产
的账面价值已经不能反映资产的真实价值,许多资产的账面价值已经远远
偏离与实际价值,并且首次的清查还存在集体资产总额统计不完整的问题,
农村集体资产中的土地、山林等资源性资产只重视数量的统计,忽视其价值
量的核算。在经济发达的一些省份已经开始了新一轮的农村集体资产的清
查工作,但多数省份还都未进行。由于基层单位在资产方面统计管理的不规
范,没有建立集体资产管理台账,并且长期没有对资产进行清点盘存,造成
了有账无物、有物无账和账面价值偏离于实际的现象,普遍存在没有将资源
性资产和非经营性资产纳入账内核算的问题,导致统计的结果代表性差,集
体资产存量不清,致使产权纠纷不断增加。如此现状,农村集体经济组织又
如何保障和实现农民拥有的集体资产权益? 二是产权不明晰。农村集体资产
在名义上归全体集体经济组织成员所有,但长期以来多是由集体资产的代
表者——村委会或由村经济合作社(极少一部分)集中管理,但作为集体经

济组织成员个人应占有的份额又没有具体确权明确,使得集体资产在一定程度上表现为"人人拥有,人人没有"的悬空状态,集体资产所有人主体地位缺失、产权不明晰致使引发诸多不合理现象,降低了集体经济组织的市场竞争力,影响了资源的优化配置,这是农村集体资产管理的根本性问题。其结果是当集体资产受到侵犯或者应该予以保护时,资产的"产权人"不能挺身而出。如果按照全国耕地由改革开放初期的20亿亩锐减到18亿亩,每亩土地价值20万元计算,农民为中国的现代化奉献了近40万亿元。三是政企不分。到目前为止,乡、村农民集体经济组织的职能依然由行政管理层代理。全国很多乡(村)都成立了集体资产管理委员会,组建了资产经营公司,乡镇经营站增挂了"农村集体资产管理办公室"的牌子。实际运行中,资产经营公司的农村集体资产运作主体职能没有到位,农民集体经济组织产权主体的执行人并非完全是从组织成员农民中产生的,而是"以政代经",村社区管理者行使农民集体产权,集体资产的管理效率无法保障,集体资产的保值增值无法稳定实现,甚至会出现为行政权力随意使用集体资产提供便利条件的现象。四是管理不善、监督不力。一些村干部尤其是经济欠发达地区的村干部,由于没有发展集体经济的经验和能力,农村干部管理素质与农村市场经济发展不相适应,加之任职期限影响,有些干部、群众只顾眼前利益,缺乏长远规划,普遍存在集体资产管理不善、财务管理制度不健全、经营管理短期行为严重、管理水平较低的现象,无法从根本上实现农村集体资产的保值增值。如农村土地征占用过程中,征地部门普遍存在低估地价、土地补偿费长期拖欠等问题,使集体资产无形中流失或使其价值大打折扣;在一些地方集体资产的承包、转让、租赁、股份经营的过程中,存在压低承包指标、低价折股、拍卖过程不公开等暗箱操作现象。此外,现有的农村财务公开、民主理财等监督手段的方式、方法缺乏明确的法律规范致使民主监督不到位,集体经济组织内部又普遍缺乏对资产经营决策的责任制约机制,这就容易导致集体资产管理的失控,为个别管理人员玩忽职守、损公肥私、贪污侵占集体资产提供了可乘之机,最终造成集体资产的流失。

国务院也曾多次发文要求加强农村集体资产管理、做好清理化解乡村债务问题,2009年农业部下发了《关于进一步加强农村集体资金资产资源管理指导的意见》,明确要求建立健全各项制度,规范村集体经济行为,以期加强农村集体资金、资产、资源管理,促进新农村建设。2013 年中央一号文件提出以清产核资、资产量化、股权管理为主要内容,加快推进农村集体"三资"管理制度化、规范化、信息化,建立归属清晰、权能完整、流转顺畅、保护严格的农村集体产权制度,是激发农业农村发展活力的内在要求。

(2)农民个人所有的资产。根据资产的具体形态,农民的资产主要包括 3 个方面:一是金融资产,主要来自于收入的消费节余,包括手持现金、储蓄存款、债券、股票和保险单等。二是实物资产,可分为生产工具类(农用车、拖拉机等)、生活类(房屋和家庭设施)和收藏类(珠宝、首饰等)三类。三是权利型资产,主要指农户所拥有的承包经营权、宅基地使用权以及集体资产的所有权。随着农村经济发展水平的提高,农民已积累起相当规模的资产。我国许多学者对城镇居民资产进行了专门研究,然而,与之形成反差的是,有关农民资产方面的研究却十分有限,而且各方统计口径不一致且资料数据有限,对农民资产的研究大多仅限于农民金融资产和房产价值,这主要由于受农民资产问题的出发点就是关于家庭资产数量的度量问题,而中国缺少像美国联邦储备局定期进行的"消费者财政状况调查"(SCF)等专业化的市场调研数据,我国目前尚未建立起完善的农民资产调查统计制度,相关研究的深入受到了很大的限制。

1978 年开始的农村经济体制的改革,是农村财产关系转变的起点。改革前几乎一切的财产都归集体所有,中国农民几乎已近于农村无产者,农村财产的唯一主体是人民公社、生产大队、生产队等。农村体制改革后,我国农民财产积累保持较快增长速度。1978~1997 年间,农村居民人均资产拥有量从 233.01 元增加到 5939.82 元。(段庆林,2000)1985 年全国农户总资产在 7000 亿元以上,人均资产拥有量 2400 元。(周其仁,2004)2002 年中国农民人均财产是 12938 元左右,尽管低于城镇居民家庭人均拥有的财产数 46134 元、全国人均财产的总额 25897.03 元,是全国人均的 1/2,是城镇居民的 1/4 左右(罗楚亮,赵人伟,2009),但历年农村人均资产拥有量是稳定增长的。资产结构变化趋势特点突出:首先是金融资产比重逐年稳步提高。仅在 1978~1997 年间农民财产中人均金融资产从 18.36 元增加到 1333.96 元,比重从 7.88% 提高到 22.38%。1997 年乡村居民人均存款为 320 多元,占金融资产的 24%。(程国栋,2005)2008 年乡村居民人均存款为 9000 多元,除储蓄存款外的其他金融产品的农户参与度很低,主要原因是中国农村金融市场相对落后,农村居民对金融工具的认识和参与程度有限。其次是实物资产的价值尤其农民房产价值增速快。2011 年农村居民人均住房价值达到 23717 元,是 1990年人均住房价值的 30 倍,平均增长速度达到 100%,这是推动农民实物资产增长的主要来源,见图 1.1。

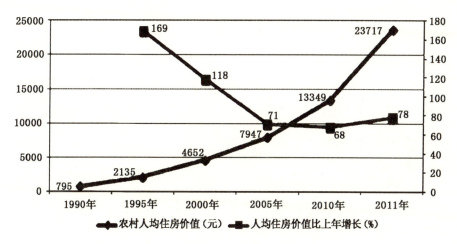

图 1.1　农村居民人均住房价值增长图

根据以上资料数据可以看出,统计数据口径的不一致,且精度有限,而且这些统计都没有将权利型资产核算入内,都没有将农村集体资产量化到农户,这是一种狭窄的数据统计,是农村集体资产、土地、房产等资产产权权能不完善直接导致的结果。理论上土地承包经营权、宅基地使用权和集体资产都属于农村集体组织成员共有,因此作为集体组织成员理应享有属于自己的那份财产,无视农民对集体资产的共有权,实际上是无视作为农村集体组织成员对集体资产的收益享受分配的权利。将农村集体资产产权量化到个人,明确集体资产的所有权、经营权、收益权归属,集体成员的权益以股权形式兑现,这是农村集体资产产权制度改革的一种趋向。

在目前一些地方统计调查中,尤其是一些经济发达地区,以及一些集体经济发展较快的地区,已经将第三类权利型资产核算为农户资产,农民资产的统计更加科学。2007 年北京开始在农村推行以"资产变股权、农民当股东"

为核心的集体经济产权制度改革，也就是把农村的集体资产由原来的共同共有，变成按份共有，农民成为集体经济组织的真正股东。截至 2012 年 12 月底，村级完成改革的比例已经达到 95.6%，有 320 万农民当上了农村新型集体经济组织的股东。据农经统计年度报表汇总显示，2009 年北京市的乡村集体经济总资产为 2972 亿元，人均 92590 元；2011 年农村集体资产总额上升到 4117 亿元，同比增长 19.3%，人均 14.8 万元；农村集体所有者权益 1568 亿元，同比增长 13.8%，人均 5.6 万元。上海市农村集体"三资"监管平台建设已实现全覆盖，农村集体"三资"数据全部录入了监管平台，2012 年累计集体经济总资产 3428 亿元，人均约 13 万元。这种产权制度改革，高度重视和保障了农民拥有集体资产的权益，使集体资产成为农民拥有的最重要的财产，是对农民作为集体所有者成员身份的充分肯定。

## 二、农村资源资产的市场化剖析

### 1. 农村资源资产市场化概述

1978 年农村经济体制改革拉开了我国改革开放的大幕，体制改革的目标是建立社会主义市场经济体制，实现由计划经济向市场经济变迁。市场经济是一种在社会化分工基础上，通过供求、竞争、价格等市场机制将各种生产要素优化组合起来，有效配置社会资源，实现利益最大化的经济运行机制。实现以市场机制为主调节经济运行的体制需要一个漫长的过程，这个过程就是市场化，即由计划经济向市场经济的动态演化过程，资源配置方式由政府行政配置向市场调节配置的转化。农村资源资产的市场化就是指农村资源资产的配置方式由以政府分配为主向以市场配置为主的转化过程，是一个循序渐进的过程。农村资源资产的市场化是经济运行中市场机制对资源配置的作用越来越大、经济对市场的依赖程度不断加深的过程，这个过程不可能一蹴而就，而是一个逐步产生、发展到成熟的过程。

在当前农村经济形势下，农村资源资产实现完全市场化，完全按照市场规律运转，完全由市场机制来配置资源，这是不现实的，也是不可能的。就以农村的土地资源来说，由于其承载的多样化的功能，经济功能、生活功能、生态功能和社会保障功能，使得其不可能将所有的农村的土地都推向市场，脱离政府调控而由市场完全进行配置，即使在发达的资本主义国家，也不可能完全脱离政府的宏观调控和管理,不可能彻底地市场化。市场化不等同于完全自由的市场经济,主要是因为市场经济存在着外部性的失灵、市场反馈信号滞后使市场调节作用和效应受到一定限制等明显缺陷,决定了单纯的市场调节只能解决市场微观平衡问题,不能很好地解决宏观平衡问题;市场机制只能反映现有的生产结构和需求结构,不能有效反映国民经济发展的长远目标和结构,由社会总供求失衡引起的经济衰退和通货膨胀必须由政府宏观调节才能得到较好的解决,国民经济发展的长期问题需要政府根据经济发展的全局加以安排,政府的宏观调控能够纠正市场失误,弥补市场不足,维护市场秩序,保证市场机制正常发挥作用。(习近平,2001)所以农村资源资产的市场化,是一种趋势、一种不断演进的过程。在现有的农村资源资产配置和管理模式中,应推行在政府合理的宏观调控下实现以"市场机制为主,政府调控为辅"农村资源资产的配置模式,挖掘并发挥市场机制对农村资源资产的配置作用,最终实现资源资产的最大效用。

中国经济的市场化始于 1978 年,伴随着整个经济体制改革的推进中国农村经济市场化已经走过了 30 多年的曲折历程。从 1978 年开始的以"农村家庭联产承包责任制"为标志的市场化初建阶段,最大特点是在原有的计划经济体制总体格局未变的态势下展开的市场化,计划机制仍占主导地位;到 1985 年开始的市场与计划 "双轨制",市场化改革进入全面探索阶段;1992 年邓小平南方讲话以及党的"十四大"召开确立了社会主义市场经济体制的改革目标后,市场机制在农村经济体制中占据了绝对的优势,农产品和农业要素市场体系建设逐步完善,农产品流通和购销体制改革逐步深化,农村经济市场化进入了全面深化阶段;2000 年以后农村市场化不断深入和完善,税费改革取得重要突破——免除农业税,深化了粮食流通体制改革,全面放开粮食购销市场,加快了集体林权制度改革和农村金融体制的改革等。从 20 世纪 90 年代以来,国内专家学者对中国农村市场化发展情况的分析开始了定量化分析探索。南开大学陈宗胜教授等人以劳动力、农业资金、农产品价格、农产品流通市场化程度为主要选项,测算出全国农村整体市场化程度已由 1978 年的 7.67% 提高到 1994 年的 64.66%,其中,市场化程度最高的是农产品价格,高达 91.5%;市场化程度最低的是劳动力只有 33.33%。蔡立雄、何炼成对中国农村经济市场化指数各地区的相对进程研究,采用 2002 年到

2005 年的相关统计数据,以 10 分计数,发现:农村市场化水平最高的是上海,达到 7.17,最低是云南的 1.56;有 10 个省的市场化高于全国平均水平的 4.17,其余 20 个省低于全国平均水平,地区市场化水平差异大,农村市场化的任务还极为艰巨。

虽然各个学者评价所采用的指标的和评价方法都有所差别,但是所有的研究都表明了农村市场化总体水平是呈现不断提高的趋势,目前正处于中期稳定发展的阶段。而且学者们对农村要素市场化水平低有一致的共识,如习近平(2001)认为农村市场体系的发育和建设是农村市场化建设中发展最快的部分,而农产品和农业要素商品化是农村市场化建设的最薄弱环节,农村劳动力、土地、资金、技术市场化程度分别只有 3.86%、0.12%、5.97%、4.5%。林鹰潭(2001)对农村市场化水平的测算结论也指出生产要素市场化程度是较薄弱的环节。刘金山(2003)认为农村土地的市场化程度不足 10%。制约农村生产要素市场化水平的提高,生产要素利用效率提高的障碍,主要的原因在于我国城乡二元劳动力市场、城乡二元金融市场、不完全的土地市场和技术市场。农村市场化改革中要素市场发育滞后,是目前农村市场化提升的重要障碍,也是目前农村市场化中要重点突破的关键领域,实现农村资源资产要素的市场化是实现农村经济市场化跨越发展的一个突破口,同时也是农村市场化进程中最艰巨的任务。

**2. 农村资源资产市场化的基本要求**

农村资源资产市场化的实现和水平提高,必须建立在完善的农村市场体系和健全的运行机制基础之上,合理调控下的市场经济功能和作用才成正常的发挥。

(1)健全的农村市场体系。市场体系是市场经济存在和运行的物质载体,建立和形成一个健全的市场体系,是农村资源资产市场化的最基本要求。基于目前市场体系建设,要在有一定比较成熟的农产品市场、农业要素市场和农村消费品市场基础上,进一步推进农村产权市场的发展水平和层次,重点培育农村资本市场中资源资产产权交易市场及其市场组织。在发展水平上,要逐步形成以期货市场为先导、批发市场为中心,以连锁超市、集贸市场、便民零售店等多种业态共存的网络化格局,形成多种类型、多级层次、互相促进、互相依存的市场有机统一体。

（2）完善的市场运行机制。市场运行机制是市场经济的灵魂和机能所在。农村资源资产市场化要求农村市场经济必须形成完善的运行机制，即无论是农产品批发市场，还是农业生产要素市场、农村消费品市场和农村产权市场，都要形成包括供求机制、竞争机制、价格机制以及由此决定的利益机制和进入退出机制在内的完善的市场运行机制，以确保市场体系能够健康、有效地运转起来，有效配置资源的功能得到正常发挥。

（3）规范的市场关系。市场关系是指市场主体之间的关系，而规范的市场关系是市场经济发展不可缺少的重要条件。市场经济不是无序的、放任自流的，它是由法律、规则及规范制约和调节的。农村资源资产市场化要求各级政府及相关部门必须及时跟进建立健全适应农村市场经济发展要求的法律和规章，并以此规范农村市场主体和参与农村经济发展的其他市场主体的行为，形成符合市场经济法制化要求的市场关系。通过建立井井有条的市场秩序，保证农村市场主体之间能够公开、公平地参与市场竞争，市场主体能够在市场上以平等的契约关系进行商品和服务的交换，保证农村市场健康有序的发展。

（4）适度、有效的宏观调控。在农村市场经济发展过程中，市场经济所具有的盲目性、自发性、滞后性等负面因素同样会对农村经济的发展产生消极影响，需要在市场机制对资源配置、产品生产和流通起主要作用或基础作用的基础上，充分发挥社会主义基本制度的优势，建立起完善、有效的政府宏观调控机制，对农村市场经济发展中存在的各种消极因素，采取经济、行政、法律等手段及时进行适度、有效的调控，解决市场调节"失灵"问题，保障农村市场持续稳定发展。我国农村各地市场发育基础差、环境复杂，改革不能一蹴而就，更不能搞一刀切。因此，宏观调控始终要坚持采取渐进平稳、统筹协调、分类指导、因地制宜、突破创新的方式，稳步推动农村资源资产市场化改革进程。

**3. 实现农村资源资产市场化的路径（毛科军，2010）**

（1）培育多元的新型市场主体，确立农村集体经济组织和农民的完整市场主体地位。市场运行的有序化，关键在于农村市场主体的建设。因此，培育新型的多元化的农村市场主体，全面提高农村市场主体的素质和组织化程度，已成为现实的选择。市场主体，即买方、卖方、中介方必须是具有自身经济利益、自主经营、自负盈亏的经济主体，而不是政府机构的附属物。完整的市场主体应该在两个方面实现平等。首先是经济上的平等。经济上的平等主要是确立农民和集体经济组织真正的产权主体地位，也就是农民和集体经济组织作为产权主体享有所有权、使用权（或经营权）、处置权和收益权等一组完整的权利。其次是政治上的平等，作为中华人民共和国的公民和基本经济组织，无论是自然人还是法人，都享有平等的政治权利。围绕这两个平等，重构法律法规体系，修改完善、废除已有的否定市场经济改革取向的法律法规，制定有利于促进、规范农村商品经济、市场经济发展的法律法规体系。当前的重点是修订土地、户籍、社会保障、就业、选举、公共财政、组织、结社等方面的法律法规。完善法规、实现平等，必须消除那种不相信、不尊重农民的愚民思想，改变那种认为农民狭隘、行为非理性的观念，制止那种千方百计代替农民决策、充当救世主的行为。农民和集体经济组织作为完整的市场主体，有权力对自己的资源和财产进行开发利用，其形式包括出售、租赁、股份化、合资、抵押质押等。而不需要由别的主体去代替，除非在他们自愿的条件下。无论是农户、企业还是作为劳动者和消费者的个人，都能对自己的经济行为进行独立决策，自行行使包括选择行为方式、生活方式、获利方式的权力，确立市场中的主体地位。稳定和完善以家庭承包经营为基础、统分结合的双层经营体制，进一步确立了农户的市场经济主体地位，保护农民的物质利益，尊重他们的政治民主权利，充分调动农民的积极性，是农村市场改革成功的基本保证。同时加速发展壮大农村多元化市场主体，包括农民、农村集体经济组织、乡镇企业、农民专业合作社、供销合作社等，促进农村市场化进程。

(2)加快农村资源农民资产的商品化步伐。市场经济的前提是商品化，农村资源资产之所以没有很好地市场化资本化，关键在于农村的资源资产没有适度地商品化。也就是说，农村资源资产的商品化程度决定着农村的市场化资本化程度。

如何加快农村资源资产的商品化？一是在理论和实践上承认一切有价值或使用价值的物品都是商品，比如农村土地资源、农民的房地产、农民的技术发明创造（技术专利权），乃至农民的货币资产、农民自身的劳动力等。二是允许或鼓励商品的自由流动。在商品经济条件下，社会生产的分工十分发达,人们生产的目的是获得商品价值,而商品只有经过交换、流动才能实现其价值。这个规律也适用于社会主义市场经济,只不过在中国特色的市场经济体制下,有的商品流动和交换的是商品的一切权利,包括所有权、使用或经营权、处置权和收益权,例如绝大部分农产品、部分基础设施、机器设备等;有的商品流动和交换的是商品的部分权利,例如农民的宅基地、部分集体建设用地、农民的耕地承包经营权等。需要强调的是,在现代产权制度和现代企业制度下,由于产权权能分离性的特点,其流动和交换也呈分离或不完全的特点。三是实行等价交换的原则。商品的流动与交换,其价格是由市场供需来决定的,而不是由政府来定价。除特殊情况,商品流动和交换价格应由买卖双方协商决定。

(3)全面推进农村产权制度改革,加快建立和完善农村产权交易市场体系。在确立市场主体、加快农村商品化的条件下,如何保证农村资源资产规范、有序、公开、公正、高效流动与交换是农村资源资产的市场化资本化的又一个大问题。对农村资源资产进行确权认证、建立农村产权交易组织、完善农村产权交易机制、制定农村产权交易政策、出台农村产权交易管理办法则是促进农村资源资产市场化资本化的主要工作。从经济学角度看,资源配置实际上是产权在经济参与者之间的分配,经济学的根本问题是经济效率,而产权的变动将影响到经济效率。德姆塞茨教授在考察了产权所带来的经济效率的变动问题后指出,产权的交易过程会导致效率提高,作为资源配置的结果,如果通过产权交换,每个当事人都得到更多的福利。

农村产权制度的改革是多方面的,应以农村土地产权制度改革、农村金融产权改革为中心,以集体经济组织产权制度改革为重点全面推进农村产权制度改革。当前应重点抓好3件事,一是对农村资源资产进行确权颁证,主要是对农村集体的土地、企业、房产等资源资产,对农民的土地承包经营权、宅基地、房产、生产与生活设施等资产,乃至对农村集体经济组织、农民的债权、股权、知识产权等进行产权认定,明确归属,界定权利,颁发产权证书。二是建立农村产权交易机构。这个产权交易机构必须承担3种职能:①农村产权信息服务,包括搜集、整理、发布与分析,成为农村产权的信息平台;②农村产权交易服务,包括资源资产的评估、过户、结算等,成为农村产权的交易平台;③农村产权招商引资服务,包括协调外部客商购买农村产品,投入资金、技术等开发农村资源和资产,成为农村产权的投融资平台。第三是研究制定农村产权交易的政策及管理体系。政策的着眼点应该是鼓励支持性质的,也就是将农村产权交易作为缩小城乡差别、推进农村发展、提高农民收入的战略性、公益性举措,在起步阶段给予财政扶持,并支持城市产权交易公司、企业等为农村产权交易提供服务,或无偿、低偿,或由财政给予补贴。

(4)积极开展农村资源资产市场化资本化试点。农村资源资产市场化资本化符合社会主义市场经济理论不断发展和完善的要求,符合党的十七届三中全会精神,符合新阶段农村改革发展稳定的实践,是利国利民的大好事,必须积极探索,总结经验,加快推广。当前要重点在以下几个方面开展试点。一是"权"的市场化资本化试点。主要是对土地承包经营权、林权、宅基地使用权、集体建设用地使用权、股权、债权、知识产权等,开展租赁、出售、转让、抵押质押等资本化形式试点,促进"权"的流转与交易,达到以"权"换资本、换收入从而促进农村发展、农民增收的目的。二是"物"的市场化资本化试点,主要是对农村集体经济组织和农民资产(包括房产、地产、企业产、农业设施、农产品、其他资源等)开展租赁、出售、转让、抵押质押等资本化形式试点,促进"物"的流转与交易,达到以"物"换资本、换收入从而促进农村发展、农民增收的目的。三是"货币"的市场化资本化试点,主要是通过创新农村金融体制,探索发展农村合作金融组织、农民合作金融组织、各种资金互助组织等,将农民手中的货币转化为农村发展的资本,破解农村发展资本短缺的难题。推进农村资源农民资产市场化和资本化既是一个理论难题,也是一个实践难题,更是要突破许多目前仍在执行的、不符合发展实际、亟须修订或从根本上否定的法律法规和政策,它的意义不亚于30多年前的农村联产承包责任制改革,而它的阻力和难度则要超过30多年前的改革。所以,需要战略眼光,需要勇气,需要严谨,需要循序渐进,更需要理解、支持、宽容。

(5)进一步完善农村社会保障制度,营造良好的市场化外部环境。由于现行农村社会保障制度的局限性和社会保障资金不足,农民对土地保障的依赖性增强,对土地的流转慎之又慎,这制约着土地流转和土地资源合理利用。因此,建立与完善农村社会保障制度,解除农民的后顾之忧,是推进农村合理配置农村资源资产,发展农村经济的必然要求。首先,加强农村社会保障法制建设,提供强有力的法律保障。由于法律制度的不完善给农村保障制度的建设带来了一系列问题,如保障对象不明确、保障资金来源不稳定、保障管理方面的随意性和盲目性等。因此,要根据我国农村的现实情况建立社会法律保障体系,提高社会保障的管理水平。通过立法的方式,把建立和完善农村社会保障制度纳入法制的轨道。其次,改善农村社会保障资金筹资方式,完善保障资金的运行机制。可以采取政府积极引导和农村自愿相结合的原则,通过有关政策大力发展集体经济,来强化农村集体对保障资金的投入。

### 三、农村资源资产的资本化剖析

#### 1.资本概述

(1)资本内涵与类型。经济学视野中的资本内涵随着社会和经济的不断发展而日益丰富。关于资本的定义最早见于 1678 年出版的《凯奇·德福雷斯词典》,资本被定义为产生利息的"本钱"。古典经济学家亚当·斯密认为用以投资并给投资者提供收入和利润的财物就是"资本",强调资本积累是促进经济增长的首要因素。萨伊提出了"生产三要素"说,将资本与劳动、土地并列为生产的 3 个要素。新古典综合派的萨缪尔森明确了"资本是一种不同形式的生产要素,资本(或资本品)是一种生产出来的生产要素,一种本身就是经济的产出的耐用品。"马克思从阶级分析出发既承认了资本的自然属性,又揭示了资本的社会属性,认为"资本不是物,而是一定的、社会的、属于一定历史社会形态的生产关系,它体现在一个物上,并赋予这个物以特有的社会性质"。20 世纪 50 年代美国经济学家舒尔茨和贝克通过对社会经济增长的研究,突破了相对狭隘的货币资本和物质资本的局限,提出了"人力资本"的概念,使"资本"的概念摆脱了具体的物质形态,成为可以带来价值增值的所有物质与非物质资源的代名词,实现了"资本"向广义的扩展。社会学家布尔迪厄提出了文化资本,经济学家格林·洛瑞提出了社会资本的概念,1987年的《布伦特兰报告》在阐述可持续发展思想时,提出了"生态资本"的概念。

(2)资源、资产与资本的关系。资源、资产与资本三者之间紧密联系,呈递进关系,在一定条件下能够转化。资源是资产的基础、载体和来源,资源、资产是资本的源泉,是潜在的资本,是资本得以形成的基础,资本是资源和资产实现其价值增值的结果。同时,三者之间也存在着明显的区别。资本是已经开发了的资源或资产,是通过对资源、资产的开发和利用,通过一定的方式加以转化而形成的。资本强调的是"价值增值性",资本的目的是追求利润,这是资本与资源、资产最本质的区别。资源的质量水平影响着资本效用的发挥,优质的资源能更好地转换成资本。资产也只有投入到再生产领域,与劳动结合起来,追求价值的增值时才成为资本。并不是所有的资源、资产都有资本的属性,只有其中经过社会的交易、流通、服务等领域,以转化的形式即产品、商品来满足和引导人们的需求,从而产生价值增量效应的那部分资源和资产才可以称为资本。

(3)资本的特点。总的来说,资本一般具有以下特点:第一,增值性。即资本能够产生大于自身的价值,这是资本运动的最根本特性,也是资本的目的所在。马克思指出,资本只有一种生活本能,这就是增值自身,获取剩余价值,用自己的不变部分即生产资料吮吸尽可能多的剩余劳动。这也揭示了资本的生活本能在于增值自身,而资本唯有能增值自身价值才能够成其为资本。第二,流动性。即资本要求不断处于运动状态,流动性是实现资本增值的必要条件,资本的价值增值只能在运动中实现。第三,风险性。资本是为将来提供消费服务或形成更多的资本,而将来具有许多不确定性,因此资本具有风险性,但风险是压力的同时,又是一种动力,因为风险越大,收益越大。

(4)对资本作用的认识。资本在我国经历了一个从否定到怀疑,从批判式接受到正面认识的曲折的过程。新中国成立至改革开放前,传统观点认为资本是资本主义所特有的东西,社会主义不存在资本,资本是资本主义的一种象征,资本是反映资本家对雇佣工人的剥削。党的十四届三中全会通过的《中共中央关于建立社会主义市场经济体制若干问题的决定》中,首次肯定并采纳了资本这一重要范畴,它标志着我们对资本的认识达到了前所未有的高度,使新中国成立以来长时期被禁锢的资本得到了正名。认识到社会主义资本存在的客观事实与进步作用,是我国社会经济发展的迫切需要。

资本具有二重性,一方面从生产力角度讲,资本作为生产要素存在于一切市场经济中,它是商品经济发展的必然产物;另一方面从生产关系方面讲,资本在一定社会中必然体现出为该社会服务的属性。资本与资本主义政治体制相结合,资本就会姓资。资本与社会主义政治体制相结合就会产生性质截然不同的另一种资本——社会主义资本，社会主义资本积累的目的则是为了社会财富迅速增长，实现全体劳动者的共同富裕。在社会主义市场经济条件下，一切社会资源、一切生产要素，包括商品、劳务、房地产、金融资产、无形资产、产权、文化等，它们都可能以资本的身份加入到社会主义经济活动中，通过各种流动方式实现其价值的增值，资本将潜在的生产要素转化为现实的生产要素。

增加资本对经济发展有何意义？马克思曾指出："生产逐年扩大是由于两个原因：第一，由于投入生产的资本不断扩大；第二，由于资本使用的效率不断提高。"早期的经济学家们都强调资本对发展中国家的重要性，发展中国家往往由于两个循环导致这些国家的"贫困恶性循环"，一个循环是低下的收入形成低下的资本形成率；另一个循环是低下的人均收入导致购买力不足，在资本需求方面制约资本增长。资本不足是经济发展的"瓶颈"，资本形成是经济落后国家的中心问题。刘易斯在《经济增长理论》中指出："辛勤劳动与资本形成是经济增长的一个绝妙公式，没有辛勤劳动的资本形成也会产生巨人的增长，而没有资本形成的辛勤劳动对发展做出的贡献则微不足道。"发展经济学观点认为一个地方的经济发展过程，不过是资源向资本转化的过程。我国正处在由发展中国家向发达国家奋力追赶的时期，我国的农业和农村经济发展正处于调整转型的关键时期。在此背景下，资本力量对我国经济社会发展的推动作用是全方位的，尤其农村经济的发展更需要资本力量的推动，以促成农村经济持续高效发展。

用资本规律大力发展农村经济，能够将农村劳动、资源进行充分的生产结合，扩大经济规模，从而达到创造财富的目的，增加农民的财产性收入、非农业收入，改善生活，缩小城乡差距；可以引导多方投资，多渠道募集资金，引导城市资本流向农村，活跃农村经济，同时促进农村经济跨越式发展。不难看到，当前中国几乎所有知名的文明村都是乡村经济较发达，有一个甚至多个支柱产业的资本聚集村。赞誉为"天下第一村"的华西村就是典型实例，1999年华西集团成为全国第一家农村经济综合开发的上市公司，2004年年底，全村销售收入达到260.3亿元，2006年全村实现销售超300亿元，2010年超500亿元，每户村民的存款600万~2000万元。当然资本运营也存在风险，如果资本运营不好，不但不能增值，反而出现资本的损失和减少。

### 2. 资本化的内涵及基本条件

(1)资本化基本内涵。马克思指出,资本不是从来就有的,它是一个历史范畴,生产资料并非天然就是资本,商品流通是资本的起点,资本的生命在于运动,资本有一种不断超出自己的量的界限的欲望,即资本只能在运动中才能实现价值增值。只有在不停的运动中资本不仅保存了自身的价值,而且带来价值增值的预付价值才能转化为资本,资本必须不停地运动才能保持自己的本质。因此,资源资产必须向资本转化,这个向资本的转化过程与趋势就是资本化。资本化就是将被资本化的对象(资源、资产)转变为资本的过程,使被资本化的对象从一般意义上的无差别(或差别不大)的有用物(包括自然物和社会物),转化为具有商品性、能带来价值和剩余价值的特殊意义上的有差别的有用物,资源资产在资本化以后就会以各种形式向各种方向流动,以追求促进增值为目的,追寻能够实现最大资本的收益,这一过程客观上加快资源资产的配置速度,促进了资源资产的效率配置。

虽然资本化与资本运营本质上都是以利润最大化和价值增值为根本目的的经济活动,但是两者之间有一定的区别。资本运营侧重于使存量资本变为可以增值的活化资本,以最大限度地实现资本增值目标。而资本化不仅包含存量资本转化为活化资本,而且还包括资源资产向存量资本、活化资本的转化过程,可以说资本化是贯穿资源资产转变为资本实现价值增值的全过程。

(2)资本化基本条件。市场化与资本化对于经济的发展是互相促进、密不可分的。农村资源资产的资本化需要在市场这个平台上才能实现,也只有在市场经济体制下,通过市场对资源资产的有效配置实现农村资源资产的效用最大的发挥,才能实现真正的资本化。反过来,市场化的水平越高,农村市场经济体制越加完善,就会为实现资本化创造了更加优越的市场环境和条件,进而促进了资本化的实现。

社会主义市场经济的内在要求决定资源资产必须要转化为资本,但这并不等于资源资产能够自发地转化为资本。现在农村资产资源的密集程度很高,但是资本的密集程度并不高,资本的整体运营水平很低。为什么农村这么多资产资源不能够资本化呢?不是农民集体经济组织和农民不愿意,而是没有资本化的条件。农村资源资产的资本化必须通过明晰产权、明确责任、量化价值等手段促使资源资产转变成资本,才能实现资源资产价值的最大增值目的。具体来说,资源资产要转化为资本实现增值,至少要具备4个条件:

第一,产权清晰。产权清晰就是明确界定资源、资产的所有权和使用权,以及在资源、资源使用中获益、受益、受损的边界和补偿原则,并规定产权交易的原则以及保护产权所有者利益等。产权边界、利益边界清晰,使人们在与他人的交换中形成明确的收益预期,从而为实现外部效应最大程度的内部化提供动力,可以有效解决"搭便车"或"偷懒"行为。具体来说,要对农村资源资产的产权,包括所有权及其衍生的占有权、使用权、经营权、收益权、处置权、让渡权等有确定的前提,明确各项权利之间的关系,明确产权主体尤其是农村集体经济组织和农户在资本化经营中的地位,发挥产权主体的能动性,最终才能确保资源资产在转化为资本的过程中归属清晰、权责明确、流转顺畅。

第二,流动性。对于资本而言,在同地同时同质同量上,其价值应是同等的,等量资本也应同责同权同利,没有人为的限制和歧视,可以进行随意的分割与再组合,并能为无数的投资者所拥有,可以自由流动。资源资产要实现资本化的转变,要发挥社会物的作用和效能,如果不能在市场中自主交易和自由流动,而由计划行政进行调控,那么资源只能是一般的自然物,资产也就不能实现增值,也就不能成为社会物——资本。农村的资源资产不能发挥资本作用,其中一重要原因就是产权权能不能自由流动,致使农村的市场化水平远落后于城市。

第三,价值明确。价格是资本交换的产物,是资本资源配置的基本机制。通过对资源资产进行合理定量,明确资源资产价值,对实现资本化和价值增值收益的公平分配都具有重要的现实意义。资产具有价值并且可以计量这是资产本质所确定的,毋庸置疑。但是作为资源,长期以来由于对马克思劳动价值论的片面理解出现了"产品高价、原料低价、资源无价"的不合理现象,导致对资源的无偿占有、掠夺性开发和浪费使用。西方经济学的效用价值论认为,自然资源具有能够满足人的欲望的能力,相对人类需要的无限性,其数量的有限产生稀缺,于是自然资源有价值成为不可避免的事。促使农村资源资产实现市场化资本化运营,前提是资源资产的价值明确,才能保障交易双方的公平合理的交易。

第四,完善的市场机制。著名经济学家萨缪尔森指出:"在社会资源和技术既定时,即使是最有能力的计划者,使用最高级的计算机,制订最天才的重新配置计划,他也无法找出比竞争市场更好的解决方案。"可见,要实现资源资产的最大增值,就必须通过市场交易,让资源资产的价值脱离实物载体,并能为无数的投资者所拥有,自由地向资本报酬率高的方向流动,在这过程当中就要有一系列公平的交易制度,规范各种交易行为,才能保证每一个进入市场的主体进行公平竞争、合法交易。所以市场是实现资源资产资本化的载体,而健全的市场交易体系和交易制度是实现资本化的保障。但是目前中国农村市场体制还不完善,需要在现有的体制下进行大胆的创新,促使农村资本化上台阶。

### 3. 农村资源资产资本化的基本路径

为实现农村资源资产资本化的有序推进,根本改变农村资源资产的廉价和无偿使用体制,从制度入手改变农村的资源资产和资本分离式的落后管理模式,建立起农村资源资产资本"三位一体"的管理新体制,以"土地资源资本化、人力资源资本化和加大金融资本注入"为突破点,实现农村资源资产资本化进入快车道。

(1)基于集体资产清查和确权深化农村集体产权制度改革。农村集体产权制度改革是推行农村资源资产资本化的关键之举。按照明晰所有权、放活经营权、落实处置权、保障收益权的思路,以"还权赋能"为核心,构建"归属清晰、权能完整、流转顺畅、保护严格"的现代农村集体产权制度体系,鼓励具备条件的地方推进农村集体产权股份合作制改革,促进农村"三资"权属明晰化、配置市场化、要素资本化、管理规范化,为农村经济加快发展提供制度保障。农村集体资产产权制度变革是保障集体资产安全、维护农民合法权益的现实需要,是完善农村市场经济体制的迫切要求,也是激发农业农村发展活力的内在要求。

搞好农村集体资产清产核资和确权发证是农村集体产权制度改革的基础,是发展壮大集体经济和维护农村社会稳定的迫切需要。第一,清查要保证完整性。集体资产的清查应该包括属于集体经济组织全体成员集体所有的经营性资产、非经营性资产和资源性资产,核查除集体资产清产核资外还应包括集体经济组织的债权和债务。第二,进行资产估价与价值重估。包括3个方面,一是资产估价,是指对集体经济组织集体所有的无原始凭证的资产酌情进行估价;二是资产价值重估,是指对集体经济组织集体所有的资产中账面价值与实际价值背离较大的主要固定资产进行价值重估;三是资源性资产以数量、面积等为单位进行清查的基础上要进一步推进资源性资产价值评估,并用货币计价。第三,股份量化和确权发证。在确定股份量化人员的基础上,将集体资产股份量化到人,并由集体经济组织向股权人颁发农村集体资产股权证。通过科学量化、重新配置、合理界定集体资产产权,集体经济组织成员对集体资产占有权、收益权和处置权以股份的形式得到实现,从制度上最大限度维护农村集体经济组织及其成员的权益。

按照 2013 年中央一号文件的精神,全面开展农村土地确权登记颁证工作。健全农村土地承包经营权登记制度,强化对农村耕地、林地等各类土地承包经营权的物权保护。用 5 年时间基本完成农村土地承包经营权确权登记颁证工作,妥善解决农户承包地块面积不准、四至不清等问题。加快包括农村宅基地在内的农村集体土地所有权和建设用地使用权地籍调查,尽快完成确权登记颁证工作。深化集体林权制度改革,提高林权证发证率和到户率。农村土地确权登记颁证工作经费纳入地方财政预算,中央财政予以补助。据全国加快推进农村集体土地确权登记发证工作领导小组办公室透露,截至 2012 年 9 月底,全国农村集体土地所有权确权登记发证率按宗地统计达到 83%。全国集体土地所有权应发证面积 4.467 亿公顷,已发证面积 3.367亿公顷,发证率为 75%。

(2)加强农村集体资产资本化制度建设和方式创新。在深化农村集体产权制度改革、清产核资的基础上,积极探索和建立起适应市场经济发展的一种"产权明晰、责任明确、民主监督、管理科学"的运行机制和管理体制,建立起农村资源资产资本"三位一体"的管理新体制,搭建交易平台,建立规范透明的集体资产交易市场,提高农村集体资产经营管理的水平。以清产核资、资产量化、股权管理为主要内容,加快推进农村集体"三资"管理的制度化、规范化、信息化。健全农村集体财务预决算、收入管理、开支审批、资产台账和资源登记等制度,严格农村集体资产承包、租赁、处置和资源开发利用的民主程序,加快建设农村集体"三资"信息化监管平台。因地制宜探索集体经济多种有效实现形式,不断壮大集体经济实力。

在一些经济发达地区,农村集体资产资本化运作方面形成了各具特色的模式,取得了许多的成功经验,农村集体资产资本化运作的水平在不断提高,以下举三例简要介绍。第一,政府推动下的乡镇企业主导型——苏南模式。特点是以乡镇政府为主组织资源的方式对集体资产进行管理,政府出面组织土地、资本和劳动力等生产资料出资办企业,具有速度快、成本低的优势,使得苏南地区很快跨越资本原始积累阶段,实现了苏南乡镇企业在全国的领先发展。一方面乡镇企业可以以较低的成本获取原始资本,比如土地的取得,实现资本积累;另一方面,乡镇地方政府特殊的身份和信誉为乡镇企业的发展提供了多方的便利。但是随着市场经济的发展,这种模式弊端逐渐显现,乡镇企业负担重,自我积累能力有弱化趋势;政企不分的集体产权制度安排的隐患,管理效率低下等问题会不断显现;集体资产管理水平低造成大量集体资产的流失。第二,集体统一经营型——华西模式。华西村坚持以集体统一经营为主,农村集体资产集体管理,共同拥有,同时大力兴办乡镇工业,巩固和发展了集体经济。在大力度整合全村钢铁、毛纺、旅游等企业资源的基础上组建了华西集团。华西村 1978 年实现百万元村、1988 年实现亿元村、2003 年实现 100 亿元村、2005 年实现 300 亿元村、2012 年实现 580 亿元村……华西模式在乡镇企业管理上通过华西集团建立强有力的调控机制,在收入分配上建立奖罚分明的激励约束机制,通过按劳分配、少取多留、共同投资的分配方式为华西集体经济发展积累大量的发展资金,而且还把个人利益与集体利益紧紧捆在一起,形成了较强的向心力,发挥集体的力量实现共同富裕。第三,集体资产的股份合作制型——广东"天河模式"、山东"周村模式"。广州天河区是较早成功地把企业股份合作制引入到村级集体资产管理改革中的地区之一。广州"天河模式"是典型的社区型股份合作模式,是以行政村和自然村为单位把集体资产折股量化到村民个体;在行政村一级设立股份合作经济联社,在自然村一级设立股份经济合作社,两级合作社互不隶属,没有互相参股,独立运营;设置集体股、社员分配股和现金股,其中集体股占 60% 以上,后期实践中逐步取消了集体股,使个人分配股占据了股本结构的主要地位。山东淄博的"周村模式"是一种典型的企业型股份合作制模式,是由乡镇企业引入股份制机制改造而形成的。"周村模式"的显著特点是在股权设置上集体股占据了绝对主体地位,企业的集体股份占比超过70%,行政意愿通过集体股的方式参与企业的经营管理,加强对股份合作社集体资产的保护。在股权管理上,个人股作为对原始村民的劳动补偿,村民个人享有按照股份多少分红的收益权,但对个人所持有的股份并没有所有权和处置权,不准买卖、转让或继承。以上介绍的发展模式都有各自的特点,也有共同点。他们都抓住了市场的先机,充分利用了当地优良的资金优势、人才优势、技术和区位等优势;尤其不能忽略的是集体资产资本化进程中"能人"的带动作用。

(3)以农村土地资源资本化为突破口。中国农村和农民问题核心是土地问题。面对农村市场化经济体制的不断深化,农村土地资源如何发挥好其解决农村问题、农民问题的先导作用,出路在于农村土地资源的市场化资本化。土地资源资本化过程实质是通过建立规范的土地产权制度,使土地进入市场流动,发挥市场机制对土地资源优化配置的作用,从而实现增值的过程。通过土地资源的资本化,有利于土地资源的资产价值被挖掘和认同,优化农村大量的存量土地资源,将农村的巨大的沉睡的"土地资源资产"唤醒,促进土地资源配置合理化和资产效益最大化,有利于将现代资本运营和市场经营理念、制度引入土地资源管理和农业经营领域,从而实现土地资源高效利用和发展。农村土地资源资本化可以盘活农村资产,提高农村土地资产收益和农民财产性收入,以及农业规模经营效率,已经成为当前农村经济发展的一种必然选择,同时也已经成为现实。

土地资本化是通过土地产权的资本化实现的,包括土地所有权和使用权的资本化,因此完整意义上的农村土地资源资本化也理应包括这两个方面。但目前的一些学者片面地认为农村土地资源资本化就是农村土地使用权的资本化,而否认了农村土地所有权的资本化,这实际上是否认了农村集体土地向国有土地的转变,否认了这种转变所带来的增值。现实的一些研究数据,已经证实在农村集体土地向国有土地的转变过程中的增值。如2006年乔新生在人民论坛上发文指出:"自1979年改革开放以来,全国平均每年各种建设占地40万亩以上,25年共征用了农村耕地1亿亩左右,失去土地的农民从征用土地中得到的经济补偿最多不超过5000亿元,国家和城市工商业从农村集体土地转让中积累了 9 万多亿元的资产。"这说明农村土地所有权资本化是可能的,也是现实的,尽管在国家征地过程中这种资本化是被动的,而且资本化的增值并不是被农村集体完全享有。

第一,农村集体土地所有权资本化。农村集体土地所有权资本化是农村土地所有权权益在流动中的增值。简单来说,就是农村集体土地所有权权属发生变更,一种是通过国家征收方式,土地由农村集体所有变成国家所有,严格意义上讲这是一种被动的、不完全的资本化。国家征收方式实现的土地资本化之所以称之为被动的、不完全的资本化,是由征地的性质决定的。土地征收是指国家为了社会公共利益的需要,依据法律规定的程序和批准权限批准,并依法给予农村集体经济组织及农民补偿后,将农民集体所有土地使用权收归国有的行政行为。土地征收具有强制性,农民集体是被动,征地补偿谈判处于弱势地位,尽管如此征地给予农民集体和农民的补偿在一定程度上实现了农村土地集体所有权的价值,但是补偿之低已是公认的事实。例如,据有关资料,2010 年全国总共出让 642 万亩土地,总价款是 2.7 万亿元,平均每亩地的价款是 43 万元,而要完成土地的"七通一平"(不含其他公共产品的投资)每亩大约要 30 万元,三项费用平均约 10 万元(新增建设用地土地有偿使用费、耕地开垦费、耕地占用税),剩下的征地拆迁费用每亩仅 3 万元,明显存在征地补偿过低甚至价格"倒挂"的问题。一些地方因此出现了"以租代征",即未经农用地转用审批,通过租用农村集体农用地进行非农业建设,擅自扩大建设用地规模,通过这种方式规避依法审批、规避依法缴纳新增建设用地有偿使用费、规避依法缴纳征地补偿费和安置补助费,来实现集体土地的高溢价。

另一种是集体土地国有化转变,即由农村集体经济组织主动将集体所有性质的土地变为国家所有,先由国家征收,变为国家所有的土地以后,在政府组织出让条件下重新获得原有土地的国有土地使用权,实质是农村集体经济组织为获得国有土地使用权的过程,是主动的资本化。而征收的结果是完全剥夺了农民对土地的自主非农化发展权、处分权,无法在自己的土地上实现土地资本长期收益权。也因此,一些经济发达地区,市场意识超前的农村集体经济组织开始为获得自己所拥有的土地的长期收益权,通过将集体土地变性为国有土地的"华丽转变",跳跃了农村土地发展的种种限制(如不能抵押），充分实现了土地资源资产的资本化。这里暂且不论转变操作过程中合规与不合规的问题，就这种集体土地国有化转变的现实存在，说明农村集体经济组织市场意识的增强，在利益驱动下不断找寻使集体土地收益最大化的实现方式。对天津某镇调研，2011 年农村耕地转变为国有建设用地的费用达到每亩 30 万元左右，其中包括耕地征用费每亩 12 万元，集体建设用地变性为国有建设用地的费用每亩 8 万元，走招拍挂费用（实际是自挂自摘）外加每亩 2 万元，九通一平配套费用达每亩 10 万元，总计熟地价达到每亩 30 万元左右，但是这一过程要耗费一年多的时间，如此高的交易成本，村集体是有苦难言。但集体组织也"乐在其中"，因为通过这种曲折道路换来的 1000 亩国有出让性质的建设用地上，已经形成了 3 个大的工业园区，园区内年租金收入达 4000 万元，每年园区企业税收返还到镇一级的就达 3000 万元。在一些文献资料中发现这种做法在市场经济发达地区普遍存在，这让我们深思，为何农民不能在自己的土地上直接实现资本化收益，能否利用土地资本化这一契机，进一步探索和改革农村土地制度创新之路，让农民也能完全享受城市化、工业化进程的土地收益。改革的道路不是一帆风顺的，因为如果让农民在自己的土地上直接实现资本化，政府将丧失了土地增值部分，地方政府利益会受损，因此政府实施改革的动力不足。

第二，农村集体土地使用权资本化——土地发展权的实现。主要有 4 种基本途径。一是土地承包经营权资本化。2002 年《中华人民共和国农村土地承包法》的颁布标志着我国农村土地承包经营权流转制度的正式确立，为土地承包经营权资本化铺平了道路。2007 年颁布的《中华人民共和国物权法》对农村土地承包经营权的流转机制和用益物权的性质予以了承认，土地承包经营权成为独立于土地所有权的特定的用益物权，为土地承包经营权的资本化奠定了法律基础。《中华人民共和国物权法》第一百二十八条规定："农村土地承包经营权人依照农村土地承包法的规定，有权将农村土地承包经营权采取转包、互换、转让等方式流转。"近年来中央一号文件也都强调加强土地承包经营权流转管理和服务，健全流转市场，在依法自愿有偿流转的基础上发展多种形式的适度规模经营。土地承包经营权资本化实践已经广泛存在，并还在进一步深化。在成都、重庆两地统筹城乡的改革试验中，把农民土地承包经营权资本化作为一种重大的制度变革进行探索，如成都的农民以土地承包经营权换社保、重庆的农民以土地承包经营权入股办股份合作制企业。2008 年山东枣庄市开始农村土地使用权抵押担保的尝试性改革,形成了以农村土地使用权确权、土地使用权交易市场、土地合作社、金融服务"四位一体"的土地流转模式,为土地使用权资本化和合法抵押奠定了基础。

二是土地利用方式转变实现资本化,即由农用地变为建设用地。尽管 1998 年施行的是修订后的《中华人民共和国土地管理法》,国家对土地实行用途管制,但在此前,一些经济发达的地区,市场意识超前的农村已经在农用地转变为建设用地中获得了大量的收益。以北京郑各庄村为例,20 世纪 90 年代,北京郑各庄村在土地政策中抢占先机,通过农用地转为建设用地获得第一桶金,为其后来成为远近闻名的富裕村奠定了基础。郑各庄村集体在 1999 年至 2000 年的两年中逐步将村中 1600 多亩耕地整理置换为建设用地,当时的复垦费大致一亩地 8 万~10 万元。村办企业宏福集团通过农民"上楼",盘活宅基地节约的 800 亩存量集体建设用地,该集团拥有了 2400 亩土地的开发经营权。宏福集团通过开发住宅、搞企业、租厂房,在这片土地上获得了巨大收益,集团的资产从 1999 年的 3000 万元,达到目前的 50 亿元。郑各庄村党支部书记黄福水坦言,当初郑各庄村将农用耕地大部分转为集体建设用地是"钻了政策"的空子,如今北京有哪个村子想要效仿郑各庄村,已经很难了。目前困扰宏福集团继续前行的问题,并不是去哪里找项目,而是将自己拥有的资产更多地变为资本。因为宏福集团是在集体建设用地上的企业,因此不能从银行获得抵押贷款进行跨越式发展,只能单纯依靠企业自己的积累资金来发展。目前宏福集团"温都水城"项目所在的地块正在办理集体土地国有化,宏福集团将为此缴纳土地出让金以及相应的罚金,总计将有 1.2 亿元,可见农村土地资源真正实现资本化还需要排除更多的障碍。

三是农村集体建设用地使用权资本化。对于农村集体建设用地进入市场,现行法律规定非常严格。《中华人民共和国土地管理法》第六十三条规定:"农民集体所有土地使用权不得出让、转让或出租用于非农建设;但是,符合土地利用总体规划并依法取得建设用地的企业,因破产、兼并等情形致使土地使用权依法收回转移的除外。"可见,除个别情形,农村集体建设用地使用权的流转在法律上是被限制甚至禁止的,农村建设用地使用权资本化缺乏法律支持。但随着市场经济的快速发展、城市化进程的逐步加快,集体建设用地的资本属性与市场需求特征也日渐显露,农村建设用地使用权资本化的实践在农村资源资产资本化中是最活跃的,也是处于最为重要的地位。以出让、转让、出租、作价(入股)投资等形式自发流转集体建设用地使用权早已存在,并呈现不断扩大趋势,已经演变为关系错综复杂而庞大的集体建设用地"隐形市场",珠三角地区尤为典型。该地区的农村社区集体经济大多是以土地经营为主,即以土地出租、在土地上建厂房或商铺出租等形式获得土地非农收益,既是农村集体的主要收入来源,也是农民最直接稳定、最为长久的收益保障。据统计,珠三角地区近些年通过自发流转方式使用农村集体建设用地实际超过集体建设用地存量的50%。(茹荣华,2009)宅基地使用权及其房屋的市场化资本化也早已大量存在,在建、已建小产权房分散而"隐秘"。这种自发的盲目的没有法律规范的农村建设用地使用权资本化,必然会引发负面的影响,如流转的权利缺乏可靠保障(如小产权房),违法用地屡禁不止,耕地保护受到冲击,城乡土地市场秩序混乱,农村的土地管理和执法工作困难等。建立城乡统一的建设用地市场,加快推进农村土地使用制度改革和集体建设用地使用权资本化,使农村建设用地在符合城乡统筹规划的前提下进入市场是顺应发展的客观需要。目前农村集体建设使用权资本化的实践已经走在了政策的前面,农村集体建设用地制度改革也在稳步推进,部分中央文件和地方政策已有突破。在深圳获批就存量农村集体建设用地直接入市交易进行试点之后,作为全国土地主管部门的国土资源部,已经开始考虑在全国范围内对农村经营性集体建设用地流转和入市交易进行改革——这项工作已经列入国土资源部工作重点,国土资源部已经部署开展"集体经营性建设用地流转指导意见"的研究工作,并有可能在2013年出台。

四是农村集体未利用地使用权资本化。目前我国未利用地面积总计超过40亿亩,占全国土地面积的近1/4。随着我国城市化、工业化进程的加快,人地矛盾日趋突出,合理开发使用未利用地,重点促进未利用地使用权资本化,无疑是缓解我国人地矛盾、破解资源瓶颈的重要途径。农村集体未利用土地使用权的资本化是走在农村集体土地资本化前列的,并得到了法律法规和政策的充分肯定。《中华人民共和国土地管理法》第三十八条中鼓励开发未利用的土地,且适宜开发为农用地的,应当优先开发成农用地。2008年国务院出台的《关于促进节约集约用地的通知》强调要积极引导使用未利用地,要求国土资源部门对适宜开发的未利用地作出规划,引导和鼓励将适宜建设的未利用地开发成建设用地。20世纪90年代初山西吕梁、山东等地并在全国许多地区广泛采取的市场化拍卖"四荒地"使用权,是农村资源市场化资本化程度较高的一种制度创新。《中华人民共和国农村土地承包法》也明确规定,农村土地承包采取农村集体经济组织内部的家庭承包方式,不宜采取家庭承包方式的荒山、荒沟、荒丘、荒滩等农村土地,可以采取招标、拍卖、公开协商等方式承包。尽管"四荒地"拍卖走在农村土地资源资本化市场化的前列,在资本化过程中依然问题重重,核心在于产权主体地位的缺失,农村集体产权不明晰,农民对集体未利用土地资产的权益也就无法得到保障,也就可能造成农村集体资产的流失。因此按照社会主义市场经济体制的要求,加快农村集体产权制度改革,完善未利用土地资本化运营的制度基础和市场环境,才能促使未利用土地使用权的真实价值充分实现,使未利用土地使用权资本化的增值为农民真正所享有。

综上,农村土地资源的资本化已成现实,深化农村土地资源资本化是大势所趋,但问题是如何提高农村土地资源资本化率,如何保证农村土地资源资本化的最大增值,就需要多角度地完善相关资本化政策和制度,需要多种手段去提高资本化水平,如加快农村集体产权制度改革,创新与市场经济接轨的土地产权制度,确立农民在土地资源资本化中的主体地位,规范土地资本化交易行为,理顺资本化市场秩序等。正如邓小平同志所说:"制度好,坏人无法做坏事;制度不好,好人无法做好事,甚至走向反面。"农村土地资源资本化中不合规的出现就是很好的例证。如果不从观念、法律、政策、规划以及行政管理体制方面按照社会主义市场经济体制下市场化资本化的总体要求进行系统化的改革;如果仍然采取城乡二元分治的办法,仍然忽视农民的应有的权益,不能赋予城乡平等的发展权,必将会引发更多的经济社会不和谐、不稳定问题。

(4)以农村人力资源资本化为核心。人力资源资本化就是将人力资源作为资本要素投入经济过程,实现由人力资源向人力资本的转化,从而实现人力资源的价值增值。人力资源只有在通过后天的教育、培训之后,并且进入到生产关系中才能转变为人力资本，即人力资源通过实现人力资本的转换才能实现其自身的价值增值；如果不进入到生产过程中，则其仍然是资源。人力资本较之物质资本具有收益主创性，是一种主动性资本，物质资本是被动性资本，如果物质资本没有人力资本的推动是运转不起来的，也就无法实现资本的价值增值。人力资本之父美国著名经济学家舒尔茨认为，促进农业生产力迅速增长和农业生产率提高的重要因素，不是自然资源、劳动或资本存量的增加，而是人力资本，即人的能力和素质。基于上述分析，人力资本的投资是经济增长的主要源泉。

农民是农村市场化进程的主体和基本力量，培养新型农民是农村市场化的内在要求，其过程实质是实现人力资源向人力资本的转化。目前我国农村普遍存在人力资源总量过度"富足"与人力资本严重"贫困"的不对等现象，农村人力资源资本化步伐缓慢，已经成为制约新农村建设的关键因素。美国经济学家查尔斯·P.金德尔伯格在《经济发展》一书中指出："穷国致力于发展，其关键在于人力资本的形成。……对人力资本投资的某些(也许是全部)形式带有消费成分。教育可视为对生产能力的投资和消费能力的投资，同时它本身也可被视为就是消费。"舒尔茨关于人力资本理论的观点，认为人力资本是投资形成的。人力资本是对人口质量投资的结果，主要包括以下4种形式：一是正规教育。舒尔茨把教育投资作为人力资本投资的核心。二是在职培训。在职培训同样是提高劳动者工作能力、技术水平和熟练程度的重要人力投资形式。三是卫生医疗保健。劳动者体魄的强健和寿命的延长，将会对劳动策略和产量产生积极影响，具有重大的经济意义。四是劳动力国内外流动费用。劳动力流动是实现人力资本价值和增值的必要条件。从这4种形式看，我国目前农村人力资本的现状总体表现为：农村人力资本的质量低、投入不足、积累慢和流动不足。

我国农村劳动力文化水平依旧很低，教育投入少。第二次全国农业普查对农村劳动力资源与就业情况调查显示，2006年年末，农村劳动力(15岁及以上人口)资源总量为53100万人，其中，文盲3593万人，占6.8%；小学文化程度17341万人，占32.7%；初中文化程度26303万人，占49.5%；高中文化程度及以上5883万人，占11%。小学以下文化程度劳动力占到了近40%。2010年人口普查资料显示，农村16岁以上经济活动人口达到3985万人，其中，文盲 206 万人，占 5.22%；小学文化程度 1314 万人，占 33%；初中文化程度 2098 万人，占 52.67%；高中文化程度及以上 351 万人，仅占 8.93%。农村人力资源后劲还十分不足，受教育程度依旧不容乐观，来自农村的大学生毕业后很多脱离了土地，从事农业的农民还是以初中以下学历为主，初中及以下学历占到了 91%，大学专科及以上学历不到 2%，这种状态已经形成一种恶性循环，而在美国有 20% 的农民为大学学历。我国这种农村劳动力文化水平偏低的现状严重阻碍了农村市场化的进程。近年来国家投入农村的教育经费看似是逐年增大的，但仍然是供需缺口大。总体看我国教育投入不足一直是制约我国教育事业发展的"软肋"。2008 年，国家财政性教育经费支出占 GDP 的比例只达到 3.48%，2012 年提升到 GDP 的 4%，但仍然低于 4.5% 的世界平均水平，发达国家平均在 5.5%。城乡教育投入悬殊，城乡教育投入失衡也一直是不争的事实。教育资金向城市倾斜，农村教育经费投入严重不足，农村子女入学率、升学率和受教育程度远低于城市。农村职业教育资金投入也是严重不足，师资不足、质量不高等问题突出，致使近年来发展放缓，职业教育资金的来源渠道还是主要依靠国家财政拨款，农村职业教育的市场化进程远远落后于经济市场化进程。

根据人力资本理论，医疗卫生保健是人力资本的重要内容，劳动力的身体素质和直接影响家庭生产经营和收入水平。从农村医疗保健支出看，近年来有了较大幅度的提高，从 1980 年的人均 3.42 元增加到 2008 年的人均 246 元，2011 年的人均 437 元，医疗保健支出占生活消费支出的比重从 1980 年的 2% 不断上升到 2011 年的 9%。但是投资的相对量仍然很小，农村居民与城镇居民年人均医疗保健费用支出差距也越来越大。2011 年农村居民人均生活消费支出是 4733 元，其中人均医疗保健费用支出 437 元；而全国城镇居民年人均生活消费支出达到 15161 元，其中人均医疗保健费用支出是 969 元，是农村居民的 2.2 倍。其原因是农村经济发展程度相对较低，相应的农村医疗卫生保健事业发展也相对落后，健康状况已经成为制约农民脱贫致富的主要因素，也严重制约我国农村人力资本的开发和积累。

舒尔茨认为人口迁移本身就是一种投资，人力资本迁徙投资可以提高就业机会和收入。我国农村人力资本迁移量大，但是呈现出不对等的双向性。随着城市化进程的加快，非农工资水平不断提高，农村劳动力转移到非农产业的动机更强,机会更多。据统计,2002 年全国农村外出务工的劳动力达到 9400 万人,到 2012 年,仅上半年农村外出务工劳动力达到 16667 万人,同比增长 2.6%;上半年,外出务工劳动力月均收入 2200 元,同比增长 14.9%。但由于农村劳动力综合素质不高,使其就业大多集中于体能消耗型的制造业、建筑业等劳动密集型行业,使得农村劳动力转移主体就表现出青年群体性。随着劳动力体能的下降,由于户籍和社会保障制度的限制,他们不得不从城市返回到农村,表现出阶段性回流,进行二次就业转移,这并非像西方发达国家那样沿着从农村到城市的直线行进,而是表现出一去一回的双向不对等迁移。据有关研究,新中国成立以后农业院校培养的 130 万大中专毕业生,有 80 多万人离开了农业,40 多万虽然留在农业,但真正在第一线从事农业技术工作的只有 15 万人。农业部对农业院校毕业生去向的调查显示:一般农业大学仅有 26.7%毕业生去乡镇工作,重点农业大学仅有 13.7%毕业生去乡镇工作,大部分毕业生都没有回到农村。农村经济的发展,离不开大量优质的人力资本的投入,而这种不对等(质量和数量)的双向流动,必然导致农村经济发展后劲不足,农村地区的生活与社会基础弱化问题。

综上,建立社会主义新农村,更好地发展农村经济、富裕农民、夯实农业基础地位,构筑和谐社会,都离不开对农村人力资本的投资和积累,只有做好了农村人力资源资本化这项实现农村资源资产资本化的核心工程,才能有助于推动农村资源资产资本化工程推上一个新的台阶。而现实中存在的问题之多,让农村人力资源向人力资本的转化成为一项长期而艰巨的任务。

# 第二章  农村资源资产市场化资本化的主体性

一、农村资源资产市场化资本化主体

二、农村资源资产市场化资本化主体的利益

三、农村资源资产市场化资本化主体面临的风险

**内容提要：**目前农村市场化资本化主体呈现出多元性，包括政府、农村集体经济组织、农村合作经济组织、农民、涉农企业以及中介服务组织和个人等。由于现实中农村市场化资本化主体的主体性并不完整，在实现主体利益过程中，他们面临众多的利益冲突，主要是源于利益分配不合理不公平、产权不清、主体性缺失、不公平的市场竞争关系、不合理的资源资产占用、市场主体利益目标的不一致等导致的利益冲突。而且利益诉求数量和程度大幅提高，经济、政治和社会诉求交织，诉求渠道不畅日益突出，市场主体的利益诉求意识和诉求能力参差不齐。要倡导并推行利益共享机制、建立并完善利益诉求表达机制、建立利益保护和冲突管理机制，促进农村市场主体的利益实现途径。由于农村市场主体地位的缺失，整体素质偏低以及农村市场体系发育不健全等，增大了市场主体在市场化资本化进程中的经营管理和外部风险，降低了风险承受能力。必须加大市场化资本化主体的风险防范，包括发挥政府在主体风险防范中的主导作用，确立农村市场主体的主体地位以发挥风险防范的能动性和创造性，全面提升农村市场主体综合素质以提高风险管理能力，加快健全农村市场体系建设以降低风险发生概率。

从市场经济体制和发展规律看，市场主体进入市场从事经营活动前，必须要对其设立、法律地位、组织管理、权利义务、基本活动准则等内容进行规定，作为农村市场化资本化主体也不例外。目前农村市场化资本化主体呈现

出多元性,包括政府、农村集体经济组织、农村合作经济组织、农民、涉农企业以及中介服务组织和个人等。发挥市场主体在农村市场化资本化进程中的能动性和创造性,必须使市场主体能够成为改革的创造主体和价值主体。但现实中,农村市场化资本化主体的主体性并不完整,在实现主体利益诉求过程中面临众多的障碍和风险。只有培育和确立市场化资本化主体的主体性地位,尊重和确立起市场主体的自主权,才能从根本上激发市场主体的积极性。

## 一、农村资源资产市场化资本化主体

### 1. 产权明晰:主体性实现的基础

所谓主体性,就是指人作为社会活动主体的本质属性,应该包括人的能动性、创造性、自主性。马克思认为,主体之所以称为主体,就在于它是"能动的自然存在物",具有"自觉的能动性"。主体的"劳动是积极的、创造性的活动"。人作为社会活动的主体,正是通过创造活动,把自己从动物界分离出来;正是通过创造活动,人表现和确证了自己的主体力量,主体的地位逐步得到强化和巩固。作为主体者,其本身就含有主动、自主的意义。自主意味着对人身依附关系的排除,人们"了解自己本身,使自己成为衡量一切生活关系的尺度,按照自己的本质去估计这些关系,真正依照人的方式,根据自己的本性需要来安排世界,从而成为自己的社会结构的主人"。作为市场来说,其发展效率和水平决定了市场主体的经济行为,同时反过来,市场主体的经济行为又反作用于市场发展的水平及效率,市场经济活动的成败取决于市场主体的主体性及其发挥。市场经济,究其根本是一种主体经济,是市场主体之间从事交易活动的经济。马克思认为,人是认识和改造自然的主体,人之所以称为主体,不是来自人的本能或人的自然属性,而是来自人的社会实践,社会实践是考察主体性的出发点。这表明人和主体并不是完全等同的,只有具备主体性的人,才能成为活动的、现实的主体,实践是确证人的主体性的唯一介质,也是人的主体性形成和发展的基础。

农村社会主体市场经济体制的建立,在一定程度上极大提高了农村市场主体的主体性,但还远远没有让市场主体的主体性充分发挥。在市场化进程中农民主体性理应表现出:独立性,独立的社会地位和职业特征,有平等的发展机会,自主选择职业、劳动方式和参与农村基层政权组织的民主管理的权利;能动性,具有提升自身富裕和农村现代化的强烈进取心,有目的、有计划、积极主动的有意识的活动能力;创造性,能够为在改变自己命运和建设农业现代化中所体现的创新精神和创造性劳动,这是主体性的最高形式。

发挥农民的主体性,归根到底就是发挥农民在生产实践中的创造性,让其发展自己的存在、显示自己的存在,也就是要使农民自己成为能够创造的主体存在。而目前的情形则是,农民主体普遍失语,学者充当代言人、政府担任责任主体,这种状态极不正常。(常英,2006)作为市场主体的农民为什么主体性没有正常的发挥,这个可以从马克思的对主体认识的理论中找到答案。主体应是社会实践者、占有者、统治者、支配者、控制者、居中心地位者、起决定作用者等,即从事着实践活动和认识活动的人。只有当人具有主体意识、主体能力并现实地能动地认识和改造客体的时候,他才可能成为活动主体,具有主体性。假如他没有处在认识、实践之中,他就只是作为可能的主体或潜在的主体存在着,具有可能的或潜在的主体性,而不是现实的主体,不具有现实的主体性。因此,马克思认为主体性是人性前提下对于人的更高层次的规定性。党的第十七届三中全会也鲜明指出:"要充分发挥农民主体作用和首创精神,紧紧依靠亿万农民建设社会主义新农村。"党和国家已经将大力发挥农民的主体性放在了重要的位置。

由此不难理解,作为农村市场化资本化的主体——农民及其他市场主体的主体性并不是与生俱来的,而需要外在制度上首先赋予其市场主体地位,有效发挥制度的激励作用,才能激发其内在的主动性,农民及其他市场主体才能逐步成长为真正意义上的市场主体,成为农村资源资产市场化资本化的实践者、支配者、居中心地位者、起决定作用者,更是市场化资本化成果的享受者。制度是通过界定权利边界和人们的行为空间以实现组织目标最优化的政策体系和规范。制度与人的主体性的确立和发挥息息相关,一方面制度能够促进人的主体性的发展,另一方面不合理的制度安排也会侵害个人的自主权利,进而影响主体性的发挥。在众多的制度中,处于核心地位就是产权制度,30多年来中国经济体制改革的核心也是产权制度的改革,产权制度是整个市场经济体制的基础。因此赋予农民及其他市场主体的主体地位的前提就是要确立明晰的产权，明晰产权是主体的主动性实现的前提和基础，也是市场经济发展的客观要求。明晰的产权关系，能促使资源的拥有者能够在利益最大化的驱动下把资源投入到最有价值的使用中去，从而使资源配置达到效益最佳，实现整个社会资源运用效益的最大化。模糊的产权关系下，资源的归属不明确，每个人都能够无偿或者低成本使用资源而不承担相应的责任，市场主体无法预期其经济行为的利益流向，人们节约和高效利用资源的主动性就不会发挥，结果出现使用资源的低效率，过度使用资源或者利用不足，影响到市场的活跃与发展。因此，迫切需要推进农村产权制度改革，要在稳定和完善以家庭承包经营为基础、统分结合的双层经营体制下，进一步确立了农民及其他市场主体的市场经济主体地位，从法律制度上明确确立集体经济组织、农民及其他市场主体完整的产权主体地位，赋予相应的所有权、使用权、处置权和收益权等一组完整的权利，使他们能对自己的经济行为进行独立决策，自行行使应有的权力，尊重他们的政治民主权利，同时承担起应尽的义务，充分调动作为市场主体的主动性，这是农村市场改革成功的保证，也是推动农村市场进一步深化改革的原动力。

**2. 农村市场化资本化主体的形成**

农村市场化进程，不仅是农村资源资产的市场化资本化过程，同时也是市场主体的不断实践、完善的过程，农村经济体制改革也是在以健全和完善市场主体为核心进行展开的。市场主体是在市场经济体制下从事生产经营活动，享有权利和承担义务的个人和组织，包括经济产权主体、生产主体、经营主体、消费主体、需求主体以及利益主体等。相对应的市场客体是指构成市场经济的客观物质要素、客观机制和规律，包括各种商品、价格体系、市场体系、信息体系和市场规律等。市场主体、市场客体和市场环境统一构成了完整的市场经济体系。而市场主体是市场经济的核心，市场化运行水平关键在于市场主体的建设。

我国农村市场化资本化主体的形成经历了一个曲折漫长的过程。新中国成立之前，中国实行的是封建土地所有制，占乡村人口 10% 的地主和富农，占有约 70%~80% 的农村土地，而占乡村人口 90% 以上的贫农、中农、佃农却仅仅约占 20%~30% 的农村土地，大多数农民无地或者少地。新中国成立后，我国农村土地制度经历了根本性的变化，通过对封建地主土地的无偿没收和旧式富农土地的有偿征收,将土地按家庭、按人口平均分配分给无地或者少地的农民,实现了"耕者有其田",确立了农民个体土地私有制,农民真正获得了土地权利。到1952年土地改革基本完成时,农村土地除了依法属于国家所有的以外,都属于农民私人所有。为加快社会主义改造,全国范围内推行合作化运动,从"互助组"到"初级社",再到"高级社",农民由过去生产资料私有、拥有土地、自主生产、分散经营的个体农民,转变生产资料集体所有、失去土地、统一生产、统一经营的合作社社员,农村集体土地所有制得以建立。农村开始实行计划性的生产、分配制度,农民的组织化程度逐步提高,农民的政治、经济、社会等活动都开始在集体范围内完成,但农民的自主性却降低了。这一时期农民虽受到一定程度的国家管制,但仍可以在城乡之间自由流动与择业。为了巩固和发展农业合作化,从1958年开始全国掀起了人民公社化运动。公社确立了"三级所有,队为基础"所有者和组织体制,集体财产的所有权主体有3个,即公社、生产大队、生产队,但公社、生产大队、生产队三级主体是上下级关系,违反"一物一权"原则,不是真正意义上的所有权。这一时期高度集中的计划经济模式,对农民的生产、生活施行集中统一管理,国家采取了指令性生产计划、产品统购统销、限制自由贸易、关闭农村要素市场以及隔绝城乡人口流动等一系列措施,使得市场调节作用并未发挥,虽然农民的组织化程度得到空前提高,但却被牢牢限定在农村和土地上,农民没有自主生产和经营的权利,农民的自主性受到体制的压抑。

1978年的改革开放,家庭联产承包责任制的实施使中国农村市场发生了根本性的变化,确立了农民集体所有权的主体,虽然之后的农民集体所有权的主体随着一系列的法律、法规、政策不断明确。1982年《中华人民共和国宪法》确认了农村和城市郊区的土地属于集体所有,但无更具体的规定。1986年《中华人民共和国土地管理法》确认了三类集体所有权主体,包括村农民集体、村内农民集体和乡镇农民集体。2007年颁布的《中华人民共和国物权法》依然肯定以上三类主体。第五十九条规定农民集体所有的不动产和动产,属于本集体成员集体所有。第六十条规定对于集体所有的土地和森林、山岭、草原、荒地、滩涂等,依照下列规定行使所有权:属于村农民集体所有的,由村集体经济组织或者村民委员会代表集体行使所有权;分别属于村内两个以上农民集体所有的,由村内各该集体经济组织或者村民小组代表集体行使所有权;属于乡镇农民集体所有的,由乡镇集体经济组织代表集体行使所有权。与人民公社时期不同,这三类所有权主体对应的所有权的客体之间是相互独立的,不重叠。但是对集体所有的条文表述依然很抽象、缺乏更为具体的详细规定,结果导致农民集体所有权主体虚化,主体依旧模糊不清。

　　1978年开始的改革开放,不仅确立了农民集体所有权的主体,同时激活了农村亿万的市场主体,亿万农民成为独立的商品生产经营者。农民由公社社员转变为个体承包户,重新获得土地使用权,具有对土地的支配权、使用权和收益权,虽然土地的所有权仍归集体,但解决了农民在生产环节上的自主权,重新获得了生产经营自主权,获得了对自身劳动力的支配权,不在受政府和集体的强制性控制和干预。从理论上说,农户已经成为市场经济的市场主体,农民开始具备了作为市场主体的基本条件就是自主性,农户自主决定农业生产经营活动,承担经营风险,自负盈亏,农民成为劳动主体、利益主体和责任主体。1980年以后,严格的户籍管制也开始松动,农民的生产生活空间扩大,农民可以在产业间、区域、职业间进行流动。受到商品经济的冲击,作为独立的农村市场主体——农民开始发育,初步具备市场观念,一些生产专业大户、运销专业户开始诞生。1985年,统购统销制度开始解体,农民不再为计划任务所累,摆脱了农村和土地的束缚,大量的农业劳动力被解放出来,市场的推力和引力作用促成了各类市场主体大量涌现。在一些经济发达地区,离土农民、改制工人纷纷转身为民营经济性质的市场主体。1985年5月《解放日报》头版头条刊登《乡镇企业看苏南,家庭工业看浙南——温州三十三万人从事家庭工业》的报道,可见当时温州农村家庭工业发展态势之迅猛。从全国来看,农村市场发展虽然速度很快,但还处于逐渐完善阶段。20世纪初,中央政策研究室和农业部农研中心主持的全国农户调查资料显示:有50%的农户其土地产出仅可维持生存;有30%的农户其土地总产出中商品率低于30%;只有大约20%农户商品率高于30%。(温铁军,1995)由此看出,农村市场化水平还很低,同时农户真正成为农村市场主体还需时间的历练。

　　改革开放后社队企业发展成为农村经济新的增长点。社队企业是由农业生产合作社、农村人民公社和生产大队、生产队办起来的集体所有制企业,涉及农、林、牧、副、渔、工商等各个行业。社队企业有力地巩固和壮大了集体经济,吸纳大量农村劳动力就业,为农村集体资产注入了第一桶金。社队企业总产值从1978年的493.07亿元增加到1983年的1016.83亿元,吸收农村劳动力3235万人。1984年是社队企业发展的转折点,中共中央决定,在兴办社队企业的同时,鼓励农民个人兴办或联合兴办各类企业,农村企业发展滞后的局势得到了改观,从这时起社队企业也正式更名为乡镇企业。1978年乡镇企业产值占农村社会总产值的比重不到1/4,经过10年的快速发展到1987年首次超过了农业总产值,达52.4%,已成为农村经济的半壁江山。1988年,乡镇企业从业人员达到9495万人,总产值7018亿元,实现利税892亿元,分别比1978年增长2倍、13倍和7倍。邓小平说:"农村改革中,我们完全没有预料到的最大收获,就是乡镇企业发展起来了,异军突起。"这一时期的乡镇企业还逃脱不了"村村点火,户户冒烟"的窠臼,它的生产方式大部分以劳动密集型为主,市场竞争力缺乏。1989~1991年是乡镇企业的整顿提高阶段,国家采取了"调整、整顿、改造、提高"的方针。由于银根紧缩,大批乡镇企业被迫关停并转。1992年春天邓小平南方重要讲话的发表,使乡镇企业的发展带入一个新阶段。1996年乡镇企业从业人员和利税总额分别达到了1978年的4.8倍和56.8倍。我国乡镇企业异军突起,迅猛发展,取得了世人瞩目的伟大成就,对促进国民经济增长和支持农业发展,对增加农民收入、吸纳农村剩余劳动力、壮大农村集体经济实力功不可没。2012年全国乡镇企业与农产品加工业工作会议通报,2012年全国乡镇企业全年总产值预计达到60万亿元,有力支撑了农业农村经济发展大局。同时乡镇企业向"农"字号产业回归趋势明显,乡镇企业总产值中,农产品加工业和以休闲农业为主的第三产业分别占到1/4,预计全年规模以上农产品加工企业实现总产值达到15万亿元,休闲农业营业收入达到2400亿元,各类休闲农业园区超过3.3万家,全年接待游客超过8亿人次,从业人员超过2800万。乡镇企业中的涉农企业已经逐步成长为农村市场主体中的一支重要力量。

随着市场经济的深入,如何解决小农户与大市场的矛盾,提高农户在市场上的竞争力,在农村中开始提高组织化程度实践,走合作经济组织的道路。发达国家农村合作经济组织的发展已有150多年,有着成熟的合作社法律体系,政府都给予合作组织政策和法律上的支持。美国、加拿大、法国、印度、日本等都对合作社进行了立法,政府对合作社的管理都纳入了法制化的轨道。发达国家农村合作经济组织的经济地位很高,作用很大。如美国由合作社加工的农产品占全美农产品的80%;日本的农产品市场大部分由农协控制,其中米面占95%、水果占80%;瑞典的合作社产品市场占有率中家禽占80%、畜产品占51%。伴随着社会主义市场经济体制的确立,我国新型农村合作经济组织在20世纪80年代初中期开始有初级形式,90年代快速发展。据统计资料,1988年我国农村各种合作经济组织的数量已达47万个,从业人员433.97万。进入90年代以后,随着农业市场化程度的不断提高,以及农业科技进步的加快,以专业技术协会、研究会、专业合作社、专业联合体、专业技术服务中心等合作性质的合作经济组织开始快速发展。不仅数量上越来越多,而且规模上也在扩大。90年代初期是农民专业合作经济组织发展最为活跃的时期,农业部1990年数据显示,全国各类农民专业合作组织与联合组织有123.1万个。1999年年底全国农村专业合作组织约140万个,带动农户4000多万人。农民专业合作经济组织在农村经济发展中发挥出的巨大作用日益明显,它提高了农民组织化程度,发挥了农户与市场对接中的纽带作用,成为带领农民进入市场的组织载体,已经成长为农村市场主体中一支非常重要的力量。随着农村市场经济改革的推进,我国农村市场主体呈现出多元化,除农民、涉农企业、合作经济组织这些市场主体外,另一些新型的市场主体不断涌现,如家庭农场、新型的农民合作组织等,而且各类市场主体适应市场的能力都在不断提升。

### 3. 市场化资本化主体的类型与特点

广义的市场主体泛指所有参加商品(服务)市场交易活动的生产者、经营者、消费者和管理者,其中包括政府、企业、自然人和其他各类组织等各种参与者。进入21世纪,农村市场经济蓬勃发展,农村市场主体出现多元化的态势,具体包括政府、农村集体经济组织、农户(家庭承包户、专业户、家庭农场)、农民合作组织、涉农企业,还包括在农村市场中从事二、三产业的组织和个人,如中介组织、经纪人、科技服务企业等。市场主体的企业化思维,竞争、创新、品牌、质量意识都有了进一步的提高,而且一些新型的市场主体如家庭农场的出现,体现出市场主体主动适应市场的发展要求而采取的积极主动的变革。我国农村市场发展还在不断完善,农村市场主体的主体性也在不断提升,市场主体发育将越来越成熟。

（1）农村集体经济组织——虽具有组织优势，但主体地位虚置。集体经济组织是农村市场中最具规模的市场主体，但是其市场主体性未能充分发挥，或者没有发挥。我国农村集体经济组织，产生于20世纪50年代初的农业合作化运动，经历了人民公社时期、经济合作社时期。经济合作社时期，通过建立农村家庭承包经营制为起点的农村集体经济组织产权制度变革，实行以家庭土地承包经营为主要形式的统分结合的双层经营机制，调动了农民的生产积极性，适应了农村生产力的发展，经过30多年的实践，取得了举世瞩目的成就。但是随着农村市场的发展，集体经济组织"统"的功能日益弱化，集体经济组织的主体地位名存实亡，主体性不能充分发挥，集体经济功能在弱化。集体经济组织作为农村集体所有权主体在经历了各个时期的变迁，从现在的法律规定来看，主体依旧模糊不清。按照《中华人民共和国物权法》规定，农村土地所有权的主体包括村民小组农民集体、村农民集体和乡镇农民集体，其主体理应分别对应的是村民小组集体、村集体、乡镇集体三类相互独立的法人，其中的成员分别为村民小组全体成员、村集体全体成员、乡镇集体全体成员，具有了三重身份。但是按照目前的农村体制，乡镇集体、村集体、村民小组集体三类集体之间是自上而下的行政隶属关系，这必然造成三类农民集体作为产权主体不再具有独立性和平等性，产权主体关系难以明晰，所有权主体地位虚置。从理论上讲，农村集体拥有法定所有权，集体应当可以行使占有、使用、收益和处分的权利。但在客观事实上，我国的集体所有权是一种不完全的权利。农村集体土地所有权的最终处分权属于国家，如土地的农转非和土地的征用等；集体土地所有权的经济利益得不到充分实现，尤其是征地过程中作为集体土地所有者的主体地位受法律制约无法实现。

梳理理论界的学者关于农村集体所有权制度改革有4种思路：一是农村土地国有化，取消农村集体土地所有权。二是农村土地私有化，取消农村集体土地所有权。三是改造现有的农村集体土地所有权制度，实行农村土地由国家、集体、农民私人所有三者并存的复合所有制。四是保留集体土地所有权，实行土地使用权制度的改革。每一种观点都有其积极意义，但是"就改革方式的选择而论，最根本的问题不是什么在理论上是最优的、最有效率的，而是在现实生活中，什么是可以被接受的，即在利益冲突的社会格局下，什么样的改革方式是可以被采纳的，阻力不是大到无法进行改革的程度；然后,在可被接受的各种改革方式中,什么是可行的,也就是说是行得通的,能够实现真正的、实际的体制变迁"。(樊纲,1996)国有化依然不能改变新的所有者所有权的虚置,同时目前农民接受难度大,容易导致社会矛盾激化,不可行;私有化能够充分确立农民的主体地位,但是不符合中国的政治体制,容易导致贫富分化,不可行;复合所有制,国家、集体与农民之间权力的具体划分很难,而且容易导致产权主体间的利益冲突,弱势群体农民的利益依然很难保障,不可行;保留集体土地所有权,实行土地使用权制度的改革,是一种指标不治本的方式,也不可行。立足于我国的基本国情,出于国家政治体制的考虑,稳定农村经济秩序、社会秩序的考虑,切实可行的农村集体所有制改革方案应该是在现有的农民集体所有制基础上,树立农村集体土地所有权的主体地位,促进集体组织产权制度改革创新,重塑集体组织新优势,尤其村集体组织,详见本书第八章内容。

近年来,随着农村城镇化快速推进,农村土地价值明显提升,作为农村土地的所有者——农村集体经济组织的经济实力开始逐步增强,经济发达的城郊地区、沿海地区的农村集体经济组织正面临资源的非农化转移和重新配置,外部环境的变化和集体经济自身的发展,有力推动着农村集体经济产权制度改革迈出新步伐。传统的产权虚置、社企合一的集体经济正逐渐被股份合作制等农村集体经济的多种实现形式所代替,引发了农村社会经济多方面的积极变化。如,北京采取"资产变股权,农民当股东"方式进行了集体经济产权改革,改革的总体目标是让农民都能成为拥有集体资产的新市民。截至2012年12月底,北京市累计完成农村集体经济产权制度改革的单位达到3823个,其中村级3804个,乡镇级19个,村级完成改革的比例已经达到95.6%,有320万农民当上了农村新型集体经济组织的股东。今后新型集体经济组织如何提高经营管理水平,如何逐步建立起适应社会主义市场经济的农村集体经济组织运营机制和分配机制,是摆在集体经济组织目前亟待解决的主要问题。

(2)农民与农户——最庞大的主体,也是主体性最弱的主体。农民与农户是农村市场中最基本、最基础,也是庞大的市场主体。我国家庭承包经营确立了我国农业家庭经营的主体地位,确立了农户的农村市场主体地位。作为独立的农业生产经济组织,农户具有劳动效率高、激励成本低、监督成本低的特点。农户是农村市场中最为庞大的市场主体,我国9亿农民,2.5亿多户农户,农户占全国城乡家庭数的70%左右,是中国现代经济社会生活中的主要经济主体。农户是农村市场中最为庞大的市场主体,但也是主体性最弱的市场主体,市场主体的数量和质量矛盾十分突出。20世纪90年后市场经济体制的逐步建立,从计划经济体制下走出的农户被动地进入竞争激烈的市场,广大农民通过多条渠道走进市场,进入到二、三产业。家庭联产承包责任制也出现了明显的政策效应报酬衰减的趋势,千家万户分散的小生产方式与千变万化的大市场之间的矛盾日益突出,市场信息严重不对称,市场主体发育还不成熟的农户开始面临市场严峻的挑战。虽然国家近年来实施了延长土地承包期、取消农业税等一系列支农惠农政策大力推进农村经济发展,然而由于传统农民主体性普遍缺失,政策效应并不能持续发挥,出现了"外热内冷"的尴尬局面。一方面,农村经济发展缓慢制约了农民主体性的发挥。正如马克思所说:"当人们还不能使自己吃喝住穿在质和量方面得到充分的供应的时候,人们就根本不能获得解放。"一方面,农民整体素质不高,农村教育文化事业落后也不利于农民主体性的形成。"中国的农村教育恰恰是一种不以农村和农民为主体的教育","这种教育是鼓励农村中的精英离开农村,鼓励农村中的普通人厌恶农村向往城市;这种教育,说到底是一种消灭农民,减少农民的教育,而非建设农村、培育农民的教育"。(瞿振元等,2006)正是中国农村教育存在的弊端,致使中国的农民缺少主体意识,缺乏热爱农村。无法调动起中国亿万农民投身农村建设的积极性、主动性和创造性。

此外,农民的组织化程度低使农民主体地位的实现缺乏有效支撑。目前为解决小农户与大市场的矛盾,提高农户组织化程度,塑造和培育规范的农户市场主体,提高农民驾驭市场的能力,近年来各地采取了不同的举措,一是通过发展农业产业化实行产业化经营,二是以农民为主体组建协会或合作社带动农民实现规模化生产。在此基础上应大力推进农户企业化,提高农户经营管理水平;走家庭农场的模式,提高农户组织化程度,增强农户市场主体的地位。2013年中央一号文件提出,坚持依法自愿有偿原则,引导农村土地承包经营权有序流转,鼓励和支持承包土地向专业大户、家庭农场、农民合作社流转,发展多种形式的适度规模经营。其中,"家庭农场"的概念是首次在中央一号文件中出现。在现实中,家庭农场早已遍地开花。21世纪初以来,上海松江、湖北武汉、吉林延边、浙江宁波、安徽郎溪等地积极培育家庭农场,很大程度上丰富了农业经营主体。据统计,农业部确定的33个农村土地流转规范化管理和服务试点地区,已有家庭农场6670多个。在家庭农场的规模上,既有像山东省胶州市鸿飞大沽河农场这样规模达5000多亩的巨型家庭农场,也有像上海松江区那样的规模在100~150亩的小型家庭农场。(《中国证券报》,2013-02-21)宁波2010年的一次调研数据显示,宁波已注册的"家庭农场"有385家,当年实现销售额8.26亿元,利润1.48亿元,平均每个农场分别为214万元和38万元。鼓励和支持农村承包土地向"家庭农场"新型经营模式转变,是在推行一种高度机械化、专业化、集约化和规模化的农业生产方式。

家庭农场在欧美国家已有近两百年的发展历史,在农业现代化进程中发挥了重要作用。美国的农业以大中型家庭农场为主,约占各类农场总数的87%,剩余的合伙农场和公司农场也以家庭农场为依托。家庭农场的规模从占地数千英亩到几英亩不等,美国每个农民平均耕种400多亩土地,而中国每个农民平均耕种6.5亩土地。资料显示,占农场总数的25%的大农场生产了全国农产品总量的85%。法国的中小农场占很大比重,专业化程度很高,按照经营内容大体可分为畜牧、谷物、葡萄、水果和蔬菜农场等。农业产前、产中、产后服务体系日益完善,逐渐分解出一些农事活动由专门的农业服务机构承担,如耕种、田间管理、收获、运输、储藏、营销等,现都由农场以外的企业来承担,使农场由原来的自给性生产转变为商品化专业生产。日本家庭农场主要以小型家庭农场为主。20世纪60~70年代,日本政府农地改革的重点由所有制转向使用制度,在农地小规模家庭占有的基础上发展协作企业,扩大经营规模,鼓励农地所有权和使用权的分离。纵观美法日三国家庭农场的发展,都是在土地私有制基础上逐步实行土地的相对集中,实现适度规模经营,而且家庭农场主是一个完整意义的市场主体,具有独立经济利益和资产,对运营管理方面负主要责任,享有民事权利和承担民事责任的法人。这也就是为什么资源同样丰富的俄罗斯在农业方面缺乏竞争力,主要原因是缺乏健全的市场主体。其次国外家庭农场快速发展有一定的前提,农场生产作业的机械化、自动化、信息化、专业化水平都较高。最后也是最为关键的因素农场主综合素质较高,美国农民大部分是从州立农学院毕业的;法国 7% 以上的农民具有大专文化;德国 6.7% 的农民具有大学文凭;日本农民中 5% 是大学毕业生,高中毕业生占 74.8%。市场主体本身的素质高,市场主体地位明确,市场环境完善,市场主体性能够充分发挥并且有条件发挥,这些因素综合促使了国外家庭农场的快速发展,并在发达国家农业发展中占据了重要地位。

家庭农场在我国一直以地方实践为主。松江在沪郊率先探索和推进了家庭农场的新型农业经营模式。从 2007 年起,为应对农业劳动力大量非农化及老龄化加剧趋势,上海松江区开始实践百亩左右规模的家庭农场模式。截至 2012 年年末,松江家庭农场发展至 1206 户,经营面积 13.66 万亩、占全区粮田面积的 80%。

全区粮食种植户由 2007 年的 4900 户减少到 2012 年的 1206 户,户均经营面积 113.1 亩,粮食家庭农场户均年产粮 6.48 万公斤,种养结合家庭农场年上市生猪 1500 头。目前一些家庭农场虽然规模上去了,但一系列的问题也接踵而至。很多的家庭农场市场主体地位并没有确立,对家庭农场设立经营等都没有相关的法律的支持,大多数家庭农场都是自然人,没有在工商部门注册,不具备法人资格,所以在从事农业经营时很难获得金融支持,导致资金的缺乏。土地流转的不规范都使得家庭农场主扩大生产的积极性受挫。以山东省胶州市鸿飞大沽河农场为例,农场负责人王兴迁承包的 5030 亩土地的租期最短的有 16 年,最长的有 30~40 年,短期来看并没有后顾之忧,但王兴迁在谈到这里的时候还是两手一摊,向记者表示:“法不责众啊,到时我把地种好了,大伙看着眼红,都来要地,我能不给吗？”他又说:“现在农民合作社都有农民合作社法了，什么时候家庭农场也能有个家庭农场法呢？”(《中国证券报》,2013-02-21)

(3)农村合作经济组织——增强农户主体性的一种有效组织方式。农村合作经济组织也是解决小农户与大市场的矛盾的重要桥梁。农民专业合作社作为一种农民互助性的农村合作经济组织，是我国农村实行家庭承包经营体制后,新出现的一种农业生产经营组织,在农业产业化经营中已经发挥了重要的龙头带动作用。农民专业合作社是在农村家庭承包经营基础上,同类农产品的生产经营者或者同类农业生产经营服务的提供者、利用者,自愿联合、民主管理的互助性经济组织。我国 2003 年启动农民专业合作社立法工作。2006 年 10 月 31 日颁布《中华人民共和国农民专业合作社法》,2007年 7 月 1 日正式实施,标志着农民专业合作社进入了法制化新阶段,确立了农民专业合作社为市场主体的地位。《中华人民共和国农民专业合作社法》第四条对其法律地位作了明确规定:"农民专业合作社依照本法登记,取得法人资格",同时又在第十三条对其设立登记作了如下规定:"设立农民专业合作社应当……向工商行政管理部门……申请设立登记。登记机关应当自受理登记申请之日起二十日内办理完毕, 向符合登记条件的申请者颁发营业执照。……农民专业合作社登记办法由国务院规定。办理登记不得收取费用。"由此可见,此次立法赋予了农民专业合作社的法人地位,农民专业合作社具有了民事主体资格,享有民事权利、承担民事义务的法律资格。

法律首先赋予了农民专业合作社的法人地位, 其次又对其法人属性作了推定性的规定(从其登记机关为工商行政管理部门的规定中可推知,立法将农民专业合作社视为企业法人)。也就是说,在不突破我国现行法人分类(即《中华人民共和国民法通则》的分类:企业法人、机关法人、事业单位与社会团体法人)的前提下,将农民专业合作社作为一种特殊类型的企业对待,归入企业法人类型,在登记时应界定为企业法人的特殊形态,通过这次立法扩大了法人的类型。农民专业合作社作为特殊法人,既有公益社团属性,又有经济性或企业属性,是具有双重属性的经济组织。一方面,农民专业合作社虽然对内不以营利为目的,但对外则强调营利性,其经济属性决定了农民专业合作社首先是一种经济组织。另一方面,农民专业合作社是社员的自主性联合组织,具有社团组织的特性,同时与普通公司企业相比,农民专业合作社承担着更多的社会责任,其社会属性在另一方面又决定了农民专业合作社是一种具有社会性的组织。(曹茜,2010)因此农民专业合作社在依法登记时,可登记为企业法人,但必须注明是合作社,区别公司制法人企业,这样将有利于合作社法人行为的规范,同时有利于国家的政策支持和财政扶持政策的落实。

我国农民专业合作社保持高速发展态势。2007 年,全国有农民专业合作组织 15 万多个。2012 年农民专业合作社继续保持高速增长,仅 2012 年这一年,就新诞生 16.7 万家。至 2012 年年底,农民专业合作社实有 68.9 万户,比上年年底增长 32.07%,出资总额 1.1 万亿元,增长 52.07%。从数量上看合作社发展一派欣欣向荣,但是目前一些问题也开始凸显,真正运行得好的合作社是少数,大量的农民专业合作组织内部关系十分松散,一些合作社管理混乱,经营管理水平低,很少开展实质性的活动,通常处在产业价值链的低端经营,效益低下,有的甚至名存实亡。面对这些问题,国家财政开始对农民专业合作社示范社进行大力的支持,帮助示范社完善治理结构,在加强规范化建设上当榜样,增强服务能力,促进规模经营,提升农产品质量安全水平,在增强市场竞争力上做表率。从国际经验看,合作社成为农村市场主体中的重要力量是必然趋势,在我国农民专业合作社发展潜力还很大,还需完善农民专业合作社相关配套法律建设,不断规范合作社的管理,提高经营管理水平,以真正实现合作社服务农户的宗旨。

(4)涉农企业——需要加大助推力的一种较成熟的市场主体。涉农企业是农村经济发展的主动脉,对农村经济发展具有重要的作用。涉农企业是从事与农业或农村经济相关的生产经营活动,实行独立经营、独立核算、自负盈亏的以营利为目的的经济组织,与农业有关的产前、产中、产后相融合的经营企业。可见,涉农企业是一种广义的农业企业,包括直接或者间接为农业和农村服务的所有企业。狭义的农业企业也被称作典型的农业企业,仅指从事农、林、牧、副、渔业等农业生产经营活动的营利性的经济组织,包括以农业经营为主营业务的加工型企业、生产型企业、运销型企业、科技型企业和综合性企业等。作为农村资本化市场化的主体,除了狭义的农业企业外还应该包括推动农村资本化市场化进程为农村经济发展服务的各类企业,包括农村资源资产运营企业、房地产企业、加工企业和商业企业等。涉农企业在农村产业化链条上起着主导作用,具有开拓市场、引导生产、加工增值、资本运营、提供服务的综合功能,拥有雄厚的资本、技术、人才、管理优势,在农村的资本运营、农产品的集散和农村剩余劳动力的吸纳上发挥着极其重要的作用,其兴衰不仅影响着企业的自身发展,而且关系到农村市场化进程、农民增收和农村繁荣,因而是最强有力的市场主体。

2012年中央一号文件提出鼓励涉农企业上市融资。2013年一号文件提出要规模化经营,鼓励涉农企业到农村去,搞自己的养殖种植,搞自己的规模化发展。企业有实力与品牌,也有市场与资金,进入农村后可以大加利用,整合成千上万亩的土地,走现代化农业的道路,实现规模化效应,使用机械化和现代化管理方式,用最先进的技术,聘用最先进的人才,使农村市场化进程加快。2013 年一号文件提出支持农民合作社、专业服务公司、专业技术协会、农民用水合作组织、农民经纪人、涉农企业等为农业生产经营提供低成本、便利化、全方位的服务,发挥经营性服务组织的生力军作用。其实质是鼓励城市资源向农村流动,鼓励城市资本向农村的流动。长期以来,城乡二元分割的体制性障碍和发展失衡导致了我国农村发展处于"贫血"状态。随着统筹城乡战略的实施,工商资本等城市资源资本开始逐渐向农村聚集,将成为推动农村市场化、振兴农村经济发展的重要力量,也将有利于破解城乡二元难题。2013 年一号文件为此提出加强国家对农村金融改革发展的扶持和引导,切实加大商业性金融支农力度,充分发挥政策性金融和合作性金融作用,确保持续加大涉农信贷投放。

典型的农业企业是支撑我国农村经济发展的最主要的主体,特别是农业企业中成规模的有代表性的农业产业化龙头企业在我国农业发展中起到越来越重要的作用。近年来,我国农业产业化龙头企业快速成长,经济实力不断增强,已成为保障主要农产品有效供给、带动农民就业增收、建设现代农业的重要力量。2001 年,我国农业产业化龙头企业只有 2.7 万家。而 2012 年全国龙头企业已经达 11 万家,年销售收入达 5.7 万亿元,出口创汇额占全国农产品出口额的 80%以上;提供的农产品及加工制品占农产品市场供应量的 1/3,占主要城市菜篮子产品供给的 2/3 以上。年销售收入超过 30 亿元的近 100 家,超过 50 亿元的 62 家,超过 100 亿元的达到 24 家。(农业部信息网,2012 年 2 月 27 日)国家重点龙头企业总数已经达到 1253 家,占全国各类龙头企业总数的 1%左右。大部分龙头企业建立了科技研发机构,培养形成了一支科研能力较强的人才队伍,2012 年省级以上农业龙头企业科研人员数量达到 38.5 万人,约占全国农业科研人员总量的 36.8%。但与其他企业相比,无论在经营规模上、经营效益上,我国农业企业发展明显滞后。截至2012 年 3 月 8 日 A 股上市公司 2320 家,农业类只有 57 家,仅占 2.5%,流通市值总计 2120.33 亿元,占 A 股市场的比重仅为 1.6%,其中流通市值上 50 亿元的只有 12 家,超过 100 亿元仅有 4 家。提升涉农企业的实力,助推涉农企业的资本、人才、技术、管理向农村转移,主体性的充分施展,才能有效推进农村市场化资本化的进程。

(5)市场中介组织——一支最活跃的市场主体。市场中介组织作为市场体系中不可或缺的组成部分,是专业化分工的必然要求,是市场经济发展的必然产物。中介组织一般是指那些介于政府与企业之间、商品生产者与经营者之间、个人与单位之间,为市场主体提供信息咨询、培训、经纪、法律等各种服务,并且在各类市场主体,包括企业之间、政府与企业之间、农户与企业之间从事协调、评价、评估、检验、仲裁等活动的机构或组织。农村市场中介组织是连接农户和政府、企业和市场的桥梁和纽带,在农村市场经济活动中充当了润滑剂、助推器和桥梁的角色,为市场经济的正常运行提供了服务,疏通了渠道,消除了障碍,打破了限制,使通过市场机制配置有限资源的过程更为协调、有效,在一定程度上弥补市场缺陷和政府缺陷。由于有了市场中介组织的积极活动,在市场经济的运行过程中,就可以加快交易进程,节约社会劳动,降低交易成本,提高资源配置和管理决策的效率。中介组织中的行业协会还能维护社会各方的权益,保持市场秩序的稳定有序,监督企业活动,促进企业更好地经营,起到市场调节作用。(智库百科,2010)

纵观市场经济发达的国家,一般都有门类齐全、行为规范、配套协调、服务质量高、充满活力与效率的市场中介组织体系。我国农村市场中介组织是随着市场经济体制的不断完善以及政府职能的转变不断壮大起来的,其大致经历了4个阶段。第一个阶段,农村市场中介组织萌芽(1978~1984年)。在改革开放初期,家庭联产承包责任制推行使农户家庭获得了经营自主权,商品的流通并不大,农村市场中介组织涉及领域狭窄、层次低。第二阶段,农村市场中介组织快速发展(1985~1990年)。随着经济体制改革的不断深入,农产品商品率不断提高,农民对于技术、信息的需求更加强烈,农村市场中介组织开始快速发展。据农业部统计,到1990年全国农村各类市场中介组织达123.1万个。其中,生产经营型74万个,占总数的60%;服务型41.4万个,占33.6%;专业技术协会7.7万个,占6.3%。第三阶段,农村市场中介组织逐步规范(1991~1998年)。据农业部经营管理司统计,截至1998年年底,农村有各类农村市场中介组织148万多个,其中种植业占63.1%,养殖业占14.4%,加工运输业占6.1%,其他行业占16.4%。第四阶段,政府政策体系逐步完善,农村市场中介组织进一步规范(1999年至今)。在这一时期,各级政府大多采取鼓励政策,并有效地促进了农村市场中介组织的发展,政府与农村市场中介组织的关系更加紧密,政府扶持农村市场中介组织发展的政策体系逐步完善并得到进一步规范。(纪良纲,2009)据统计,2012年近600万农村经纪人活跃在广大乡村,从事农产品流通、科技、信息等一系列中介服务活动。

在农村市场化推进中,市场中介组织在发展中的一些问题也在不断暴露。市场中介组织的管理体制不够健全,政府对中介组织干预过多,很多中介组织是政府行政机构的附属物,独立性和自主性受到了严重的限制。农村市场中介组织数量偏少,种类不齐全,资金来源不足,发展规模和发展速度已经不能适应农村市场化资本化发展水平。而且农村中介组织发展良莠不齐,提高中介组织的服务质量和人员素质,促进、引导和规范农村中介组织,建立公正、有效和规范的市场秩序,才能推动农村市场中介组织健康发展。基于农村资源资产市场化资本化发展,应该重点培育会计审计、资产评估、政策法律咨询等涉农中介服务组织。从以下几个方面展开:涉农的会计审计中介服务组织,包括会计事务所、审计事务所、律师事务所、公证处、仲裁机构、计量和质量检验认证机构等具有法律性质的服务监督机构;农产品期货交易所、资产评估、技术成果交流中心、政策法律咨询、信息咨询机构等为市场交易双方提供各种服务的机构。

(6)政府组织——市场化公共服务和管理主体。政府组织也是农村市场主体之一,只不过其功能和职责等不同于一般的市场主体,其主体性体现在市场规则的制订以及市场服务。明确政府是市场主体之一,不是以政府替代市场的作用,而是要求政府也要遵循市场主体的行为规范办事,必须更加尊重市场规律,才能更好地发挥政府的作用。市场经济并不排除政府的参与,相反,市场经济还需要政府健全市场机制,调节市场失灵,完善市场制度确保市场经济的健康发展,尤其是农村市场经济的发展,市场机制和政府干预相结合是必然的选择。无论在哪个市场经济国家,农业都是弱质产业,以扶持和保护农业为内容的政府干预是农业发展的必要条件,如财政支农、科技推广、农村的社会保障等行为。近年来中央财政支农工作力度不断加大,不仅减免了农业税收,实行了粮食、种子、农机等直接补贴,而且进行土地整理、农田水利、现代农业、农业综合开发等专项投入,2012年我国财政用于"三农"方面的投入已超过2.5万亿元,促进了农业发展、农村繁荣和农民收入持续增加。特别是中央财政支持力度更大。2012 年中央财政对"三农"的实际投入已经超过 1.1 万亿元，比 2010 年 8183.4 亿元增长 35%。目前我国农业推广体系就是一种以政府推广体系为主体自上而下垂直的七大专业技术推广体系，已初步建成种植业、畜牧、水产、农业机械化、农业经营管理、林业技术、水利技术等专业技术体系；还有提供社会化服务的农业科研单位，全国地市级农业科研机构就达 1147 家，是我国农业科研的一个重要群体。

当然在当前政府主导型经济条件下，作为政府的主体性有效发挥，必须坚持有所为与有所不为。各级政府必须按照市场规律，尤其不能越俎代庖，包揽应由市场、企业、农民、中介组织去做的事情；同时各级政府要承担起对农村市场化资本化的宏观调控和服务职能，加大服务力度，提高服务水平，促进各类市场主体加快发展，确保各类市场主体的主体地位的实现，调动市场主体的积极性、主动性和创造性。如从目前财政资金具体投入和使用情况来看，还存在着一些亟待解决的问题。一是多头管理。以省级及市、县为例，直接管理和分配支农资金的就有水利、发改、财政、国土、农业、林业、科技、民政、交通等 10 多个部门和涉农单位，管理部门多头，势必造成统筹协调难度大。由于资金管理部门多，各自为战，缺乏沟通，管理层次和拨付环节烦琐，导致支农投资盲目投放、重复支持，资金到位难，办事效率低。二是使用分散效率低。由于"资出多门"，缺乏统一布局，资金安排分散，导致农业项目点多面广，制约了资金整体效益的发挥。目前存在推广体系层次过多、机构重叠、机制僵硬、管理松散、缺乏部门协调、工作效率低的问题。科技成果转化率也一直处于较低水平，"十一五"期间，农业科技成果转化率只有 40% 左右，还不到发达国家的一半。另外，但由于体制等因素的制约，一直以来，农业科研单位游离于农业技术推广体系之外，无法充分发挥其农业科技成果转化主力军的作用，在农业技术实际推广过程中作用十分有限。可见，今后政府还要积极进行职能转变，主体性和主导型充分发挥的同时，又能正确处理政府与其他各类市场主体的关系，只有这样才能促使农村市场化健康有序的发展。

## 二、农村资源资产市场化资本化主体的利益

市场各主体之间的关系本质上是利益关系，利益关系是市场主体之间

最基本的社会关系。马克思认为,利益的形成是从人的需要到人的劳动再到社会关系的逻辑过程,他们的需要即他们的本性,人们奋斗所争取的一切,都同他们的利益有关。利益是一切行为主体做出行为选择的根本出发点。不同的市场主体之间的利益差别及其对利益差别的追求是矛盾产生的根源。作为农村市场化资本化进程中的各类市场主体,同时又是一个利益主体,多元的市场主体的利益实现出现多元化,利益诉求也呈现多样化,现在农村已进入一个利益诉求与利益博弈的时代。而保障市场主体利益诉求渠道的畅通,整合利益冲突,实现主体利益表达,是市场主体的主体性充分实现的必然要求,也是构建和谐社会的必然要求。

**1. 市场化资本化主体的利益关系与冲突**

农村市场化进程不断加快,市场主体的市场交易活动会更加频繁,利益关系会更加复杂多变,加之社会利益日趋分化和价值观念日益多元,形成主体之间的利益冲突日渐增多,包括农户与农户、农户与农村集体、农户与农业产业化组织、农民与农村合作经济组织、农户与地方政府以及地方政府与中央政府等之间的利益矛盾和冲突。如果不能及时合理地解决,就会激发冲突。造成市场主体的利益关系不协调导致利益冲突的原因是多方面的。

(1)源于利益分配不合理不公平造成的利益冲突。利益分配不合理或者不公平是导致市场主体利益冲突的直接原因。以农村土地资本化主要方式——土地农转非过程的收益分配为例,农民分得的利益最少,占据大头的仍然是地方政府和开发商,各主体的收益分配显著有失公平。有关调查表明,如果以成本价(征地价加上地方各级政府收取的各类费用)为100%,则拥有集体土地使用权的农民只得5%~10%,拥有集体土地所有权的集体经济组织得25%~30%,60%~70%为政府及各主管部门所得,对补偿款的分配、管理中会出现层层截留及不当使用的漏洞,导致农民利益进一步受损,而在土地被征用之后的增值收益基本上受益主体只有地方政府和开发商,农民和村集体没有能够参与利益的分配。(程耀明,2004)拥有集体土地使用权的农民获得的征地收益最少,而均不拥有农村土地所有权和使用权的国家所得收益却大大超出了农民集体和农民获取收益之和。政府方面,市级政府获得了土地总收益的56.33%,而中央和省级政府各获得1.55%和1.21%。(诸培新,曲福田,2006)在一些地方,土地农转非的收益已经相当于地方政府财政收入的25%~50%,有少数城市则高达80%。河北某地区的土地农转非收益分配结构为：市级以上政府所得占到41.1%，开发商的土地收益占44.51%,农民及农民集体所得仅占14.39%。(梁爽,2009)根据国土资源部公布的数据,2009年全国土地出让成交总价款约1.59万亿元，相当于同期地方财政本级收入的48.8%;2010年约2.7万亿元,同比增加70.4%,相当于同期地方财政本级收入的66.5%;2012年土地出让合同价款是2.69万亿元,相当于同期地方财政本级收入的44%。地方政府过度依赖土地财政的局面如果从根本上不改观,在土地农转非中收益分配中,必然还会利用权力优势取得更多的一杯羹。其影响造成农民对政府的不信任,对集体组织的不信任。

有关调查显示，农民普遍认为自己在农转非的过程中利益是严重受损的,这部分农民的比例达到88.8%,认为地方干部得益比较多和得益最多的总比例都超过70%，而认为土地开发商得益最多的达到50%。(罗满妹,2009）对政府部门及政府官员的怀疑和不满情绪的蔓延消解了民众的政治信任,这种民间的政治的不信任感长期累积,极易激化矛盾,催生群体性事件的频繁发生。中国社会科学院发布的2013年《社会蓝皮书》指出,近年来,每年因各种社会矛盾而发生的群体性事件多达数万起甚至十余万起,其中,征地拆迁引发的群体性事件占一半左右。现有的征地补偿款过低是利益分配不合理的原因,我国目前依旧还是按照农地收益进行补偿,而在国外都是按照市场价进行补偿,基于我国的国情,应加快完善征地补偿制度,提高征地补偿标准,参照城镇居民收入水平进行补偿,或者充分考虑征地后增值收益进行补偿。

(2)源于产权不清导致主体性缺失造成的利益冲突。农村资源资产市场化资本化有序进行,离不开制度的规范,尤其是产权制度要明确市场主体的权利和义务。如果产权不清晰,产权主体地位不确立,产权主体无法保障自身的权益,必然导致市场主体地位不平等,利益分配的不公平、不确定就会自然发生。我国目前农村产权制度模糊,农村产权主体缺失已经是公认的事实。土地名义上的所有权与实际所有权不统一,法律明确了土地属于农民集体所有,但又规定其所有权不能转让,只能通过征收转为国有土地,农村集体组织想要通过资源的资本化获得最大收益的期望被遏制，但却给土地的行政干预、借机寻租和强制征收提供了便利。农村集体土地所有权主体不明确,形成村内集体经济组织、农民集体或村民小组组成的三级所有权主体并不是平等主体关系,而原本的三级间上下隶属关系必然使产权模糊起来。集体经济组织缺乏独立性,其职能被其他组织形态所覆盖,调查显示73.1%的受访者认为其所在村的集体经济组织没有独立于村委会。其中,多数省份的受访地区都没有成立专门的集体经济组织,而是由村委会统一行使村集体的各项职能,亦即不存在独立的组织形态。村委会仅是村民自治组织,其职能范围有限,但现实中其实际担当的是一级基层政府的角色,村委会代行集体经济组织职能,因职能混同会导致私法主体受到公共权力的影响,而无法理性、妥当地决定自身事务。(戴威,陈小君,2012)

此外,作为集体组织成员的主体性不确立,集体成员权不能落实,实体权利就易受侵害,这种侵害,可能来自集体内部的其他成员,也可能来自集体外的第三人,甚至是集体组织本身,增大了农村利益分配不公平发生的可能性。农民作为集体成员的成员意志无法有效表达,集体组织对外所形成的集体意志有时不能代表多数成员意志,缺乏有效的意志表达渠道,使得部分成员需要用一些无奈而又非理性的方式表达诉求。成员权本是农村集体所有制中农民所应享有的一项重要基础性、资格性权利,是农民在集体内获得公平发展权利的前提,其重要性不言而喻,但我国现行立法并未对成员权给予足够重视,全国性的法律没有对集体组织成员资格的条件或标准作出规定。是采取出生地主义、血统主义还是户籍原则决定集体组织成员资格?对此,目前不能在任何一部全国性的法律中找到答案。目前集体经济组织成员资格普遍以"户籍"作为形式标准,但无法解决出现的新成员认定问题,如迁入小城镇落户但未享受城市生活保障且未放弃成员资格的原村民,退出原集体经济组织的本组织成员的配偶,婚嫁到本组织但未迁入户籍的村民等能否被视为本村集体成员,一直以来没有统一的标准。但随着农村资产积累的增多,因为成员权没有可参考的法律标准,当成员资格与利益分配挂钩时,原村民因担心新成员分享本地集体经济的资产而将新成员拒之门外,对新成员的排斥增大,从长远看不利于农村经济的发展。如东莞市长安镇乌沙村将集体经济利益转化为股权,固化股权享有者身份,使之成为不能转让的财产权,从而排除了新成员对经济利益的分享。华西村为了肯定和奖励为本地经济和社会发展做出重大贡献的外来人员，在适当的时候就分配一定名额给予外来人员，允许其参与选举，但不允许其与本村村民一样参与集体资产的分配。随着市场经济的发展，农村人力资源资本化会促进人力资源的合理配置和有效流动，这种人力资源和人力资本的流动是必然的，规模还会越来越大，怎样既保护原集体成员的利益，又能兼顾新成员的利益，是摆在我们目前急需解决的问题。

（3）源于不公平的市场竞争关系产生的利益冲突。市场经济是一种竞争性的经济。市场经济中的竞争必须是公平的，只有在公平竞争的市场条件下，市场的有效配置作用才能正常发挥。但是市场竞争过程中，如果缺乏公平竞争的法律制度保障，市场主体追求利益最大化的本性会促使其为了取得相对的竞争优势而采取不公平竞争的行为，不公平竞争的行为不仅会损害市场主体一方的利益，引发矛盾冲突，严重破坏市场公平竞争的经济秩序，甚至会从根本上摧毁市场经济体制本身。现实中，由于制度缺陷，规范不到位，使得市场主体间不公平的市场竞争频繁发生。例如，从农村产业化经营角度分析，农业产业化组织与农户之间的关系其核心是利益关系，并呈现出多样化发展趋势，有买卖关系、合同式利益关系、合作式利益关系和股份合作式关系等，作为市场双方必须遵循公平交易原则，双方的合作关系才能持久稳定，但由于农民常处于弱势地位，因此不公平竞争就时常发生，利益更易受到侵害，受欺现象难以避免。

2008年7月19日，普洱市孟连傣族拉祜族佤族自治县发生一起群体性突发事件，执行任务的公安民警被不明真相的500多名群众围攻、殴打，冲突过程中，民警被迫使用防暴枪自卫，2人被击中致死。孟连县"7·19"事件，表面上看是警民冲突，实质上是胶农与企业的经济利益长期纠纷所引发的一起较为严重的群体性社会安全突发事件。孟连县的橡胶产业开始是采用"公司+基地+农户"模式发展起来的，"勐马"和"公信"是孟连县最大的橡胶企业，经历了从乡镇企业到股份合作制企业、私营企业的两次改制，但改制并不彻底，留有产权不清晰、管理不规范、分配不合理的后遗症。随着2005年以来橡胶价格的不断上涨，从原来的几千元达到2.5万元以上，但公司对胶乳收购价格不作调整，橡胶价格飞涨和农特税取消带来的利益被橡胶公司老板独享，由于胶农的利益诉求长期得不到解决，引致胶农愤慨。胶农决定中止出售胶乳给公司,自行给价高的收购者,遭到公司派出的保安阻止,双方多次发生冲突。利益分配纠纷逐渐激化,胶农长期以来对橡胶公司的积怨,逐步发展成为对基层干部、基层党委政府的不满,在个别地方出现了围攻、打砸橡胶公司,甚至围攻、殴打县乡工作组人员,严重影响了当地社会治安稳定。分析其原因,如果公司能够本着公平的原则,在橡胶产业利益分配环节能够兼顾胶农的利益,将部分利润向农民合理地倾斜,也就不会有这起恶性事件的发生,企业和农户的关系不至于发展到破裂的地步。

目前,农业产业化组织形式逐步由"公司+农户"向"公司+合作社+农户"过渡,这也得到理论界的普遍欢迎,认为加上合作社这个中间环节,企业可以避免面对千家万户,而农民又可以在"合作社保护伞"下改变自身弱势地位。合作社和社员之间是一种服务与被服务的关系,但实质上社员和社员之间的经济利益关系是合作社发展的基础。从兴办主体和发起人来看,我国农民专业合作社部分是农村出现的能人和精英,凭借自己拥有的资金、销售渠道、社会关系等发展起来的;但绝大多数合作社则是依托供销社、涉农企业、集体经济组织、协会及政府职能部门等建立的。在发起人和普通社员形成一种利益共同体的同时,也形成了一种竞争关系。在很多情况下,合作社的实际经营者通常就是由发起人作为大股东或其代表出任管理合作社,并掌握合作社实际的控制权,而众多的中小农户则处于依附和被控制的地位,如果发起人或实际控制人不能保障社员公平获得产业链正常利润,利益的失衡必然会引起利益冲突。由于目前合作社法人治理结构、利益分配机制和内部监督都还很不完善,极易导致普通社员合理的利益获得很难公平实现,最终合作社与社员之间服务与被服务的关系无法长期实现,合作社也就很难发展壮大。在调研中发现存在相当一部分的合作社发起人的真实初衷并不是为社员服务,而是为了获得国家的资金支持,实际中不为社员提供服务的有名无实的合作社不在少数,一些合作社成为一些企业或者一些部门牟利或者利用合作社优惠政策的工具,农民在合作社中的主体地位不断被削弱,为社员农民服务的宗旨已经有了背离,许多社员已经不再信任他们的合作社。

(4)源于不合理的资源资产占用产生的利益冲突。农村资源资产的市场化资本化发展,使得资源资产的价值不断被挖掘出来,市场主体对资源资产占有欲望会更加强烈,如果产权不清晰,市场制度不能有效地保护资源资产所有者权益，就会引发对资源资产的不合理占用。农村集体经济组织与成员、村委会与成员之间的矛盾很多都是源于不合理的资源资产的占用。农村集体经济组织是我国在农村实行生产资料的社会主义公有制为基础的经济制度载体，是以行政自治区域为单元建立的社区经济合作组织，目的是为一定范围内的集体成员提供土地等基本生产资料的平等占有、使用和收益权利保障，为一定范围内的农民群众提供生产生活服务和社会福利保障。农村集体经济组织，不仅具有强烈的政治功能即维护社区成员的整体利益，同时兼具经济管理功能即对本组织内农民集体所有的资源资产行使所有权、管理权、经营权。集体经济组织是农村集体资源资产的实际占有者，掌握着农民手中重要的生产资料——土地，这决定了集体组织和农户无法割断的经济利益纽带，在服务与被服务关系的基础上形成了管理与被管理、发包方与承包方的错综复杂的利益关系。

村民直选产生的村干部本应只作为村民的"代理"，通过为村民谋利益的方式实现自身的利益，村干部应与村民构成"利益共同体"。但在现行体制下，由于目前农村集体经济组织管理制度的缺陷，农村集体产权关系长期模糊，集体产权主体虚置的事实，使得农户难以监督和参与集体资源资产的管理，作为集体资源资产的直接占有人的集体经济组织，其核心是村干部，在税费改革后，成了乡镇政府的"带薪工作人员"，乡镇成了村干部真正的"委托人"。在乡镇政府对村委会"压力型体制"下，村民—村干部的委托代理链条逐渐被弱化，乡镇—村干部的委托代理链条反而大大加强，乡镇与村干部构成了实质上的利益共同体。（谢妮霞，郭大林，2010）集体资源资产由于直接占有主体服务于乡镇府而不是农民，当集体利益和个人利益发生冲突时，通常最终结果是损害农民利益。随着农村资源资产市场化资本化进程加快，农户的市场意识、利益意识、主体意识不断增强，在集体资源资产资本化中，目前农村集体产权制度又不能规范农村集体组织和农户利益关系，不能保障农民作为所有者的权益实现，集体经济组织和农户之间的利益矛盾就会不可避免地发生。

2011年9月在广州发生"乌坎事件"，由于农民怀疑村干部将本村土地违规出让给房地产公司，从中获取暴利，操纵选举，乌坎村村民到陆丰市政府上访，在村里围攻村委会和公安边防派出所，与陆丰警方发生冲突。直到

12月广东省委副书记朱明国为组长的工作组进驻陆丰处理事件，与乌坎村代表会面，同意释放被捕村民、尽快交还村民代表的遗体、承诺调查死因、归还部分土地，以及承认村民临时代表理事会的合法性，抗争事件才终告一段落。最后事实调查表明，原村民选举委员会选举违反选举办法，认定整体无效。12月22日《人民日报》发表评论《乌坎事件：村民合理利益诉求未受正视》，指出从乌坎事件来看，村民的诉求点在利益，转折点也在利益，如果能及时抓住利益诉求点，事发前认真倾听、公正评判，就不会小事拖大、层层升级，演变成群体性冲突。

（5）源于市场主体利益目标的不一致导致的利益冲突。由于近年来经济转轨、社会转型和社会结构变迁的加快，不同市场主体间的利益关系变得更加复杂多变，利益冲突也更加频繁，其根本原因在于市场主体利益目标的不一致。各类市场主体的利益目标因所处立场不同，出发点不同，所以呈现出多样性，集体经济组织追求集体利益最大化，农户追求个人利益最大化，农村合作经济组织追求合作社利益最大化，涉农企业和市场中介组织追求经济利益最大化，政府追求国家和地方经济、社会、生态利益最大化。各级政府由于管辖范围不同，中央政府和地方政府的利益也并不完全一致。中央与地方政府间作为同一政治体制框架内的上下级，两者在促进经济增长、改善人们生活、推动社会发展等方面的目标具有内在的一致性，但作为经济利益主体，利益目标客观上就不可能不一致，地方政府通常更关注地方经济的发展速度、财政收入和政绩，极易忽视资源浪费和环境污染等宏观问题，双方之间的矛盾在所难免。农村的资源资产资本化进程，受益的不仅仅是农民、集体经济组织，还包括各级政府部门，尤其是农村土地资本化已经让各方都尝到了甜头。

1994年我国实行分税制改革以来，地方政府为实现GDP快速增长和财政收入的最大化，开始招商引资、拉项目、找资金，许多地方都出现了用"资源换项目"、"土地换投资"的发展模式，导致"项目越拉越大、土地越征越多"的繁荣景象。在现行的土地制度下，农村集体土地的所有权在向国家转移的过程中，地方政府往往可以通过"低价拿地、高价卖地"而获得巨额的土地级差收益，同时由于政府垄断土地一级市场以及行政与市场双轨制供地方式客观上为地方官员带来了巨大的寻租空间。巨大的利益驱动地方政府利用行政资源优势、信息优势等在实际征地过程中经常突破国家法规和政策底线,征地过程违法违规行为普遍存在。追求地方经济利益最大化目标的地方政府和开发商结成利益共同体,共同分享征地低价和出让高价之间巨大的利润空间,而农民却无法分享土地资本化带来的丰硕成果。巨额土地出让金就成了地方政府的"小金库"和地方财政收入的主要来源,地方政府过度依赖土地财政的局面开始出现。2012 年土地出让合同价款是 2.69 万亿元,相当于同期地方财政本级收入的 44%,这使中央政府严格耕地保护并促使土地资源集约利用的长远目标与地方政府通过土地征用获得增值收益的矛盾不断升级。

集体组织和地方政府为实现自身利益最大化,在目前农村土地集体所有制产权不明晰和农民产权主体地位缺失的便利条件下,开始了"合谋"大肆出让土地,而不顾农民个体利益的保障。大量失地农民遭遇了征地低水平补偿、丧失就业机会、失去农地保障等严重损失,由此引发了一系列的纷争甚至是社会动荡,农民通过各种形式抵制政府征地,"钉子户"、上访等利益冲突事件频发,农民与政府和集体组织之间利益分配机制之间的矛盾日益突出。为现实农村市场化各方市场主体的利益目标最高统一,必须完善政府行政管理制度、农村的产权制度,以及提升农民的产权地位,才能推动资源资产要素市场的健康发展,才能加快农村市场化步伐。

### 2. 市场化资本化主体的利益诉求

关于利益诉求的含义,美国学者戴维·杜鲁门在《政治过程》一书中提出,利益诉求就是"一个具有共同态度的群体"——利益集团通过影响政府"向社会中的其他群体提出一定的利益要求或某种声明"。美国著名的农民研究专家詹姆斯·斯科特认为农民的利益诉求就是寻求社会公正与合理。总的来说,利益诉求是社会成员或社会群体表达利益愿望,维护利益权利,反抗利益侵害的全部行为。利益诉求的最大特点是,它的实现受诸多社会条件的限制和束缚。首先,它受制于社会生产力状况,生产力状况决定了利益诉求的性质和内容;其次,它受制于社会的法律制度,完善的法律制度体系和利益诉求机制能够使利益诉求的实现得到很好的保障,而不完善的法律制度不仅造成大量的利益矛盾,而且造成利益诉求行为实现难度大;再次,一个群体的利益诉求行为往往还受其他利益群体的制约,在一个利益群体多

元化的社会中,利益诉求的实现往往是多方力量相互妥协的结果。(张晓娅,
2010) 随着农村市场化的不断深入, 市场主体的利益诉求开始呈现出多元
化,复杂化、多变化。

(1)利益诉求多样化和复杂化,经济、政治和社会诉求交织。农村市场化
资本化进程中, 市场主体的利益格局在农村资源资产市场配置中不断地被
调整,随着市场主体的市场意识和利益意识的提升,利益冲突会不断发生,
利益表达和诉求会更加多样化,有的追求经济利益、有的追求政治利益、有
的追求社会利益、有的则兼而有之。从根本上说,不同的诉求取决于市场主
体未被满足的利益,而不是已经满足的利益,而未被满足的利益受市场主体
自身的文化素质、政治觉悟、经济发展水平、民主意识等主观因素的影响,同
时也受政治体制、政策法规、市场机制等客观因素的影响。回顾乌坎事件,乌
坎村村民由于不满大量村集体土地出卖, 而产生的利益诉求包括村集体财
务审计问题、土地使用补偿问题、村干部换届选举、扶贫助学、农村环境污染
问题,既有经济诉求、政治诉求,也有社会诉求。这些多样的诉求,由于长期
没有有效的利益诉求渠道得以实现,利益矛盾才不断积累升级,结果促成了
只能通过集体极端行动来解决问题,来维护自身的利益。

第一,经济诉求的渴望不断加剧。因为我国特殊的国情,城乡二元市场
并存,工农业产品的价格"剪刀差"依然存在,农村市场发育滞后于城市,加
之农业的弱质性以及农业部门利润空间小于其他部门, 作为农村市场主体
在农村市场交易活动中所获得的利益相比城市市场有明显的差距, 所以农
村市场主体的利益经济诉求就更加强烈。正是受资本逐利本能规律的作
用,一些农业上市企业经营中出现的"背农",甚至"弃农"现象尤为突出;另
作为农村最弱势市场群体——农民由于缺乏组织化,在与其他市场主体的
利益博弈中常常处于劣势,农户的利益受损现象就更加严重。同时,近年来
城乡收入差距一直维持在 3 倍以上, 增强了农民对经济利益诉求的渴望。
据统计,2006 年全国发生各类群众上访事件约 2.3 万起, 农民所占比重近
五成,其中土地征占问题约占 50%,农村财务和环境污染问题各占 30% 和
20%。华中科技大学中国乡村治理研究中心对全国各地农村的农民上访进
行调研,发现税改前(1997~2002 年)和税改后(2003~2009 年)上访的主要类
型在总量中所占的比例发生重要变化,维权型上访从 58.43% 降到 4.31%,而

谋利型上访从 12.99%上升到 29.53%，民事纠纷从 13.64%上升到 51.15%。（田先红,2010）

第二,政治诉求和社会诉求的愿望开始提升。随着社会的进步,农村市场主体的素质逐步提高,不仅经济意识增强,政治觉悟、民主意识也明显提高,政治参与和表达利益诉求的愿望日渐强烈,呈现出市场主体经济诉求和政治需求交织的复杂态势。表现在市场主体越来越重视自己的政治权利,希望去行使自己的政治权利,不仅在生产经营中要求公正和平等的竞争环境,还在不断依法寻求身份上以及社会地位的公正和平等, 不断寻求参与国家政务和事务管理的权利等。根据有关统计,在全国人大代表中,9 亿农民所占的比率不到 5%,而且这不到 5%的农民代表中,相当一部分为"先富起来的农村新贵或者农村精英",他们利益诉求与普通农民必然有所差距。现实中为什么不能真正实现农村市场主体的主体地位或者主体地位的确立, 其根本在于权利贫困,正是农民在一系列权利上的贫困,才导致经济上的贫穷。必须冲破制度坚冰促进城乡政治和社会平等,落实农村市场主体的政治和社会主体地位,建立起切实保障市场主体平等公民权利的制度机制,从根本上改善权利贫困状况,实现主体经济、政治和社会权益的有效实现。

(2)利益诉求数量和程度大幅提高,诉求渠道不畅日益突出。农村的市场化不仅带来经济的快速发展, 也在不断冲击和调整着农村市场主体各方的利益取得,市场主体间利益格局、思想观念以及社会关系发展变化导致主体利益诉求的意识日益觉醒,并且更加强烈。从目前的农村社会实际看,农村市场主体表达利益诉求无论在数量上还是程度上,都是前所未有的,并且以非理性的过激性方式表达利益诉求在全国各地都有明显增加的苗头。我国的群体性事件大幅攀升,从 1993 年到 2003 年间,群体性事件数量已由 1万起增加到 6 万起,参与人数也由约 73 万增加到约 307 万。2007 年群众上访达到 100 多万人次,经过涉诉信访化解力度的加大,2012 年群众来访下降到 60.1 万人次。随着城市化进程的不断推进,我国各地大量出现的土地纠纷事件,已然成为当前中国农村普遍存在的问题。群体性事件最突出的表现形式主要有群体性越级上访、闹事、斗殴和冲突,对农村经济社会秩序稳定的破坏性影响极大。

利益诉求数量和程度大幅提高一方面是因为市场主体利益意识增强,

另一方面的重要原因在于利益表达机制不健全、不完善。利益表达是社会各利益主体向政治系统提出不同经济政治社会要求并力图使之纳入决策过程的活动,最典型方式就是政治参与,现实是弱势群体农民长期缺乏有效的政治参与机会与渠道。从利益表达渠道看,我国体制内的利益表达渠道主要有信访和行政诉讼。例如,在行政诉讼中,根据现行的征地制度规定,农民对土地征收目的、补偿安置有异议的,由县级以上地方人民政府协调或裁决,但争议不影响征用土地方案的实施,这实际上使农民无法提起诉讼请求。另外行政诉讼程序较为繁复,耗时费财,一般群众更多偏向于采取向各级上级政府进行信访的方式。再看信访机制,因属地管理、责任追究制和转信不办信的强制规定,信访部门将申诉转给案发地政府,因土地征用等涉及当地政府的利益,处理结果就很难保证公正合理,可能还会导致政府对信访者的打击报复,进一步诱发官民冲突。于建嵘等人对中国的信访制度进行了专项调查研究,调查显示实际上通过上访解决的问题只有2‰。体制下的行政诉讼和信访不能解决利益诉求,农民只能转向体制外寻找非制度化的表达方式,其结果是农民被迫选择群体救济方式,包括游行、示威等。在部分信访工作实际运作中常有一套潜规则,走正常渠道的信访往往没有什么效果,而经由违规和越级上访的问题,却能得到回应和解决,造成所谓"大闹大解决,小闹小解决,不闹不解决"的闹访、缠访现象不断。

(3)市场主体的利益诉求意识和诉求能力参差不齐。只有当市场主体有意识、有习惯、有能力去维护自己的利益和权利的时候,他的那些利益、权利才不会被忽视,才不会被侵犯。因此,利益诉求成败,不仅与诉求渠道、诉求表达有关,还与诉求主体的诉求意识和权利保护能力有关。从利益诉求意识看,我国农村市场化主体在诉求意识和诉求能力方面参差不齐,农民在所有的市场主体中诉求意识和能力是最弱的。2012年的中国十七省地权调查报告显示,64.7%的失地农民获得了一次性的现金补偿,12.8%的失地农民获得了分期支付的补偿,9.8%的失地农民得到了补偿的承诺但补偿款项还没有到位,12.7%的失地农民则没有得到任何补偿;征地补偿的平均金额为每亩18739元,而调查显示政府卖地的平均价格为每亩778000元(中位数为每亩200000元),巨大的土地增值收益几乎都被政府占有,引发了失地农民极大的对立情绪。(郑涛,2012)

农民利益诉求能力不强有着复杂的原因。首先,权力本位思想严重。中国的农民从封建社会以来就处于社会的最底层,更多地接受统治,习惯于服从,导致农民不知道、不习惯、也不敢用法律来维护自己的利益。当他们权利受到损害的时候,总认为"官大一级压死人"、"官官相护",所以一般会忍气吞声、暗自认命、默默吃亏。当忍无可忍时,受自身素质和法律意识限制,找不到合法的利益诉求渠道,要不中途而废,要不采取极端的方法进行诉求。其次,农村的教育落后。农民目前仍然很难获得城乡公平的教育、卫生、就业和社会保障等公共物品和公共服务,致使农民整体素质偏低,远远落后于城市居民,进而影响其收入的增加,农民收入增长也远远落后于城市居民,教育投入增加就减慢,陷入恶性循环的怪圈。最后,组织化程度低阻碍利益诉求的实现。很多情况下,如征地、补偿、农村环境污染等的利益诉求事件大多是表现为农民群体利益受损,可是由于农民受教育程度有限,组织化程度低,在很多情况下,他们大都选择采取个体利益诉求,而不是选择依靠集体组织或者是团体的力量,难免造成诉求不全面,解决了点的问题,而面的问题从根本上不能解决,使得个体的利益诉求会接二连三地发生。2012年河南周口市在"全市殡葬改革暨平坟复耕推进会"上,宣布全市平(迁)坟头40多万座,恢复耕地近5000亩。出发点好,但是实现的手段令人难以接受,有报道举证政府安排人用钩挖机强制平坟,农民站在父母坟边,哀求停止机器作业,这种挑战人伦的行径绝对不该是现代文明所褒奖的,农民权益与尊重已经被严重的践踏。在农村有一些可以代表农民利益的部门,诸如村委会、居委会、工会等,也大都不是规模太小只能流于形式,就是已经被异化为政府职能部门,因此均不能充分的代表农民替他们争取合法利益。2012年全国十七省地权调查报告显示,当前征地过程中存在的一个突出的问题是"很多土地流转行为严重违反了农民的意愿",有相当一部分农民属于"被流转"行列,农民无法通过合理途径实现对自己命运的主宰。

**3. 市场化资本化主体的利益实现机制**

(1)倡导并推行利益共享机制。农村市场化成果应该为各方市场主体所共享。实现利益共享不等于利益平均,而是利益均沾。在市场化进程中,国家、地方政府、企业、集体经济组织、中介组织、农民等市场主体,由于政治、经济地位的不同,掌握的资源、资本和权利不同,使得取得利益成果的能力大小不同,在利益博弈中处于弱势地位的群体常常取得的利益成果少,结果使得不同市场主体间的利益差距越来越大,悬殊的利益差距必然会引发社会矛盾和冲突,这也是市场失灵的表现之一。因此,在农村市场化进程中,应该充分发挥政府的主导作用,加强政府在各方市场主体利益共享实现中的调节作用,调整失衡的利益格局,创建有效的利益共享平台,让市场化的成果尽可能多地惠及各方市场主体,尤其是弱势群体,而只有实现利益共享才能确保农村经济、社会可持续发展。要实现利益共享,就必须在追求效率的同时,密切关注社会公平,淡化和消除各种社会排斥,建立公正、开放、透明的工作运行机制,使农村中的政治、经济、文化等利益在市场主体之间得到合理分配,将利益共享理念作为农村市场之间相处的准则并加以推行,形成"利益共享则共荣,利益独占则俱损"的社会共识,实现共同富裕,消除两极分化,这也是社会主义的本质要求。

(2)建立并完善利益诉求表达机制。构建和谐社会要求各个群体的利益要求都能得到充分有效地反映,因此完善利益诉求表达机制,建立起利益诉求表达与协调机制性平台,协调市场主体的利益关系,就成为是构建和谐社会的关键性任务,也是农村市场化过程解决多元利益冲突的有效手段。利益诉求表达机制是为保障市场主体能够表达自己的利益诉求行为取得合理解决而建立起来的有效的、通畅的沟通和协商制度。要让表达机制能够真正从上到下、一以贯之的推行并发挥最大效用,在运行过程中不断完善如民意调查制度、信息公开制度、听证会制度、协商谈判制度等,使各类群体,尤其是弱势群体利益诉求表达畅通无阻。一是完善改革人大、政协制度。均衡各类市场主体的代表人数,尤其增加能够代表农村弱势群体——农民的代表比重,将代表委员的名额与我国人口结构相挂钩,使各类市场主体拥有的政治力量与其在人口中的比重相协调,切实增加参政议政机会,这样才能保证市场各类主体在政治活动中拥有公平的表达利益诉求的机会,并有效保护代表群体的利益,实现市场主体的政治权利的合法化、制度化。二是完善改革信访制度。重新定位信访的机构设置,将信访机构与各级人大合并,信访监督工作便可以同各级人大党委对政府权力机关的监督结合起来同时进行,对上访事件的处理也可以和人大常委的执法检查工作结合起来,从而形成系统的利益诉求表达机构。(赵书凯,2004)三是完善改革基层民主制度,充分发挥其民主作用。完善基层领导接见群众制度,明确责任制度,完善领导接见群众的方式,扩大接见范围,并建立监督考核制度,杜绝"走过场,搞形式"现象的发生。完善听证会制度,增加听证程序的透明化,规范听证行为确保有法可依,明确行政机关的定位,将他们定位为保障实现社会公平正义的使者,而不是靠牺牲公众利益以获取更多自我利益的"经纪人"。(安丽媛,2012)

(3)建立利益保护和冲突管理机制。多元市场利益主体并存,主体间的利益关系相互交织和渗透,利益矛盾也与之紧密交织在一起。如果对这些利益矛盾定性不准,处理不当,就会导致利益主体行为冲动和失控,使矛盾激化,甚至产生对抗性结果,成为影响社会稳定的突出问题。因此,对市场各方主体应本着公平公正的原则进行利益保护,逐步建立保险监管部门、行业组织、市场主体和社会公众等多方参与的利益保护机制。特别是对在市场交易活动中利益易受损一方建立长效的有针对性的保护机制,做到未雨绸缪。面对利益冲突和矛盾,要积极应对,在有效的表达机制的基础上,建立以利益均衡为中心的制度化的利益冲突管理机制,进行客观公正的妥善处理和调节,校正失衡的利益格局。党的十八大也明确提出要建立正确处理人民内部矛盾,建立健全党和政府主导的维护群众权益机制,完善信访制度,完善人民调解、行政调解、司法调解联动的工作体系,畅通和规范群众诉求表达、利益协调、权益保障渠道。必须加紧制定和出台切实保护农村市场主体建设的法律法规,在规范农村市场主体行为的同时,也使他们的合法权益得到保护。要抓紧建立一套能够有效解决市场主体利益矛盾、妥善化解利益冲突、有效促进和谐的利益调节机制,使各种利益协调和诉求表达、冲突处理和权益保障能够在法治的轨道上运行,能够在规范的体制框架内解决。

### 三、农村资源资产市场化资本化主体面临的风险

市场经济活动中,风险是无处不在。所谓风险,是指在一定的条件下在,预期未来结果的随机不确定性。这种预期未来结果具有不确定性,是指可能发生,也可能不发生,可能出现正面效应,也可能出现负面效应,这都是不确定的。面对风险后果的两面性,参与经济活动的市场主体来说,往往期望能够消除负面性,得到风险有利的一面。作为农村资本化市场主体也不例外,期望能够通过有效的风险管理在经济活动中规避损失,以获得最大收益。

**1. 市场化资本化主体面临风险的成因**

从农村市场主体自身和市场主体外部两个角度，梳理农村市场主体面临的风险，有内部的决策风险、经营风险和资源资产运营风险，也有来自外部的市场风险、信用风险和政策风险。风险成因也是复杂的，有来自不可抗力的，有来自于市场主体自身的原因，也有来自于外部的政策、市场等多方面的因素。

（1）农村市场主体整体素质偏低增大了经营管理风险。现实农村市场主体普遍素质偏低，规模小，组织化程度低，实力弱，风险管理能力偏低。以农业企业为例，多数农业企业都是中小型企业，经营规模、产业构成、技术水平、管理水平、效益状况等素质普遍不高，参与市场竞争能力和带动力还很弱等问题，市场主体作用发挥余地有限。截至 2013 年 2 月 1 日，农业板块总市值为 2159 亿元，占总市值的比重仅为 0.74%；上市公司为 2472 家，农业板块上市公司仅 21 家，占比仅为 0.85%。农村市场主体整体素质偏低，管理风险的能力有限，极易在市场化资本化运营中增大决策风险、经营风险、资源资产运营风险等。

市场经营活动的成败关键在于决策的正确与否，而决策者的能力、认知和职业道德等都直接影响对市场环境的准确判断、决策的正确制定和实施。由于城市及其他行业高收入的吸引，造成农村人力资源的大量流失，人力资本未来投资积极性不高，高素质人才极其匮乏。农村基层干部以及群众对资本化运营方法和手段、法律政策依据等方面信息的了解都非常有限，资本化运营不规范很普遍，这些很容易引发决策失误。高素质人才的匮乏也增大了经营风险。在经济发达地区农村集体经济组织已经出现经营管理班子权责不对称，存在权力失控、职责不明和少数村干部"内部人"控制的局面。资本运营主体素质偏低，资源资产的管理就容易出现低效率使用或者造成大量的浪费，资源资产资本化的水平提高就很难。以农村土地流转为例，很多地方由政府主持的土地流转中心形同虚设，大多数土地流转还是一种自发状态，农民随意流转的多、批准备案的少，口头协议的多、签订书面合同的少。即使有流转合同，但也存在着形式不规范，内容过于简单，权责与义务约定不完整，对违约责任、土地附着物处置、有关赔偿条款等缺乏明确的规定，造成土地流转风险增大，纠纷频发。我国的农户长期以来又受传统文化观念影响,计划经济时形成的等、靠、要等依赖性思想还很严重,市场主体的角色还没有及时转变,缺乏现代风险意识,对风险的反应还不敏感,大多是被动接受风险,积极管理风险的意识还不强。例如,2012 年 10 月江苏省连云港市灌南县发生的 4 家农民资金互助合作社"突然关门倒闭"、造成农民 1.1 亿元存款不知去向的事件,就是由于市场主体的素质偏低,农民单纯地相信政府,没有将自己作为市场主体去考虑市场的风险,对盈利欣然接受,而对风险损失不能容忍;政府相关部门监督不到位,社员的法律和监督意识薄弱等造成的。

(2)市场主体地位的缺失降低了风险承受能力。由于农村产权不明晰,市场主体地位缺失使市场主体无法用法律手段保障自己的权益,极易引发各种风险,包括政治、经济和社会利益受损的风险,而当风险产生时市场主体只能被动承受。目前集体经济组织制度缺陷造成产权不清晰,土地等主要农业生产资料名义上是村、组所有,但实际中归属不明确,集体产权主体虚置,内部治理结构的不完善,导致农村集体经济组织的经营管理中普遍出现了内部人控制问题,集体经济在某种程度上异化成了村干部经济,就不可避免地导致集体资产管理效率低下,集体资产流失,弱势群体的农民利益必然无法保障。在一些地方频繁出现:集体经济组织或者村委会少数人出租和变相出卖集体土地,从中寻租、侵占、挪用国家征地的补偿;土地征用过程中补偿费用的分配机制上,农村集体经济组织甚至乡村干部起着决定性作用,被安置的农户的个人利益往往得不到保证;政府给予农民的补贴被乡和村一级截留;多留机动地和集体田,频繁进行土地承包的调整,从中谋利等。

农民的主体地位缺失引发经济、政治、社会风险增多。农民名义上享有集体组织成员权,实际上对集体土地没有话语权。作为事实上的产权主体、交易主体和分配主体,当面临国家征用时集体和农民对自己的土地同时失去话语权,致使一些地方的城镇化"变味"成了"圈地"运动,出现了违背农民意愿侵害农民利益的情况。农民在政治权益方面同样存在很多缺失,如历届全国人大代表大会农民代表的人数及比例都偏低,农民代表声音太弱。农民作为公民,在社会地位上包括劳动权、受教育权、社会保障权和社会尊重权等方面都理应享受与其他社会成员一样的权利,但现实却存在农民与城市居民非平等的待遇,其后果是农村大量优质人力资本流失风险加大。目前城乡二元结构尚未根本改变,国家早期实行的"重工轻农"、"剪刀差"的经济战略使得农村市场经济发展基础很薄弱,在市场比较利益机制的作用下,农村优质资源资本外流到城市,经济发展落后的农村又很难吸纳外部优质资源资本的持续投入,农村发展可能陷入恶性循环的怪圈。

(3)农村市场体系发育不健全增大了市场主体外部风险发生的可能性。市场体系是市场机制发挥作用的必要条件。完善的市场体系应包括商品市场(农产品市场、农业生产资料和农村消费品)、生产要素市场(金融市场、劳动力市场、技术市场、信息市场、土地市场)和文化市场等特殊商品市场。农村市场发育中,商品流通市场发展较快,生产要素市场和文化市场等特殊商品市场发展还相当滞后,无形中增大了市场主体的交易成本,也增大了市场主体面临的各类外部风险,包括政策风险、市场风险、信用风险以及金融风险等。

政策风险主要来自于有关农村经济政策,包括土地政策、金融政策、农业补贴政策和农村发展政策等的变化和不稳定性对农村市场经济活动造成的损失。符合农村实际的政策有利于调动市场主体的积极性,推进农村经济快速发展;不符合农村实际的农村政策会打击市场主体的积极性,阻碍农村市场化的推进。如政府以公益事业名义低价甚至无偿地从集体和农民土地手中征用土地,集体组织和农户的权益在这过程中极易面临利益受损的风险;又如现行的行政管理体制和财税体制,包括现行的任期目标、政绩评价、政府换届的行政管理体制极易导致地方政府决策行为的短期化和轻农倾向性,增大了市场波动的风险,同时打击了市场主体在农村领域投资和经营的积极性,放缓了农村资本化市场化进程。再如,目前农村集体建设用地资本化进程在不断加快,但是国家有关农村集体建设用地流转的实施性立法至今没有出台,收益分配没有可操作性的规定,同时市场中介服务和技术规范等也很不健全,增大了农村集体建设用地资本化风险等。

市场风险是指未来市场价格,包括商品价格、股票价格、利率和汇率的不确定性,使市场主体的实际收益与预期收益发生背离的可能性。没有健全的市场体系作为支撑对市场进行引导和规范,市场主体就无法准确预期市场,就无法做出理性决策,市场风险就会升级。进入 21 世纪后,我国农产品生产供给总体过剩在不断加剧，而农产品市场、供需统计数据信息不能及时跟进和公布，信息的严重不对称加剧了农村市场主体获得稳定收益的不确定性。农产品价格呈过山车式波动，"丰产不丰收"现象频繁发生，"蒜你狠"、"豆你玩"、"姜你军"、"向钱葱"、"羊贵妃"、"牛魔王"等，使得市场交易主体面对市场不知所措。虽然农村的建设用地资本化走在农村市场化资本化的前列，但是国家对农村集体建设用地流转的相关制度和法规并没有真正建立起来，致使通过正规方式入市流转的比例还很少。很多地方由政府主持的土地流转中心形同虚设，大多数土地流转还是一种自发状态，农民随意流转的多、批准备案的少，口头协议的多、签订书面合同的少。即使有流转合同，但也存在着形式不规范，内容过于简单，权责与义务约定不完整，对违约责任、有关赔偿条款等缺乏明确的规定，这带来一系列风险，诸如土地利用混乱、交易不安全、交易价格不合理、相关市场主体利益尤其农民利益无法得到法律保障等。

信用风险是指以契约联系的市场交易者履约的不确定性给当事人造成的风险。现代市场经济是一种信用经济，信用风险随着农村市场交易的活跃越加频繁发生。例如在订单农业中，当订单价格与市场价格偏离过大，如果违约成本低就极易引发契约一方的违约行为发生，造成另一方的利益受损。出现当某种农产品供不应求、价格上涨时，农户可能会任意提高市场销价或将农产品以高价售予他人，以谋取更高的利润；相反，当某种农产品供大于求，价格暴跌时，订单买方则有可能不按合同原价收购，而是压级压价，使农户遭受经济损失。据统计，我国每年签订约40亿份合同中，履约率只有50%；我国企业每年因信用缺失导致的直接和间接经济损失高达6000亿元。目前农村资金互助社面临的最主要风险之一就是因农民信用意识淡薄，赖债、逃债思想较重，或因市场波动使还款能力不足而导致的信用风险。在征信成本太高，而失信又几乎没什么成本的情况下，违约、造假、欺诈等事件就会轮番发生，大量的信用风险会严重扰乱市场秩序，破坏性极强，其影响是全局性的，而且具有连锁效应。如农村信用制度建设滞后和市场主体风险管理能力普遍较低使得农村金融机构面临着巨大信用风险，进而抑制了金融机构对农村经济的支持，农村经济的发展的巨大资金需求无法得到满足，农村经济实现快速提升也就无法实现。

**2. 市场化资本化主体的风险防范**

（1）发挥政府在风险防范中的主导作用。为促进农村市场化资本化发展,需要国家从宏观层面采取有效手段,分散和降低自然风险和市场风险。首先,政府更应加大对农业的支持力度和工业对农业的反哺力度,建立以公共财政投资为主体、动员社会各方面力量共同参与的公共产品供给制度,引导农民积极投身于农业基础设施建设,加强以水利为重点的农业基础设施建设,以及农村的道路、电网、饮水、通信、广播电视和农产品仓储、保鲜、市场设施等建设为重点的农村的公共设施建设,改善农村的生产和生活环境,降低农村市场主体的市场交易成本,增加交易便捷度,不断增强抵御自然风险的能力。其次,完善风险补偿机制,对农村市场主体进行的交易活动如金融、抵押、担保等方面给予政策倾斜、财政补贴、税收减免,同时建立风险补偿基金等措施。加大农业保险保费补贴力度,尤其农业巨灾保险,建立保险与防灾减损相结合的风险管理机制,有效减轻和转移自然风险。再次,应建立完善的市场信息服务平台,进一步加大农业价格支持力度,扩大支持范围和提高支持水平,并从实际情况出发提供反周期补贴,降低农村市场主体外部风险,以提高市场主体的投资效益和收入水平。最后,加快建立农村社会信用管理体系的步伐,推进信用立法,规范农村信用行业的发展,建立失信惩罚机制,整顿市场经济秩序,为农村市场化资本化创造良好的社会信用环境。

（2）确立农村市场主体的主体地位,发挥风险防范的能动性和创造性。只有真正确立农村市场主体的主体地位,才能发挥市场主体的能动性和创造性,提高市场主体风险管理的能力,有效地防范风险。确立市场主体地位的核心是明晰产权,途径是改革农村现有的农村产权制度。一是明晰农村集体产权,健全农村集体资金、资产、资源管理制度,做到用制度管权、管事、管人的要求,建立健全农村集体"三资"监管体系和制度,逐步形成"归属清晰、权责明确、保护严格、量化合理、流转顺畅"现代产权运行机制,以激发农村市场主体进行风险防范的能动性、创造性。二是完善现有法律和制度,确立农民的政治、经济和社会地位,让农民成为农村市场化资本化的建设主体,同时成为分享经济社会发展成果的受益主体,以激发农村市场主体进行风险防范的积极性,在提升农民主体素质的同时,进行组织体制创新,让农民真正组织起来抵御市场的风险,完善社会保障体系增强农民风险免疫力。三是推动各类农业企业和中介组织规模化的同时,推进法人化建设,建立现代企业管理制度,明晰产权、权责明确、政企分开、管理科学,增强抵御市场风险的能力,发挥市场领头羊的作用。

(3)全面提升农村市场主体综合素质以提高风险管理能力。一是加大农村人力资本的投入,加强市场主体素质教育和技术推广的力度,培养实用人才。必须加强农村教育,包括加强农村义务教育,发展各类职业技术教育;加大技术推广的力度,延伸推广的深度和范围,适时调整推广的内容和对象以适应农村市场化资本化的发展,如从农业技术培训扩展到经营管理培训、风险管理的实用技术的推广等。以挖掘和培育精英人才、模范企业和示范性组织为重点,发挥他们在市场化资本化中的影响力和引领作用。实行农业技术推广机构与农业科研单位、高校、农业企业、农民合作经济组织以及群众性科技组织、农民技术人员相结合,公益性与市场化推广相结合的推广体系,让科技高效地参与到农村生产经营管理的每一个环节。二是加强市场主体道德和政治素质建设。受市场经济的负面影响,市场主体的价值取向很容易功利化,引发道德滑坡和信用风险;政治法治意识淡漠,使主体利益受损时不能采取正确的法律途径。因此在农村市场化资本化发展的新时期,在搞经济建设的同时,必须加强农村思想政治建设,为经济建设提供强大精神动力和重要政治保证,这样农村市场化资本化才能沿着正确的方向蓬勃发展。三是推动市场主体分散化向组织化和规模化转变。壮大集体经济实力,发展农民合作和股份合作,培育新型经营主体,发展多种形式规模经营,构建集约化、专业化、组织化、社会化相结合的新型农业经营体系;通过加大政策扶持,加快农业企业上市,利用资本市场,推动农业企业朝着规模化发展;积极扶持和培育中介组织规范化,促进农村市场化资本化全面有序发展。

(4)健全农村市场体系建设以降低风险发生概率。首先,加快农村市场法制化建设以适应农村市场化资本化发展的新要求,建立严格、公正、细化的法律法规对市场运作进行规范和管理,尤其加快制定农村集体产权管理和土地资本化的相关法律条款,做到有法可依,规范市场主体的行为,净化农村市场环境,为农村市场主体提供一个公平竞争、健康发展的市场环境,降低市场的风险和不确定性。其次,在进一步健全农村商品市场体系的基础上,现阶段要重点发展农村的要素市场,包括技术市场、产权交易市场、人才市场、信息市场、金融市场和资源市场等,尤其要加快土地要素市场化资本化为突破口,以加快农村金融市场为先导,从根本上改变农村市场发展滞后的局面,吸引各方市场主体投资农村。再次,建立农村市场风险监控、预警和管理体系,使市场主体的风险管理变被动为主动。借鉴发达国家经验,如美国建立农业风险管理局和农场服务局共同成为美国农业风险管理职责的主要承担者,农业部国外农业局定期向农场主发布"世界农产品供求估计",对市场风险进行事先预报、预警和评价,降低风险发生概率。

# 第三章 农村资源资产市场化资本化
# 产权权能的分离性

一、产权权能分离：人类经济社会发展与中国改革开放的必然

二、产权权能分离的基本理论观点

三、农村不同类型资源资产的经济特性与产权权能分离的改革实践

四、市场化资本化产权权能分离性几个问题的认识深化

**内容提要**：产权权能分离是伴随着私有财产与私有制出现的人类历史普遍现象，是商品经济、市场经济发展内在的必然要求；中国改革开放的过程就是产权权能不断分离的过程，深化资源资产市场化资本化改革需要产权权能进一步有效分离。马克思政治经济学以及西方的产权制度理论从不同的角度、用不同的方法分析研究了产权及其权能的分离，各国法律对产权权能分离都有不同的详细规定。农村耕地、林地、经营性建设用地、宅基地以及村集体经营性资产是农村市场化资本化的主要资源资产，具有不同的经济特性，其产权权能分离是不同的，中国改革开放后农村不同类型的资源资产产权权能分离的实践一直在进行，形成了多样化的方式。决定和影响产权权能分离的因素主要是提高资源配置和利用效率促进生产力发展的需求推动，意识形态和主流价值观，执政者的价值取向、执政理念和执行能力，国家的法律体系类型及现行法律具体规范等。未来推进产权权能分离应当遵循继承性与渐进性、差异性与多样性、目的性与调控性、公平性与法制性等基本要求；产权权能分离的趋势主要表现为使用（利用）权中心化、权能细分与关联形成权利生态群、流动社会化、利益关系复杂化等。

农村资源资产的市场化资本化实质是资源资产权利的市场化资本化，其主体只有在具备合理优化配置资源资产所必需的相应权利及其权能的条

件下,才能承担拥有的责任和义务,实现预期的经济利益,才是真正的市场主体。世界范围内市场主体在形式上也就是企业化组织(包括股份制)、私人(包括农户)以及合伙组织、合作组织(包括集体组织)等几种主要形式,但其具体的内部产权权能结构、运行机制等方面则可以演变出复杂的具体模式,因为产权权能是可分离性(分立性)的。只有产权权能的分离才能为流动增值、优化配置创造前提和基础。相对于发达成熟的市场经济国家,中国正处于向市场经济的转型发展期,市场化资本化的产权权能关系的复杂程度是其他国家少有的,农村又比城市复杂得多。农村的土地产权、集体资产产权等权利关系问题不但是重大的经济问题,而且是重大的政治问题、社会问题。

## 一、产权权能分离:人类经济社会发展与中国改革开放的必然

产权权能是产权权利的具体内容,是权利的作用或实现方式,是权利人为实现其权利目的利益时依法所能采取的手段。纵观人类经济社会发展历史以及中国改革开放历程,为提高生产力水平而进行的资源资产优化配置的产权制度变迁就是进行产权权能的分离与结合机制或制度的实践发展过程。

### 1. 产权权能分离是伴随着私有财产与私有制出现的人类历史普遍现象

产权问题、所有制问题等主要是研究人类社会发展中的资源配置和利益问题。原始社会实行氏族部落制,全体氏族成员共同占有土地、共同劳动和协作,借助劳动资料生产和获取生活资料,生产力水平低下,产品难以满足需要,没有私人的私产,不存在土地私有制,没有国家和法律,土地所有权也是虚无的。随着工具的出现和不断改进,剩余产品增加,出现社会分工,私人产品、私人财产意识逐步形成,出现了私有制,交换的需要产生了商品经济并逐步发展。经济学鼻祖亚当·斯密(Adam Smith)认为,产权先于政府而产生,在猎人国里,造成财富不均的对牛羊的私有,乃是政府真正产生的原因,在财产权还没有建立以前,不可能有什么政府,政府的目的在于保护产权。在国家产生之后,产权、所有权及其权利问题成为与政党、统治者、阶级、政府等关系最密切、最受关注的问题。随着土地私有制的产生和壮大,土地所有权应运而生,奴隶社会中的奴隶主成为土地所有权的拥有者,拥有土地

的所有权、占有权和使用权。封建社会土地所有权主要归地主私有,但地主将土地出租给佃农,在契约规定的期限内地主只享有地租索取权,佃农拥有租佃土地的占有权和使用权。资本主义社会的部分土地所有者完全脱离土地经营,土地作为生产要素同所有者分离成为吸收资本的条件,土地所有权和土地其他权能分离成为普遍现象。

更进一步,即使处在同类属性的社会阶段,不同的国家、不同的统治者(皇帝、国王)、不同的政党等实行了不同的产权制度,在不同的社会阶层(阶级)、国家以及统治者、被统治者,奴隶与奴隶主、地主与佃农,政府与纳税人,土地所有者与资本家、雇佣工人,企业法人与股东等方面形成了复杂的产权关系。无论国家所有、国王所有、集体所有或者企业共同所有等资源资产所有权制度,均实施了多种模式的占有、使用、收益、处置等权能的不同程度的分离(分立),形成了复杂的关系结构和治理机制。产权制度的相关权能分离程度、关系及其治理机制等制度从来就不是一个单纯的经济问题、经济现象,而且是政治问题、政权问题和社会问题。尤其是围绕土地资源的各种权利义务关系成为政权更迭的重要问题,体现统治者、统治阶级、社会精英以及国家文明、理念的进步与落后。

**2. 产权权能分离是商品经济、市场经济发展内在的必然要求**

商品经济、市场经济发展是世界公认的普遍的资源配置有效方式。马克思认为,产权权能分离与重组有利于各项权能自身功能的发挥并彼此相互制约,形成财产权利的结构分工,提高财产运营和权利运用的效率。商品经济发展使得交换的商品种类、范围和程度不断扩大,不但物质产品是商品,而且各种商标、著作权、使用权等能够带来未来收益的权利也可以成为商品,具有价格进行交换,需要将商品的使用权等权能与所有权进行不同程度、不同范围的分离。产权权能分离与重组有利于各项权能自身功能的发挥并彼此相互制约,形成财产权利的结构分工,明确权利的边界、明晰各主体的收益范围、提高财产运营和权利运用的效率。市场经济更是依靠市场机制实现资源优化配置,将不同所有者的不同资源资产采取股份方式、合作方式、租赁方式等结合在一起,为交易增值和实现流动性优化配置创造基本条件,使资源资产由低效的领域向更加高效的领域流动,由资产资源闲置富余的所有者、行业或地区向短缺急需的经营者、行业或地区流动,提高资源配置效率。根据资源所有者、经营者的要求对资源资产的产权权利进行不同程度、不同范围的分离是实现这种优化配置的前提和基础。

### 3. 中国改革开放的过程就是产权权能不断分离的过程

受中国历史文化传统、政治意识形态、特殊的国内国际环境条件等众多复杂因素的制约和影响，改革开放之前的30年中国选择并走上了高度集中的计划经济，用自上而下的行政计划统一配置、调拨资源、资产以及产品，资源资产属于国家或者集体，采取国家(政府)或集体统一经营方式，不存在商品经济和市场经济，经营权与所有权基本上一体化，有限度地在形式上分离，没有与经济利益相关的实质性产权权能分离，权能分离程度、范围不够，生产经营单位自主权很小，造成严重的平均主义、资源资产浪费、利用效率低等问题，长期的产品短缺、温饱问题难以解决是集中体现。即使在农业中实行"三级所有、队为基础"的体制，也只是承认了生产队、生产大队之间的差异，改变了人民公社一元化所有和经营的体制，在生产队、生产大队内部所有者和经营者是一体的。

中国的改革从农业开始，农业主要针对资源资产集体所有并由集体统一经营的问题，采取集体共有、分户承包经营使用的"两权分离"模式。1984年提出"所有权同经营权是可以适当分开的"，之后农业家庭承包制的做法被引入到集体企业、国营企业，实行所有权不变，由个人或者合伙等承包经营、租赁经营的"两权分离"，拉开了城市企业改革序幕，并不断深化、完善。1993年明确了建立适应市场经济要求，产权清晰、权责明确、政企分开、管理科学的现代企业制度。2003年提出了产权是所有制的核心和主要内容，包括物权、债权、股权和知识产权等各类财产权，要建立归属清晰、权责明确、保护严格、流转顺畅的现代产权制度。随着中国城乡改革的不断深化，私人财产、企业法人财产等财产主体以及多样化财产种类、财产数量不断增多，出现了"三权分离"、"四权分离"以及产权权利重组、结合的多种方式，产权关系更加复杂。可以说产权改革一直处于我国经济体制改革的中心位置，现在仍然是改革实践中的重点和难点。经过30年的"摸石头过河"的渐进式、不断纠错式改革，仍然处于转型期的中国目前成为世界上产权结构、产权关系最为复杂、最不稳定的国家，《中华人民共和国土地管理法》、《中华人民共和国民法通则》、《中华人民共和国物权法》等系列法律的颁布实施或者修订在一定程度上、在法律角度进行了系统的规范,但仍然存在很多的歧义,存在很多的理论和实践问题需要解决。

**4. 深化资源资产市场化资本化改革需要产权权能进一步有效分离**

权属明确是一项资产能够资本化的前提,任何资产只有包含完整确定的权利,才能在流转中实现其资产价值和收益。市场化资本化必然要求深化产权权能分离与重组在内的农村产权制度改革。在产权权能重构、资源重新配置过程中,必然涉及不同利益主体之间分配的问题,如果增加的经济效益不能在各利益主体之间进行合理分配,势必危害到社会的稳定,反而会降低改革的社会效益和经济效益。马克思指出,产权制度对生产力有促进或阻碍作用,但这种作用是具体的、历史的,只有当这种制度适合生产力发展的要求时,产权才是有效率的,否则就要变革原有的产权形式,寻找新的产权形式。面对我国农村资源资产的产权多样性、复杂性,推进产权权能分离与重组是个复杂的系统工程,产权改革不能照搬某一种模式,而应该根据生产力发展的要求和市场化进程,从我国农村实际出发,构建多形式、多层次的产权权能分离结构。

按照城乡一体化和全面建设小康社会的要求,深化城乡尤其是农村资源资产市场化资本化改革,是增加农民财产性收入、激发农村活力的必由之路。为此,必须对存量资源资产的产权权利关系进一步明晰,在权能分离的基础上促进多种方式的流动、交易和优化配置,提高增值和收益率。同时,因为产权权能分离的程度和范围决定市场化流动和资本化的程度范围,关于产权权能如何分离、分离的期限、分离后的权利义务关系界定与保护等制度规范影响和决定着流动性及资本化的规范,两方面存在相辅相成的逻辑关联,必须不断完善产权权能分离制度。

## 二、产权权能分离的基本理论观点

关于资源资产的所有制理论、产权理论以及产权权能的理论,在经济学、法学、政治学以及社会学、历史学等方面都有深入地研究,包括马克思的政治经济学、产权制度经济学、制度变迁理论等,现实中基于分离性而形成的各国法律规范对产权权能均有详细的规定,在此简要总结。

**1. 产权权能分离的经典理论观点**

产权理论是马克思主义政治经济学和西方新制度经济学共同关注的经

济范畴,也是法律制度要面对的现实复杂问题。马克思产权思想与西方产权理论对产权的研究各有侧重,从不同角度形成了各自的观点。

(1)马克思政治经济学的产权分离观。马克思运用阶级分析法,以所有权理论为核心,分析了资本家、工人和土地所有者三大阶级的产权(即资本产权、劳动产权和土地产权),用社会生产力、生产关系和上层建筑之间的相互作用和矛盾运动原理,对人类社会形态包括产权形式的演进作了科学的阐释("基本矛盾推动说"),解释了资本主义财产权利关系及其运动。马克思的产权分离论主要是以所有权为核心,其他权能与所有权的分离,或者说是通过权能分离实现所有权,体现人与人之间的关系,研究的是所有权的"权能结构"。马克思没有把财产权看作是单一的权利,而看作是一组权利的结合体。即除了所有权,马克思还研究了占有权、使用权、支配权、经营权、索取权、继承权和不可侵犯权等一系列权利,研究了关于权利统一和权利分离的种种形式,如关于所有权和占有权的统一和分离,关于劳动力所有权和支配权的统一和分离,关于土地所有权和经营权的统一与分离,关于资本所有权和使用权的统一与分离,研究了关于所有权和索取权关系,关于所有权和继承权问题等;同时,马克思在与剩余价值有关的范围内观察研究了现代产权理论所关注的一些问题,如外部性、风险或不确定性、产权、激励、交易费用、剩余(剩余劳动的控制权和索取权)、产权界定、产权变迁、不完全契约、企业组织等。(武建奇,2007)

马克思产权理论侧重从历史的宏观的角度全面把握产权运动及其规律。马克思认为,产权是一个历史范畴,产权处在一个不断更新、不断变化的发展过程之中,在每个历史时代中所有权以各种不同的方式,在完全不同的社会关系下面发展着,资本的所有权与使用权相分离是社会化大生产的客观要求。在商品经济中,产权是市场主体独立自主的经济行为的基础,如果没有确定而独立的产权,交易界区就会模糊,从而就不可能存在真正意义上的市场交易。马克思认为产权是包括所有权在内,并在所有权基础上分解而成的一组权利的总和,包括占有权、使用权、收益权、处分权4项基本的产权项。产权是主体围绕着财产而产生的权力、责任和利益关系。在主体的权、责、利关系发生变化时,产权及其构成就会发生相应的变化,出现产权的分离与重组。所以,在某些情况下产权是统一的或一体的,而在另一些情况下又可以是分离的。在土地产权方面,马克思将土地产权定义为由终极所有权及所有权衍生出来的占有权、使用权、处分权、收益权、出租权、转让权、抵押权等权能组成的权利束,土地所有权是土地产权的核心,决定了其他一系列的土地权能。

马克思研究了不同权项的分离组合状况,包括第一种是各项权能统一于一个主体,即各项权能都属于所有者;第二种是各项权能分属于不同的主体,即有关权项相互分离,为不同的主体所行使;第三种是以集合形式存在的主体和其不同部分共享与分享相应的产权权项, 即以集合形式存在的主体拥有所有权,构成这个主体的成员或部分则拥有占有权或支配、使用权。马克思还考察了土地产权权能统一和分离在不同历史条件下所表现出来的不同形式和特征。小生产方式中所有权和占有权、使用权、收益权是结合在一起的。土地私有权制度下土地产权中一项或几项权能与土地所有权相分离并独立运作。土地公有产权制度下所有权与使用权、占有权分离并形成所有者与使用者、占有者多元产权主体。

(2)西方制度经济学的产权分离观。西方产权理论源自于对"经济人"行为所产生的"外部性"的关注,特别强调附着于财产载体之上的"权利",是与财产客体的各种"属性"有关的权利关系,更加关注附着于实物载体之上的人与人之间的权利行为关系。其与西方经济学的一般理论分析一脉相承,基于"经济人"的基本假设,研究"稀缺资源"的配置和利用问题,即稀缺性是西方产权经济学的另一个前提,产权体现资源的稀缺性,具有排他性的特点,需要通过社会制定行为规范来强制实行。西方产权理论大多从微观具体的角度剖析了产权权利之间的关系,认为产权是一束权利,而不是单一的所有权(不同于以所有权为核心的分离,可看作是平等的法律关系),这种权利数目的多少可以是无限分离、划分的,其取决于很多复杂因素。

西方产权理论的奠基者和代表者、1991 年诺贝尔经济学奖得主科斯(R. Coase),在 1937 年发表的著名论文《企业的性质》中提出了交易成本范畴,指出在企业产权界区清晰的条件下, 运用价格机制就会减少实现企业间联系的摩擦,交易成本就低,反之,交易成本就高。其解释了为什么归私人所有的财产或资本等会组成企业这种组织形式,原因就是交易成本低(或者为零),即外部交易内部化,这实际是产权所有权和使用权的分离。1960 年科斯发表论文《社会成本问题》,正面论述了产权的经济作用,指出产权的经济功能在于克服外在性,降低社会成本,从而在制度上保证资源配置的有效性。科斯认为,没有产权的社会是一个效率绝对低下、资源配置绝对无效的社会;能够保证经济高效率的产权应该具有明确性、专有性、可转让性和可操作性;产权是由占有权、使用权、收益权和转让权等组成的一束权利,通过安排和调整产权关系和产权制度,降低交易费用,在交易中实现资源的优化配置等。威廉姆森(O.Williamson)认为,市场机制及资源配置是否有效,关键取决于交易自由度的大小和交易成本的高低,而这两方面的制度因素又都受到产权制度规定,产权界区清晰是交易成本降低的基础。布坎南(G.Buchanan)认为,无论初始权利配置合理、公正与否,只要产权界区清晰,并且产权资源可以转让,便可保证资源配置的有效性。

西方新经济史的先驱者和开拓者、1993 年诺贝尔经济学奖得主诺斯(D.North)(代表作有《西方世界的兴起》《制度变革与美国经济绩效》等),以成本—收益为分析工具,分析了产权结构选择的合理性、国家存在的必要性以及意识形态的重要性。认为影响制度变迁的因素主要是产权、国家和意识形态。其基本观点是,有效率的产权对经济增长起着十分重要的作用,因为产权的基本功能与资源配置的效率相关,有效率的产权使经济系统具有激励机制,这种机制的激励作用体现在降低或减少费用、人们的预期收益得到保证以及从整个社会来说保障个人投资收益充分接近于社会收益(在产权行使成本为 0 时,充分界定的产权使得个人的投资收益等于社会收益);有效率的产权制度的重要前提就是必须对产权进行明确的界定,以减少未来的不确定性因素和种种"搭便车"的机会主义行为的可能性,缺乏效率的产权制度使得私人的收益或成本与社会收益或成本极不一致,而这种不一致意味着某个"第三者"不经他人同意可以不支付任何代价免费获得某些利益或好处,或被迫承担某种成本,必须设计某种产权制度以刺激和驱使人们去从事社会需要的活动,产权的界定、调整、变革、保护是必要的。

总之,经典理论都认为,在经济运行中产权往往是可以分割的,即不同主体在同一时间对某物拥有部分权利,不同的产权细分结构意味着产权权能的细分,部分权利的可转让性促进了产权权能的优化配置。产权作为一种行为规范和经济权利,实际上是通过明确权利分配的方法,确定了每个人使用相对稀缺资源时的经济地位和社会关系，进一步确定了每个人相对于物时的行为规范，从而反映出由物的存在及使用所引起的人与人之间相互认可的行为关系。

**2. 产权权能分离的法律体现**

物权侧重于界定静态的财产权利，属于法权范畴；而产权则是产权经济学广泛采用的概念，侧重于界定动态的财产权利在经济领域的价值与运用，属于建立在法权基础之上的从事经济活动的权利。产权权能的分离作为世界性普遍现象，在不同国家、不同历史发展阶段表现不同，尤其是产权分离后需要严格的法律规范约束、保护相关权利。因此，分离后的产权权能关系一般只有通过上升到法律层面才能成为真正的制度规范。各国的法律规范对于产权分离的规定性主要通过物权法加以体现，具体的分离规定呈现差异性，并随着发展要求不断修订。如大陆法系国家的传统物权体系强调绝对所有权支配的观念，英美法系国家则强调使用权的作用。英国的土地名义上都归国王所有，但所有权并不重要，实际上是归私人所有，其土地权利称为土地保有权，保有权人永久享有自由保有权，拥有所有权、使用权和支配权等。再如，在有些国家，为了平衡公共利益与私人产权之间的矛盾，对土地用途进行管制，设立了土地发展权等。总之，各国的法律规范在产权权能分离方面存在很大差异。

近代物权法体系是以绝对所有权制度为基点构建，以所有权的存在状态和行使过程为规范的核心，依据"权能分离论"构建的他物权制度，在效力上则表现为具有所有权优位而利用权弱化的特点。（李国强，2010）所有权指所有权人在法律规定的范围内，对其财产享有的占有、使用、收益、处分的权利，并具有绝对性、排他性、完全性和永久性的特征。中国2007年实施的《中华人民共和国物权法》，实际上是延续了以所有权为中心的产权制度，借鉴了大陆法系关于物权的制度规范，对物权进行了适宜的分离。权能分离论认为，所有权具有占有、使用、收益和处分权能，其中一项权能甚至所有权能都可以暂时与所有人分离而所有人不丧失所有权，所有权权能暂时与所有权分离正是所有人行使所有权的一种形式。在物权法律关系中，权能与所有权发生分离形成他物权，在债权法律关系中，权能与所有权发生分离形成债权。

2007年中国颁布实施的《中华人民共和国物权法》借鉴了国际经验,依据马克思所有权权能分离理论和西方产权制度理论,结合我国改革开放30年产权制度改革的经验、研究成果和发展要求,系统构建起以所有权为核心、使用权为主体的产权分离制度,形成了各类财产基本的权利规范体系。该法规定:物权是指权利人依法对特定的物享有直接支配和排他的权利,包括所有权、用益物权和担保物权;所有权分为国家所有权和集体所有权、私人所有权、社团所有以及共有等形式;所有权人对自己的不动产或者动产,依法享有占有、使用、收益和处分的权利;所有权人有权在自己的不动产或者动产上设立用益物权和担保物权;用益物权人、担保物权人行使权利,不得损害所有权人的权益。同时,在我国各种法律规范中都强调土地资源属于国家或集体所有,针对实行承包经营等产权权能分离的实际,该法首次明确了土地承包经营权、宅基地使用权、建设用地使用权等为用益物权,设定了地役权,并对土地产权关系进行了规范。当然,其中也存在很多不合理的规定,目前实践中已经突破。例如,关于用益物权抵押问题,该法规定:耕地、宅基地、自留地、自留山等集体所有的土地使用权不得抵押等。

**3. 产权各项基本权能及其关系**

现代意义上的产权是指自然人、法人对各类财产的所有权及占有权、使用权、收益权和处置权等权利,包括:物权、债权、股权、知识产权、其他无形财产权等。所有权是由占有、使用、收益、处分4项权能组成的完整的权利,所有权人在法律许可范围内可以采取各种措施和手段实现其所有权。

(1)占有权。占有权权能是指权利主体依法对物实际控制的权利。这是一种积极的法律权利,需要权利人实施主动积极的行为来实现。对农民而言,财产的占有权是对农村资源和农民资产事实上的管理,即实际控制的权能。占有权是最基本的一项权能,是所有人对财产行使其他权利的前提和基础。占有可以是所有人对自己财产的占有,也可以是占有权依据法律规定或所有人的意志与所有权分离,由非所有人取得一项独立的权利。在现实生活中,土地的占有权通常与使用权一同转移,在所有人让渡使用权时,同时也让渡了财产的占有权。农村的土地承包经营权作为一种用益物权,其中包含占有权,农民只有对承包地具有实际控制的权利,才能进行事实上的农业生产。在土地流转时,农民将土地的使用权连同占有权一并转让,新的使用权人便拥有了土地的占有权,所以,所有土地的使用者与占有者通常是一个权利主体。

(2)使用权。使用权权能是指所有人按照物的性能和用途,以满足生产生活需要为目的,对物加以利用的权利。使用权权能是所有权人实现其对财产利益的最主要的方式,使用权权能的实现程度体现的是生产资料或劳动产品的使用价值或增值价值。从提高稀缺资源配置和利用效率、平衡利益关系的产权制度核心功能看,使用权的有效制度安排才是重点。现代物权理论开始以社会物资的优化配置和利用为基础来构建,物权理论已不可逆转地从所有为中心向利用为中心转变。(秦伟、杨占勇,2001)

(3)处分权。处分权权能是所有权的核心,是指依法对物进行处置,从而决定物的命运的权能,是进行生产活动、商品交换和权利转让的前提和基础,最直接地反映了所有人对物的支配。因为处分权权能是所有权人能通过处分能使物产生最大的效益,现代产权可转让性的本质特点决定了处分权权能是所有权4种权能中最基本的权能,它决定产权的命运,体现产权的归属。一般情况下,处分权应当属于所有者。但处分权权能也能和所有权相分离。马克思将土地处分权分为最初处分权和最终处分权。土地的最初处分权是指土地在未进入生产过程时,其所有者拥有将其用于出租、自用、抵押等形式的权利;土地的最终处分权产生于土地所有者的最初处分权之后,例如,若土地最初处分权是将土地出租,那么,最终处分权则是产生于土地的租约期满之后。

(4)收益权。权利在本质上就是利益。收益权权能是指收取由原物产生出来的新增利益的权能。拥有财产的最终目的在于获得物的价值及由此产生的孳息,要求在经济上实现和增值自己。无论是产权权能的分离还是组合,都是不同权利主体重新分配收益权的结果。随着社会化大生产不断扩大、社会分工不断深入,产权权能的分离更加细化和具体化,收益权不再是某一权利主体的独享权,而是不同权利主体之间共有的分享权。例如成都市锦江区11个村农民新型集体组织联合组建了成都市农锦资产管理有限公司,该公司将从村级集体经济组织转入的土地,二次流转给项目业主。在这个过程中,村级集体经济组织获得土地初次流转的租金收益,农锦公司获得土地二次流转的租金收益,地方政府获得农锦公司和项目业主税收收入,项目业主获得企业经营收益。可见,土地的租金收益在村级集体经济组织、农业企业和地方政府之间进行分配,三者均享有土地的收益权。

占有、使用、处分和收益权作为所有权的基本内容,分别从不同角度表现所有权的权能,将所有权权能具体化,又以不同形式体现所有权对特定财产的权利;而所有权又是占有、使用、收益和处分的集中反映,两者是密切联系不能截然分开的。所有权和这 4 个权能的关系是:既是统一的,又是能够相对独立的;既可以分离,又是可以组合的。在一定条件下,由于权能具有可分离性,占有、使用、收益和处分权能可以从所有权中分离出来,财产的各项权能可以不同程度地分属于不用的权利主体,同时,权能的可分离性使得产权交易更容易,还可以根据需要进行重新组合,这种分离、组合的产权结构确定了权利主体行使特定财产的权利范围, 其实质是财产收益重新分配的过程。(刘小红,2011)权能可分离性的前提条件是产权明晰,明晰的产权不仅可以提高资源的配置效率,还可以降低交易成本。总之,产权作为一个权利的复合体,各项权利可以根据具体情况逐项分解,各有其内涵,并独立出来发挥作用,而且这种权能的分离并不意味着所有者丧失了所有权,恰恰相反,这正是所有者充分行使所有权的方式。

## 三、农村不同类型资源资产的经济特性与产权权能分离的改革实践

推进农村资源资产的资本化市场化需要产权的权能分离, 权能分离既有共性的特点和要求,不同类型的资源资产由于其形成的自然历史属性、稀缺性以及产权归属、功能价值、目标要求等经济社会特性存在差异,其产权权能限制的程度不同,形成了不同产权权能分离的现实。按照我国现行土地资源分类, 土地资源包括农业用地、建设用地和未利用土地三大类,农业用地大致占 65% 左右;农业用地主要是耕地、园地(果园、茶园等用地)、林地、牧草地及其他农业用地,其中耕地占农用地的 18%、林地占36%、牧草地占 40% 左右;建设用地主要是居民点及独立工矿用地、交通运输用地、水利用地等。限于篇幅并基于特殊性、代表性考虑,本书重点对农村耕地、林地、宅基地、经营性工商业建设用地等土地资源,以及农村经营性集体资产进行分析。

### 1. 耕地资源的经济特性与产权权能分离的改革实践

耕地主要用于农作物种植(耕地和园地可以经常转换),是由于长期耕作而形成的土地中的精华,也是中国农民主要的基本生产资料和粮食安全的保障(耕地红线),受到严格的法律监管,是中国土地资源中产权权能问题是最重要、最复杂的一种。据农业部公布资料,2011年全国农经部门受理农村承包土地纠纷案件21.9万件,而且每年以20%左右的速度递增,成为影响农村社会不和谐、不稳定的一个突出问题。

(1)基本经济特征。耕地既是自然历史的产物,更是社会经济活动的结果,从资源市场化资本化以及与产权权能分离相关的角度看,耕地资源的多种特性相互作用和影响形成了复杂的产权制度。主要有4个方面基本经济特性:一是对农民和政府、社会的多重功能性(一致和矛盾并存)。耕地主要种植粮食作物、经济作物,其承载着经济、社会和生态等多重功能,具有多重重要价值。对农民而言,耕地产出率较高,承包经营的耕地是主要的农业收入来源(种植业收入仍然是农业收入的主要来源),不但可保障基本的自给性农产品需求,而且可作为一种基本社会保障,具有多重的经济社会和生态功能。对政府和社会而言,耕地在保障粮食安全、稳定社会以及宏观经济、物价水平等方面起基础性多重功能。二是面积有限性(稀缺性)与垄断性。相对于庞大的并不断增长的人口需求,中国耕地资源非常有限、稀缺,由于长期居住生活的历史原因形成的对土地的实际所有权、占有权,作为村庄成员而获取的长期占有权、使用权等原因而形成的对一定面积土地的占有和使用,均具有垄断性、排他性,在一定的时期内具有天然性,除非权利主体主动放弃或者主动让与、转让权能。三是用途易被改变性和不可逆性。耕地由于距离居住地较近、长期的开发利用,具有优越的区位优势,进而成为城镇化、工业化占用的首选区域,土地用途改变主要是耕地转为非农用地,土地用途的这种改变往往是单向的、不可逆的,很难再恢复为耕地,这种状况仍将持续,可能形成复杂的产权权利矛盾与纠纷。四是产权权利主体的复杂性。虽然法律规定农村农用地主要属于村集体的村民共同所有,但现实中国家或者全民拥有最终所有权,可以行使征地权征收集体土地;耕地承包权是村集体成员的成员标志和身份象征,与村集体成员资格身份、是否拥有宅基地相关联;现实的耕地使用权允许流转后的市场主体非常复杂,形成了村集体、村民、政府与经营者、使用者等复杂的社会经济利益关系,具有较强的社会性。五是调控管理的严格性和产权权能的"残缺"性。由于上述 4 个方面的原因,政府对农地进行严格的调控管理,经营者、使用者产权权能的地权约束较强,残缺性明显。

(2)产权权能分离的现状与改革实践。1983 年中共中央在《当前农村经济政策的若干问题》中正式确立了家庭联产承包责任制,初步确立了农民经营主体的地位,使承包经营权从所有权中分离出来,形成了"两权分离"。农民依据其农村集体经济组织成员的身份,获得耕地承包经营权,其不同于所有权中某一项权能,而是几项权能的组合。农民拥有耕地承包经营权意味着拥有承包地的占有权、使用权、收益权和部分处分权,但是,根据国家相关法律法规的规定,四项权能的实现是基于不改变农业用途的基础上。家庭联产承包责任制度下,农民集体经济组织拥有农业用地的所有权,国家享有土地的终极所有权,而农民依据其成员身份,获得农地承包经营权。1984 年中央一号文件《中共中央关于一九八四年农村工作的通知》中指出:"鼓励土地逐步向种田能手集中。社员在承包期内,因无力耕种或转营他业而要求不包或少包土地的,可以将土地交给集体统一安排,也可以经集体同意,由社员自找对象协商转包,但不能擅自改变向集体承包合同的内容。"虽然当时没有提出土地流转,但是已经允许农民将自己承包的农地转包给他人,也就是说首次将承包经营权分离为承包权和经营权,实现了"三权分离",这一次土地权能分离是中国特色农村市场经济发展的关键, 也是农村土地制度创新中最重要的土地产权制度安排。

2001 年 12 月 30 日,中央首次在《中共中央关于做好农户承包地使用权流转工作的通知》(中发〔2001〕18 号)中提出承包地使用权流转,这意味着承包地流转不仅仅局限于以往的转包、股份式合作两种方式,扩展到转包、转让、租赁等多种形式,事实上全面承认了将承包经营权分离为承包权和经营权,实现了承包经营权的第二次分离。这次产权权能的分离,是农民将自己的土地承包经营权作为资本,进入生产要素市场,以各种形式获得土地的增值收益,而农民可以作为土地和劳动力的主人按照市场经济规律配置生产要素, 以实现收入的最大化。这种承包权和经营权从土地所有权中分离出来,促进了耕地使用权的流转,在这个过程中势必引入新的行为主体,构成了新的农业用地产权权能结构(见表 3.1)。

表 3.1　耕地的产权权能结构

| 行为主体 | 所有权 | 占有权 | 使用权 | 收益权 | 处分权 |
|---|---|---|---|---|---|
| 国家或政府 | 法规影响限制非农化 | 只有通过征收获得 | 只有在征收置换使用时权 | 在征收时获取 | 法律影响限制非农化,享有终极处分权 |
| 本村村民集体(村委会) | 被村民授权拥有 | 拥有未承包到户的土地占有权 | 拥有未承包到户的土地使用权 | 拥有未承包到户的土地收益权 | 拥有基于农业用途的部分权能 |
| 本村村民个体 | 名义上的拥有 | 直接拥有 | 直接拥有 | 直接获取 | 拥有基于农业用途的部分权能 |
| 其他组织和个人 | 无 | 协议拥有 | 协议拥有 | 通过协议使用获取 | 协议拥有部分权能 |

除国家和政府以外的其他组织和个人不能拥有耕地的所有权,可以通过协议的形式拥有其占有权、使用权、收益权和部分处分权。农业用地所有权的部分权能与所有权主体发生分离,每个行为主体不同程度地拥有农业用地的占有、使用、收益、处分等权能,他们对耕地拥有各项权能的完整程度、排他程度、可交易程度直接影响着耕地资源的资本化和市场化程度,最终影响了农业生产效率。这种"三权分离"促进了耕地的资本化和市场化,实现了农地资源的优化配置。

耕地权能流转是其市场化和资本化最主要形式,国家也一直鼓励农民将自己的承包地流转给种田专业户、农业企业,发展适度规模经营。2008 年10 月 12 日十七届三中全会通过的《中共中央关于推进农村改革发展若干重大问题的决定》明确提出:"加强土地承包经营权流转管理和服务,建立健全土地承包经营权流转市场,按照依法自愿有偿原则,允许农民以转包、出租、互换、转让、股份合作等形式流转土地承包经营权,发展多种形式的适度规模经营。"所以,农业用地除上面提到的转包、互换、转让 3 种常见的流转形式以外,最主要的形式是租赁和土地股份合作。第一,租赁。农民承包地的租赁分为个人租赁和集体租赁两种形式,农民以个人的名义将承包地租赁给其他组织或个人,这种形式在全国的广大农村地区普遍采用,成为农地流转的主要形式。集体租赁是通过农村集体经济组织推动或土地合作社的形式,将一定数量的农民的承包地集中起来,租赁给某一企业从事农业生产经营活动的一种方式。这是近几年兴起的一种农业用地资本化市场化形式,虽然运行时间短,但在各试验区取得了显著的成效。集体租赁的方式相对于个人租赁来讲,能获得长期而稳定的收入。无论是土地租金还是工资收入,农民承担的经营风险相对较小(不是绝对没有,例如企业经营不善亏损时可能难以兑现合同),而且在土地流转合同期限内,均可获得长期稳定的收入,并且收入随着通货膨胀等因素而上调。而个人租赁不确定性更强,租期相对较短,一般为一年,由于土地租赁信息的不畅通,造成土地租赁价格变化很大,有的甚至无法出租而抛荒,收益很不稳定。同时,个人租赁受到地区发展水平的制约,明显呈现经济发达地区流转活跃,而经济欠发达地区流转较少。

第二,土地股份合作。土地股份合作制主要是指农民将一定年限的承包地使用权交给集体并因此换取一定量的股份,土地由股份合作组织统一规划、开发、经营。土地股份合作方式最早出现于 20 世纪 80 年代中期的广东省南海区,后来在广东、浙江、江苏、北京、辽宁、湖南等地开始试验。其突出特点是农户对土地已从传统的实物形态的占有转变成了价值形态的占有,由对一块土地的部分占有转变成了自己股份的所有者。从各地农村土地股份合作的实践来看,做法不一,主要区别在股权设置和股利分配上,形成了各具特色的模式,主要有 3 种:一是将农业用地(承包地和机动地)与集体经营性资产一起折股量化,明确每个社员的股份,按股分红;二是仅将农村的土地承包经营权量化成股权,主要是承包地、机动地、荒地、林地和鱼塘;三是将土地、资金、技术或集体全部财产作价入股。上面 3 种形式基本上都是将土地、集体财产、现金等作价入股,把土地集中起来,进行统一规划整合后再进行对外发包或出租,所得收益按照股份进行分配。

## 2. 集体林地资源的经济特性与产权权能分离的改革实践

集体林地资源也称作集体森林资源,是包括森林、林木、林地以及依托森林、林木、林地生存的野生动物、植物和微生物的自然历史和多功能综合体,按照世界惯例又分为生态公益林和商品林。林权具有主体的广泛性、客体复合性、内容多样性,责、权、利并存以及复合型的权利集合等特性。(陈晓娜,2012)林业经济活动不同于种植业,具有自身的产业经济特性和目标价值,对产权制度建设和调控管理提出了不同的要求,形成了特殊的产权权能分离与结合格局。

（1）基本经济特性。森林资源整体性、综合性特征及其所具有的经济价值、生态环境价值、国土安全价值、文化价值等，使得国家对森林资源实行非常严格的管理措施，也产生了复杂的产权关系，包括林地的所有权、经营权（使用权）、收益权、处置权，林木的所有权、经营权（使用权）、收益权、处置权等；产权主体有国家（政府）、村集体、承包户以及经营使用户等。相对于耕地资源，森林资源有非常明显的特性。一是产权客体的复合性和内容的多样性。森林资源内涵丰富，产权权能可细分程度较高、关系复杂。作为林权客体的森林资源，是由林木、林地以及其他生物资源有机组合在一起的综合生态体，既可统一存在，也可分离为独立的权利客体单独存在。林权既可分为对林业的生物资产、土地资产和环境资产的所有权（包括使用、收益和处置权等），也可进一步细分为林木资源的采伐利用权，林上、林中、林下资源的采集利用权，森林景观的开发利用、收益、流转、补偿、抵押、担保权等。二是产权主体广泛。林权也是一种复合性权利，包括权利主体对森林、林木、林地的所有权、使用权、收益权和处分权等。有些国家将林权分为国家产权、共同产权、私人产权、自由进入等4种形式，我国主要分为国有林和集体林两种。各种民事主体通过承包、租赁、转让、拍卖等形式参与森林、林木和林地使用权的合理流转，形成了十分广泛的主体。三是林业生产经营需要连续性较大投资，投资回收期长、风险大，资产价值评估难度大。一般情况下，林业生产经营需要连续的较长时期的资金投入，用于抚育、防虫、防火等方面，尤其是病虫害、火灾的风险较大，而林产品只有到一定年限后才会有稳定的产出，需要较长周期，对于投资所产生的生物性资产、生态环境价值等评估较难，这也是林业经营合同期较长的原因（一般50年以上才可以继承），产权关系的稳定性至关重要。四是公益性生态效益与私人经济效益的冲突多发。森林资源主要以公益性生态效益为主，尤其是生态林，森林资源的开发利用涉及水土保持、环境保护、气候调节等诸多社会公共利益，但经营林业必须要有一定的经济效益，必须尽可能少投入、多产出，对林木等资源进行必要的砍伐，可能会影响生态整体性和可持续性。林业是一种多向利用活动，林业生产中产生的许多问题的根源都来自多向利用主体间不同目标所产生的冲突。为确保森林资源能够更好地发挥其生态功能，就需要对林权在设立、变更、转让、终止等各个方面进行一定限制。

林业资源的这些特点要求,在我国林业产权制度改革过程中,必须要兼顾国家的整体利益和林农的个人利益;在林业经营中既要尊重自然规律,也要尊重经济规律;在林业建设中,必须坚持在政府宏观调控和投入引导下,充分发挥市场机制在配置资源中的作用,以最小的资源与环境代价,生产更多、更新、更好的产品,提供更完善的服务,创造更大的价值;在林业发展中必须运用生态思维,以经济利益为动力,坚持生态建设与产业发展并重,保持生态、经济、社会可持续发展动态平衡,实现林业综合效益最大化。(陈晓娜,2012)

(2)产权权能分离的现状与改革实践。早在1981年中共中央、国务院发布《关于保护森林发展林业若干问题的决议》中,确定了林业生产承包责任制,但在1987年政府又收回了林农的承包经营权,直到1998年才重新确立了林地生产承包责任制。1998年施行的《中华人民共和国森林法》第十五条规定:"森林、林木、林地使用权可以依法转让,也可以依法作价入股或者作为合资、合作造林、经营林木的出资、合作条件,但不能将林地改为非林地"。这一法规的出台,标志着林地承包经营权正式分离为承包权和经营权,形成了承包权、经营权与所有权的"三权分离"。进入21世纪,集体林权制度改革不断深入,集体所有的林地基本上完全承包给林农经营,集体林地产权结构的特征表现为:林地的所有权归村民集体所有,由集体经济组织或村民委员会代表行使;林地依法实行土地承包经营制,承包经营林地的林农享有占有权、使用权、收益权和部分处分权;承包人可以依法采取转包、互换、转让、股份合作、拍卖等多种流转形式,按照合同约定将林地的使用权、收益权和部分处分权进行分离。从这次权能分离我们可以看出,林地的产权主体呈现多元化,产权权能进一步细分,使用权越来越完整地分配到林户,排他性不断增强。这是不断适应农村市场经济发展的需要,促进林业资源、资金、技术和人才等生产要素向经营效益好的专业户流动,在一定程度上解决林地资源细碎化的弊端,使林地走向规模化、集约化、商品化道路,对其市场化和资本化起到了推动作用。集体林权制度改革后林地和林木所形成的产权权能结构如表3.2所示(为了简化只简要总结林地和林木,假设所有的林地均承包确权到户)。

表 3.2　集体林权制度改革后林地和林木的产权权能结构

| 资源资产 | 产权权能 | 国家或政府 | 本村村民集体（村委会） | 本村村民个体（承包户） | 其他组织或个人 |
|---|---|---|---|---|---|
| 林地 | 所有权 | 法律影响限制 | 村民集体共有 | 作为集体成员享有不确定性权利 | 没有 |
| | 占有权 | 征收获得 | 没有 | 承包期限内直接拥有 | 据流转契约全部拥有 |
| | 使用权 | 征收时获取 | 没有 | 承包期限内直接拥有 | 据流转契约全部拥有 |
| | 收益权 | 征收时及征收后获取 | 承包地收益 | 自主经营直接获取 | 据流转契约部分拥有 |
| | 处分权 | 法律影响限制用途等有限处分 | 重新发包等有限处分 | 不能擅自改变用途的有限处分 | 据流转契约及法律的有限处分 |
| 林木 | 所有权 | 没有 | 没有 | 自主经营拥有 | 据流转契约全部拥有 |
| | 占有权 | 没有 | 没有 | 自主经营拥有 | 据流转契约全部拥有 |
| | 使用权 | 没有 | 没有 | 自主经营拥有 | 据流转契约全部拥有 |
| | 收益权 | 征收税费 | 据承包合同 | 自主经营拥有主要收益权 | 据流转契约拥有主要的 |
| | 处分权 | 采伐限额及规划等行使 | 规划变更等有限处分 | 在采伐限额及规定内的有限处分 | 采伐限额、流转期限内有限处分 |

　　随着适应产权权能流转的需要，多种林地使用权流转方式逐步形成，经营模式由单一形式向多元化方向发展。承包到户的集体林地主要经营的是商品林，以商品交换获得经济利润为目的，一般采用转让、转包、出租、股份合作和抵押等方式进行交易；属于乡镇或村集体经济组织的林地，除经营商品林外有些还有公益林，主要采用拍卖、招标、公开协商、股份合作的方式进行流转，激活了农村的林地市场。转让、转包、出租3种形式与前面提到农业用地的形式基本相同，在此主要介绍股份合作和抵押两种形式：

　　第一，股份合作。林地承包经营权入股合作是指不同的投资主体，按照协议以自己的林地承包经营权、资金、技术等生产要素作为股份合作造林获取收益的一种经营模式，是不同利益主体将不同生产要素作为资产为获得增值收益，而采取的一种资本化、市场化的方式。目前，林地承包经营权入股合作主要有3种形式：一是"林业公司+农户"模式。这种模式是村集体或林农将其拥有的林地的使用权作价入股，与林业公司签订合同，按照合同约定由公司统一经营，依照股份分配经营林地所得利润的一种方式。

二是"林业公司+造林大户"模式。这种模式是造林大户一方面由于其成员身份获得一部分林地的承包经营权；另一方面，向村集体和其他林农租用林地或者通过招标、拍卖等形式获得"四荒地"的承包经营权。造林大户拥有较大面积的林业用地以后，造林大户将拥有的林地、资金、技术、劳动力等生产要素作价入股，林业公司以资金或技术入股，统一规划、统一经营，按照合同规定分配盈利收益。三是股份合作林场模式。经村民代表大会同意，按照"耕者有其山，权利平等"和"分股不分山，分利不分林"的原则，集体经济组织不再按照人口分配林地，而是以股份合作形式将林地、林木的经营权与处置权转移给村集体。依据股份合作林场章程的规定，将一定比例的经营收益按照人口分配给个人。例如，福建省光泽县通过政府推动引导，林农自愿参与，以村级"经济能人"为引领，借助亲情、乡情、技术、资金等为纽带，采取"以山入股，以股投资""以户入股，按户出资""以山入股，以资折股"等多种形式，到 2010 年共创办 300 多家股份合作制林场，有效解决了林改后林农单家独户发展难题、林地流转与林农再次失山的矛盾，最大限度保证了林农权益。

第二，抵押。《中华人民共和国担保法》第四十二条规定林木所有权可以作为抵押物，但是《中华人民共和国农村土地承包法》和《中华人民共和国物权法》规定自留山和自留地等集体所有的土地使用权不可以抵押。而现实中，林木和林地是无法分离的，所以很多地方开展了林木所有权和林地使用权抵押贷款的试点工作，并取得了较好的经济效益。由于经济发展水平、资源禀赋、集体林权制度改革进度不同，各地采取了不同的集体林权抵押贷款模式。主要包括 4 个模式：一是林权证直接抵押贷款模式。这种模式是林农将其依法拥有的林权证向银行抵押，直接获得贷款的形式。二是"金融机构+专业担保公司+农户"模式。这个模式是专业担保公司以林权证为依据向林农提供担保，并与借款人签订担保合同，由担保公司为林农向金融机构贷款提供贷款保证，金融部门对借款人发放贷款的同时担保公司正式履行保证责任。三是"金融机构+政府信用平台+农户"模式。这种模式由政府组织国家开发银行为林农及林业中小企业提供贷款，委托农村信用社办理贷款和结算业务。四是"金融机构+龙头企业+农户"模式。由实力较强的林业企业或林业大户向金融机构申请贷款，获得贷款后，林农将林权证作为抵押再向林业企业或林业大户贷款的模式。

### 3. 农村集体经营性建设用地的经济特性与产权权能分离的改革实践

依据现行《中华人民共和国土地管理法》及部分法规的规定,所谓农村集体建设用地,是指农民集体所有的,一般地处农村并经依法批准使用的乡镇企业用地、村民建设住宅用地、乡(镇)村公共设施和公益事业建设用地。其中乡镇企业用地属于经营性工商企业用地,是市场化资本化重点。乡镇企业主要是指农村集体经济组织或者农民投资为主,在乡镇村集体土地上创办的各类企业,主要包括乡镇办企业、村办企业、农民联营的合作企业、其他形式的合作企业和个体企业。随着企业改制深入,目前乡镇企业的范围已经远远超过了其原始含义,产权制度发生了大的变化。但其集体建设用地的性质没有发生变化,所有权仍归集体,变化的主要是使用权的产权权能。随着城乡一体化改革的推进,建立城乡统一的平等的建设用地市场迫在眉睫,产权的分离性、流动性将更加明显。

(1)基本经济特性。集体经营性建设用地所有权归集体,使用权由用地单位或村集体共同所有,使用者主要是利用集体土地,以营利为目的举办工商企业。根据我国的有关规定以及现实,相对于其他用地,村集体经营性建设用地的特性表现在以下方面。一是高收益性。相对于农业用地和村民宅基地、乡村公益事业用地,经营性建设用地的使用者投资的目的就是为了获取更高的收益,加工制造工业、房地产业以及服务业等的收益水平远高于农业。中国改革开放、乡镇企业发展最大的红利之一就是"土地红利",不少乡镇村之所以富裕靠的也是对集体土地的经营性建设开发,小产权房的屡禁不止、难以有效解决也是集体建设用地高收益性的重要标志。由此导致的耕地大量占用、耕地资源紧张、环境污染加剧成为国家对农村建设用地严格控制的重要原因。二是双重稀缺性。(刘元胜,2012)随着工业化城市化的扩张,国家土地使用的指标管理以及用途管制,农村集体建设用地的稀缺性愈加显现,农村集体建设用地更是成为诸多主体关注的目标。建设用地的所有者或使用者希望能够借助资本化索取更好的收益,需求者希望通过高效使用集体建设用地实现其资本增值。农村集体建设用地使用产生增值收益的潜在性,在凸显其本身稀缺性的同时,强化了依托于农村集体建设用地所形成的各个权利的稀缺性,即农村集体建设用地的稀缺性和农村集体建设用地产权的稀缺性。如何促进村集体建设用地高效流转、减少闲置浪费成为重要课题,产权权能的分离将是基本的制度条件。三是产权严重残缺性、严格受限性导致的不平等、不公平性。对此问题人们已经做了大量的研究,可以列举出很多方面,基本观点比较一致。集体建设用地使用权是《中华人民共和国物权法》制定过程中故意回避的一种物权,关于集体建设用地使用权制度的一些具体规定,现行立法并未进行明确的规定,在很多方面处于立法真空的范围。(崔欣,2011)《中华人民共和国物权法》中有关建设用地使用权主要规范的是国有建设用地使用权,对于将集体所有的土地作为建设用地依照《中华人民共和国土地管理法》等法律规定办理;《中华人民共和国物权法》第一百四十三条规定,建设用地使用权人有权将建设用地使用权转让、互换、出资、赠予或者抵押,但法律另有规定的除外。国有建设用地使用权作为一种独立物权通常可以进入交易机制由权利人自由处分,可以采取招标、拍卖、挂牌等方式在市场上自由交易,从而实现权利的最大化。而作为一种特殊的独立物权,集体建设用地使用权通常不可以进入交易机制由权利人自由处分,属于限制物权,允许集体建设用地流转的方式只有 3 种,即土地征收,取得建设用地的企业因破产、兼并等情形致使土地使用权依法发生转移,随土地上的建筑物抵押等。

正是因为村经营性集体建设用地的上述特点以及制度缺陷,导致集体建设用地使用权私下不规范的混乱流转,如集体或者农民个人随意占用耕地出让、转让、出租用于非农建设,集体或者农民个人低价出让、转让和出租农村集体建设用地以及因集体建设用地权属不清诱发了大量的民事纠纷等,产生了大量的法律和社会问题。广东等部分地区已经制定地方性法规等促进集体建设用地使用权的规范流转。国土资源部已经确立了很多地方进行集体建设用地使用权流转的试点,试图逐步规范。

(2)产权权能分离的现状与改革实践。1986 年《中华人民共和国土地管理法》确定了国有土地和集体所有土地使用权可以依法转让,并对乡镇村建设用地进行了专章规定,明确了乡镇村建设用地的范围及具体使用程序。1995 年国家土地管理局发布的《确定土地所有权和使用权的若干规定》中明确提出了集体土地建设用地使用权的概念,并对集体土地建设用地的具体类型如何确权进行了规定。1998 年《中华人民共和国土地管理法》对农村集体建设用地不再进行专章规定,强调农村建设涉及占用农用地的必须办理农用地转用审批手续,并对集体土地使用权的权利内容进行了明确。

集体建设用地使用权与所有权的分离起源于改革开放和农村经济体制改革,得益于乡镇企业的发展。乡镇企业作为我国集体经营性建设用地使用权的主体,其投资主体和投资产权,不仅有乡、镇政府投资创办的企业、村民委员会利用历年的社区公共积累创办的企业、农民个人和多户农民合办的企业,而且出现了城乡共同投资于农村的非农企业、中外合资企业、股份制企业、股份合作制企业等现代企业制度和管理体制,集体建设用地使用权的主体早已超越了乡镇企业创办时的主体身份,对集体建设用地使用权的享有也早已超出了集体的范畴,不再是原来的集体,成为社会化的企业,具有了不同于集体的主观意志,这使得集体建设用地使用权与集体土地所有权的分离日益明显。也就是说,乡镇企业建设用地的占有、使用、收益、处分 4个权能完全由所有者行使已经不能最大限度地实现土地的价值,不能更好地配置土地资产获得更多的收益。而一些村集体组织以外的单位或个人看中了农村集体建设用地增值的利润空间,于是,某项或几项权能从所有权中分离出来,发生了产权权能的分离,是集体建设用地的初次流转。用地单位还可以继续将其享有集体土地的占有权、使用权、收益权和部分处分权中的某项或某几项权能分离出去,是集体建设用地的二次流转。在乡镇企业的创办及改制过程中,乡镇企业在获得独立的法人人格的同时,也相应获得了长期而稳定的集体建设用地使用权,有的存在 30 年或 50 年的期限限制,但更多的是完全没有期限的永久使用权。产权权能的分离与重组事实上已经大量存在,不断突破法律和制度的规定,也迫使许多地方进行改革,制定地方性法规。

乡镇集体经营性建设用地产权权能分离,是建设用地高收益性、双重稀缺性等特性的反映,是一种经济发展需求推动的制度改革,而且为进一步的市场化资本化流转奠定了基础条件,一方面可以缓解国有建设用地的供需矛盾,解决经济发展中推动瓶颈的问题;另一方面,让农村集体建设用地进入市场,把其作为资本进行经营,完全显化了土地的价值,保护了农民的财产权益,最终实现了集体经济组织、农民、政府以及用地单位的共赢。目前集体建设用地使用权的流转方式呈现多样化,主要是使用权出让、出租、转让、转租、抵押等,形成了各具特色的模式。例如,全国非常有名的广东"南海模式"、苏州"昆山模式"、重庆"地票模式"等。另外,还有政府推动的芜湖集体建设用地流转、处置转制乡镇企业土地资产为出发点的"湖州模式"等,为全国农村集体建设用地资本化和市场化分离提供了成功的经验。

**4. 农村宅基地的经济特性与产权权能分离的改革实践**

农村宅基地是农村建设用地的一种特殊类型,是中国农村土地制度特定的概念。在农村社会保障体系极不健全的情况下,农村宅基地对农民具有安身立命之意义,否则农民将会失去最低的生存保障。宅基地问题是当前农村改革的热点,也是难点问题,各种研究成果非常丰富。根据 2006 年的统计数据,全国村庄用地共 2.48 亿亩,其中宅基地占 80%以上,约 2 亿亩,宅基地在农村集体建设用地中占据相当大的份额,而且还在增加;同时约 2 亿亩的宅基地中,闲置荒芜宅基地竟达 20%左右。随着城镇化进程的加快,闲置荒芜浪费的宅基地会更多, 其资本化和市场化改革直接关系到农村市场经济的进程,也关系到每一个农民的切身利益。

(1)基本经济特性。现有的农村宅基地制度是计划经济产物,是基于农村土地集体所有和村民在村庄居住、生产生活所需而设计实施的一项必需的村民福利制度。宅基地的分布是按照农村最初农业生产的布局形成的群居布局,农民以方便生产耕种为条件进行居住地的选择。国家对此进行了具体的制度安排,如只有本集体内部成员符合宅基地原始取得的主体条件,按照能够生存发展的原则来规定个人应有的居住面积,遵循"一户一宅"的规定以户为单位划拨宅基地,宅基地划拨具有一次性特征,如因转让、抵押、赠予等原因失去原有宅基地的不得再申请土地, 面积超标的部分应酌情收取宅基地使用费等。欧阳安蛟(2010)总结了国内众多研究成果,认为我国现行农村宅基地使用管理制度具有 4 个基本特征: 一是以 "两权分离"、"一宅两制"(住房归私人,宅基地属用益物权)登记管理为主要特征的产权制度;二是以"依法申请"、"一户一宅"、"限定面积"为主要特征的分配制度;三是以"主体特定"(村民的原始获取权)、"无偿使用"、"无限期使用"为主要特征的使用管理制度;四是以"限制流转"、"房地合一"、"地随房走"为主要特征的流转制度,以及"用途管制"、"审批监管"、"集约利用"为主要特征的行政管理制度。这些概括基本上代表了宅基地及其制度的基本特性。

另外,应当注意宅基地的功能特性是:以居住功能为主,兼具辅助生产和辅助生鲜食品自给基地功能(菜园子)。也就是说,农民拥有宅基地,可以建造住房,同时也是农业生产工具的库房。在宅基地面积稍大些的地区,家庭一般都在庭院建有菜园,很多地区"庭院经济"发展非常好,对节约生活成本、提高生活质量发挥着重要作用,也是一种农村文化传统的典型代表。因此,让农民"上楼"、村改居、"土地换社保"等需要综合考虑各种条件,不得强制或变相强制,必须完全尊重农民个人的意愿,禁止强迫农民以土地权换市民权,农民宅基地权利的退出需要结合不同条件有序推进。据调查,绝大多数农民工不愿意以"双放弃"(放弃承包地和宅基地)换取城镇户籍,希望保留承包地的农民工占 83.6%, 希望保留农村宅基地和房产的农民工占 66.7%。(韩俊,2012)

(2)产权权能分离的现状与改革实践。早在 1962 年就确立了我国"一宅两制"的产权结构,即宅基地归集体所有,房屋归农民所有。宅基地的所有权归集体经济组织所有,而使用权带有福利性质,无偿地分配给社区成员。宅基地使用权作为一种用益物权,从宅基地所有权中分离出来,宅基地使用权与所有权分离既可以解决农村人口的住房需求, 又可以在不改变宅基地所有权属的条件下对宅基地进行利用。改革开放以来特别是进入 20 世纪 90 年代中期以来, 大量的农村人口向城市转移, 在 2.5 亿农民工中至少有 1.6 亿人是外出打工的,按照人均宅基地面积 0.34 亩计算,全国至少有 0.54 亿亩宅基地处于闲置或半闲置状态, 这些宅基地有强烈资本化和市场化的愿望,只是缺少相应的制度安排。针对这一现状,有些地区将宅基地使用权能分解为占有、使用、收益和部分处分权能,将某一权能或某几项权能从使用权中分离出来,通过宅基地置换的形式将农民集中居住,使宅基地资产价值显化,进而实现其资本化和市场化改革。近年来,在中国许多地方出现了农村宅基地资本化和市场化改革,如天津"宅基地换房"模式,嘉兴"两分两换"模式,重庆的宅基地退出模式,成都震区"联建房"模式等,是产权权能分离的深化和发展。

**5. 村集体经营性资产的经济特性与产权权能分离的改革实践**

为实施分类管理和更好分析农村集体经济发展状况,实践中人们普遍认可将集体资产分为资源性资产、经营性资产和非经营性资产(虽然有不同观点,三者之间有重复、界限不是很清晰)。其中,资源性资产包括集体所有的土地和法律规定属于集体所有的森林、山岭、草原、荒地、滩涂、水面等自然资源;非经营性资产包括村办公楼、公益事业设施等;经营性资产主要是村集体通过对其利用可以获得经济收入,具有增值功能,包括集体所有的各种流动资产、长期投资、固定资产、无形资产和其他资产。资源性资产和非经营性资产可以转化为经营性资产。村集体经营性资产的规模大小、能否持续增值直接关系到村集体经济的长远发展和村民的生活质量。针对传统村集体经济存在的各种弊端,自 20 世纪 80 年代中期开始了以股份合作制为代表的产权制度改革,现在改革的模式越来越多,范围越来越广。

(1)基本经济特性。受多种自然、历史以及经济社会因素的影响,村集体经营性资产有明显的自身特点。一是资产形态差异大,使用领域、收入方式多元化。经营性资产包括流动资产、长期投资、固定资产、无形资产和其他资产,每类资产均有其特点和不同的功能。同时,随着村集体经济发展,经营性资产的投资领域、收益方式多元化。如经营性资产具体包括集体经济组织投资兴办企业所形成的资产以及投入到合资企业、合作企业、股份制企业、股份合作制企业、联营企业等经营单位中的资产及其增值部分,集体经济组织利用集体资源或资产所获得的承包金、租金、土地补偿费和集体资产产权变更所获得的货币收入,集体经济组织拥有的商标、土地使用权等无形资产及其获取的收入等。二是增值的目的性与流失的风险性,资产经营状况社会关注度高。不同于非经营性资产,经营性资产的功能就是为了增值,也只有不断增值其价值才能存在、保持,才能不断扩大再生产,促进集体经济发展和村民收入提高。当然,经营性资产用于投资就有市场风险,而且,由于中国特殊的村集体经济产权制度、管理体制等因素,经营性资产流失的可能性和风险非常大,现实中也出现大量的村集体资产流失。如由于经营不善、评估欠当、呆账死账、公物私占、明借暗调等造成流失;由于财产权主体虚位或虚化,财产产权性质模糊,财产所有权权能不完全,财产权多元行使主体冲突,集体资产运营的监督制约机制不健全,经营管理短期行为严重等造成资产流失。刘金发(2006)认为农村集体资产存在"行政性"流失、"改制性"流失、"经营性"流失、"账面性"流失、"撤制性"流失等。产权制度、内部管理机制改革以及政府监管等成为减少流失的客观要求,政府部门为此采取了很多办法进行管理,目标就是农村集体资产不断发展壮大、集体经济组织成员满意、农村社会保持稳定。早在 1995 年,我国《国务院关于加强农村集体资产管理工作的通知》(国发〔1995〕35 号)规定农业部为国务院主管农村集体资产管理的主要部门，各级地方政府增挂或成立农村集体资产管理局或办公室，形成了从中央到基层的五级管理体系(即中央、省、市、县和乡镇)，其职责是对集体资产管理工作进行指导、协调、监督和服务，主要目标是保证集体资产的安全。全国要求实行村财务公开、村财务乡镇代管。据农业部经管司经管总站统计，截至 2011 年年底，全国 30 个省、区、市(不含西藏)实行财务公开的村为 58.95 万个，占总村数的 96.3%，东部地区、中部地区、西部地区实行财务公开的村占总村数的比重分别为 97.5%、97% 和 93.4%；建立村民主理财小组的村为 57.2 万个，占总村数的 93.5%；实行了村会计委托代理制的乡镇数为 28944 个，占乡镇总数的 79.4%，涉及村数 496816 个，占总村数的 81.2%。三是村集体以及区域之间经营性资产及其收益的显著差异性。据农业部经管司经管总站统计，截至 2011 年年底，全国 30 个省、区、市村级集体经济组织账面资产总额 2 万亿元，村均 343.4 万元；村级集体经济组织账面负债总额 8206.2 亿元，村均 139.3 万元；东部地区资产占资产总额的 75.6%(村均 619.3 万元)，中部地区只占 17.8%(村均 175.9 万元)，西部地区只占 6.6%(村均 97.1 万元)；广东、山东、浙江、北京、江苏等五省市村集体占全国村集体资产总额的 59.8%，村均 789.8 万元；村级集体经济组织总收入 3364.9 亿元（总收入=经营性收入+发包及上交收入+投资收益+补助收入+其他收入），村均 57.1 万元，其中经营性收入占总收入 39.0%，村均 22.2 万元；没有经营收益和经营收益在 5 万元以下的经济薄弱村占全国总村数 79.7%，无经营收益的村 31 万个，占总村数的 52.7%。村集体资产及其收入的差距是历史积累、地理区位、村干部及其团队的观念能力、利用政策和市场机会的能力等多种复杂的社会、经济、文化因素决定的，对此专家已有大量研究，不再赘述。

(2)产权权能分离的现状与改革实践。村集体经营性资产的产权权能分离主要是针对传统集体经济中集体统一经营方式，以及集体资产产权归集体共有而未能明晰量化到村民两方面问题进行改革的。其基本路径：一是采取多种投资入股、联营、合营等方式实现集体经营资产的使用权与村集体所有权分离。20 世纪 90 年代以后，村级集体经济的经营方式开始向各种灵活的资本运营转变，更加多样化，经营范围不断扩大，租赁经营、投资入股经营、股份合作经营、社区合作经济、各种形式联合体等经营方式使农村集体资产突破了单一的"集体所有、集体经营"的禁锢,目前集体直接经营管理的企业很少,主要是资产经营,房地产经营、投资经营也成为重要的经营内容,经营范围扩大化。同时,乡镇企业的产权改革深入推进,基本形成了现代公司制度为主体的企业形式,95%以上实行了产权制度改革,转制成了股份制、股份合作制或个体私营企业。二是以村集体资产量化为核心、股份制和股份合作制为主要方式的产权制度改革。这种改革实际上从1984年就已经在山东开始,此后逐步向全国推广,到目前仍然是各地大量推进的村集体经济产权制度改革形式,其中以东部集体经济发达、集体经营性资产较多的地区为主,表现出明显的区域性。《农业部关于稳步推进农村集体经济组织产权制度改革试点的指导意见》(农经发〔2007〕22号)中提出:以股份合作为主要形式,以清产核资、股权界定、股权设置、资产量化、股权管理为主要内容推进农村集体经济组织的产权制度改革,建立"归属清晰、利益共享、权责明确、保护严格、监管有力、流转规范"的农村集体经济组织的产权制度。实践中农村集体经济产权制度改革有股份经济合作社、股份有限公司、有限责任公司等3种基本模式。在具体操作方面,各村的情况不同,采取的具体操作方式存在差异。如根据村集体经营性资产的数量和质量,强调"因村施改一村一策",实行"存量折股"、"增量扩股"等。天津市"快速城镇化条件下天津农村集体经济组织股份制改革研究"课题组(2012)将天津144个涉农乡镇街的3828个自然村,提出按照资产情况分为3种类型分类改革:村集体经营性净资产存量数额较大,且经营效益较好,具有一定发展潜力的集体经济组织可按《中华人民共和国公司法》要求进行股份制改造;村集体经营性资产较少,可以结合示范小城镇建设对失地农民分配的长远生计用房一并量化到每个成员,按《中华人民共和国公司法》改制为公司制企业,从事物业资产经营;村集体无净资产或资不抵债的,要组成资产清算小组,对资产进行清算后,依法注销原村集体经济组织。

据农业部经管司经管总站统计,截至2011年年底,全国30个省、区、市实施产权制度改革的村数为2.32万个(其中,已完成产权制度改革的村1.66万个,正在组织实施产权制度改革的村0.66万个),占全国总村数的3.8%;东部地区完成产权制度改革的村为13622个,占完成村数的82.3%;已完成产权制度改革的村量化资产总额为3295亿元,村均1991万元,其中东部地区量化资产总额占94.9%,村均量化资产额分别为2318.1万元;完成集体产权制度改革的村设立股东 2315.7 万人(个),其中集体股 4.9 万个、社员个人股 2109.5 万人,分别占股东总数的 2.1% 和 91.1%,完成产权制度改革的村累计股金分红达 548.7 亿元,2011 年当年股金分红为 113.9 亿元,平均每股分红 492 元。当然,全国各地改革进展差异较大,2013 年 1 月 6 日北京市农经信息网发布消息,北京市 95.6% 的村完成集体经济产权制度改革。另据有关资料,截至 2011 年年底,上海市有 69 个村(组)级集体经济组织进行了产权制度改革,占总村数的 4%。这些进一步表明了集体资产产权制度改革的复杂性和艰巨性,有许多问题需要进一步研究。

## 四、市场化资本化产权权能分离性几个问题的认识深化

首先需要说明的是,关于产权制度理论,马克思、科斯等世界一大批经济学大师、法学大师都做了经典的乃至划时代的突破性贡献,揭示了产权制度演变的规律,本人难望其项背,只是想就产权分离性问题在前人研究的基础上做点粗浅的探讨和认识,以期为中国农村资源资产市场化资本化改革实践尽些微薄之力。关于产权权能的分离性,涉及权利分离的程度,权能项目结构,权利界限(边界),权利强度,权利期限、责任或义务,利益关系等一系列制度规范问题,有多层次的内涵要求,不是简单的通过法律或政策划分为几种权利,需要进一步总结影响的因素是什么? 有什么基本要求? 未来的趋势是什么? 通过文献检索,专门研究产权权能分离性问题的论文仅有少数几篇,需要理论的升华与指导。产权分离性的制度规范受众多因素影响,有一定的特性要求,未来表现出一定的共性趋势,具有一定的规律。

### 1. 决定和影响产权权能分离的因素

产权及其权能分离是发展的需要,是一种工具和手段。产权权能的分离与结合,是随着经济社会发展的需要,以提高资源配置利用效率,保障产权权利主体利益和实现经济、社会、生态效益协调,促进社会公平和谐等为目的的权利调整过程。其既是不断满足人口增长需求和生产力发展需要的自然历史演进与制度变迁过程,也是产权制度理论研究、法律规范以及执政者的理念、制度等发展的过程。对决定和影响产权权能分离因素的认识理解,有助于站在历史文化、社会经济等多层面系统客观分析当前产权权能分离形成的原因,分析未来发展的可能障碍和深层次问题。

产权制度的演变主要受生产力发展水平以及意识形态和价值观影响（毛科军,1993),这是根据马克思关于生产力与生产关系理论得出的一般结论。新中国为什么在成立初期实行土地私有制,以后完全变为公有制? 现在看来是在中国历史上追求大同社会的文化价值渊源,饱受鸦片战争之苦而追求国富民强的现实动力,对马克思共产主义理想的憧憬以及马克思理论的误读,苏联在短期内迅速成为超级大国的现实榜样,国际环境不利的现实压迫等复杂因素下做出的选择。单纯的经济学理论解释不了,必须是政治学、历史学与经济学等多学科的结合。产权权能分离不是简单的划分权力、利益和职能,必须是有利于资源配置效率的提高,增进资源资产的收益。因此,产权权能的分离不能脱离政体、国情、历史文化等因素,中国 13 亿人口面临的问题不同,完全的市场经济未必是最好的选择! 根据现代制度变迁理论,对各国各朝代政权更迭以及人类社会历史发展的研究成果,人类文化和意识形态进步等因素,尤其是对中华民族 5000 年历史和新中国成立以来产权制度变化的历史反思,我们认为决定和影响产权制度及其权能分离的主要因素包括:

(1)提高资源配置和利用效率促进生产力发展的需求推动。人类经济社会发展的历史,就是不断满足或提高物质文化需求的过程,在此过程中,人口不断增长,科技不断进步,人与人的关系、人与自然的关系日益复杂化,产生了国家、阶级以及法律等复杂制度,形成了产权权能的分离、结合等方式,目的就是提高资源配置和利用效率促进生产力发展,不断满足人类的需求。正如西方产权制度理论所指出的,产权是效率(生产力发展)的决定因素,交易成本的大小是评价产权是否有效率的标准,只要有一个清晰界定的产权,就能解决社会的激励问题。中国农业实行家庭承包制(以及分田单干),土地的使用权与所有权分离,就是基于生存需求的强烈愿望而几起几落,最终成为合法的制度。由此可进一步引申,产权制度也与一国经济发展的阶段密切相关,不同的发展阶段,稀缺性资源及其稀缺程度不同,对资源配置的要求、方式等不同,追求的利益目标不同,需要相宜的产权权能分离,实现产权权利和资源优化配置。

(2)意识形态和主流(主导)价值观。诺斯的意识形态理论认为,意识形态是一种行为方式,这种方式通过提供给人们一种"世界观"而使行为决策更为经济,使人的经济行为受一定的习惯、准则和行为规范等的协调而更加公正、合理并且符合公正的评价,这种意识形态不可避免地与个人在观察世界时对公正所持的道德、伦理评价相互交织在一起,一旦人们的经验与其思想不相符合时,人们会改变其意识观念,这时意识形态就会成为一个不稳定的社会因素。产权权能的分离或者统一的制度是一种由国家或者政府制定实施的规范,这种规范的形成和执行受当时意识形态和主流价值观主宰,包括一个国家、民族的历史传统文化,主流经济、政治、法学理论等,是这些观念在经济法律制度方面的体现,并随着主流价值观和意识形态的变化而调整。不顾客观实际对马克思公有制理论盲目崇拜、误读等形成的计划经济观念及其产权制度是主流观念对产权制度影响的典型体现。例如,传统的政治经济学理论普遍认为,所有制的概念、所有制决定所有权的理论是马克思提出的,并将所有制定义为一定社会的生产资料归谁占有、归谁支配的基本经济制度。事实上,这并不是马克思的学说,而是苏联学者利用了马克思对占有问题的论述和马克思的权威为国家实行的部分政策和措施寻找理论依据而形成的,是斯大林社会主义政治经济学的理论。斯大林提出,生产资料由谁占有、由谁处分是生产关系的状态回答的问题,并以此为依据,将社会划分为原始社会、奴隶社会、封建社会、资本主义社会和社会主义社会,并指出每一类型生产关系的特点与在该社会中占统治地位的生产资料所有制形式相联系。从而从理论上解释了苏维埃政权强制消灭私有财产,将私有财产统归国家所有的政策和措施,解释了以生产资料的占有方式区分社会的所有制类型并区分社会形态的理论。这些理论使得中国等一大批社会主义国家走了很多的弯路。中国的改革开放,首先从"实践是检验真理唯一标准"的大讨论等系列理论、观念的反思开始,逐步形成了社会主义初级阶段理论,形成了以经济建设为中心,借鉴世界发展市场经济的产权制度,推进改革开放,彻底改变了主流观念,市场经济占据主导,推进了产权制度变革,《中华人民共和国物权法》的颁布实施是重要标志。

(3)执政者的价值取向、执政理念和执行能力。诺斯的国家理论认为,"国家的存在是经济增长的关键,然而国家又是人为经济衰退的根源"("诺斯悖论"),如果国家能够界定一套产权,提供一个经济地使用资源的框架,它就能促进全社会福利增加,推动经济增长,这就是国家契约论;如果国家界定一套产权,仅使权力集团的收益最大化,就不能实现整个社会经济的发展,而会造成人为的经济衰退,这就是国家掠夺论。国家要通过各种政府机构制定和执行系列制度,执政者是主要的因素。价值取向是一定主体基于自己的价值观在面对或处理各种矛盾、冲突、关系时所持的基本价值立场、价值态度以及所表现出来的基本倾向。产权制度是法律制度规范,是国家及其执政者、立法者理念、目标、利益和意志的体现,是由执政者及其立法机构制定并负责实施的,法律的制定和实施是分离性的保障。个人集权制、独裁制与民主协商制、集体决策制的决策理念、机制、制度不同,所制定的产权制度具有不同的优劣势。同时,产权制度发挥作用、能否有效实施,与执政者的执政能力有很大关系,再好的制度不能有效执行等于没有,乃至产生严重的负面影响。

(4)国家的法律体系类型及现行法律具体规范。分离的产权权能体系既是一国法律规范的组成部分,同时也会受到传统或现存法律规范体系、立法理念、技术的影响或制约,具有相容或一致性。最典型的是大陆法系和英美法系存在明显的区别。同时,应当认识到,大量存在的情况是,立法者虽然意识到了产权制度在当前法律制度构建中所存在的困境,但碍于政治形态、价值观、法学传统等方面的因素,以及出于对维护社会稳定、促进经济发展等方面的主观善良愿望,尚不能进行彻底的产权制度重构。例如,大量的专家研究均认为,城乡二元土地制度与集体土地真实价值之间存在不平等、不公平问题,集体土地的所有权权能、使用权权能、处分权权能、收益权权能都不完整,应当设立土地发展权等。但现实是,法律的调整涉及各种利益关系的冲突、平衡,需要较长时间,频繁变动不利于发展。在中国,渐进性的改革仍将是主要策略。

**2. 产权权能分离的基本要求**

科学有效的产权权能分离,既应当是权利主体维护其当前利益、谋求未来更大利益的诉求行为,也是执政者、立法者和执法者建立完善产权权利秩序、平衡各方利益、谋求整体长远利益和发展目标的改革发展的执政行为,涉及一系列关系和矛盾问题,必须遵循一些基本的原则要求,才能实现分离的目的。

(1)继承性与渐进性(动态性、发展性、条件性、相对稳定性等)。任何一个国家的制度变革或多或少都会打上民族、国家的历史文化、传统等方面的烙印,具有一定的延续性、继承性。不少专家认为中国古代基本不存在典型的奴隶制社会,中国古代社会的历史大致应当分为原始氏族社会、封建制皇权专制社会(夏商周为主)、郡县制皇权专制社会(秦始皇统一中国至鸦片战争),同时没有经历完整的资本主义而直接进入社会主义,而美国则没有经历封建社会直接进入资本主义。这是两国产权制度的价值观、制度规范存在显著差异的重要原因。

历史发展是一个由量变到质变的过程,需要很多条件,具有渐进性、相对稳定性,诺斯的"路径依赖"理论也说明了制度变迁的艰巨性。只有产权权能具有相对的稳定性,才能使权利主体有稳定的利益预期,才能有利于资源资产的永续利用和优化配置,有利于权利的市场化资本化流转。各国的历史发展不完全相同,产权制度都会打上本国的历史烙印。当一个阶级推翻了另一个阶级、一种性质的政权替代了另一种政权或者进入到新的历史发展阶段,社会的主流价值观及意识形态进入相对稳定期和制度改良完善期,制度变迁的速度会降低,不能或不可能太快。同时,制度变化总是由易到难,所需的社会成本、私人成本以及面对的各种风险会加大,需要各种条件。据有关报道,中国目前进行的农村土地承包经营权确权登记试点,有的地方每亩的测量、绘图、发证等费用大致在 20 元左右,全国就需要 500 多亿元的费用;而有的地方每亩则需要 40 元左右。同时,部分村由于各种历史的、现实的原因,往年积累的各种土地矛盾解决难度很大,导致推进速度较慢,出现畏难现象。2013 年"一号文件"要求用 5 年时间基本完成农村土地承包经营权确权登记颁证工作,妥善解决农户承包地块面积不准、四至不清等问题,农业部等部委确定了 105 个县(市、区)为 2013 年全国农村土地承包经营权登记试点地区。但目前看困难重重,能否如期完成有待观察。

(2)差异性与多样性。资源、资产、财产的种类不同、功能价值和利用方向不同、发展阶段不同,市场化资本化的方式或模式不同,产权权能分离后的权利项目、结构、强度、期限等存在差异性,种类很多。例如,农村土地中的耕地、林地、宅基地等产权权能分离后形成的复杂多样关系。同时,在中国先试点、后推广的渐进式改革中,即使同一种产权权能分离模式或者资本化模式,也会形成不同的权利义务关系要求,地方性法规的存在也为建立地方性产权分离制度提供了空间,附加了很多经济以外的条件或要求。例如,在股份合作制改革中,很多地方规定"如果刑事犯罪将被取消股权"。

(3)目的性与调控性。产权权能分离是一种制度设计,要达到多重目的,不同阶段、不同资源资产的产权权能分离的目的性既存在差异, 也存在共性。实行家庭承包经营的"两权分离"最初主要是达到解决温饱和产量增加的目的,确立承包经营权的流转制度、用益物权制度主要是实现保护农民权益、促进市场化资本化流转、规模经营等效益目标(经济和社会效益),提高资源配置效率、保障收益则是共同的目的。但在任何社会,产权的权能界限(边界)、范围、强度、权利期限等都是有限的,有的也称作产权的"残缺性"。有限性一方面来自于一种权能的使用总会影响到或者受到其他权能使用的影响,产生"外部性"等问题,需要进行必要的平衡或克制。另一方面来自于为了公共利益、长远利益以及公平,保护私产权利,监督法律执行,公平与效率兼顾等,国家需要设置制度规定进行调控,这是国家权力的重要表现。例如,世界各国普遍实行的土地用途管制。2008年《中共中央关于推进农村改革发展若干重大问题的决定》在允许农民以转包、出租、互换、转让、股份合作等形式流转土地承包经营权的同时, 明确这种流转不得改变土地集体所有性质,不得改变土地用途。因此,虽然理论上产权权能根据社会经济发展的需要可进行无数的分离,但现实中都是有限的。

(4)公平性与法制性。产权权能分离既是一种经济行为,也是一种法律行为,公平性是重要的标准。公平性主要体现在产权权能的设置、主体归属,权力、责任或义务、利益关系的平衡等方面必须是权利人真实意志的表现和兼顾协调,不存在或较少存在侵权或歧视等现象。缺乏法律保护的产权权能是不稳定的缺乏效率和风险较大的权利。法制性既有理念方面的要求,也有技术层面的要求。涉及产权权能等权利必须有权利证明(如契约等),书面记载、证明权利义务,这也是流动、交易的需要,预防侵权、保护合法权益的需要。中国目前农村资源资产产权制度的法制性, 一方面是立法方面的不平等、不公平等法律不完善问题,更主要的是由于产权权利不清,政府超经济的行政强制、腐败等违法成本较低,违法变合法等问题造成的大量失范行为对法律的亵渎,进而造成社会普遍的有法不依、有法难依、执法不严、违法难究、违法不究,公平性原则难以体现。例如,大量的农民土地承包经营权权证没有发到农户手中,宅基地使用权没有进行登记确认(确权登记)、没有证书等问题都是基本的法制性要求没有达到。当然,公平性也是相对的、动态的,例如对于家庭承包经营"交够国家的、留足集体的、剩下自己的"的利益分配制度,改革初期大家普遍认为比较公平,能调动农民积极性。但随着认识深化,"三农"状况发生变化,其不公平性逐步显现,导致由索取农业的政策向补贴农业政策的彻底转型。

### 3. 产权权能分离的趋势

世界发达国家经过几百年的市场经济发展,已经形成了适合于本国的产权制度体系,法律规定几乎细致到所有方面,在立法执法方面形成了权益保护法制化格局,处于相对稳定和小调整状态。但中国等发展中国家正处于改革发展的转型、巨变时期,从长期趋势看发达国家的许多做法将可能在中国逐步出现,这也是改革以及法制建设的基本动向,需要引起广泛的关注。

(1)使用(利用)权中心化。现代物权理论开始以社会物资的优化配置和利用为基础来构建,物权理论已不可逆转地以所有为中心向利用为中心转变,主要体现为他物权优位化趋势与股份制和信托制的勃兴。(李国强,2010)许多专家都认可这样一种观点,产权是公有还是私有,是集体所有还是国家所有,都不是关键,问题的关键在于产权实施能力,如果拥有收益权和处置权,就不必在乎所有权是姓公还是姓私。也就是说,产权细分的事实使得产权的实施能力,即处分权和收益权成了资源资产市场化流转和资本化增值的实质和关键。

(2)权能细分与关联形成权利生态群。产权的细分过程就是权利主体交易并重新配置产权的过程,各个主体凭借其所拥有的博弈能力不断强化其产权实施能力,促进产权权能项目的不断细分,进而促进了土地权利的开放性。资源资产市场化流转交易、资本增值的需求不断强化,需要各种形式的产权重组、交易等资本化形式,现实中的产权权能在实践中存在纠纷、矛盾或问题,成为"产权障碍",这些均需要对产权权能不断细分,增加新的权能,这些权能之间形成了"一荣俱荣、一损俱损"的紧密关系。如中国农户承包经营权的抵押贷款由法律的禁止转向许可。再如,针对公共利益与土地私人所有权的矛盾,西方国家创建的土地发展权,以及对土地的空间权利的划分(地上权、空中权、地下权等)。西方制度经济学家普遍认为产权是"一束权利"。如果从产权权能之间相互制约的复杂关系看,发达国家产权权能已经成为权利生态群。

（3）流动（配置）社会化。在社会主义初级阶段,产权制度社会化的基本含义主要是产权运作结果日益增加了社会公共利益,产权配置结构社会化,对产权制度变化,特别是对企业产权制度形态变化的影响社会化。（毛科军,1993）产权的细分过程就是权利主体交易并重新配置产权的过程,各个主体凭借其所拥有的博弈能力不断强化其产权实施能力, 权利的转让就需要权利的需求者支付合适的价格,这客观上就加快了产权流转价格体系的形成。如果借用分工合作理论,产权的细分适应了流动配置社会化的要求和趋势,细分之后关系复杂化,需要广泛的社会化合作。市场经济的逐步完善,市场调节范围和配置资源的作用不断扩大,产权权能流动的区域和主体范围、频率和强度、产业和行业等都扩大了,流动性加快,社会化程度更高,权利实现形式多样化。由此产生的矛盾问题、纠纷可能大幅度增加,协调处理和管理难度增大,需要相应的职能部门和服务机构。如农地抵押权贷款增加了新的权能,将农地与金融部门联系在一起,但可能产生新的隐患等。

（4）利益关系复杂化。产权作为一种行为规范和经济权利,实际上是通过明确权力分配的方法, 确定了每个人使用相对稀缺资源时的经济地位和社会关系,进一步确定了每个人相应于物时的行为规范,从而反映出了由物的存在及使用所引起的人与人之间相互认可的行为关系。利益关系复杂化,一方面因为权项多样化细分、流动配置社会化的趋势。另一方面因为利益实现方式的多元化、交易价格和其他条件的不确定性,以及产权主体、交易主体私人利益与社会公共利益冲突等。对此,要有充分的思想和应对准备,才能保障产权制度改革深化以及市场化资本化的稳步推进。

# 第四章 农村资源资产市场化资本化
# 产权权能的流动性

一、流动性：农村资源资产市场化资本化产权价值实现的途径

二、农村资源资产产权权能流动的演变和形式

三、农村资源资产产权权能流动的关键：价格形成

四、农村资源资产产权权能流动性实现的平台：农村产权交易市场

五、农村资源资产产权权能流动性实现的社会条件

**内容提要：** 产权权能流动是农村资源资产市场化资本化产权价值实现的途径。产权权能的流动性高低决定了国家和地区经济发达水平。新中国成立以来，我国农村产权权能的流动经历了从自由流动到禁止流动再到有限流动的演变过程。在现有农村产权制度下，农村资源资产权能流动呈现出各自的特殊性和复杂性，诸如受制的所有权流动、较广泛的承包经营权流动、受限的使用权流动、不完备的处置权流动等。产权权能流动的关键是价格形成，在农村产权制度残缺的现状下，农村资源资产的流转价格普遍偏低。农村产权交易市场是产权权能流动性实现的平台，我国农村产权交易市场发展正处于崭新的起步期，成绩与问题并存。应加快产权交易相关政策法规制定，为产权交易提供良好的政策环境；加快建立起"政府主导、社会参与、市场化运作"的产权交易机制，转变政府职能，加快中介组织的培育，为产权交易市场发展创造良好的市场环境；培育产权流动主体及相关的专业人才，为产权流动提供智力保障；健全风险防范和社会保障体系，为产权流动提供体制保障；加强诚信体系及其文化建设，为产权科学有效流动奠定文化根基。

流动性是市场的生命力所在，是市场成熟与否的重要标志之一。产权作为一种资本要素资源，流动性是它最本质的要求。产权权能的流动性高

低决定了地区乃至国家经济发达水平,加快农村资源资产产权权能的流动成为农村资源资产市场化资本化发展的必然要求。加快城乡要素流转,需要从政策、制度、体制等方面不断完善农村产权交易市场建设,为农村产权顺畅流转创造良好的发展环境,并提供智力保障、体制保障、思想保障。

## 一、流动性:农村资源资产市场化资本化产权价值实现的途径

产权权能流动实质是以产权客体作为交易对象所进行的各项产权权能在不同主体之间进行的让渡。通过产权权能的顺畅流动和交易买卖,调整并优化了存量的资源和资产, 使现有的资源和资产通过结构调整得以重新优化组合,最终达到保值和增值的目的。

### 1. 流动性:市场优化资源配置的基本要求

流动性是市场的生命力所在,是市场成熟与否的重要标志之一。如果市场因为流动性的缺失而导致交易难以完成,那么市场就失去了存在的基础。有关流动性的观点有多种论述。Keynes 将流动性定义为"市场价格将来的波动性"。Hicks 认为,流动性指立即执行一笔交易的可能性。罗纳德·凯恩斯在《就业、利息与货币通论》中认为,流动性的本意是指资产转换为支付清偿手段的难易程度,即资产快速变现的能力。Harris 提出的流动性即"如果投资者在需要的时候能够以较低的交易成本买进或卖出大量股票而对价格产生较小的影响,则称市场是具有流动性的"。从流动性概念可以得知,如果当一种资源和资产能够以较低的成本迅速进行交易时, 那该资源和资产具有流动性,流动性越强,则交易速度越快。

Baks 与 Kramer(1999)从交易层面和货币层面对流动性进行了分类,认为两种层面上的流动性将带来不同的影响。交易层面上的流动性(可以定义为市场流动性) 的增加将增加市场效率, 一定时间内资产变现的能力提升,使市场在运行中更为接近于定价理论的有效市场假设。市场流动性的增加将使得利用资产定价理论对资产的定价更为有效, 从而对泡沫的产生起到抑制作用。货币层面的流动性主要受货币信贷总量、信贷利率以及住户、企业和金融部门资产负债表上现金和高流动性资产的比例等因素的影响, 信贷总量的盲目扩张以及利率的过度下降等均会导致有获利要

**113**

求的、用于购买金融资产的可用货币与资金过多,在金融资产缺乏或其他运用途径不足的情况下,金融资产价格会进行重估,且重估之后由于投机等因素的影响,重估过程会进一步加强确认,最终导致资产价格高于其内在价值过多,引发泡沫。中国人民银行发布的《二〇〇六年第三季度中国货币政策执行报告》中对流动性也进行了详细分类,认为流动性可以包括市场流动性和宏观流动性的概念。某个具体市场的流动性可以理解为在几乎不影响价格的情况下迅速达成交易的能力,这往往与市场交易量、交易成本、交易时间等因素有关。而在宏观经济层面上,通常可以把流动性直接理解为不同统计口径的货币信贷总量。从流动性的分类可以看出,目前金融界一直在讨论的流动性过剩问题是宏观层面的流动性,主要研究货币流动性问题。流动性过剩一度成为中国经济乃至全球经济的一个重要特征,2007年温家宝总理在政府工作报告中也指出,要综合运用多种货币政策工具,合理调控货币信贷量,有效缓解银行资金流动性过剩问题。目前国内学者在流动性过剩问题研究上往往集中在宏观层面的总量速度问题,而微观层面的市场流动性被忽略,没有看清更为本质的结构问题。我国的流动性问题不仅体现在流动性总量过剩的问题上,同时还面临宏观流动性过剩和微观市场流动性不足并存的格局。由于本文主要研究农村产权流动性,因此市场流动性是本文研究的主要范畴,而农村产权流动性不足是目前农村市场的主要特征之一。

现代产权理论的奠基者科斯认为,保障经济高效运行的产权应具有明确性、专有性和可转让性。科斯提出的可转让性实际就是产权权能的流动性,即产权权能在市场经济中不同产权主体之间的自由转移,可以被流动到最有价值的用途上去,从而实现产权收益最大化。一方面,只有产权权能流动才能实现资源的优化重组。哈佛大学商学院的迈克·波特认为,经济对现有库存资源的有效利用是衡量一个国家微观经济竞争能力的指标,产权流动的制度体系、市场结构状态和经济政策对经济的资本集约度及资本单位总体生产力技术水平的提高将产生直接影响。产权要素资源在不同地区、不同行业、不同企业和个人间自由流动重组,使得资源向着最优配置组合,从而使社会整体资源资产得以优化配置。另一方面,只有产权权能流动起来才能提高产权的使用效率。有人曾形象地做过比喻:民营企业骑着摩托车奔跑,"三资"企业跨着骏马在前进,国有企业背着沉重的包袱在爬山,这里要再加一句,集体经济背着一座大山在前行。究其原因,集体产权凝固化、不完整性问题首当其冲。农村集体要焕发生机,就必须正视农村集体产权的流动性需求特点,让产权真正地"流转顺畅"起来,通过流动重组来打破农村经济发展滞缓的局面,实现农村集体资产的价值化管理,最终实现资产的保值增值。

回顾改革开放以来国有企业经济体制改革方面实施了一系列的扩权试点与利润留成制度、厂长负责制、两步利改税、承包经营责任制、试行股份制和建立现代企业制度等措施,对于扩大企业自主权,减少政府行政干预,提高企业经济效益产生了积极的效果。但是,由于在产权制度改革方面一直没有取得突破性进展,特别是产权的流动性没有得到有效的保障,国有企业长期未改变自身的低效率状况,直到党的十六届三中全会通过了《中共中央关于完善社会主义市场经济体制若干问题的决定》,才使产权流动性改革带来实质性的突破。该决定明确指出:"建立归属清晰、权责明确、保护严格、流转顺畅的现代产权制度,有利于维护公有财产权,巩固公有制经济的主体地位;有利于保护私有财产权,促进非公有制经济发展;有利于各类资本的流动和重组,推动混合所有制经济发展;有利于增强企业和公众创业创新的动力,形成良好的信用基础和市场秩序。这是完善基本经济制度的内在要求,是构建现代企业制度的重要基础。要依法保护各类产权,健全产权交易规则和监管制度,推动产权有序流转,保障所有市场主体的平等法律地位和发展权利"。因此,农村资源资产的市场化资本化道路,必然要求产权权能的依法顺畅流动,在流动中才能真正实现农村资源资产的价值增值。

**2. 产权权能的流动性高低决定了国家和地区经济发达水平**

流动性是市场的灵魂。可以说,国家和地区的经济发展水平取决于市场经济发展的水平,而市场的生存与发展快慢取决于产权流动性的高低。如果市场流动性高,则市场参与方对市场具有很高的信心,从而提高市场交易量;同时流动性越强的市场,其价值发现功能越大,从而更有利于市场的健康发展;流动性能够提高市场的资源配置效率,流动性越强的市场,其配置的资产资本量越大,拥有更多的资产资本提供与需求者,从而能在更大的范围内配置资产资本;对于市场参与者来说,市场流动性越大,则交易成本越低,从而参与交易的积极性更高。因此,产权流动性的高低决定了地区经济发达水平,是城乡差距、地区经济发展差距的重要原因,甚至是国家经济发展快慢的重要决定性因素。

哈佛大学商学院的迈克·波特认为,经济对现有库存资源的有效利用是衡量一个国家微观经济竞争能力的指标,产权流动的制度体系、市场结构状态和经济政策对经济的资本集约度及资本单位总体生产力技术水平的提高,将产生直接影响。据世界经济论坛《全球竞争力报告》,研究世界一些国家综合竞争力与其国内资本市场活跃程度之间相关关系可以发现,上市公司市值、股票交易额占GDP比例比较大的国家,其经济增长竞争力排名都比较靠前,这说明产权流动速度与国家的综合竞争力有密切的正相关关系,产权流动可以促进国家综合竞争力的提高。2011年经济增长竞争力排名在前5位的美国和新加坡的上市公司市值占GDP的比例分别为103.6%、128.6%,这是中国的2倍多;美国的股票交易额占GDP的比例分别达到203.7%,也是中国的2倍多,详见表4.1。

**表 4.1 2000~2011 年产权流动性与国际综合竞争力相关性**

| 国家 | 经济增长竞争力排序 | | | 竞争综合指数 | | 上市公司市值/GDP(%) | | | 股票交易额/GDP(%) | | |
|---|---|---|---|---|---|---|---|---|---|---|---|
| | 2000 | 2009 | 2011 | 2009 | 2011 | 2000 | 2009 | 2011 | 2000 | 2009 | 2011 |
| 美国 | 1 | 2 | 5 | 5.59 | 5.43 | 153.5 | 108.8 | 103.6 | 323.9 | 337.1 | 203.7 |
| 新加坡 | 2 | 3 | 2 | 5.55 | 5.63 | 165.7 | 176.6 | 128.6 | 99.2 | 143.4 | 105.9 |
| 中国 | 44 | 29 | 26 | 4.74 | 4.9 | 53.8 | 100.3 | 46.4 | 66.8 | 179.4 | 105.1 |

实现产权流动、形成产权市场已经日益成为各地发挥市场机制作用、促进地区资源优化配置的重要手段,即通过产权市场供求机制、价格机制、竞争机制和风险机制等在促进生产要素跨地区流转以及经济资源的最优化配置中发挥基础性、根本性作用。各地产权流动的快慢有别是目前地区经济差距和城乡的差距形成的重要原因之一。以资本市场为例,我国两个全国性的资本市场,上海证券交易所和深圳证券交易所在带动全国经济发展方面有

着不可替代的作用。同时在一定意义上,这两个证券交易所也有其区域性的一面,尤其为区域经济的发展作了巨大的贡献。正是得益于"近水楼台",江浙地区和珠江三角洲地区的经济突飞猛进,从江浙和珠江三角洲地区上市公司的数量来看,这两个地区的上市公司数量在全国居于前列,区域资本市场对区域经济的贡献是不容忽视的。(张玉庆,2008)

在我国农村各地产权流动差异性十分凸显。在经济发展较快,受城市辐射强度大、市场化程度较高的农村和城乡接合部,社会对农村资源需求大,因此产权流动也就比较活跃;在经济发展水平不高的地区产权流动活跃程度下降,而且农村产权交易的品种、数量、方式和效果都明显低于经济发达地区。例如,2007 年全国东、中、西部地区农村土地承包经营权流转面积占总承包面积的比重分别为 5.9%、4.8%和 5.3%;其中东部地区有一半的省(直辖市)流转比重高于全国平均水平,高出一倍以上的有 5 个省(直辖市)。再如,2011 年上半年全国土地承包经营权流转总面积占承包耕地总面积的16.2%,上海市则已经达到 60%,流转比例高而且相对集中。目前规范的已形成的农村产权交易所大多也集中与农村经济发展较快地区,2011 年年底全国省会城市及直辖市注册成立的农村产权交易所共 8 家,分别是北京、上海、天津、成都、广州、杭州、武汉和合肥。

中国农村产权制度改革始于 20 世纪 80 年代,并且在经济发达地区起步早,当时山东的淄博市和广东省的广州、深圳等地率先引入股份制推进改革。进入 21 世纪后,随着工业化、城市化进程的加快,各地都加大了推进农村集体经济组织产权制度改革的力度,凡是产权改革走在前列的地区,农民受益于产权流动的利益越大,地区经济发展的速度越快。中央明确提出农村集体经济组织要推进制度创新,探索农村集体经济有效实现形式。农业部根据实际情况于 2007 年下发了关于稳步推进农村集体经济组织产权制度改革试点的指导意见,推动建立归属清晰、权责明确、利益共享、保护严格、流转规范、监管有力的农村集体经济产权制度。各地改革的推进力度越来越大,覆盖的范围越来越广。截至 2011 年,全国有 30 个省(区、市)的 2.32 万个村开展了产权制度改革,占全国总村数的 3.8%。按地区分析,东部、中西部地区完成产权制度改革的村分别为 14168 个、2381个,占完成村数的比重分别为 85.6%和 14.4%。按省市分析,北京、广东、江苏和浙江 4 省市完成产权制度改革的村占全国完成村数的 75.5%。(方志权,2012)虽然农村集体产权制度的实践范围不断拓展,积累了许多较为成功的经验,集体资产管理新体制和新机制有了一定的基础,然而在长期的实践中,由于改革的关注点集中在集体资产的完整性,但却忽视了集体资产产权的流动性,导致集体资产运营机制僵化,市场主体性不能正常发挥,流失现象严重未从根本上改观。我国至今还未出台系统的法律、法规对农村集体资产管理、流转和处置进行统一的规范,也使得各地的农村集体产权不能有效地流动,反过来集体产权改革的成效大大缩水。必须积极推进农村集体产权流动,促进农村集体资产在运营中实现保值增值,改善农村资本结构,搞活资本运营,变存量为增量,重组资产优势,使农村低效运转的资产变为高效运转,闲置资产成为有效资产,这是社会主义农村市场经济发展的必然要求。

### 3. 农村产权流动性不足的现实困境与后果

在对资本市场微观结构的研究中,西方学者 Harris(1990)提出了经典的流动性四维理论,得到了较为广泛的认同,我们利用四维理论来评价我国农村产权权能的流动性的高低。流动性被 Harris 分为 4 个方面:

第一,交易的即时性(Immediacy),反映了投资者在有购买或者出售意愿的时候能否立即兑现。

第二,市场宽度(Breadth),反映交易价格(买方报价或者卖方报价)偏离市场中间价格的程度,购买或者出售能否在一个相对均衡的价格上进行。

第三,市场深度(Depth),衡量市场价格的稳定程度,即在深度较大的市场,交易对价格的冲击较小,而在深度较小的市场,同等规模的交易对价格的冲击则较大,市场深度反映了在一个给定的价差下可以交易的股票数量。

第四,市场弹性(Resiliency),衡量价格波动消失的速度,指在一个特定的买卖报价水平下(通常指最佳买价或卖价)可以交易的订单数量总和,反映了价格回归正常值的速度,弹性越好则价格回复速度越快。

从交易的即时性看农村产权流动,目前的农村产权流动大多还是一种自发的行为,规模小,在正规的产权交易市场交易的量还很少。当市场中的投资者一旦有交易的欲望就可以立即得到满足,这在目前的农村几乎不可能,农村产权交易的速度很慢。从市场宽度看,农村产权流动的综合社会成本很高。以土地征用为例,政府获得了绝大部分的土地增值收益,但这却是以农民的失地、失业和持续收入流的破坏为代价的;农村集体土地隐性市场大量存在,产权流转价格颇为扭曲,使得利益受损者不会得到法律的有效保护。由于农村产权交易量少,市场深度很浅。地区经济发展快慢对交易价格影响很大,农村产权价格具有明显的地域性。农村重要的稀缺的土地资源价格形成最大的特征就是,土地价格并不是市场买卖双方的讨价还价的结果,不是市场定价,而是政府指导下的价格,是行政定价,并且是在政府宏观干预下的交易;对于农村土地向市场的供给和需求要求限定在一定的条件下,如通过出让、转让和出租方式取得的集体建设用地,不得用于商品房地产开发和住宅建设,农用地转为集体建设用地的土地,必须按照用途管制的要求经过申请和严格的审批等。典型的土地征用补偿标准,多数是由政府单方行为决定,虽然农民可以就补偿标准的高低与政府谈判,但这仅仅是事后行为而不是形成过程的参与行为,农民对征地的异议不能干预征地事项的开展,这是事后被动的妥协行为而不是事前主动的商讨行为。灰色的土地市场交易,也大都是基层政府组织与农民展开的合谋,且基层政府可凭借其拥有的行政权力而指定交易的流程、甚至筛选潜在的交易者。(刘元胜,2012)因此,农村产权流动的市场弹性都很弱。据此可以得出我国农村产权流动性不足的结论,这必然导致了农村产权的低效率配置。

农村产权流动性不足的成因非常复杂,大概归为三类:产权界定、市场主体行为以及市场微观结构。一是农村产权界定模糊,资源资产流动有限,造成产权流动性不足。科学界定农村产权、明晰产权归属,才能激发产权主体市场交易的积极性,市场产权交易量才能提升。如由于城乡二元结构,农民所拥有的不动产不能同城市居民拥有的不动产具有相同的权利,农民拥有的产权无法通过市场机制实现充分流转,同时价格产生不公平的扭曲。厉以宁曾提出解决城乡收入差距扩大难题,首先必须进行农村产权界定,即让农民有三权三证:农民对承包的土地有使用权,要发给承包土地使用权证;农民对宅基地有使用权,要发给宅基地使用权证;农民对住房有房产权,要发给房产权证。三证都可以抵押、转让,这样,农民拥有的物质资本就能从无到有。二是农村市场主体参与产权交易的能力普遍较低,造成农村产权流动性不足。市场参与者在市场交易中的表现,受市场中参与者对风险的态度、自信程度以及对市场的敏感程度等影响,农村市场主体由于受教育程度普遍低,资本化运作的能力有限,进而就影响市场流动性效果,致使流动收益不能实现最大化。三是农村市场微观结构不理想造成产权流动性不足。市场微观结构主要的影响方面是市场类型、交易制度及信息披露。由于农村市场经济发展的整体落后,目前农村交易市场多是政府驱动,市场配置资源资产的能力还很弱,必然影响产权的自由流动。交易制度是确保产权市场交易顺利进行的程序,但目前农村产权制度供给严重不足是农村产权改革的软肋。已有的农村产权交易所呈多点开花之势,但目前面临的困境很多,各自为政、挂牌项目少、交易不活跃,致使一些交易所名存实亡,其根本原因是缺乏制度保障和诱导。集体产权政策和制度的缺陷包括集体经济组织的法人地位,集体成员的认定,主体错位的承包经营权的流动(所有权是村集体而流转主体是农户),集体资产资本化运营机制等都是目前各地亟待解决的问题。当前国家尚未出台全国统一的农村产权交易管理办法,产权交易规范缺乏操作依据,这都需要政府出台农村产权交易相关法律法规,使农村产权交易活动能够更加合理有序地开展。如农户承包地,只是一项有限的产权,农民并没有从法律上取得财权或者物权,这种不明确的产权,其他的主体根本不敢购入,影响了农村资源资产的流动性。关于信息披露,Madhavan(1996)认为提高市场的信息披露程度对市场的影响要视市场情况而定,完全透明的信息披露并不可能总有利于市场的运行,其变化通常是使一部分交易者获利而使另一部分交易者受到损害。由于目前农场产权交易市场的还处于起步阶段,信息披露的数量和质量远不能达到市场交易的基本需求,市场主体交易风险随之增大,进而影响到市场主体的产权交易信心,很容易导致产权交易的流产。

著名的财经专栏作家水皮曾说过"流动性就像一条河,而水能载舟,亦能覆舟"。流动性过剩就如洪水泛滥,不小心处理并加以引导的话会将经济这艘大船打得支离破碎;而流动性不足将会拖慢经济大船的行进速度甚至使经济大船停滞不前。农村产权流动性不足是普遍性问题,这种现状导致的后果是多方面的。一方面,农村产权流动性不足必将进一步加剧城乡差距,使农民收入增加放缓。对于我国目前城乡差距的事实已经没有太多的争论。

国家统计局公布数据显示,2012 年中国城镇居民人均可支配收入 24565 元,农村居民人均纯收入 7917 元,城乡居民收入比为 3.1:1。城乡差距的根源是在于农村产权不清,而且流动性不足。尽管人口流动限制逐渐放松,但由于社会保障的不到位,农民仍然被限制在农村、农业,限制在低效益产业上。集中表现在农民所拥有的重要的生产要素受制度限制而缺乏流动性,如土地、人力资本、农村资源与资产,农民对重要的生产要素只有不完整的产权,不能充分享有资源资产资本化过程带来的巨大效益。随着工业化、城市化的加速,特别是随着城乡土地相对价格差距的急剧扩大,对于征用重要土地资源农民只能被动接受,并被排除在合理分享工业化、城市化带来的土地增值收益之外;而城市居民却能享受城市化过程中房产不断飙升给自己带来的增值收益。如果不改变流动性不足的问题,不奠定扎实的产权基础,让农民公平享受城乡一体化改革的成果,城乡的差距必将越来越大,"三农"的问题依旧会是难解的问题,增加农民收入也就只能是纸上谈兵。另一方面,农村产权流动性不足放缓农村资源资产资本化进程,放缓农村市场经济发展。农村市场经济、农村资源资产市场化资本化的发展都需要农村市场要素的充分地流动。农村长期落后根源于农村产权的不流动和产权的残缺。农村不完整的集体所有权以及长期的城乡分割的户籍制度,本质是剥夺和限制农民的土地和人力资本的流动。改革开放后农村市场经济要发展,但是资源资产的流动被遏制局面并没有改善,农民无法从资源资产的流动获得收益和积累资本,农村集体经济参与市场竞争的能力也被减弱;同时由于缺乏完整的产权基础,市场机制在农村又无法充分发挥作用,结果造成农村市场经济发展缓慢,农村落后面貌依旧不能改变。

## 二、农村资源资产产权权能流动的演变和形式

### 1. 产权权能流动的演变

新中国成立以来,我国农村产权制度经历了几次重点变革,从土地改革时期农民土地私有制、互助合作运动时期的集体共同共有、公社体制下的集体所有统一经营制度,到所有权集体所有经营权家庭拥有的演变过程,产权的流动经历了从自由流动到禁止流动再到有限流动的演变过程,见表 4.2。

**121**

表 4.2　我国农村产权基本制度与土地流转的演变过程

| 阶段 | 演变方式 | 农村产权制度 | 土地流转形式 |
|---|---|---|---|
| 土地改革时期（1949~1952 年年底） | 强制性制度变迁废止封建地主土地私有制，建立农民土地私有制度 | 农民所有，自主经营 | 能够使用、典当、转让、赠予、出租、买卖等 |
| 互助合作运动时期（1953~1957 年） | 互助组时期的农民自发性变迁，到初级、高级合作社时期的强制性制度变迁，农民的土地私有制变为"私有共用" | 农民所有，联合经营，统一分配；所有权和使用权分离 | 保留农户入社、退社的自由，农民对土地最终的处置权利，但土地一经入社就必须由合作社统一管理和使用，禁止流转 |
| 人民公社时期（1958~1978 年） | 土地的"私有共用"向"共有共用"的转变，确立"三级所有、队为基础"的集体所有制 | 集体所有，联合经营，统一分配 | 彻底否定了土地的私有权利，社员没有入社、退社的自由，土地禁止流转 |
| 家庭联产承包责任制建立（1978 年至今） | 土地的"共有共用"向"共有私用"的转变。农民自发诱致性制度变迁的结果 | 集体所有，家庭经营 | |
| （1978~1983 年） | 明令禁止土地流转，但隐形市场开始形成 | | 禁止农村土地流转，土地不得买卖、出租、抵押或以其他方式转让 |
| （1984~2002 年） | 农村土地流转解禁阶段 | | |
| | 1984 年一号文件 | | 承包期内，因无力耕种或转营他业而要求不包或少包土地的，可经集体同意后转包 |
| | 1988 年宪法修正 | | 土地的使用权可以依照法律的规定转让 |
| | 1993 年中共中央十四届三中全会 | | 坚持土地集体所有前提下，延长耕地承包期，允许继承土地开发性生产项目的承包经营权、土地使用权依法有偿转让 |
| | 2002 年中共十六大报告 | | 提出"有条件的地方可按照依法、自愿、有偿的原则进行土地承包经营权流转，逐步发展规模经营" |
| （2003 年至今） | 规范农村土地流转阶段，土地流转制度体系基本形成 | | |
| | 2003 年《中华人民共和国农村土地承包法》实施 | | 家庭土地承包经营权可依法采取转包、出租、互换、转让或者其他方式流转 |
| | 2005 年《中华人民共和国农村土地承包经营权流转管理办法》 | | 土地流转更详细的规定 |
| | 2009 年一号文件 | | 加强对土地流转的管理，让承包经营权的流转市场健康发展 |
| | 2013 年一号文件 | | 引导土地承包经营权有序流转，鼓励和支持承包土地向专业大户、家庭农场、农民合作社流转 |

### 2. 产权权能流动的形式

随着我国城市化、工业化进程的加快,农村产权权能流转更加频繁,在现有农村产权制度下农村资源资产权能流动,包括所有权流动、经营权流动、使用权流动以及处置权流动等,又呈现出各自的特殊性和复杂性。

(1)受制的所有权流动。所有权流动是不同土地所有权主体之间的交易,特点是所有人发生变化,权利义务一并转移,在农村所有权流动的典型形式就是土地征用。《中华人民共和国宪法》《中华人民共和国土地管理法》中明确规定了农村和城市郊区的土地、宅基地、自留地、自留山属农民集体所有,明确规定了乡镇、村和村内(队)农村集体经济组织的三级产权主体,其产权主体应完全享有对土地拥有占有、使用、经营和处置的权利。从法理上说,土地市场交易是土地所有者应该对自己所拥有的土地产权进行自主处置,集体对农村土地应享有占有、使用、收益和处分的排他性的充分权利。而现行的法律规定和制度带有侵权性的种种限制,尽管法律明确了农民集体土地产权的法律地位,却限制以及否定了对集体土地资产的最终处置权,集体所有权被大大弱化,一方面要服从于国家对土地的管理权,即集体所有者不可任意转变土地用途,不能随意流转,仅仅允许在一定地域范围内的土地使用权的流转,仅享有不完整的土地处分权;另一方面国家对集体土地享有征用权,具有强制色彩。这种双重的"主体缺失"和"所有权弱化"的制度性缺陷造成的直接问题是多方面的。如一些地方在征地过程中,没有按照规定征收土地,"以租代征"、未批先用、非法圈地时有发生;土地补偿费用分配使用存在挪用、截留、不公开等问题;被征地农民的发展权和长远生计在一些地方没有得到重视和保障等。

集体用地转为国有用地方面,"被动征地"中不平等的谈判地位使集体组织的利益不能得到有效保障,集体组织自身由于所有权主体不清,由谁参与和征地者"谈判",征地补偿费应如何使用、管理或分配等问题都不能明确,使得征地中处在最底层的农户的权益就无法得到保护;虽然集体组织可以通过"主动征地"的方式使自己取得持久的土地收益,即将土地包括农用地积极主动让地方政府进行征用,土地的性质由集体土地变性为国有土地,再通过招标方式暗箱操作取得变性后出让用地的使用权,变性后的建设用地由"农村户口"变成了"城市户口",这为集体土地资源的资本化扫清了道路,但这种"曲线救国"的方式如果不能有效进行资本化运作和管理,也会造成集体资产大量流失的风险,也不利于城乡统筹发展。

对于集体组织之间的土地交易方面,国家客观上采取一种抑制态度,这使得农村土地所有权关系一直较为稳定。但随着农村改革的深入,农村经济结构的变化,集体土地内部已经出现了所有权关系的自发调整越来越频繁。集体组织之间土地所有权流转包括垂直和水平两个交易层次,村或村民委员会集体所有与乡(镇)集体所有之间土地所有权的转变和没有行政隶属关系的村与村之间或村与其他集体所有者之间的市场行为。从目前来讲,垂直交易仅限于"自下而上"的形式,即由村集体所有转变为乡(镇)集体所有,很少逆向流转,这种转变尚缺乏统一法规给予明确界定,权属关系比较混乱。譬如,乡(镇)企业或因公益事业占用村集体用地以后,用地所有权就由村所有自动变为乡(镇)集体所有。集体组织之间的土地所有权的流动一定程度上有利于农村土地规模化经营,但也会引发一些风险,如可能导致农村土地的不适当集中,从而使"小集体"获得过大的土地支配权,进而影响农村社会的稳定;由于集体所有者主体模糊,乡级以下各级集体组织地位虚置,现实是农村土地所有权被村集体的代理者——村干部所有,不仅导致农民利益受损和农地纠纷频频发生,还降低了土地流转速度,使得所有权的流转无法预期成为最高效的行为。

(2)较普遍的承包经营权流动。中央对农村土地承包经营权流转问题一直高度重视,并逐步完善了农村承包地经营权流转的法律和政策依据。最早在 1984 年的中央一号文件首次提出允许农户经集体同意可以转包承包地给种田能手,但强调不准买卖、不准出租、不准转作宅基地或者非农用地。1993 年,中央十一号文件提出允许农户在承包期内转让土地使用权,但须在坚持土地集体所有和不改变土地用途的前提下,且经发包方同意。2002 年《中华人民共和国农村土地承包法》首次明文规定"土地承包经营权"可以"依法采取转包、出租、互换、转让或者其他方式流转",以法律形式确立土地承包经营权进入市场交易的商品属性,但也明确指出承包经营权流转必须以集体土地市场内规范运行,而流转也仅限于承包地"农转农"的范围,禁止"农转非"的流转。2007 年,实施的《中华人民共和国物权法》,明确了土地承包经营权的用益物权性质,为土地流转并实现资本化提供了基本的政策支持和法律依据。2008 年《中共中央关于推进农村改革发展若干重大问题的决定》中指出,允许农民可以转包、出租、互换、转让、股份合作等形式流转土地承包经营权,发展多种形式的适度规模经营,流转的形式上将股份合作形式纳入进来,指明了土地承包经营权流转的方向,为农村产权交易带来一次发展机遇。该决定中仍然明确指出土地承包经营权流转,不得改变土地集体所有性质,不得改变土地用途,不得损害农民土地承包权益。流转方式上受到一定的限制。1995 年《中华人民共和国担保法》第三十七条规定:"下列财产不得抵押:(一)土地所有权;(二)耕地、宅基地、自留地、自留山等集体所有的土地使用权。"以上这些规定构成了土地承包经营权流转的主要的法律渊源,此外还有一些根据这些规定而制定的地方性法规规章。

农村土地承包经营权流转是目前最普遍的一种产权权能流转形式,流转数量增长快,流转规模逐步扩大。据农业部有关资料,2006 年全国土地流转面积约 0.56 亿亩,占家庭承包耕地面积的 4.5%,至 2012 年年底则分别达到 2.7 亿亩和 21.5%。据有关资料,全国大约有 800 多个县(市),12000 多个乡镇建立了土地承包经营权流转服务中心;有 25 个省(区、市)成立了 989 个林权管理服务机构、917 个资产评估机构;集体林地流转 1.45 亿亩,占已确权林地的 5.73%。

当前,全国各地农村土地承包经营权流转日益加速,在各种主体的推动下,农村土地承包经营权流转市场呈现出了不同的形式,包括:通过建立产权交易平台或者设立流转专项扶持资金的政府推动型;最为普遍的形式是农户间转包和互换;农业专业大户为实现规模经营而进行的吸存式土地流转;农业产业化组织拉动式的土地流转;农村集体经济组织集中土地经营而形成的土地流转等。(王忠林,2011)各地在纷纷展开的农地产权制度改革实践中,对农村土地承包经营权的流转模式也都做了有益的尝试,积极探索土地资本化的有效路径,并相继创造了农地信托、农地入股、农地证券化等多样化的流转形式。农地信托是在保持集体所有权和土地承包经营权不变的前提下,按照依法、自愿、有偿的原则,农村土地承包人基于对受托人的信任,以取得更大土地收益为目的,将其承包的土地使用权在一定期限内委托给受托人,由受托人利用其专业规划并以自己的名义经营管理或使用,并将因此而获得的收益归属于特定的受益人。2001 年浙江省绍兴县创办的土地信托,现已发展成为迄今为止我国影响最大、形式最规范的农村土地信托。土地入股是指实行家庭承包方式的承包方之间,为发展农业经济将土地承包经营权作为股权,自愿联合从事农业生产;其他承包方式的承包方将土地承包经营权量化为股权,入股组成股份公司或者合作社等。目前国家的政策导向是鼓励农民通过入股方式组建农业专业合作社,这也是农村土地股份合作制在组织形式上的一种创新。土地入股可以使农户与土地的实际经营者的利益有机地联结起来,最大限度地获得土地经营的增值收益。农村土地承包权证券化指以土地收益作为担保发行证券,在不丧失土地产权的前提下,利用证券市场的功能,将实物形态的不可移动、难以分割、不适合小规模投资的土地转化成可以流动的金融资本的过程。我国现阶段的农村土地证券化,实际上是指承包经营权的证券化,如重庆"江津模式",其重要意义在于土地证券化并不改变现行的家庭承包经营制,不会对现有的土地产权制度造成冲击,也不影响土地的社会保障功能,实现了土地经营权价值的货币化,使得跨区域的、大规模的土地流转成为可能,从而提高了土地利用效率。(周小全,2012)

随着城镇化的推进,土地承包经营权流转规模还将不断扩大,承包经营权流转形式会更加多样,客观要求采取积极有效的措施,在坚持农村基本经营制度的前提下,促进和规范承包经营权流转行为,保证土地承包经营权流转平稳健康发展。如按照现行的法律规定以家庭方式取得的土地承包经营权不能抵押,但现实中已经出现了很多农民在交往中自愿签订"抵押协议",在债务不履行或者无法履行情况下,协议将土地承包经营权抵债的情况。法律禁止并不能达到制止农民因债务负担等而被迫转让土地承包经营权的可能性,相反,它只会造成农民的融资渠道不畅与财产价值的低估。(袁震,2011)再如2011年香河圈地事件让"以租代征"之类的土地违法行为暴露在阳光之下,香河地方政府将租来的农民土地变成国有建设用地,变成开发商手里的楼盘,其实诸如"农民土地流转后被卖给地产商建别墅"、"农民被上楼"之类的违规事件早已不乏报道。因此严格执行农村土地承包法律政策,正确认识和处理土地承包经营权流转过程中国家、承包者和经营者的利益关系,切实维护农民土地承包合法权益和流转主体地位,建设好土地承包经营权流转平台,规范承包经营流转行为也是当务之急。

　　(3)受限的使用权流动。《中华人民共和国土地管理法》第九条规定:国有土地和农民集体所有的土地,可以依法确定给单位或者个人使用。这明确了单位和个人对农民集体所有土地享有使用的权利。农村土地使用权流转按照用途可以细分为土地承包经营权流转和建设用地使用权流转。集体建设用地使用权的流转,是指集体经济组织或者依法取得农村建设用地使用权的主体,将集体建设用地使用权以出租、转让、转租、抵押、入股以及其他合法形式让渡或转移给其他主体使用的行为。农村集体建设用地使用权是一种有限的物权。《中华人民共和国土地管理法》第四十三条规定:"任何单位和个人进行建设,需要使用土地的,必须依法申请使用国有土地;但是,兴办乡镇企业和村民建设住宅经依法批准使用本集体经济组织农民集体所有的土地的,或者乡(镇)村公共设施和公益事业建设经依法批准使用农民集体所有的土地的除外。"农村集体建设用地使用权的权利主体在使用土地时,必须严格按照确定的土地用途使用,不享有完全的自主权。对于农民宅基地使用权流转,国家政策对宅基地使用权进行了多重限定。《中华人民共和国土地管理法》第六十二条规定:"农村村民一户只能拥有一处宅基地……农村村民出卖、出租住房后,再申请宅基地的,不予批准。"国务院1999年和2004年的两个文件也禁止城镇居民和法人或其他组织购买农村住房和宅基地。2007年颁布的《中华人民共和国物权法》对作为物权的宅基地使用权取得、行使和转让也未作具体规定。《中华人民共和国担保法》第三十七条规定,宅基地使用权不得抵押。

　　当前农村集体建设用地使用权流转方式多样,主要有出让、转让、出租、联营、抵押、置换和入股等多种形式。既有农村集体经济组织出让、出租集体建设用地使用权或将集体建设用地使用权作价入股的情况,也有在乡镇企业合并、兼并及股份制改造中隐含的集体建设用地使用权转让、出租,还有农民以转让、出租房产形式,连带转让、出租宅基地使用权等情况。参与集体建设用地流转的主体关系复杂,既有乡(镇)、村、组集体经济组织,也有乡(镇)政府和村委会,还有乡(镇)、村办企业和农民个人。受让方和承租方既有本集体经济组织内部成员,也有本集体经济组织之外的其他组织或个人,此外还有其他各种对法律变通或隐蔽的做法,都造成了较为复杂的关系。(隋海鹏,2010)

　　由于制度的滞后性,而建设用地需求量呈现不断增长趋势,促使各地根据地方的实际情况积极探索集体建设用地流转模式。1993 年,南海区开展了以土地为中心的农村股份合作制的试验,从"两权分离",推进到"三权分离",实行所有权、使用权、受益权分开,将集体组织所有的土地货币化,折算成股份向其经联社的农业发展股份公司入股。1992 年,威海市以"转权让利"为核心,在全国率先对集体非农业建设用地实行出让,将乡镇企业使用的集体土地征为国有土地,依法实行统一出让,政府将获得的土地出让收益按一定比例让与集体经济组织(主要让利给乡镇政府),或将征为国有的土地,按一定比例返还给被征用土地的村民委员会,进一步深化了集体非农业建设用地制度改革。上海嘉定、江苏无锡等地采用了"保权让利"模式,即在保持集体非农建设用地所有权不变的前提下,仿照国有土地有偿使用管理的方式,将集体非农建设用地按一定年限通过转让、出租、入股、联营等方式直接流转,土地收益大部分留给集体经济组织。以杭州市、湖州市为代表实行规划区内外分别对待的模式,即规划区内是"转权让利",规划区外是"保权让利"。1999 年经国土资源部批准,芜湖市为集体建设用地流转试点市,芜湖市按照土地所有权和土地使用权分离的原则,实现集体建设用地有偿、有期限和有流动的制度。2005 年开始,天津开展了"宅基地换房"模式,按照承包责任制不变,可耕种土地不减,尊重农民自愿的原则,农民自愿以其宅基地按照规定的置换标准换取小城镇住房,政府把节约下来的土地加以整合后采取"招标"、"拍卖"、"挂牌出让"方式,一方面实现了用土地收益来弥补小城镇建设的资金缺口,另一方面也增加了一定幅度的建设用地指标,从而破解了建设用地的瓶颈制约。2008 年,重庆市推行"地票交易"模式,成立了全国首个农村土地交易所,推出了以农地土地为载体的实物交易和指标交易,将闲置的农村宅基地及其附属设施用地、农村公益事业用地、农村公共设施和乡镇企业用地等农村集体建设用地进行复垦,变成符合栽种农作物要求的耕地,经由土地管理部门严格验收后腾出的建设用地指标,最后由市国土房管部门发给等量面积的建设用地指标凭证。2009 年,广东省为解决大量使用集体土地的中小企业在融资活动中抵押物不足的问题,开始推行"建设用地抵押融资"模式,并开始步入规范化、制度化的轨道。

从各地的建设用地使用权流转模式比较看,每种模式各个试点地区都取得了一定的成效,为积极探索集体建设用地资本化的有效路径做出了积极的尝试,但在推广中也不乏存在这样或那样的问题,如农村集体建设用地的产权主体和产权边界不清,有缺陷的集体所有制使得集体和农民权益无法充分实现;农民利益在建设用地流转中无法充分得到保障;政府、集体组织和农民利益不能很好地调节;集体组织建设用地流转运营和管理能力有限,集体资产在流转中不能保值甚至出现流失。在现实中,虽然土地法律制度对于农村集体建设用地使用权流转进行了很多限制性规定,但各地农村集体土地使用权流转中都不同程度地存在合法和不合法的行为并存的现象,尤其在经济发达的沿海地区及大中城市的郊区。如在利益诱导下,一些农村组织或个人以各种名义与开发商联手,私下占地开发和销售"小产权房"、"乡产权房"等,由于相关政策法律的滞后,对农村集体建设用地使用权的自发流转也就缺乏引导规范和管理,造成土地市场秩序混乱。究其原因主要是源于我国现行的城乡分割的二元土地制度,以及当前滞后的法律制度与农村集体建设用地使用权流转的现实已经不相适应。应当及时完善农村集体建设用地使用权流转的相关法律制度,确立流转主体的市场地位,明晰农村土地产权,明确土地流转的收益分配,以适应农村集体建设用地使用权资本化发展大趋势。

(4)不完备的处置权流动。处置权是依法对物在事实上或法律上最终处置的权利。就一般物权意义而言,处置权的行使可使所有权消灭,也可将所有权、使用权、占有权或收益权转移给他人,亦可将所有物设定物权。从处置权的内涵出发,可以看出自由拥有完整的处置权才能拥有完整的所有权。现实中农村集体资产及农户所拥有权利型资产(包括承包经营权、宅基地使用权以及集体资产的所有权)的处置权是不完整的,虽然法律赋予所有权是绝对权。如《中华人民共和国物权法》第三十九条规定:"所有权人对自己的不动产或者动产,依法享有占有、使用、收益和处分的权利。"《中华人民共和国民法通则释义》中解释:"所有权在法律上属于绝对权……所有权因为是支配性权利,具有强烈的排他性……所有权具有永恒性,无期限限制。"《中华人民共和国宪法》第十条第二款规定:"农村和城市郊区的土地,除由法律规定属于国家所有的以外,属于集体所有;宅基地和自留地、自留山,也属于集体所有。"但是《中华人民共和国土地管理法》及相关规范性文件又对农民集体所有权的处置权进行了限制。如《中华人民共和国土地管理法》中规定国家实行土地用途管制制度，农村集体土地的所有权人无权擅自将农用地改变为建设用地；征地补偿办法由法律规定，补偿价由省级国土部门制订并报省级人民政府批准后执行，被征收人对征地补偿价没有决定权等。这些法规最终是使农村集体所有权成为有缺陷的所有权的根本原因所在。

农村集体资产是农村集体经济组织全体成员共同所有的资产，农村的集体土地、集体资产的处置本应该是集体成员的共同意思表达，但现实农村集体资产处置权实际上归乡镇及以上政府，因为只有乡镇及以上政府才能决定集体经济的重大经营决策和利益分配，并由乡和村集体经济组织代表全体成员行使所有权，由于集体资源资产价值没有量化到个人，就很难实现乡和村集体经济组织行为与农民利益的高度一致。农民拥有名义上的土地所有权和实际的经营权，却无集体资产的处置权，集体土地的转让受到国家的严格限制及政府在征地过程中过度的干预甚至参与就是最有力的例证；乡和村集体经济组织拥有事实上的集体资产的所有权和财产处置权，却又不是与产权相联系的生产经营者和经营风险承担者。这样的产权要素组合违反了所有者、经营者、生产者之间权利对等和相互制衡的原则，导致权利与义务偏离、收益与风险偏离，其结果是乡和村集体经济组织不能成为农民的真正代表。如乡和村集体经济组织不经集体组织成员同意，凭"一纸合同"将大量农业生产用地和建设用地卖给开发商的现象，乡和村集体经济组织已成为实际的产权主体；由于乡镇政权与集体资产财产权混淆不清，集体资产管理效率低，造成集体资产的大量浪费或者流失；集体经济成为乡和村集体经济组织获利的附属物，乡镇企业财产主体不明导致产权激励与约束机制空洞乏力；缺乏监督与制约机制容易导致乡镇政府行政人员假公济私，背离集体共同意志和利益，损害农民利益。

随着我国城镇化的快速推进，农村土地大批被征用，农村集体所有的资源性资产大量地转化为货币形态（征地补偿费）为主的集体货币资产，另外尤其在经济发达地区，农村集体经济组织在市场经济的运行中通过创办经营乡镇企业积累了大量的集体资产，集体资产在迅速膨胀，对于集体资产的处置成为当前农村工作尤其是"撤村改居"工作中十分敏感的问题，牵涉广大农民的切身利益，对集体资产进行合理处置也成为当前农民的迫切要求，关系到农村社会稳定，各地对集体资产合理处置也做出了积极的探索。从目前各地处置的形式看,主要有对集体资产实行股份量化的股份合作制办法、集体资产经剥离后实行股份量化的股份合作制办法、以被征地农民基本生活保障为主的处置办法、以"有保障、有股份、有技能和社区化"为中心的处置办法、提足相关保障基金后分掉资产的办法和彻底分掉集体资产的办法等。(俞乒乒,2010)

　　农村集体资产处置过程中面临很多问题亟待解决:首先,关于农村集体资产的处置办法国家还没有统一的操作性强的政策、法律可以参考,只有一些地方政策或临时性办法,以及一些乡规民约;其次,大部分村民和村级组织的意见都是将现有农村集体资产用光、分光,对将来农村集体资产未来运营预见不足,造成这种眼前利益和长远利益矛盾的原因是当前农民急需钱财来改变现实的生活条件,解决就业问题,而对未来的农村经济发展、社会保障机制认识不够;再次,集体资产处置前清产核资问题最为突出,包括清产核资小组的成立方式,清产核资程序和债权债务处理以及集体资产量化确权工作难度大,没有全国统一政策可以参考,只能摸着石头过河;最后,集体资产处置中流失严重,尽管农业部制定了《农村集体资产评估管理暂行办法》和《农村集体资产评估管理暂行办法实施细则》,可由于规定笼统,程度复杂,农村资产评估基础弱,所以规定的实践性降低。(霍翠芬,2011)农村集体资产是广大农民多年辛勤劳动的积累,是发展农村经济的重要物质基础,处置的妥当与否直接关系到农民的切身利益甚至是社会的稳定。明晰农村集体资产处置权,规范集体资产处置办法和程序,建立有效的土地和宅基地等退出机制,对保障农民权益,对农村经济社会持续快速发展都有重要的现实意义。

### 三、农村资源资产产权权能流动的关键:价格形成

#### 1. 产权价格理论

　　商品价值是经济学长期研究的核心问题之一,并形成了由成本价值理论、效用价值理论和新古典经济学价值理论为代表的不同学派和理论体系。成本价值理论包括劳动价值论和要素价值论,前者认为商品的价值由生产该商品的社会必要劳动时间所决定,随着社会技术水平和劳动者技能的提高而下降。后者认为商品的价值取决于在生产过程中投入的各种要素的贡献。效用价值理论认为商品的价值由其为占有者带来的效用所决定,效用越大,商品的价值就越高。新古典经济学价值理论认为商品的价值就是其均衡

价格,由商品的供给和需求双方共同决定,当市场供给等于市场需求时,市场达到了平衡,此时商品的均衡价格被认为是商品的价值。新古典经济学价值理论通过对市场供需机制的分析揭示了资产价值的形成机理。传统经济学认为,资源的市场价格理所当然地等于其相对价格。但是,传统经济学忽视了产权明晰是资源市场价格等于相对价格的必要前提。(蓝虹,2004)在产权经济学家看来,市场经济的本质就是交换经济,而在市场中的商品交换实际上是产权的流动和交换,是一组权利的交换。当一种交易在市场中议定时,就发生了两种权利的交换,正是权利的价值决定了所交换的物品的价值。权利束常常附着在一种有形的物品或服务上,在其他情况不变时,任何物品的价格都取决于交易中物品或服务所包含的权利束。马克思地租理论以土地所有权的存在为前提,认为地租是土地所有权在经济上的实现,是土地所有者获得的剩余价值,是土地使用者在一定期限内按契约规定支付给土地所有者的土地使用补偿。阿尔钦说:"在本质上,经济学是对稀缺资源产权的研究,一个社会中的稀缺资源的配置就是对使用资源权利的安排……经济学中的问题,如价格如何决定的问题,实质上是产权应如何界定与交换以及应采取怎样的形式的问题。"

科斯定理是经济学中对价格体系有效运转所依赖的制度条件的第一次正式讨论。在传统经济学中,价格机制被认为是可以无条件、无成本地自发运转,而科斯则指出,产权制度安排是价格机制发挥正常作用的前提,只有在产权制度确立后,明确了人们可交易物品权利的边界、类型及归属问题,而且能够被有关交易者乃至社会识别和承认,交易才能够顺利进行,这样,任何希望使用这一资源的人可以以不同方式向资源所有者支付费用后获得其资源的使用权。在产权界定清楚的情况下,人们就能够利用价格机制确定如何在众多提出权利要求的人之间配置资源。如果没有产权制度安排,任何人都可以占有现有资源,那么,价格机制将起不了任何作用,市场交易也无法进行。因此,科斯认为,在市场中交换的是资源的产权,如果资源的产权界定不清,必然影响到资源的市场价格。只有在产权明晰的条件下,资源的市场价格才能有效地反映其稀缺程度,才能等于其相对价格。无论产权属谁,只要产权界定是清晰的,市场机制便能导出最有效率的资源配置结果,换句话说,提高效率、节约交易成本的有效途径是明确确定产权。随着新的信息的获得,资产的各种潜在有用性被技能各异的人们发现,并且通过交换他们关于这些有用性的权利,而实现其有用性的最大价值。每一次交换都使产权的权利边界更为清晰,从而使资源的市场价格与其相对价格更为接近。价格作为商品经济活动的一种交易条件,其公正合理只能是产权交易主体明晰的结果。而所谓的市场失灵,并非真的是市场机制的失败,而是产权不明确界定的结果。如果产权主体虚置、交易规则和制度不完备,同时强势主体一方容易操纵定价权,弱势主体一方的利益很容易受损,市场交易的公平客观很难实现。

**2. 产权残缺下的农村资源资产价格确定**

由于我国农村资源资产产权关系普遍存在模糊性,导致农村资源资产价格体系扭曲,同时也是利益分配体制扭曲。目前农村很多资源资产产权的不明确性、非专一性、非排他性,导致了资源资产稀缺程度与市场价格的脱节,从而导致了资源资产生产与消费中成本与收益、权利与义务、行为与结果的背离,导致了农村资源资产价格远远低于城市资源资产,这是农村资源资产价格被低评或者低估的根源所在。

(1)从农村土地市场整体情况看。我国农村土地市场整体发育滞后,市场运行机制还未发育成熟。农村土地流转价格常常带有盲目性和随意性,农地流转处于自发、隐形、分散无序的状态;多数地方没有有形的规范的土地流转交易场所,大量的有形市场和隐形市场并存,"有地无市"或者"有市无序"现象并存,"正规流转"和"非法流转"现象并存;土地流转供求信息传递在空间分布上极为分散,传递设施和手段相对落后;土地流转的中介组织匮乏放缓了农村流转市场的发展,迫切需要建立流转市场的信息、咨询、预测和评估等服务系统,并使中介服务专业化、社会化;缺乏健全和完善的土地流转市场运行机制,使得土地流转很难实现正规化、制度化、法制化。农村土地流转是一个不完全公开的市场,尽管农村土地流转交易活动频繁,但多数交易属于私下交易或地下交易,交易风险增大,交易价格难以反映公开的市场状况,从而对市场的指示和调控作用降低。

农村资源资产流转价格评估困难,尤其土地资源价格。在资产评估中通常采用3种基本的评估技术方法,即成本法、市场法和收益法。土地资源的特殊性决定了成本法的估价通常会偏低;而农村同类可比较交易案例又少,无法运用市场比较法;通常用收益还原法,但同地块因作物种类不同收益差别很大很难做到精确。由于农村土地资源不但承担经济功能,而且还有社会和生态功能,因此使评估的难度加大。如一般意义的资产评估方法很难去解释进城务工农户以极低的价格甚至采取无偿或倒贴的方式将土地转包或转租给留守农民耕作的现象,因为此时的土地流转并不以获益为目的,流转农户目的只是想通过低价或者无偿转租的方法保证其承包经营权的延续,为今后返乡留后路。

(2)从当前征地定价机制看。由于农村集体所有权的虚置,使得当前征地价成为政府单方面给定的定价标准,而农民作为主体的权利被剥夺,失去讨价还价的能力。根据我国《中华人民共和国土地管理法》,国家在征用农村集体土地时,"按照被征收土地的原用途给予补偿"、"征收耕地的土地补偿费,为该耕地被征收前三年平均年产值的六至十倍"。被征地农业人口的安置费,"为该耕地征收前三年平均年产值的四至六倍。但是,每公顷被征收耕地的安置补助费,最高不得超过被征收前三年平均年产值的十五倍。"、"土地补偿费和安置补助费的总和不得超过土地被征收前三年平均年产值的三十倍。"《中华人民共和国土地管理法》从法律和制度上规定了农地补偿的定价机制,同时这种定价是基于被征用土地收益的历史值进行给付。按照地租理论,土地价格是资本化的地租。但是在这里,土地补偿费并不是被征地的资产价格,不是按照土地未来收益折现值为标准进行定价,而是征地者对农民的过去权益的补偿,剥夺了农民的土地发展权收益,使农村集体土地所有权交易价格通常偏低。

(3)从农村集体建设用地价格形成看。城镇化、工业化是农村集体建设用地市场化资本化进程加快的利益驱动的所在。集体土地作为农民的土地财产权,通过其所有权或使用权的流转,不仅使农村集体能够利用土地资产参与各个经济领域的经济发展和城市建设,而且农民能从中获取资产性收入——地租,极大地拓展了集体经济的发展空间。(党国英,2006)目前农村建设用地流转市场表现为:集体建设用地交易主体由于产权主体虚置,农村集体产权混乱,界定不清晰,导致交易价格很难最大化地实现土地资源资本化价值,容易发生利益分配不公现象;集体建设用地产权交易制度缺乏使得交易不确定性加大,造成土地交易风险偏高;此外,农民对土地资源的依赖性很高,限制了建设用地的有效流转,交易频率很低;由于集体建设用地产权残缺,占有权虚置、使用权受限、受益权分割、处分权虚无,农村集体组织长期处于弱势地位,土地的二元结构也导致国家对农村集体资源产权的掠夺,因此要实现城乡集体建设用地同地、同价、同权存在很大的制度上的障碍,这也是目前集体建设用地隐形市场的混乱,小产权房在国家严厉打击下还依然能够生存的根本原因。

小产权房的出现,造成了同种商品在同一市场、同一时间价格相差悬殊的扭曲状况,小产权房低廉的价格扰乱了房地产市场的正常规范运作。据统计,与同一区域商品房相比,小产权房价格要低 30%~60%。譬如,北京市小产权房价格比商品房低 30%以上, 南京市小产权房均价是商品房的 1/3,成都、南昌等城市小产权房价格仅有商品房价格的一半。(李力韵,陈奇伟,2013)原因在于农民建小产权房,不需要缴纳类似开发商为获取土地交给政府的土地使用权出让金,不用缴纳房地产开发建设过程的税费,而农民集体通过出售小产权房获得的收益远远高于政府征收土地给予的补偿金额,因此导致农村集体经济组织自主资本化意愿的强化。因此,在秉持"同地、同权、同价"的原则下,加快城乡土地产权制度由二元向一元的转向,打破城乡分割的建设用地市场,赋予农村集体建设用地与城市国有建设用地平等的收益权,已经成为农村产权制度完善的重要方面。

(4)从农用地流转价格形成看。农用地使用权的流转价格不仅是受市场供求关系决定的,同样也受农地产权制度的影响。农地不仅为农户提供基本的生活保障和就业保障,还具有一定的社会保障功能。因此农用地使用权的流转价格,不仅包含生产收益权价值、农地就业保障价值,还包括生活保障价值。尽管《中华人民共和国物权法》从法律上逐步确认了土地承包经营权的物权性质,但现实中的农地承包权仍然不完整,如土地承包经营权没有直接并最终明确对土地的支配权,土地承包经营权转让仍受到一定限制,土地的社会功能依然存在等。目前农地流转在不断的加快,农地流转主要发生在村集体内部,农地租赁供需双方多数是本村农户、本村农户的亲戚,也有相邻村其他居民,与集体内部农户关系越亲密的农户在农地租赁交易中越具有优先选择权,形成了相对封闭的内部市场;农业产出效益低于其他产业的产出效益,使得投资农业的积极性不高,承租需求降低;农地流转长期以来缺少规范的契约,以口头约定居多,第三方证明人参与少,致使承租方为规避风险降低出价,降低了农地的交易价值。定光平、张安录(2008)通过入户问卷调查的形式,调查了鄂中南江汉平原和丘陵山区 6 个县 542 户农户,76.11%的农户实行口头契约。洪名勇(2009)调查了贵州省 4 个县 480 户农户,发现农地承租行为中,97.46%的农户选择口头契约,农地出租行为中,97.24%的农户选择口头契约。叶剑平等(2006)基于中国人民大学和美国华盛顿大学农村发展研究所 2005 年对全国 17 个省份的农村土地调查数据,发现只有 3.08%的农地租赁中有第三方证明人的参与。

受多重因素制约,土地流转价值常常被严重低估,降低了农地资源配置效率。李菁、邱青青以山东省泰安市远城区西石汶村 191 户农户为调查对象,进行了种植经济作物的租金比较,发现不论是村集体主导型租赁,还是农户间自发型租赁,土地价值都被严重低估(李菁,邱青青,2011),见表 4.3。在很多地方,一些进城务工农民为了延续其承包经营权,不得不把土地以很低的租金转包或转租给留守农民经营,在劳动力流出严重的村庄或者偏远村庄,甚至出现土地无偿送给他人耕作,有的倒贴钱给耕种者,这样的流转当然不能实现农地资源的价值最大化,是农地资源价值的一种扭曲。

表 4.3　山东省泰安市远城区种植经济作物的理论与实际租金比较

单位:元/亩

| 土地类型 | 出租方分成 | 单位土地总收益 | 单位土地产品的物质成本 | 单位土地产品的劳动成本 | 理论租金 | 实际租金 | |
|---|---|---|---|---|---|---|---|
| | | | | | | 村集体主导 | 农户自发 |
| 好地 | 0.5 | 3500 | 1005 | 500 | 998 | 200 | 300 |
| 中等地 | 0.5 | 3000 | 1068 | 600 | 666 | 125 | 200 |
| 劣等地 | 0.5 | 2600 | 1104 | 700 | 398 | 100 | 125 |

注: 理论租金=(土地总收益-土地产品的物质成本-土地产品的劳动成本)×出租方分成(农户意愿调查结果)。

资料来源　李菁、邱青青:《买方市场条件下农地信用租赁定价机制探讨》,载《中国农村经济》,2011 年第 4 期。

### 3. 促进农村资源资产产权权能流动合理价格形成的条件

（1）完善农村产权制度是农村资源资产以合理价格流动的前提。应从保障农民根本权益出发，确立农民作为集体经济组织成员的主体地位，赋予农民明确、稳定、完整而有效的集体土地成员权，确保农民能够通过市场讨价还价确保其最大权益的实现，理清各利益主体的利益分配，最终实现城乡资源资产市场的统一。农村资源资产定价相关的法律和制度，必须以资源资产的资本化价格为依据，充分保障农民的经济权益和社会权益。另外，应加快和完善农村资源资产流转制度建设，以法律形式对参与农村资源资产流转的市场主体、流转原则、条件、范围、程序、形式、权利与义务、违约责任、利益调节等重要问题做出明确的法律规定，以保证农村资源资产流转市场运作真正有法可依，降低农村市场交易中不确定性风险，推进农村资源资产流转市场健康有序的发展。

（2）加强农村资源资产流转价格评估工作，建立价格流转信息平台。一是摸清农村资源资产的存量、种类和分布，并登记造册，及时更新。深入开展农村资源资产的普查工作，从调查摸底、登记造册、产权界定等方面加强农村资源资产的清理核查，通过清产核资，全面摸清资源资产的存量、类别、价值、分布和使用情况，并及时采集变更的资料，以保持信息的连续、系统和完整。二是在经济发达的省份，可以积极尝试推进农村集体法人化管理，开展农村集体资源资产的委托代理，可以依托于乡镇财政所成立农村集体资源资产委托代理服务中心，使得农村资源资产管理工作进入规范化、正常化轨道。三是农村资源资产价格评估工作，发展壮大农村资源资产评估队伍，规范评估行业和收费水平，提高从业人员技术水平，为农村资源资产的流动提供充分的技术支持，充分考虑农村的实际情况，秉承公平公正的态度，科学合理地测算资源资产的预期收益额、流转期限和折现率，准确地评估资源资产价值，维护和保障市场主体各方的利益。四是建立省、市、县联网的资源资产流转信息平台，向供需双方传递流转信息、价格及变动幅度，加强对土地流转价格的统计、监测和分析，作为农村资源资产流转市场交易的指导。

（3）完善农村资源资产流转价格机制，充分发挥调节作用。运用地租理论、产权价格理论对农村资源资产进行分等定级，流转价格核定要充分体现资源资产的资本化价值，并在收益分配环节实现政府、集体、农户利益的公平合理体现;建立市场交易主体平等定价机制,打破农村资源资产流转的相对封闭市场现状,有选择地允许和鼓励农村资源资产在不同的村集体之间甚至是更大范围内流转,为农村资源资产平等定价提供充分竞争的市场环境。要充分地发挥价格机制的调节作用,促进土地流转的有效供给和有效需求对接。一方面,利用价格机制,加大社会保险优惠政策的力度,应通过加强对农民的非农就业培训,拓宽非农就业渠道,对兼业农户的土地转让给予必要的激励政策,让农民能够享受到国家提供的相应的保障措施,增大土地流转有效供给,从而实验农村规模化经营;另一方面,利用价格机制,积极调节土地流转需求,通过促进农村资源资产流转,提高农村资源资产的资本化规模化,切实提高资源资产的经济效益,以增加农村资源资产的有效需求。

## 四、农村资源资产产权权能流动性实现的平台:农村产权交易市场

农村产权交易市场是产权权能流动性实现的平台,也是实现农村资源资产市场化资本化的重要工具。农村产权交易市场建设是农村市场经济改革顺利进行的重要环节。

### 1. 农村产权交易市场建设是农村市场经济发展的客观要求

农村产权交易市场,不仅仅是一个市场、一个机构,更应被看作是一座桥梁,一座以市场化的方式探索、促进解决"三农"问题的桥,一座平衡和连接城乡的桥梁。通过这座桥,城乡之间的人、财、物、信息可实现双向流动。建立农村产权交易市场,推进农村资源资产有序顺畅流转,是提高农业农村的市场化程度、解放和发展农村生产力、增加农民收入、加快建立城乡一体化发展的迫切要求。

(1)农村产权交易市场建设有利于推动农村产权流动,是农村产权改革的客观需要。通过搭建一个公开透明、高效有序的有形交易市场平台,能够规范农村产权交易方式,盘活农村以土地为核心的各类资源要素的合理配置和有效利用,从地下转为地上,从不规范转为规范,从封闭转为公开透明,从单一的流转到多层次的流转,这将有利于促进农村集体产权制度的改革。通过发挥产权交易市场的价格发现、信息集聚、制度规范、中介服务和促进

交易达成的功能,能够推动农村产权的合理流动,促进农村资源资产的有序流转,进而优化农村资源配置。

(2)农村产权交易市场建设有利于消除城乡二元结构,是加快城乡要素流转的客观需要。城乡二元结构一直以来极大地制约着城市和农村的均衡发展,城乡差距不断增大,不仅表现在收入水平之间的差距,更有教育、医疗、社会保障等社会发展方面的差距,这导致了大量农村的优质资本源源不断地单向流入城市,城市资本很少或者没有流入农村的渠道,导致城乡之间各类要素的自由流转和资源的优化配置根本无法实现。农村产权交易市场的建设意味着在更大范围内配置农村的资源资产,能够吸引更多城市资本向农业农村流入。农村产权交易市场的建设为城乡要素的自由流转搭建公开交易平台,为城乡资源优化配置创造了条件。

(3)农村产权交易市场建设有利于解决"三农"问题,是推进农村市场化进程的客观需要。中国"三农"问题集中表现在农村生产力水平低下、农民收入不高、农村生活质量较低等方面,究其原因在于农村市场化水平较低。要想从根本上解决"三农"问题,必须靠市场化的制度安排。推进农村市场化的重要途径就是农村产权交易市场的建设。农村产权交易市场的建设能够促进国家相关农村市场法律法规政策制定,并将市场的规范性制度渗透到产权交易的各个环节中,从而使得产权交易的规范性增强,促进资源要素的市场配置能力和农村市场经济的繁荣,反过来又会助推农村产权制度的改革,进一步加快农村市场化进程。

### 2. 我国农村产权交易市场发展正处于崭新的起步期

我国产权交易市场的初始建立在 20 世纪 80 年代中后期和 90 年代初,武汉和四川乐山 1988 年率先成立了我国第一批产权交易所。1992 年邓小平南方讲话后,产权交易市场进入了发展的高潮时期。但 1994 年后,在国家有关政策限制下,产权交易市场开始衰落,直到进入 21 世纪之后才开始健康蓬勃发展。农村产权交易发展起步比较晚。2003 年《中华人民共和国农村土地承包法》实施以来,农村土地承包经营权和集体林地承包经营权开始流转,但主要为土地承包经营权流转,多是农民自发、私下的和零星分散交易状态。2005 年 3 月,农业部《农村土地承包经营权流转管理办法》实施后,农村土地承包经营权流转进一步加快,逐步由农民自发流转为主,发展到村、乡镇、县（市、区）政府大力助推。党的十七届三中全会发布《关于推进农村改革发展若干重大问题的决定》后，农村产权交易市场发展有了突破性的进展。2008 年 10 月成都农村产权交易所成立,12 月重庆农村土地交易所挂牌,2009 年 4 月武汉农村综合产权交易所成立。随后,北京、天津、上海、杭州、广州、昆明等地也纷纷建立了农村产权交易机构,全国已有上千家。

农村产权交易所主要有四种模式设立:一是依托国有产权交易市场,加上一个牌子,这是比较普遍的模式;二是农口部门直接设立产业交易机构;三是国有公司投资设立;四是把农村产权交易市场作为资本市场发起设立。(中国证券报,2011-11-14)我国农村产权市场开始进入崭新的发展时期,农村产权交易的各项业务也在不断发展与开拓之中。2011 年 11 月 8 日,全国首届农村产权交易研讨会在北京召开。会上农业部副部长陈晓华就指出,培育与发展农村产权交易市场,是构建归属清晰、权责明确、流转顺畅的现代农村产权制度的重要内容,对于优化农村资源配置,提高农业市场化程度,促进农村资本与社会资本结合,进一步解放和发展农村生产力具有重大意义。(中国证券报,2011-11-14)农村产权交易市场的建设已经让农民、集体组织和政府见到了实实在在的效益。

**案例:山东省日照市岚山区农村集体资产交易由市场定价、"阳光交易"。**山东省日照市岚山区出台农村交易"新政",明确规定村居投资工程项目招标发包类 5 万元以上,村居集体产权、经营使用权转让交易类 3000 元以上,重要设备和大宗办公用品采购类 5000 元以上的交易项目,必须统一进入镇农村交易中心集中交易、公开定价。由此,农村集体资产资源交易由"干部定价"转向"市场定价"。2013 年 3 月 19 日,后合庄北山村 30 余亩茶园承包到期,经村民代表大会决定,根据地质不同将承包底价定为每亩每年 300 元、800 元不等。原本担心标价过高无人问津,竞拍结果却让人振奋:最高价竞拍到了每亩 2000 元,成交的最低价也远超过底价。为规范农村集体资产资源交易行为,区里对交易程序作了 9 项具体规定:交易前,村委会集体研究出初步交易方案,按"一事一议"制度规定,提交村民代表会议或村民大会讨论决定,讨论通过的交易方案报乡镇交易中心审查,随后,在街道、村居村务公开栏张贴招标、拍卖或挂牌公告;交易时,由农村交易中心主持,邀请村监委会及部分村民代表到场监督,全程视频录像;交易后,交易资金一律交到乡镇"村财镇代管"管理核算中心,按农村财务管理制度规定进行处置。"阳光交易"使村集体资产资源监管更加公开透明,集体资产交易实现了效益最大化。岚山区 8 个乡镇街道全部建立了农村交易中心,自 2012 年 10 月运行后,累计完成各类公开交易 152 笔,交易金额 7863 万元,增加村集体收入 1500 余万元。在岚山区组织的电话抽样调查显示,群众对农村集体资产交易的满意率高达 98%以上。2013 年第一季度全区涉及农村集体资产、财务等方面的信访案件同比减少 26%。(本案例资料来源:岚山农村集体资产交易由市场定价,《大众日报》,2013-04-17)

总之,通过农村产权交易市场的建设,能够发挥市场的价格发现功能,并能促进公开、公平、公正的交易行为,能最大限度地提高农村产权的流转价格,盘活农村资源要素,充分挖掘农村资源资产的市场价值,保障农民获得资源资产流转及增值的收益,同时交易市场的建立有利于引导社会资本有效参与社会主义新农村建设,形成社会资本向农业农村持续流入的机制,进一步推进我国农村产权制度的改革,推动农村市场化发展进程。

**3. 农村产权交易市场发展成绩与问题并存**

经过近 5 年的发展,我国农村产权交易机构业务在交易品种、交易规模、交易规则、交易平台体系建设方面已得到一定的发展,由于发展时间较短还存在着一些需提升和改进的地方。

(1)产权交易市场业务交易规模逐步扩大,但各地发展极不均衡。已经成立的农村产权交易机构总体上发展势头很好,业务交易规模也在不断地扩大。以成都农村产权交易所为例,成都农村产权交易所已建立市、县、乡农村产权交易服务体系,截至 2012 年仅 4 年时间,通过三级流转服务平台流转农村产权两万多件,金额达到 115 亿元。武汉农村产权交易所 2009 年 4 月挂牌,成立至今累计交易 76.5 亿元,涉及农村土地面积 83.74 万亩,惠及 14 万农户,创造了交易品种最多、交易规模最大、农村产权抵押贷款总额最高等多项全国之最(《楚天都市报》,2013-02-19)。北京农村产权交易所自 2010 年经市政府相关主管部门批准设立以来,已在全市 10 个郊区县设立了分支机构,截至 2012 年通过交易所进行公开交易的项目已成交 22 个,成交金额超过 1.14 亿元(新华网北京频道,2012-07-12)。但是,一些农村产权交易机构业绩并不很好,有部分农村产权交易所的进场项目很少,成交金额也比较低,还有一些交易所业务都处于停滞状态。

（2）业务交易品种虽然繁多,但交易活跃的并不多。梳理目前省市一级的农村产权交易所经营的产品包括有土地承包经营权、集体建设用地使用权、林地承包经营权、闲置宅基地使用权、农村房屋所有权、农业知识产权、生产资料使用权、资产抵押、生态权益补偿及交易、农村集体和农业生产领域相关的企业股权托管、融资及转让和指标交易业务等。从各大农村产权交易所网站上看到,目前进场交易比较多的集中在土地承包经营权、农村集体建设用地使用权、林地承包经营权、农产品交易以及林权抵押业务,而其他业务的开展基本上没有或者只有零星的交易记录。另外真正能够实现进场交易的业务并不多, 农村产权交易如土地承包经营权的交易大多还是以亲友介绍、村集体协商、双方直接洽谈等传统方式为主,私下交易的较多,土地流转市场化程度还不够。

（3）业务交易规则逐步完善,但缺乏法律支撑,增大了市场交易风险。目前,一些发展迅速的农村产权交易机构逐步出台了一系列相关交易规则,如《林权交易规则》、《农村土地承包经营权流转交易规则》、《农业类知识产权交易规则》、《农村房屋所有权和宅基地使用权交易规则》、《涉农类资产交易规则》、《农村经济事项交易指南》等专项规则来规范交易业务,杭州农村产权交易所出台了综合的《农村产权交易规则》规范交易业务。但目前对农村产权交易还未从法律层面进行统一的规定, 农村产权交易缺乏最有利的法律支持, 增大了市场交易规范的难度, 也不利于农村产权交易有序健康发展。如农村产权交易中交易业务类型多样,就会涉及不同的主管部门,在一些交易环节具体由哪个部门来监管还不明确, 这都增大了农村产权交易的难度和风险。

（4）农村产权交易平台覆盖面逐步增大,自上而下的体系初步建立,但仍然具有很大的封闭性。北京、武汉、成都、杭州等地的农村产权交易机构已经初步建立了市、县、乡镇三级交易平台,形成辖区内统一管理、上下联动的产权交易市场体系,这有利于深度挖掘农村产权的交易项目,并且实现区域内产权交易的统一规范。但目前很多农村产权交易机构的业务交易平台均表现出明显的封闭性,这种封闭性不仅体现在农村产权市场与城市产权市场的交易业务不能同价,也体现在各地农村产权交易业务主要在各自的行

政权区域内交易,没有形成跨区域的交易。(朱燕,2012)

(5)政府主导在发展初期发挥了很好的作用,但内生的持续发展机制缺乏。农村产权交易市场大多是政府推动下的具有事业性质的产权交易机构,由几个事业单位共同发起成立,这有利于树立产权交易市场的权威性和政府政策的有效传达。但这种地方政府不但作为产权交易的"运动员",同时掌管着产权交易的规则和方式的制定,扮演着交易中"裁判"的角色,也在扮演"收银员"的角色,多角色扮演和相互间的难以协调性极大地扭曲了农村产权交易。行政机制在一定程度上取代了市场机制,致使产权交易市场存在着许多机制性的缺陷。很多农村产权交易市场运营情况并不理想,多半是前期轰轰烈烈,后期平平淡淡。以天津农村土地交易所为例,虽然目前有了明确的交易机构,但是交易的成交量很少,业务几乎处于停滞状态,交易机构的运营费用都是地方政府的财政支出,交易费用收取很低。

**4. 全面推进我国农村产权交易市场发展进入快车道**

为推进我国农村产权交易市场发展更上一个台阶,应从以下几个方面着手:

(1)加快产权交易相关政策法规制定为产权交易提供良好的政策环境。加快制定全国性农村产权交易法规与政策,明确农村产权交易的范围、应遵循的原则,规范农村产权交易程序和交易行为,以对全国的农村产权交易市场进行规范和调控。要形成包括产权市场宏观调控管理与市场体系法规,产权交易规则与程序法规,产权交易市场主体与主体行为法规,产权交易会员与经纪机构管理法规,产权交易合同管理法规等在内的一套完整的产权市场法律体系,规范政府、集体、企业、农户的行为,使产权交易能够更加合理、有序、高效地开展。

(2)加快建立起"政府主导、社会参与、市场化运作"的产权交易机制,助推农村产权交易市场运营进入良性循环。要在政府引导下加快加大对产权交易市场的服务功能及交易产品信息的宣传,吸引更多城市工商企业、农村集体和农户到产权交易市场进行产权交易,提高全社会参与度。充分利用网络、电视、报纸、广播以及具有农村特色的"墙报"等多种方式,宣传产权交易市场的作用,明确进场交易的程序、费用、益处等,促进进场交易。加大各地农村产权交易机构之间的交流与合作,扩大项目的受众面,从而有利于提高交易项目的成交率。提高产权交易机构自身的营销能力以提升业务交易量。例如北京农村产权交易所拥有一大批会员和经纪人，他们通过各自的信息渠道，在社会上广泛寻找受让人，通过扩大交易面，极大地提高了交易效率。

（3）加快农村资源资产的确权工作，提升农村产权交易量和交易品种。目前一些经济发达地区走在了农村产权改革的前列，如农村集体建设用地、农村土地承包经营权、宅基地等很多地方都已开始进行确权。不过由于农村资源资产的种类多，产权主体权利复杂，确权难度大，使得很多地区农村集体产权改革进展很慢，需要加快发展。

（4）转变政府职能加快中介组织的培育为产权交易市场发展创造良好的市场环境。一方面，加快我国行政体制改革，转变政府职能。明确地方政府包括乡镇政府在农村集体产权流转中的地位、职责和作用，充分发挥政府监督职能，这是农村市场经济对政府行政管理体制的根本要求。协调组织农业、国土房产、规划、信访等职能部门进驻市场，提供包括确权赋能、资格审查、信息发布、组织交易、结算交割、产权变更等一条龙服务。另一方面，加快中介组织的培育。应当建立健全农村市场交易、信息、咨询、预测和评估等服务系统，积极培育规范运作的产权交易中介服务机构，为农村产权流动提供全面的中介服务，如资产评估服务、信息查询服务、法律咨询服务、金融服务、保险服务、委托代理和经纪服务等，使产权流动在法规的轨道上公平合理地进行，确保流转顺畅，提高项目交易效率。目前为产权交易市场服务的中介组织还相当缺乏，增加了业务进场交易的难度。主要原因是中介机构的运营要依赖于中介费的收取，但目前农村产权交易量和交易额都远不及城市，过低的中介费会导致中介组织经营利润的降低而退出农村市场，交易费用过高又会加大农村产权交易的成本使农村产权地下交易泛滥。为促进农村产权交易市场的发育，尤其是在农村产权交易市场运营的初始阶段，地方政府可以考虑给予"下乡"的中介组织的财税优惠政策和一定数额的中介费补贴，通过政府补贴保证农村产权交易市场的正常运营。

## 五、农村资源资产产权权能流动性实现的社会条件

随着农村资源资产市场化资本化进程推进，农村产权交易正处在起步阶段，因此必须审时度势，加快创造促进产权流动和规范产权流动相应的社

会条件,为农村产权顺畅流转创造良好的发展环境。

**1. 培育产权流动主体及相关的专业人才,为产权流动提供智力保障**

产权权能的流动性,一方面与产权客体归属是否清晰有关,同时还与产权主体本身的素质高低有关。产权主体的素质决定了产权流动的效率。如目前由于农村资源资产市场化资本化的时间较短,对于产权交易的认识程度较浅,在产权交易市场进行交易的意识淡薄,进场交易的积极性较小,加上政策宣传不充分等多方面的原因,很多农民根本就没想到去农村产权交易市场进行交易,使得农村产权交易市场的进场项目数量较少,导致我国有些农村产权交易机构无米下锅。(朱燕,2012)作为农村资源资产的产权主体包括集体经济组织、农户、合作社、涉农企业以及政府等,必须适应当前农村市场化资本化发展的形势,提高自身的资本运营的能力,能够客观判断资源资产的流动规律、特性和价值,能够通晓农村资源资产的买卖、租赁、抵押、征地补偿、财产保险、政府税收、资产信托及土地利用总体规划等方面的法规和交易流程,农村资源资产流动数量、流动效率和流动效果才能大幅提升。例如农村土地产权交易所的会员应多吸纳村集体经济组织及农民经济合作组织甚至个人,提高农村市场主体参与产权市场流动的机会。

另外,专业人才队伍缺乏也是农村产权流动市场发展的重要瓶颈。目前的人才结构难以适应农村产权交易市场体系发展的要求。农村产权流动和交易是一项涉及面广、交易品种多样、专业技术性强、信息收集整理困难的复杂工作。一项产权流转过程,涉及信息收集、信息披露、资产评估、交易谈判、价款支付和产权变更等环节,每个环节都需要得体到位的专业性服务,还需要监督管理机构、投资银行、律师事务所、会计事务所等机构的介入。因此,应该加大产权流动相关的专业和丰富实践经验的专业性技术人才的培育,为农村产权交易提供智力保障。

**2. 健全风险防范和社会保障体系,为产权流动提供体制保障**

改革必然有风险,关键是要走在风险的前面做好风险防范。农村产权制度改革必须注意防范以下风险:产权改革过程中极易发生偏离农村集体产权主体利益的风险,尤其处于弱势地位的农户利益不能充分保障;如果在产权改革过程中农村社会保障不能及时跟进,产权流动过程极易出现赤贫阶层,引发两极分化和社会不稳定的风险;如果不能健全集体资产监管体制实现政府行政与经济职能分离，产权流动过程中极易出现职务犯罪和集体资产流失贬值等风险。（陈伯君，2008）如果不能有效提高农村集体组织资产运营水平，极易出现集体资产管理甚至破产的风险。根本路径就是健全社会保障体系为产权流动提供体制支撑和保障。农村的土地如果不能使其社会保障功能转型，那么其充分的流转就无法实现。龙开胜等主持的国家课题曾对农民土地处置意愿进行调查印证了这一点。他们针对"什么样的情形下愿意放弃承包地或者宅基地"调研显示，28.6%的农民表示任何情况下都不放弃承包地，36.5%的农民表示任何情况下都不放弃宅基地；48.5%的调研对象选择在"有可靠的社会保障"时才会放弃承包地，可见承包地在农民社会保障（也许仅仅只是心理保障）上的重要作用；44.5%的调研对象选择"在政府或集体统一建设住房无偿提供新住宅"时愿意放弃宅基地，并且任何情况下都不愿意放弃宅基地的比例（36.5%）也高于不愿意放弃承包地的比例（28.6%）。（龙开胜，陈利根，2011）

就目前而言，为促进产权流动、健全农村社会保障体系必须做好以下几方面的工作：将农村土地的社会保障职能与经济职能分离出来，建立专门的失地农民社会保障基金，建立失地农民最低生活保障制度，探索建立农村最低住房保障制度；不断扩大农村社会保障的覆盖面，实现多渠道的社会保障基金筹集，增大农村社会保障资金投入；实行积极的就业促进政策，完善就业保障制度，将失地劳动力应纳入城镇就业服务范围，提供政府补贴的职业培训，享受就业扶持政策。

**3. 加强诚信体系及其文化建设，奠定产权科学有效流动的文化根基**

在农村产权流转过程中，作为市场主体的集体经济组织、集体经济组织领导干部、农民、市场交易中介组织，以及作为监督主体的各级政府的诚信高低决定着农村市场化健康推进，决定着农村经济发展的速度和质量，影响社会主义新农村建设的实现。通过诚信政府、诚信集体经济组织、诚信农民、诚信企业和诚信服务机构的联动机制，能够将政策、项目、资金、技术、管理、市场、劳动力、土地等各方面的农村要素高效整合，最大限度地降低市场交易成本，进而实现了资源的最优配置；诚信缺失，不仅增大了市场交易成本，而且扰乱了市场秩序，无法实现产权流动的目的即资源的最优配置。

诚信体系建设是一项复杂的系统工程，不可能在在短期内达到效果，需要长期的宣传教育、法制化监管等逐步培养、形成。例如,强化政府诚信服务建设,建设"服务政府、效能政府、诚信政府";通过社会诚信建设,努力建设良好的信用环境,提高思想素质培育诚信理念,促使各方市场主体在产权交易过程中,遵纪守法、讲究道德、信守合同,促使诚信成为人们的良好行为规范;对产权流动中的违法行为要坚决予以查处和打击,对不道德行为、不诚信行为要予以有力回击,规范产权交易市场秩序;加快建立产权交易中各方市场主体的信用档案,有效强化市场主体的信用意识等。

# 第五章 农村资源资产市场化资本化的调控性

一、农村资源资产市场化资本化有序推进需要科学、有效的调控

二、农村资源资产市场化资本化调控理念、基本目标与内容

三、农村资源资产市场化资本化调控主体与调控手段

**内容提要：**农村资源资产市场化资本化是一个利益冲突的协调平衡过程，存在潜在经济、社会、生态等风险需要防范化解，需要建立相应的调控体系。调控需要树立平等、公平、民主的政治观(理念)，促进资源资产高效持续利用的经济效率观，扶持弱势的社会观。调控目标主要是形成完善的适应市场化资本化发展要求的制度体系、公共服务和管理机制，促进农民财产性收入增加，有效维护和保障社会公共利益，优化资源资产配置，提高利用效率等。调控的主要内容(任务)是资源资产的产权界定、登记与保护制度建设，产权交易或流转制度的制定与完善，制度的实施、监督与纠纷解决，市场主体的培育、引导，利益关系的协调等。调控的主体是政府，政府部门职能定位、履行状况是影响或制约农村资源资产市场化资本化的重要因素。调控的主要手段是法制手段、行政手段、规划手段、经济手段及政策手段等，调控主体使用调控手段的机制特点、效果存在差异，需要科学使用。

农村市场化改革的过程，也是不断探索与市场机制相配套的调控制度的过程。农村资源资产市场化资本化具有整体性、联动性要求，资源资产之间存在转化、依赖关系(经济、生态、社会效用等)，需要围绕土地、生态、环境、产业、劳动力、文化资源、资产等进行系统整体开发，其涉及各种利益阶层之间、短期利益和长期利益、局部利益和整体利益、经济利益与社会生态利益等复杂的关系调整，面临许多矛盾、冲突和风险，需要针对

市场化资本化的不同阶段、不同的调控对象以及发展方向建立相应的调控体系。

## 一、农村资源资产市场化资本化有序推进需要科学、有效的调控

经济调控一般是指政府有关部门为实现一定的目标对经济活动运行进行的调节、控制等有目的管理活动，其实质和核心是利益关系的协调。推进市场化资本化是深化市场经济改革的重要内容，自发的市场机制可能产生盲目性、滞后性、外部性、垄断性以及收入差距扩大等"市场失灵"问题，国际与区域经济关系的日益复杂导致现代经济发展中政府调控重要性不断提高。推进农村资源资产的市场化资本化包括产权重新界定与完善、制定交易规则等系列创新活动，其涉及复杂的利益关系调整，将面临各种冲突和风险，需要通过加强调控使其有序推进和健康发展。

### 1. 一个案例引发的综合性思考

2010年7月16日正义网和7月20日新华网披露的西安南郊北山门口村5组13户村民将七分宅基地凑在一起集资建造了一栋23层住宅的案例，更能说明在城市化进程中农民和相关土地规划、建设等管理部门面临的诸多难题和困惑。该村自20世纪80年代起土地逐渐被征用，村子的面积不断减小，但人口却在不断增加。由于该村毗邻西安两个开发区、地理位置相对优越，大量外来人口来此租房居住，村民的经济收入绝大部分来自房租，该村的建筑大都是在5~6层。本来政府是希望村民能够向外迁移的，但由于在这里能够获得不错的经济收入，几乎没有村民离开。2008年有13户村民没有获得宅基地，当时村里开会讨论，最后该村5组决定通过这种盖高层楼房的办法变相解决13户村民没有分得宅基地的问题。23层楼房总共有70套房屋，在13户村民中进行分配，既能自住又能出租。从2008年开始建设，一直建到23层，没有经过审批，也没有人查处。虽然质量经过村里严格把关，但建房没有经过规划局审批，已花费数百万建设的23层楼房即将竣工，被认为是一栋违规建筑，很可能被拆除。

该案例引发的思考是：在工业化、城市化快速发展时期，围绕土地制度引发的社会矛盾和冲突日益突出，中国现行法律中的征地制度、农民宅基地

及其住房制度、村级集体经济和村民自治制度、政府的规划以及建设管理制度等方面面临着全新的挑战。如果不从观念方面、法律方面、规划方面以及行政管理的体制制度方面按照市场化资本化的总体要求进行系统化的改革,如果仍然忽视农民的权利和利益,仍然采取城乡二元分治的办法,不能赋予城乡平等的发展权,将会不断激起农民自主的积极对抗,引发更加严重的不和谐、不稳定问题。

**2. 农村资源资产市场化资本化是一个利益冲突的协调平衡过程**

农村资源资产市场化资本化进程中的利益冲突表现在许多方面:

(1)地方利益与全国整体利益冲突。社会整体的福利最大化并不意味着具体每一个区域民众的福利最大化;而恰恰相反,社会全体人们的福利最大化恰恰是在各个区域人们可能实现的最大化福利"抽肥补瘦"的基础上来实现的。(唐在富,2007)从长远的根本利益看,全国整体利益和地方的利益是一致的,但是服务地方经济发展和获取更多地方利益的要求,财政分级制,"摸着石头过河"的渐进式改革试验,地方区域之间竞争,以及地方改革进程不同导致的发展差异等"改革红利"的示范引导效应,导致地方利益与全国整体利益的冲突。例如,2006~2008 年,在国家要求耕地占补平衡的情况下,全国耕地净减少 12480 万亩,年均减少近 4200 万亩,而 2001~2005 年我国耕地年均减少 2260 万亩。2009 年以来,农村用地占用形势更加严峻,形成新一波占用农村土地高潮。虽然近年来国家对于土地违法的高压政策一个接一个,但违法事件仍旧一起接一起。国土资源部公布的 2012 年上半年土地违法查处情况显示,半年内共发生 2.9 万件土地违法行为,涉及土地 17.7 万亩,耕地 6.5 万亩,且新的违法用地面积逐月上升,在稳增长压力下,各地大批项目亟待上马,下半年遏制违法形势严峻。(新华网,2012-09-14)

一是地方规划与整体规划的冲突。虽然地方资源利用等规划一般需要经过上级的批准并符合更高一级规划的基本要求,但由于中国各级规划的短期性、易变性、监督执行的困难性以及内容弹性较大等综合原因,致使中国的规划普遍存在权威性不足,地方农村资源开发利用的规划与整体规划的冲突大量存在,突破规划要求乃至政策法规要求谋求地方更多发展利益是一种非常普遍的现象。二是地方经济利益与土地用途管制要求的整体利益冲突。随着农村资源资产市场化资本化的推进,资源资产权利转移的范围和程度必然进一步扩大、主体进一步增多,并日趋复杂,改变资源资产用途的现象会大量发生,超过国家为整体利益需要控制的速度、规模和范围,与国家为保障长远发展的粮食安全、生态安全以及持续发展的土地用途管制要求存在冲突。如现实中大量存在的农地非农化、耕地非粮化问题,地方政府招商引资违规、违法征地是其典型代表。三是地方经济利益与长远整体生态利益的冲突。促进农村资源资产的市场化资本化,核心是要使资源资产得到最大限度的保值增值,经济主体实施市场化资本化的目的以及能否实现的条件更多的也是基于经济利益的衡量。但农村资源资产的利用与生态环境密切相关,生态环境破坏易、修复难,市场化资本化主体的经济利益追求与整体长远生态利益要求之间存在冲突的可能。四是地方政治社会利益与整体社会政治利益的冲突。30 年改革开放后的中国目前进入改革的攻坚阶段,“维稳”是中央政府对于地方的第一要求,也是“大局”要求。地方政府也要“维稳”,但 30 年改革开放造成的巨大的区域经济社会发展差距,已使得地方政府懂得“经济发展是硬道理”,虽然盲目追求 GDP 和财政收入的增长不可取,但是没有这种增长作后盾,地方社会发展也难以有效开展,政府的政绩难以体现,也难以得到地方居民的广泛认可(也难以得到上级的认可)。在中央方政府一再强调科学发展观、转变发展方式以及严格的政策法规制度下,地方政府为招商引资违法征收农民土地的现象屡禁不止就是这种冲突的表现。

(2)政府与村集体的利益冲突。按照法律规定,农村中的自然资源主要属于村集体的村民共同所有;在行政村实行村民自治制度,政府与行政村的关系是指导与被指导的关系,而不是领导与被领导的关系;政府对农村集体资源的使用等享有规划、监督和管理的职能。基于不同的职能定位、目标和利益诉求,政府与集体的利益冲突在所难免,现实中也大量存在。一是政府合法合理的公共利益要求与村集体利益的冲突。政府出于公共交通、生态环境保护等合理合法的公共利益和公共服务需求需要在统一规划范围内征用或占用集体土地,虽然给予一定的补偿,但有些并不能满足村集体的条件,有些村集体成员并不完全同意,有些会造成农民失地、失业等问题,引发利益冲突。二是政府利用权力对集体利益的不合理或者违规违法的侵害。最集中的表现是地方政府利用规划手段、管理资源的权利,打着公共利益的旗号违规违法征占集体的资源,例如低价征收集体土地兴建开发区、商品房等获取财政收入的来源等。三是政府对集体权利的过度限制。虽然相关法律规定农村资源的所有权属于集体,但集体的所有权是不完整的产权,使用权、处置权受到严格的限制,与国有资源在市场化资本化方面区别对待,如集体建设用地兴建商品房,农民住宅的转让、出租等。法律的制定和修改在我国一般首先由相关政府管理部门通过调研提出后,再征求意见讨论决定,政府的意志在法律中首先得到体现。

(3)市场化资本化主体与政府的利益冲突。资源资产的市场化资本化主体追求的是资源资产的增值,营利性是其行为的前提和基本目的,而政府管理的目标更多地趋向于社会效益和生态效益等整体、长远利益,如保障粮食安全、生态安全、维持社会稳定等。同时,现代公共管理理论认为,政府部门也是理性的经济人,具有追求地方利益、部门利益、公务人员个人利益等客观需求,乃至产生利用权力"寻租"破坏市场秩序,侵害市场主体利益。

(4)权利流转交易过程中的利益冲突。农村资源资产市场化资本化过程,主要表现为产权的各种权利的流转交易,降低交易成本、建立公开公平公正的交易秩序是保障交易高效有序开展的基本要求,经常会存在各种冲突和矛盾,为此需要根据发展的要求不断建立和完善交易制度,需要政府的调控。更重要的是,目前我国交易主体农民以及集体组织、合作组织、企业等交易谈判地位不对等,农民以及合作组织具有弱势性、不成熟性和利益的易损性,在交易中处于不利地位,需要政府培育、扶持。

**3. 农村资源资产市场化资本化进程存在潜在风险需要防范化解**

农村资源资产市场化资本化是推进农村市场经济体制深化和完善的过程,是对旧制度的突破和完善,正如建立市场经济体制一样会存在各种风险,乃至人们因为风险的存在而否认市场化资本化的必要性、紧迫性,认为不应当提出农村资源资本化,但这是难以回避的问题。风险的存在是客观的,要对风险正确认知并采取相应的预防和管理措施。

(1)经济风险。市场经济的经济风险是客观存在,人们最担心的农村资源资产市场化资本化的经济风险主要表现在:农民的土地承包经营权流转后导致失去经营的土地而使得农民利益受损,失去基本生活来源;对资产或资源权利价格预期的不确定性导致交易价格较低使得产权主体利益受损等,经济风险的存在可能引发社会问题。

(2)社会风险。由于经济风险的客观存在,加之城乡二元社会壁垒、农村社会保障制度不健全、城市就业不稳定等众多原因,市场化资本化可能使部分产权主体失去长远的以资源作为社会保障的依靠,影响社会稳定,现实中由于征地导致部分农民失地、失业造成的社会不稳定是典型表现。

(3)生态安全风险。农村资源尤其是自然资源的开发利用与生态安全关系密切,其对生态安全的影响主要在于资源的利用方向、用途和强度。资源资产的市场化资本化主体交易目的就是为了获取更多的经济利益,其有权利以利润为核心利用资源或资产,可能会产生忽视长期生态效益,影响可持续发展。

**4. 建立城乡统一、协调平等、成熟有效的市场化资本化体系是一项长期艰巨的任务**

中国 30 年市场经济发展过程中,市场化程度有了很大提高,但要素市场的城乡发展不均衡、不统一、分割问题在某种程度上呈现加剧趋势,尤其是农村要素市场依然处于较低水平,只有实现城乡一体的要素市场才可以称之为真正的市场体系初步建立,但这是一项长期艰巨的任务,需要政府的调控。

(1)城乡二元经济社会制度转变需要很长时期。形成城乡二元社会经济差距的根源是制度的城乡不统一、不平等以及城市偏斜政策,改革开放后这些政策、制度已经发生了一定的调整。但制度惯性的路径依赖、加快农村城镇化的政策导向、依靠廉价农村要素资源"红利"发展工业化的现实选择等使得彻底破除城乡二元壁垒困难重重。传统农民是就业竞争中的弱势群体,在就业机会和劳动报酬等许多方面,与城镇居民之间存在着明显差异。农民工同工不同酬、城乡建设用地不同价、资源资产市场化资本化受到法律限制、农村社会保障制度建设滞后等,解决这些矛盾与问题需要政府改革的系统顶层设计和有序推进。在促进城乡协调发展过程中,统筹是关键,发展是目的,重点是农村。(饶艾,张俊,2011)

(2)政府主导经济模式在地方经济发展中仍将长期存在。利用政府权威以及规划权、行政管理权等聚集资源建立开发区招商引资、促进城镇化发展,是不少沿海发达地区经济发达的重要原因,并且在中西部不少地区广泛被模仿，地方政府各种征地的大量存在说明政府主导经济模式在中国的顽强生存能力和适应性，农村资源资产的市场化资本化将受到政府职能转变、政府行为的严重制约和影响。

(3)政府调控管理的"越位"、"缺位"和"错位"问题大量存在。在中国由计划经济向社会主义市场经济转变过程中，政府在调控管理中由于信息不对称、认知的局限性、缺乏有效的监督和权力制衡机制、政府权力垄断性等原因，大量存在政府失灵、权力"寻租"等短期内难以有效解决的问题，主要表现为"越位"、"缺位"和"错位"。"越位"是指管理超过应该管理的范围、层次和力度，结果是非但不能弥补市场失灵，反而妨碍了市场机制的正常发挥作用；"缺位"是指政府管理的范围、层次或力度不够，或方式及其预期选择不当，从而不足以弥补市场失灵，维护市场机制的正常运作；"错位"是指政府背离行政规范，用不正当的手段谋取不正当的政治、经济利益。(胡亦琴，2009)

(4)农村要素市场发育程度低、市场主体不成熟。由于农村资源资产的法律制度不适应、产权权利缺失、社会中介服务组织发育不健全，改变阻力重重，市场化资本化尚难以规范运作；农民家庭的市场应变能力、风险防范能力较低，合作社处于初级阶段，农民的民主参与性差，农村文化的传统性影响深远，市场化资本化风险和机会成本较大，农民不敢轻易放弃有关权利等，农村土地承包经营权、宅基地使用权等要素市场发育程度低，市场主体很不成熟，在建立城乡一体的市场化资本化体系中处于不利地位，需要政府采取倾斜性政策，尤其是扶持、保护措施，甚至于由政府承担培育主体、建立服务机构等任务。

(5)改革陷入"转型陷阱"。改革是调控的基本途径，但随着改革进入攻坚阶段和"深水区"，难度加大，几乎停滞不前。清华大学社会学系孙立平教授主笔撰写，清华大学凯风发展研究院社会进步研究所、清华大学社会学系社会发展课题组发布的2011年度"社会进步系列研究报告"提出了"转型陷阱"观点。(《中国青年报》，2012-01-09)"转型陷阱"指的是，改革和转型过程会造就一个既得利益集团，这个集团会阻止进一步变革，要求把过渡时期的体制定型化，形成使其利益最大化的"混合型体制"，由此导致了经济社会发展的畸形化和经济社会问题的不断积累。报告分析了转型陷阱的"五大症状"：经济发展步履沉重并日益畸形，过渡时期的体制因素被定型下来，社会结构趋于定型、固化为"贫富分化"的断裂社会,误判社会矛盾形成的拘谨心理和"维稳"政策导向,社会溃败日渐明显。报告认为:在今天,体制改革已经陷入困境,可以说是个不争的事实,近些年来一些重要的改革措施被搁置,政治体制改革尚未进一步推进;在改革初期,提出"摸着石头过河"是一种现实的选择,但现在的问题是,可能是摸石头摸上瘾了,连河也不想过了;"过去,我们过多地强调了渐进式改革的优势,但现在看,一个渐进式改革的国家陷入转型陷阱的危险会大大增加。因为在渐进中,使转型过程停滞并定型化的机会太多,既得利益集团从容形成的条件更为有利。"

## 二、农村资源资产市场化资本化调控理念、基本目标与内容

调控是市场经济体制建设的必然要求, 调控是随着经济发展的不同阶段、面临的不同问题而不断变化的,需要根据宏观经济发展要求以及市场化资本化的阶段性特点明确调控的目标、内容和手段、机制等。

### 1. 调控理念

调控的理念(价值观)是指导调控的基本准则,决定着调控的价值选择。科学的调控观要求调控全面体现以人为本、城乡协调统筹等科学发展观的要求,在农村资源资产市场化资本化进程中要具体体现在以下方面。

(1)平等、公平、民主的政治观(理念)。政治观主要是执政的基本理念,并通过系列调控的法律政策体现。平等主要体现在城市与农村、市民与农民、各种市场主体之间的地位与权利的平等,不存在歧视性的制度规定;公平主要体现在利用资源资产获取收益的发展权、权利交易的价格以及程序、收益分配等方面要合理, 依据充分科学, 有助于调动各方面的积极性和潜力;民主主要体现在调控的各种政策制度以及行为过程要充分尊重民意,给主体充分的知情权、参与权,尊重主体的意愿。在中国市场化进程中,理念的转变和理念的切实落实是先导,"口号"式的理念教化、政治学习必须落实到具体的细小行动。平等观一直是宪法的基本观念, 但实际中并没有完全落实。例如,对于农村劳动力的输入地,存在就业起点不平等、就业待遇不平等、公共服务和社会保障不平等。(李静,韩斌,2011)

(2)促进资源资产高效持续利用的经济效率观。推进农村资源资产市场化资本化的重要目的就是促进资源资产的优化配置,提高利用效率,实现资

源资产的增值。但微观的资源资产的经济优化高效配置不等于区域整体的生态效益优化,不等于能够实现可持续发展,需要调控措施解决负外部效应问题,可持续发展应是资源资产市场化资本化的基本理念之一。

(3)扶持弱势的社会观。作为社会法理念的社会公平,是一种"弱势公平",即根据人的强弱不同区别对待,使强弱不同主体共同发展,以实现社会的整体平衡;统筹城乡经济社会发展秉持社会公平的理念,根据城市与农村、工业与农业、市民与农民之间的强弱关系,加大建设农村、优先发展农业、倾斜保护农民权益,改变以往城乡之间不公平的现象,将城乡共同创造的社会财富、价值以及社会负担,合理地分配给社会成员,保障城乡共同分享社会发展成果,使人类共同迈向文明与进步。(饶艾,张俊,2011)30年市场化国际化改革开放的时间差异、基础差异、观念差异等,形成了不同的区域、不同群体的"先发优势"和"改革红利",已经造成了城乡之间、地区之间、不同阶层之间的巨大差异。农村资源资产市场化资本化进程中的市场自发作用可能会进一步加剧或者形成新的差距,产生不稳定、不和谐问题。调控的基本理念之一就是要通过政府政策、制度、财政等措施扶持弱势地区、弱势群体、弱势行业。

**2. 调控的基本目标**

根据经济社会发展的一般理论,调控的微观目标一般是弥补市场失灵,实现资源科学合理配置与高效利用;调控的宏观目标是保持社会经济发展的稳定、健康和有序发展,保障社会的公平正义与和谐的秩序。基于推进农村资源资产市场化资本化的背景和要求,其调控目标应当是以下方面。

(1)形成完善的适应市场化资本化发展要求的制度体系。市场化资本化的正常运行的前提是具有一套科学有效的制度规范,引导、约束市场主体在制度的规范内从事微观活动,给主体的活动提供保护;同时,根据发展的要求不断调整完善相关制度,促进市场化资本化的发展,是市场化资本化正常运行的前提和基础。目前制度缺失、制度不合理、制度不完善已经成为阻碍农村资源资产市场化资本化的首要障碍,包括产权制度、权利交易或流转制度等方面,调控的首要目标就是提供适宜的制度。

(2)形成高效的市场化资本化公共服务和管理机制。在农村资源资产市场化资本化发育程度较低的初级阶段，单纯依靠市场机制难以高效提供所需的资产价值评估、交易服务等各种社会化服务，需要政府发挥优势、转变职能满足需求。同时，市场化资本化进程中出现的各种矛盾冲突也需要建立各种协调机制有效化解。

（3）形成有活力的资源资产市场化资本化机制，促进农民财产性收入增加。构建富有活力的农村资源资产市场化资本化机制，促进资源资产的增值、增加农民财产性收入，进而形成缩小城乡差距、实现共同富裕的新路径，是市场化资本化的直接目标和动因。也可以说增加农民的财产性收入是推进农村资源资产市场化资本化的最直接目标。

（4）有效维护和保障社会公共利益。市场化资本化与社会公共利益之间可能存在冲突，例如保护生态环境与乡村自然风貌、乡村文化保护与发展、资源可持续利用等可能被忽视，资源与发展的空间可能被挤占，需要政府的调控有效维护和保障。

（5）优化资源资产配置，提高利用效率。弥补市场机制缺陷，减少资源资产的浪费和不合理利用，实现集约、节约利用和可持续发展是调控的重要目标。目前，由于各种原因，在农村人力资源中存在知识技能、行业、区域等结构性矛盾，在农村资产中存在流失现象，在农业用地中存在大量的"抛荒"现象，在建设用地中存在集约化程度低的浪费现象等，需要各种调控措施加以解决。例如，我国城市人均土地面积，2000年为117平方米，2008年增加为134平方米，远高于一些发达国家平均82平方米的水平。外延扩张的结果是土地利用浪费、粗放。一方面，城市存量土地大量闲置；另一方面，土地利用效率低下。我国土地利用最集约的上海，2006年每平方公里工业用地产出约为20亿美元，而香港10年前即1996年的工业用地的产出是每平方公里30亿美元；近些年上海的工业用地的产出提高到每平方公里约80亿美元，而香港已达300亿美元，日本东京2001年已达每平方公里523亿美元；我国工业用地的容积率，低的只有0.3%，高的也只有0.6%，而国际平均水平为1%。因此，我国城市土地的工业用地所占比重普遍较高，为20%~30%甚至更高，而国际平均在15%以下。（黄小虎，2011）2000~2007年间，全国建成区面积年均增长率为6.44%，而人口城镇化率的增速仅为4.55%，土地城市化速度比人口城市化速度快出两个百分点。（刘守英，2011）

**157**

### 3. 调控的主要内容（任务）

根据市场经济一般理论，调控的基本内容应当是依靠市场机制解决不了、解决不好或者解决起来无效率的方面，其内容相当庞杂。农村资源资产市场化资本化的对象包括农村劳动力资源、土地资源、金融资源、集体经营性资产、农民经营性资产、农村文化资源与旅游资源等，不同的资源资产在市场化资本化进程中的调控重点内容不同，是系统的改革。例如，农村劳动力资源市场化资本化涉及城乡统一的劳动力市场、工资决定、同工同酬、福利制度、就业保障、权益保障等具体问题，以及户籍制度配套改革、承包地及宅基地退出制度等。但主要具体内容包括以下方面：

（1）资源资产的产权界定、登记与保护制度建设。根据市场化资本化的要求以及不同资源资产的特点等，对资源资产的所有、占有、使用、处置等产权权利进行科学细致的法律界定与划分、登记，明确权利主体的权利范围、程度，建立产权权利的法律保护制度，并根据市场化资本化的发展要求不断完善。目前首先要进行农村土地资源产权的界定与登记、颁证等基础工作，这是市场化资本化的基础和前提。

（2）市场化资本化产权交易或流转制度的制定与完善。资源资产产权权利的流动性是优化资源配置、提高资源利用效率的要求，建立所有权、使用权、经营权以及处置权等权利的交易或流转制度是节约交易成本、规范交易行为、防范交易风险的要求，需要政府通过制定法律法规建立相应的秩序。具体的制度包括：产权交易主体资格准入的规定；资源资产及其权利价值或价格的评估，如出台土地征收的指导价格、劳动力的最低工资等规定；交易行为的约束制度；资源资产使用方向或用途的规定等。

（3）市场化资本化制度的实施、监督与纠纷解决。需要建立相关的制度实施监督机构和机制，约束利益主体，制止各种侵权行为，保护产权权利人的合法权利不受侵犯；建立相应的纠纷调解、仲裁等机构和办法，在发生权利纠纷时能够及时化解。

（4）市场化资本化主体的培育、引导。市场化资本化的发育程度与市场主体的成熟程度是一致的。农户家庭分散经营的小规模、弱质性，集体经济组织产权不清以及职能弱化，农民合作组织发育普遍滞后、规范性不足、功能有限等，不适应市场经济发展的需要，完全依靠市场竞争淘汰机制难以形成有效的市场主体,并且需要较长的历史时期,需要政府采取倾斜性的扶持措施。更为重要的是,不少农户、合作社、产业化龙头企业经营行为短期性、逐利性普遍,经营行为需要引导、规范。

(5)市场化资本化公共服务体系、农民社会保障体系和农业保险体系的建设和完善。市场化资本化的规范有序推进,需要产权流转交易平台(机构)提供资源、资产的价值或价格评估、信息服务、交易服务等中介服务,在市场化资本化发育阶段,单纯依靠市场机制建立的市场组织由于交易规模较小、交易费用高等原因导致难以生存,需要政府代替市场提供相关服务、承担相应职能。同时,随着农民养老保险、医疗保险等社会保障体系的完善和保障水平的不断提高,农业政策性保险体系的广覆盖、高水平也是促进农村资源资产市场化资本化水平提高的条件,需要政府承担相应职能与建立完善的体系。

(6)市场化资本化进程中利益关系的协调。农村资源资产市场化资本化存在城乡之间、区域之间、产业之间、中央与地方之间等多种利益关系和矛盾需要协调与平衡,经济、社会、生态三项基本目标效益的冲突需要兼顾、协调,这是政府调控的重要内容。

## 三、农村资源资产市场化资本化调控主体与调控手段

市场化资本化的调控主体是政府,政府部门职能定位、履行状况是影响或制约农村资源资产市场化资本化的重要因素。调控的主要手段是法制手段、行政手段、规划手段、经济手段及政策手段等,调控主体使用调控手段的机制特点、效果存在差异,需要科学使用。

### 1. 调控主体

中国实行社会主义市场经济体制,经济调控主体主要是政府相关部门,在中央的统一部署下,由中央政府有关部门及省(自治区、直辖市)、地、市、县、乡镇地方政府的领导下行使相关职能。不同行政级别的政府部门职能、权力不同,存在着复杂的关系,制度设计与执行需要建立高水平、高素质的公务员队伍,中央政府与地方政府的目标和利益冲突、行为冲突以及公务员队伍水平不一等是造成市场化资本化各种问题的根源之一。

(1)市场化资本化对调控主体的要求。政府在市场化资本化中的具体职

能随着发展的不同需要不断调整,但基本的职能是制订和执行规划、政策、法规、条例、规章等制度,有关政策、法律法规、规划等一般是在有关部门的调研基础上提出意见稿(初稿),经批准机构批准后颁布实施,政府相关部门是主要的执行机构。调控主体有效发挥作用、履行职能的要求:一是机构设置合理,职能定位准确。市场化资本化进程中需要政府调控、管理的有关问题有相应的部门负责,没有缺位、空位现象,并随着需求的变化不断调整,满足发展变化的需求。二是制度设计及时、科学、有效。在充分调研的基础上,及时根据发展变化的情况和要求,遵循科学性和民主性原则制订完善相关的政策、法律法规等制度,形成适应要求的科学性、前瞻性制度,不出现制度空白。三是制度执行高效。有一套严格的民主科学的执行决策制度和一支高水平、高素质、高品质、廉洁高效的公务员队伍,能够科学有效地执行相关制度,创造性地工作。四是对调控主体监督严格。发达成熟的市场调控主体的制度前提是政府行为置于全民和社会的严格监督之下,有相应的监督管理制度和有效的机制,约束、促进调控主体依法履行调控职能。五是信息掌握准确、系统、及时。政府有效调控的基础是信息充分对称,政府能够准确、及时地掌握系统的信息。现代公共管理理论的重要内容就是对政府“失灵”的研究。所谓“政府失灵”,实际上是指政府作用存在的局限性,即政府本身具有某些内在缺陷引起经济病症,或使弊病更加严重;政府失灵的原因是主要是信息失灵、目标置换、时滞效应等。(刘根荣,2004)由于政府管理实行多级委托代理制,信息失真、信息不对称严重影响政府的决策和调控目标的实现。李明月、胡竹枝(2009)在《耕地保护、地方政府道德风险与土地管理体制变革》一文中认为,一些地方政府通过控制信息广度、提供错误信息、控制信息深度、信息事后披露、隐蔽信息等对占用耕地的土地违法进行纵容,损害耕地保护目标。

(2)中央与地方政府对资源资产市场化资本化调控的职能和权力分工。中国实行执政党的政治和中央政府统一领导、地方负责的行政管理、调控体制,30多年改革开放的探索,已经初步建立了中国特色社会主义市场经济的调控和管理体系,并不断深化,根据市场经济的发展要求和行政管理体制的缺陷提出了有限责任型政府等理念,但统一、高效、廉洁的政府行政管理体制尚未形成,地方政府与中央政府的具体职能由于多种原因产生冲突。

中央政府在农村资源、资产管理方面的实际职能和权力体现在：一是根据经济社会发展需要和资源有序开发利用的原则，制订全国性规划和政策、法律法规，审批地方性规划和地方性政策、法规等，建立统一的制度规范；二是通过征收征用农村土地等建设全国性公共基础设施和服务设施，提供相关服务，确保整体公共利益目标；三是运用财政手段、行政手段等引导资源资产的合理配置和高效利用方向，实现规划目标；四是监督、检查地方政府对中央制度的执行，查处违法、违规、违纪行为等；五是利用规划、行政审批、财政投资等措施协调全国各地区、各行业的资源利用、利益关系，促进协调发展。

地方政府在农村资源资产管理方面的实际职能和权力体现在：一是执行中央政府的法律法规、政策、规划等制度，并在此基础上制订地方性的规划、法规以及政策制度，享有一定的资源利用行政审批权。二是不同地区根据地方发展实际需要，试点探索制订农村资源资产市场化资本化的政策、管理措施或者地方法规、管理条例，并组织实施；三是利用政府的行政权力，为了地方公共利益或者经济发展、财政收入等直接介入资源资本化市场化，如政府征收集体土地等；四是为农村资源资产市场化资本化搭建交易和服务平台，例如重庆等地成立的农村产权交易服务中心等；五是协调管理本行政区域内各地区、各行业的资源利用、利益关系等。

（3）资源资产市场化资本化调控主体之间的冲突。中国共产党和中央政府代表全体中国人民利益行使对经济社会发展的调控管理权，地方政府与中央政府之间是代理与委托代理的关系，即中央政府的许多目标、职能通过委托给地方政府去实现，中央政府和地方政府的根本目标、根本利益是一致的。但是，改革开放后，由于诸多原因，中央与地方政府以及地方政府之间在资源资产市场化资本化调控方面的冲突加剧。

地方政府与中央政府在调控农村资源市场化资本化方面的冲突主要表现在：一是资源开发利用规划的冲突。地方性规划需要经过上级部门批准，下位规划要符合、服从上位规划的要求。现实中，地方在资源开发利用规划中尽力争取更多的非农化空间，争取更多的用地指标，地方规划变更的领导人意志主导更加明显。例如，在全国主体功能区规划中地方争取列入重点开发区而不愿列入生态区或限制开发区，争取地方规划、区域规划及战略上升为国家层面，近几年列入国家战略的区域开发规划密集出台等。分税制以后，地方政府从直接经营众多的中小企业到企业改制进而退出微观市场领域，开始将整个辖域作为一个大企业来经营，通过控制地方经济发展命脉的生产要素——土地和资金，抓住发展的主动权；乡镇政府控制着乡村辖域内的土地开发，控制着乡村社会的资金，主导着乡村经济与乡村社会的走向。（张丙宜，2010）二是地方政府主导违反国家法律法规。中央政府调控土地资源的法律法规、政策等手段经常受到地方公开或隐蔽、积极或消极、直接或间接的抵制，土地违法案件等屡禁不止，其中地方政府是主因，虽然动用天上遥感查、地上查、网上查等手段仍难以禁止，领导干部土地违规、土地腐败等问题经常出现，难以禁止。查处的有关土地违法的案例、土地腐败的案例非常之多，另外还有许多未能曝光、查处的案例。2012年1月7日，中央纪委监察部在京召开新闻通气会通报，2011年全国共纠正和查处农村土地承包、流转、耕地占补平衡、土地整治中损害农民土地权益问题1.4万个。《经济参考报》2011年10月26日报道：国土资源部2011年10月25日通报，2011年1~9月全国发生违法用地行为3.7万件，涉及土地面积24.6万亩（其中耕地9万亩），同比分别上升4.1%、10.8%（6.7%）；立案查处矿产资源领域违法案件4944件，同比上升5.6%。2011年8月中央电视台、新华网、人民网等连续报道违规修建高尔夫球场问题：在2004年国务院下发《关于暂停新建高尔夫球场的通知》后，高尔夫球场项目在2006年12月又被列进《禁止用地项目目录》，但一个令人尴尬的现实是，一些地方的高尔夫球场项目建设不但没有偃旗息鼓，反而变本加厉。截至2010年年底，全国已经完成兴建高尔夫球场600余个，这还不包括正在兴建以及大量的练习场，禁止高尔夫球场修建的禁令难以执行；仅北京就有132家高尔夫球场，占地13万亩，1年消耗掉20个昆明湖；地方部门主动招商引资违规建设高尔夫球场，有很多项目是打着建设乡村体育公园、休闲俱乐部、城市公园等名义，有些高尔夫球场还配套建设高档商品房，把高尔夫作为对外宣传的招牌。三是多种形式的地方保护。地方政府应当最熟悉当地情况，地方保护一方面表现在不积极主动调查了解、查处违法违规情况，对其"睁只眼、闭只眼"，乃至纵容违法违规；另一方面表现在为有关媒体、有关部门调查、查处设置障碍，不积极主动配合。例如在劳动力就业的歧视性、拖欠农民工工资、造假、违法开采资源、隐瞒资源开发中的安全事故和食品质量安全事故等方面，难以积极主动公开暴露地方问题。四是地方目标、利益与中央政府的冲突。地方目标利益与中央从长远、根本方面看是一致的，但地方政府的理性经济人角色以及主要领导干部的任期制等导致其更多关注现实、短期利益，可能产生既不符合中央政府要求、也不符合地方长远的可持续发展要求的现象。如有的地方短期内不重视粮食安全、生态安全，对地方矿产资源的粗放型过度开发、农地过度非农化、追求短期规模收益等。

地方政府与中央政府在调控农村资源市场化资本化方面冲突的形成是以下多种原因综合作用的结果：一是各地方工业化、城镇化加快发展的需求与中央调控要求不一致。中国改革开放较早的地区也是在农村资源资产市场化资本化的先行区，进而获取了廉价土地、廉价劳动力、吸引外资、优惠政策等改革红利，完成了资本原始积累，抢占了市场先机，形成了先发优势。当其他地区开始加快工业化、城镇化时，对市场经济调控性的要求不断加强，中央不断出台加强宏观调控的政策措施，推进科学发展，转变增长方式，对农村资源的调控力度加强，土地、金融信贷供给以及保障粮食安全、生态安全等要求日益提高，而地方的发展冲动、需求并不会因此而减弱，地方的发展理念并不会因为中央强调科学发展观而能够尽快实现转变，地方人民也希望加快发展，矛盾与冲突将不可避免。二是中央政府财力无力平衡区域利益、缩小区域差距，无力满足地方承担的职能(事权)对财力的要求。中央政府一方面通过直接掌握的财权、事权、人权等对地方实施调控，另一方面大量主要的管理工作委托地方负责，在中央与地方公平、有效、协调的体制、机制等尚未完善，中央财力无法满足地方承担职责的现实下，财力雄厚的地方更能够完成相应的职责，财政分灶吃饭以及最早资源资产市场化资本化能够获取更多地方财政收益、居民收益的现实迫使地方违规、违法、违反政策。在发展中的大国，现实中的地方各级政府是一种政治主导型、压力型政府，承担职责庞杂，事权与财权的不匹配导致地方与中央的冲突。2009年我国全口径政府收入实际已突破10万亿元，约占GDP的32%。其重要原因之一，就是政府通过征地获取数额巨大的土地出让收益。2009年1.6万亿元土地出让收入，约占当年GDP的5%，占当年地方本级财政收入的48.8%。2010年土地出让收入高达2.9万亿元，占当年40万亿元GDP的7.3%，相当于地方本级财政收入 4.06 万亿元的 71.4%。三是地方主要领导任用和评价制度的缺陷。地方主要领导的任用由上级部门负责,上级部门考查任用干部很重要的方面是地方经济发展速度、水平和财政收入、居民收入,地方政府各个部门及其工作人员对领导的评价是考查主要领导业绩、能否得到提拔的基础,未出现公开的、影响较大的大事故也是基本条件之一。这些必然导致主要领导要千方百计追求经济增长、财政收入、居民收入的业绩乃至编制虚假数据,也必然要尽可能提高地方政府各部门及其工作人员的经济利益以保障得到其拥护和好的评价。中国地方统计数据失真、违反基本常识的数据大量存在;地方领导的形象工程、亮点工程等造成的农村资源浪费、财政资金浪费和滥用等不计其数,也无人查处。同时,政府的行为缺乏强有力的、及时的民主监督和群众评价机制,官僚化科层制度对上负责、不对下负责等民主性缺乏是重要的制度根源。四是违规违法的成本与风险小,存在潜在利益。当绝大多数地区都严格执行紧缩政策时,少数几个地区采取欺骗行为,就有可能既不受查处(不至于影响到宏观调控大局),又能实现更快速度的发展。(唐在富,2007)在"摸着石头过河"的改革中,政策、法律法规给地方改革探索留下不小的空间,乃至于违规违法行为被当作发展经济的典型加以宣传,获取各种政治或经济利益,某些违反规划、未批先征等土地违法,在通报批评后却得到合法、合规的建设用地指标,将违法转变为合法,诱使地方之间相互学习、模仿。即使某些违规违法行为经过查处,问责、惩罚也不足以禁止类似事件的发生,党纪、政纪处理多,存在裙带关系、利益关系,地方逐级保护,政府部门之间的隐瞒、袒护,人情文化等,致使纪律处分威慑力不够,党纪、行政纪律处罚实际相当于网开一面、换个地方、部门可继续当官。2012 年 1 月 7 日,中央纪委监察部在京召开新闻通气会通报:2011 年,全国纪检监察机关共接受信访举报 1345814 件,其中检举控告类 960461 件,初步核实违纪线索 155008 件,立案 137859 件,结案 136679 件;处分 142893 人,其中,给予 118006 人党纪处分,给予 35934 人政纪处分,被处分的县处级以上干部有 4843 人,被移送司法机关的县处级以上干部 777 人。《经济参考报》2011 年 10 月 26 日报道:国土资源部 2011 年 10 月 25 日通报,2011 年 1~9 月全国发生违法用地行为 3.7 万件;将违反国土资源法律法规的 1964 名责任人移送司法和纪检监察机关追究责任;733 名责任人受到行政处分,839

名责任人受到党纪处分,71 名责任人被追究刑事责任。另据 2011 年 12 月 14 日法制日报文章"被问责官员几乎 100%复出,免职如同带薪休假":官员被高调问责,随后又被不经意地发现低调复出,几乎成了现实操作手法的铁律,沿着出事→问责→冷却一段时间→悄然复出→被发现→舆论哗然→解释复出符合规定→不了了之(个别新的任命被撤销)的不算完美但有惊无险的轨迹一路狂奔。五是多级、多部门委托代理管理制存在严重的信息不对称、行政管理成本高、管理缺位与越位等问题。中国实行在中央政府领导下的多级、多部门、条块结合的管理体制,对于农村资源资产的管理既涉及上级行政管理、业务管理部门,又涉及同一行政区域内政府部门,形成一种复杂的网络状委托代理管理体系。这种管理体系在缺乏系统规范的民主性监督机制以及科学有效的奖惩机制下,在鼓励地方探索深化改革试点、政府职能改革缺乏实质性进展和缺乏统一规范的环境下,委托代理制的信息不对称、信息失真问题被进一步放大,部门利益、地方利益、个人利益的管理越位、缺位、错位等问题成为焦点问题,调控成本和行政成本巨大、效率不高、腐败高发等成为民众最不满意的问题。科学性、民主性在地方政府行为中已经严重异化、扭曲,说肯定成绩的好话可以,说真话不行,说领导爱听的可以,说与领导推行的工程不一致、持反对意见的行不通。

　　上述地方政府与中央政府之间的冲突及其产生的原因也部分地适用于省级以下地方政府之间。如果说省部级主要领导能够保持与中央一致的话,其行政辖区内的城市之间、县之间、乡镇之间由于在经济增长、财政收入、官员升迁等方面同样存在竞争关系,不同地方享受上级政府的政策、财政投资、发展机会、发展权等不同,下级与上级之间的冲突及其原因基本相似。存在的区别是县级、乡镇级等基层组织由于经常直接介入农村资源资产的开发和具体管理,不同地方有不同的做法,市场化资本化发展阶段不同,面临的问题不同,政府履行职责素质、能力、水平存在差异,可能成为违法、违规的主体而受到关注,成为责任的主要承担者。

### 2. 调控手段

　　调控既是科学,也是艺术,需要根据不同发展阶段调控对象的不同特点、需要解决的问题、调控的目的(目标)综合应用多种调控手段,每种调控手段都有不同的机制特点。发达市场经济国家调控的主要手段是法制以及政策,中国社会主义市场经济体制尚不完善,行政管理的色彩浓厚,更是在多种手段综合应用下的调控。农村资源资产包括土地及其权利、劳动力、金融资源等,不同资源资产市场化资本化程度不同,运用的调控手段存在差异,需要灵活应用。

(1)法制手段。就是通过立法、司法等对调控对象实施的管理活动。与其他手段相比,法制手段一般具有权威性、强制性、规范性、稳定性的特点。市场经济就是法制经济,市场经济越成熟,法制手段覆盖的范围、领域越广,所起的作用越大。

中国目前正处于市场经济的深化阶段和经济社会发展的转型期、矛盾的多发期,市场经济目前很不成熟,尤其是在土地等生产要素领域更不成熟,其中的重要表现就是法制化的滞后,成为农村资源资产市场化资本化的主要障碍。主要表现在:一是法律法规的制定、修改完善滞后于快速发展的市场化资本化需求和深化改革的要求。当某项法律法规的立法目标与理念、具体规定等存在不合理时应当及时修订,当经济发展出现新的领域需要法律法规调整时需要及时制定新法律。法律法规的制定、修改需要一定的程序,民主化、科学化要求提高,目前各种复杂的利益矛盾以及宏观经济要求等使得法律法规的制定、修改完善周期更长,出现法律空白点,或者法律与现实的矛盾、法律法规规定之间的矛盾等,不适应市场化资本化需求。例如,社会广泛讨论的土地管理法修改问题、涉及土地的法律法规之间的矛盾问题。在集体土地征收制度、集体土地的发展权限制、建设用地限制、宅基地流转限制等方面的规定明显不适应快速发展的实际,矛盾不断积累,"小产权房"管理的尴尬存在多年,立法理念、法律规定的滞后是重要原因。二是法律权威性不能有效维护。在即使不合理的法律规定下,如果所有的调控对象都能遵守,尚能保持一定的公平性,而中国的实际是大量的违法、违规者由于各种复杂原因违反规定反而最先获益,有的被看作是"最先吃螃蟹"的改革先锋或者典型,权大于法的行为得到容忍并获取利益,后续效仿者受到严格的管理失去获利机会,这是造成区域差距、个人或集体收益差距的重要原因。土地违法问责常常"抡起的是大棒,砸下去的却是鸡毛掸子"。虽然中央对土地违法查处很严格,但是在一些地方看来,干部违法占地根本不是犯错误,反而被认为是敢于承担风险、加快地方发展。例如违规建设的大量"小产权房",因为未能有明确、坚决的治理措施而不断累积,法律的权威性不断受到挑战。再比如,拖欠农民工工资问题,在成熟的市场经济国家不可思议,违反宪法、劳动法等有关规定却能大量存在。中国资源开发等经济领域执法难、执法成本高、受到的干扰大、弹性大是普遍特点。当然,法律法规发挥作用的前提应当是法律的本身公平、合理,不公平、不合理的规定必然会受到积极的或消极的对抗。

(2)价格、财政与金融信贷等政策手段。政策手段在法制不健全、法制化程度不高以及应对不同时期主要矛盾、突出问题等方面发挥重要作用,一般是根据理论、客观条件、宏观经济政策、历史经验等综合因素制定和调整,具有指导、协调、激励、调控、约束等作用,是制定完善法律制度的基础和先导。与法律手段相比,政策手段具有方向性、引导性、灵活性、易变性、间接性等特点,是通过相关政策明确一定领域改革发展的方向和原则,引导市场经济活动主体发展,而不是直接干预。政策手段一般通过相应的价格、财政、金融等经济杠杆发挥作用,其主要是通过市场化资本化收益的初次分配和再分配制度调控利益分配关系。随着市场经济体制改革的深化,不断加大财政对农村转移支付力度,按照财力和事权相匹配的原则,完善转移支付制度已经成为经济调控的重要手段,其作用将更加突出。2010~2011年中央财政共安排县级基本财力保障机制奖补资金1250亿元,2011年各级财政补助村级组织运转经费251亿元,村均约4.2万元;2008~2011年各级财政共投入"一事一议"财政奖补资金1050亿元,带动村级公益事业建设总投入2800多亿元,初步构建了"农民筹资筹劳、政府财政奖补、社会捐资赞助"的村级公益事业建设新机制。

中国市场化改革就是"摸着石头过河"制定政策、进而推进法制化的过程,尊重基层、尊重农民等市场主体的创造性,进行渐进性、由易到难、由局部到系统的制度变迁是成功的重要经验。在农村资源资产市场化资本化改革中,中央应允许地方大胆改革,通过改革试验区给予地方先行先试权、容忍市场主体某些自主改革行为等探索稳妥的改革模式,成熟时大面积推广,如土地承包经营权流转、集体林权制度改革、集体建设用地使用权转让等。根据农村资源资产市场化资本化需要,未来政策的主要方向是要进一步明确方向,进行政策顶层设计,制定系统的改革方案,赋予地方更多的试验探索权，尽快将行之有效的措施上升为法律法规，并在权利流转交易价格形成、税收和财政金融配套政策等方面制定规范，如推进农村资源税收制度改革、耕地补偿制度改革、宅基地使用权流转和退出制度改革、集体建设用地使用和流转制度、金融财政向农村倾斜、农民社会保障制度等。

（3）行政手段。行政手段是国家通过行政机构采取行政命令、指示、规定等措施调节和管理经济的手段，具有权威性、强制性、垂直性、封闭性、非经济利益性和具体性等特点，是调控管理农村资源资产常用的必要手段之一。行政手段的使用，往往与政府有关部门掌握的事权、财权、人权等联系在一起，其优点是便于充分发挥行政组织的管理功能，能比较快速、灵活地处理各种特殊问题，有利于政府直接领导、协调和控制等。行政手段有效地发挥其职能，要求有一套严密的组织机构、权责一致、管理宽度与管理层级合适、管理程序与手段合法规范，要求管理者具有较高的政治业务素质和水平，树立服务意识，要科学地界定行政管理的范围，限制在市场机制失效、失灵的领域。

深化政府行政管理体制改革一直是中国改革的重点和难点，简政放权是改革的重要趋势。时任监察部部长马馼在 2011 年 11 月 14 日"深入推进行政审批制度改革工作电视电话会议"上指出，自 2001 年以来，经国务院批准，国务院部门共取消调整审批项目 2183 项，占原有审批项目总数的 60.6%；各省（区、市）本级共取消调整审批项目 36986 项，占原有审批项目总数的 68.2%。同时，时任国务院总理温家宝在这次会议上指出，包括行政审批制度在内的行政管理体制改革还滞后于经济社会发展，不适应发展社会主义市场经济的要求，依然是经济体制和政治体制改革的一项重要任务。突出的问题：一是职能转变不到位，不该管的事没有完全放开，该管的事没有认真管好，特别是公共产品和服务提供不足。政府还集中了过多的公共资源和社会资源，权力部门化、利益化的问题依然存在，造成行政审批事项仍然较多，清理不彻底，特别是在投资和社会发展领域，许多审批事项还没有有效清理；二是对行政审批设定管理不严。特别是对非行政许可审批项目，管理不规范，随意性大；三是对行政权力的监督机制还不健全。一些部门权力过于集中，同时承担审批、执行、监督、评价职能，权力滥用、权钱交易、官商勾结等腐败现象屡有发生。同时，温家宝总理指出，在投资领域，要进一步深化投资体制改革,按照谁投资、谁决策、谁受益、谁承担风险的原则,真正确立企业和公民个人的投资主体地位,国家只批准或核准政府投资项目和关系经济安全、涉及整体布局和影响资源环境的项目,其他原则上由投资者自主决策、自担风险、自负盈亏;要合理划分中央和地方政府的事权,中央政府重点加强对经济社会事务宏观管理,把更多精力转到制定战略规划、政策法规和标准规范上;市场监管、公共服务和社会管理等直接面向公民、法人和其他社会组织的具体管理服务事项,要更多地交给地方政府。(《人民日报》,2011-11-16)

在农村资源资产市场化资本化发展的初期阶段,行政手段发挥更大作用的关键是调控的领域要避免空位、越位、错位,要有效限制凭借行政权力的各种"寻租"行为、腐败行为等。重点领域:一是资源利用规划的制定、审批与监督执行。资源开发利用规划实质是一种资源开发利用的空间布局和用途、范围、方式等方面的管制制度,具有法律规范性和一定的灵活性。各国一般都有《规划法》对空间资源开发利用规划的权限、程序、法律效力等做出规定,具体的资源开发利用规划一般经过政府有关部门制定,同级政府同意并报上级主管部门批准。规划的执行要依靠土地行政管理部门的监督执行、监察,其中农村土地资源的用途管制是各国共同的做法。二是对农村集体资源资产的使用等进行监督管理。通过制定农村集体资源资产的管理办法,探索市场化资本化改革方式,制定相关政策,监督检查资源资产的使用、收益分配,查处违纪违法行为等,保障资源资产的保值增值。三是搭建公共服务平台。这是新时期应当重点加强的领域,包括土地流转价格评估、信息发布、纠纷仲裁等。

# 第六章 农村资源资产市场化资本化
## 路径与模式的实践

一、政府主导有偿征收集体土地：资源所有权转让的不完全市场化资本化

二、置换农村存量宅基地和其他建设用地的市场化资本化

三、农村集体资源资产社区股份化改革

四、村集体主导的土地资源自主非农化资本化

五、基于农地农用的土地承包经营权及使用权的市场化资本化

六、农村集体建设用地使用权经济实现的市场化资本化

**内容提要：**30多年农村市场经济发展也是资源资产市场化资本化的改革创新过程，各地探索出多种路径及其具体模式，取得了显著成效，也面临许多问题。本章通过深入挖掘大量代表性实践案例的运作特点、创新价值和存在的问题，结合已有研究成果和实践需要综合思考，提出并分析了农村资源资产市场化资本化6种基本路径及其具体模式的特点、需要进一步解决的问题。6种基本路径是：政府主导有偿征收村集体土地，以天津"宅基地换房"和重庆"地票"交易模式为代表的置换农村存量宅基地，以南海农村股份经济、昆山"农村富民合作社"为代表的农村集体资源资产社区股份化改革，以北京郑各庄村"村企合一"土地资本化自主经营、建设"小产权房"等为代表的集体土地自主非农化资本化，多种形式的农户土地承包经营权和集体林地经营权或使用权流转、集体"四荒地"开发使用权拍卖等农地农用市场化资本化，集体经营性建设用地和农民宅基地使用权流转等。这些路径及其代表性模式和做法均表现出明显的改革创新效果，对增加农民资源资产增值收益和推动农村经济社会发展、缩小城乡差距等方面产生了重大的作用，其发展中存在的问题也为进一步改革指明了方向和重点。

　　中国农村改革开放的过程就是赋予农民市场主体地位和生产经营自主权的过程,也是农村资源资产市场化资本化程度逐步提高的实践探索过程,局部性、区域性试点以及自发性实践从来没有停止过对现行法律政策规范提出挑战。中国城乡之间发展不平衡的核心原因是城乡资源要素交换不平等,农村土地、资金和劳动力资源过多廉价地"被城市化",农村资源资产市场化资本化程度较低导致农村发展的自主活力不足;中国区域差距形成的重要原因之一就是发达地区在国家政策允许或者不明朗,乃至不允许的情况下率先进行资源资产市场化资本化改革,突破制度束缚,率先获取"改革红利""政策红利"以及市场优势、产业优势,为进一步改革发展奠定了实践基础。

## 一、政府主导有偿征收集体土地:资源所有权转让的不完全市场化资本化

　　中国农村最重要的资源土地属于集体成员共有,农业、林业用地主要实行家庭承包制,这种制度将长期保持。集体共有的土地及其所有权、成员的承包经营权在城市化、工业化快速发展的背景下面临非农化发展权如何实现的问题,遵循市场化资本化规律实现资源价值是改革开放后的重要探索。相对于政府无偿征收征用农村集体土地,由政府主导确定补偿标准的征地制度和行为实质是村集体资源所有权转让的不完全资本化实践,是农地资源非农化发展权的资本化实践。

### 1. 对政府征地现象的辩证认识:基于一个数据的思考

　　中国社科院 2012 年 1 月发布的一项调查显示:全国超过一半的农民希望国家征用土地,唯一的要求是得到合理的补偿。为什么会出现这种现象?

　　理论和实践工作者普遍认为农民是征地的受害者,全国多年来经常出现的部分地方政府强征农民土地、强拆农民房屋等违法违规事件被广泛报道,尤其是恶性案件,引起社会广泛关注;征地补偿低以及土地被征收后增值收益分配的严重不公平,农民难以获取增值收益等被广泛讨论,得到普遍认可。这些似乎表明农民普遍不愿意政府征收村集体土地,但这种观点在近几年已经发生了很大变化。部分农民盼耕地被征收的主要原因:一是农民对待土地的态度、要求以及未来预期等出现明显分化。不少农民已经不依赖于

**171**

耕种土地获取收益,部分农民家庭劳动力缺乏、老龄化,部分村民希望抓住机会尽快获取眼前较多的收益,满足高收入、高消费以及改善生活的期望,部分村民对集体组织成员不信任等,从很多农民的理性务实心理看希望征地有合理性。这些都是很多地方村集体成员分化或者称之为逐步异质化的表现。二是相对于征地获取的短期高额收入,经营农业收益低、风险以及未来不确定性大。对于部分从事低效农业种植的农户,农业收入不是主要来源,依赖性小,农业风险大,未来不确定。而征地却可以获得实在的高额收入。三是被征地的补偿水平逐步提高,部分村被征地后收入生活水平、环境面貌等各方面发生质变的示范刺激。据 2013 年 1 月国土资源部部长徐绍史在全国国土资源工作会议介绍,从 2008 年至 2011 年,征地补偿标准提高30%以上,用于征地拆迁补偿、农民补助等支出 3.5 万亿元,涉及 2500 多万被征地农民。很多城市郊区、县城周边以及公共设施、重点工程、开发区建设区域等征收大量农民土地,这些农民收入生活水平大幅度提高。例如天津市近几年通过宅基地换房方式推进小城镇建设,很多家庭除获得一定收入外,还获得几套楼房提高了居住质量,有的可以出租获取稳定的收入。不少村之所以富裕,收入生活水平、环境面貌发生大的改变,土地被征收是重大的转折点。而依赖经营农业用地致富的却相对较少。四是村集体农用地非农化开发受到多种因素制约。首先是制度对村集体将农业用地变为建设用地严格限制,农用地大规模非农化的主要途径是必须在国家征收以后再出让,村集体只有很小的自主权,"小产权房"问题是突出表现。其次是部分村集体缺乏相应的开发经营能力,有些开发建设的规模较大,需要长远规划,涉及几个村的集体土地,必须由有实力的公司才能完成。政府征收后出让或者出租给公司是一条途径。

政府代表国家利用公权对农民集体所有的土地实施征收、征用,以满足公共利益和工业化、城镇化的土地需求具有必然性,是现行土地制度下农民土地非农化发展权的一种转让,与计划经济时期无偿征收相比,给予农民合理的土地补偿费、安置补助费以及地上附着物和青苗的补偿费等体现了对土地资源属性的补偿,在一定程度上体现了市场化资本化的低水平要求,不同地区补偿标准的差异以及随着市场化、经济发展不断提高补偿标准在一定程度上也体现了一定的市场化资本化要求。政府征收农民集体土地对于部分地区农民彻底改变生产生活状况、增加政府财政收入，以及促进工业化、城镇化获得巨大的廉价原始资本积累、吸引产业资本等发挥了巨大作用。地方政府运用行政手段加快土地资本化进程降低了交易成本、加快了城市化和经济发展，是中国"摸着石头过河"的改革开放中的一种实践。

## 2. 政府征收农民集体土地的制度缺陷

现行的土地征收无论从法律制度、实际操作以及理论依据、实践结果等方面看均存在重大缺陷，尤其是国家征收农民土地对农民非农化发展权"有限"的市场化资本化补偿（有的认为是剥夺）引起理论和实践工作者、农民等各方面的质疑。其核心是现行土地征收制度及其操作与市场化资本化的要求存在较大的矛盾冲突，主要是：

（1）土地补偿标准缺乏科学依据，补偿水平的市场化资本化程度低。《中华人民共和国土地管理法》规定：征收耕地的土地补偿费，为该耕地被征收前三年平均年产值的六至十倍；每公顷被征收耕地的安置补助费，最高不得超过被征收前三年平均年产值的十五倍；土地补偿费和安置补助费的总和不得超过土地被征收前三年平均年产值的三十倍；被征收土地上的附着物和青苗的补偿标准，由省、自治区、直辖市规定。即使是将补偿标准进一步提高，正如有的人提出的补偿标准应当提高 10 倍乃至 100 倍，也面临很多质疑。一是按照前 3 年的产值倍数计算只是对一定期限、特定用途的耕地资源价值补偿，不是市场化资本化价值的体现。集体所有、农民永久承包的耕地期限可能远超过 30 年，耕地的多用途（种植不同作物收益不同）以及可能产生的价值是动态变化、总体提高的，按照某一时段计算的价值不足以反映以后的价值，不是耕地资源资本化的收益，也不是市场化的价值体现，而是政府定价。现行的农地补偿只体现了对土地资源属性的补偿，实际上排除了被征地农民参与土地增值收益分配的机会。（李冬梅，2010）因此普遍认为补偿的标准缺乏科学依据、水平较低。二是对农民和集体的补偿与政府征收整理后出让的收益相比差异较大。政府征收农民土地后出让得到数倍甚至几十倍给农民补偿的高价格、高收益，且呈现不断增长趋势，农民和集体很少获得。按照国务院发展研究中心课题组的数据，征地之后土地增值部分的收益分配中，投资者（开发商）占 40%~50%，城市政府占 20%~30%，村级组织留下 25%~30%，而农民拿到的补偿款只占整个土地增值收益的 5%~10%，土地出让金只有 5%反哺农业。(韩俊,2010)大部分出让金收益被用于城镇建设以及公益事业。根据财政部数据,2009 年全国土地出让收入超过 1.4 万亿元,比 2008 年增长 43.2%;2010 年为 2.7 万亿元,同比增加 70.4%;2011 年达到 3.3 万亿元,同比增长 22%。多数城市土地出让金收入占地方财政收入比重超过 1/3,有的城市、有的年份高达 70%以上。三是补偿的价值是否能够保证失地农民未来的生活水平稳步提高以及满足进一步发展要求的问题。国家赋予农民长期稳定的土地承包经营权是农民最基本的生存权和发展权的体现,尤其是在我国城乡差距巨大的二元结构、农村社会保障制度不健全的初级阶段,其对部分农民的生存保障、就业保障、养老保障,以及对国家的食品安全、农村稳定等方面作用巨大。虽然给农民补偿短期内农民收入增加、生活水平提高,并且有的地方要求对失地农民安置工作(部分地区没有)、建立社会保障,但农民失去的却是能够长期获取收益的资本,有的农民在安置就业后又出现失业等问题,部分农民家庭生活水平长期有可能下降。这是城市化、工业化征地过程中的公平与效率、多重利益主体得失平衡的难解之题,涉及社会价值取向、价值分配标准等深层次问题。

(2)法律自身的不完善以及行政主导,不少地区征地过程对农民权利主体诉求不尊重,民主性缺乏,存在侵害农民权利以及腐败等诸多问题。一是公共利益界定含糊以及范围扩大化,规划的法律权威性缺失。《中华人民共和国宪法》中存在二律背反:一方面宪法规定城市的土地归国家所有,农村的土地归农民集体所有,凡是城市化和工业化新增的土地需求,无论公共利益需要还是非公共利益需要,都必须通过国家的征地行为满足;另一方面又强调国家只有出于公共利益的需要才能对农地实行征收或者征用。(惠江,蔡继明,2009)公共利益的界定含糊、理解不同,也为地方政府扩大征地范围提供了借口。对地方而言,发展工商业、增加财政收入等也可被看作是最大的公共利益。商业用地不应当动用国家征地公权,应当是市场行为,市场化改革势在必行。同时,在工业化、城镇化快速发展的时期以及现行政府任期、绩效考核等行政管理制度下,土地利用规划的不科学、多变、易变导致其法律权威性难以维护,乱征耕地行为难以有效禁止,即使是最严格的耕地保护制度有的也形同虚设。二是征地过程民主性不足,对产权所有者农民权利剥夺、侵害农民利益、腐败等问题。政府对征地过程、征地款的分配等虽然制定了系列的民主性程序制度(虽然有缺陷),以充分保障农民的知情权、参与权和合理诉求,但是由于多种原因往往流于形式,未能很好执行,强征、强拆等违规现象屡禁不止。国务院发展研究中心课题组通过对4省市13个乡镇39个村庄1106户的问卷式独立访谈调查得出以下结果:只有38.1%的农民征地前看到征地公告,37.2%看到补偿公告;32.4%的被调查者认为征地程序公正、民主监督严格、不存在挪用截留现象,60.8%的表示了解不多、不清楚,7.1%的被调查者有可靠事实和证据证明存在截留和挪用现象。(《改革杂志》,2009年第5期)部分地区征地程序不够透明和公开,农民参与程度低,缺乏必要的知情权、参与权和有效地抗诉权,集体土地所有者农民的代理人权力寻租、权力腐败等引起农民不满。

(3)政府征地是对农民集体土地自主非农化发展权、处分权的剥夺,农民不能较多地分享在自己所有土地上工业化、城镇化的利益是对农民资本长期收益权的侵害。农民集体的土地如果按照科学合理的城镇化、工业化布局需要占用,如果按照市场化的方式,在政府规划提出具体要求、详细控制的前提下将发展权交给农民集体决策,采取农民集体自主开发、招商引资等措施,用市场方式确定资本收益的分配等问题(例如长期出租,租金逐年根据市场实际调整等),许多矛盾与问题将不存在。但是,按照有关规定,国家对集体土地进行非农化建设进行了诸多限制,实际上将农民集体排除在自我工业化、城镇化之外,只能是政府征收,实际上是对农民集体土地自主非农化发展权、处分权的剥夺。土地征收国有后出让收益农民分享较少、国有土地(全民所有)上发展成果农民难以真正享受到(除去部分真正转为市民的农民),农民不能较多地分享在自己所有土地上工业化、城镇化的利益是对农民资本长期收益权的侵害。现实中出现的大量小产权房现象、部分地区擅自将农用地转为工商业用地的行为即是对这种规定的否定(虽然不合法)。

## 二、置换农村存量宅基地和其他建设用地的市场化资本化

针对中国耕地资源严重短缺问题,为保障粮食安全实行最严格的耕地保护制度,尤其是严格控制耕地转为建设用地,中央政府每年制定耕地占用指标并分配给各省级政府,然后由省级政府逐级分配给下级政府。同时实行

耕地占补平衡制度,《中华人民共和国土地管理法》规定:非农业建设经批准占用耕地的,按照"占多少,垦多少"的原则,由占用耕地的单位负责开垦与所占用耕地的数量和质量相当的耕地;没有条件开垦或者开垦的耕地不符合要求的,应当按照省、自治区、直辖市的规定缴纳耕地开垦费,专款用于开垦新的耕地。但是工业化、城镇化的快速发展使得到的占地指标远远不能满足需求,而农村存在农民占用宅基地面积普遍较大、居住分散、住宅等建设用地利用率不高的问题。有资料表明:中国村庄用地(不含独立于村庄之外的乡镇企业用地)就高达2.5亿亩(户均1亩多),且呈逐年增加的态势,天津市农村2004年村庄人均建设用地256平方米,超过国家规范中人均用地最高标准106平方米。因此,如何通过将分散居住的农民集中居住(占用耕地少)、将面积较大的农村存量建设用地复垦为耕地腾出更多的建设用地,可以不受非农建设用地指标的限制而增加城镇建设用地就成为不少地方的选择,这种做法早在21世纪初已经在江苏、浙江、天津等地出现(虽然可能初衷与现在不同),真正引起广泛关注的是2005年开始实施的天津东丽区华明镇"宅基地换房"模式,以及2008年后重庆"地票交易"模式等,这些是经过国家有关部门批准的城乡建设用地增减挂钩试点,目前仍然在实践。虽然二者在具体的运作模式、优缺点、效果等方面存在差异,但针对的目标和出发点等基础是相同的。

**1. 天津"宅基地换房"模式**

2006年6月22日天津市发改委印发了《关于在全市开展以宅基地换房的办法进行示范小城镇建设试点工作的意见》,对开展"宅基地换房"试点进行了全面部署,提出了基本规范和要求。继2005年首批推出"三镇两村"试点后,重点实施了4批、46个小城镇建设,到2010年年底第一、第二批15个示范小城镇试点基本建成,25万农民从分散的村庄陆续搬入小城镇居住;2011年年底,第二、第三批11个试点基本建成,16万农民迁入新居。到2012年年底,第三、第四批12个试点基本建成,40万农民迁入新居。

(1)基本要求及改革创新价值。2009年8月1日起施行的《天津市以宅基地换房建设示范小城镇管理办法》具体规定了"宅基地换房"模式的基本要求:以宅基地换房建设示范小城镇,是指村民以其宅基地按照规定的标准置换小城镇中的住宅,迁入小城镇居住;示范小城镇建设坚持土地承包责任制不变、可耕种土地不减、尊重村民意愿、维护农村集体经济组织和村民合法权益的原则；示范小城镇建设除建设村民安置住宅区外，可以规划供市场开发、出让的土地，以土地出让金政府收益部分用于平衡建设资金；示范小城镇建成后，对村民原有的宅基地和其他集体建设用地统一组织整理复垦，实现耕地总量不减、质量不降、占补平衡；示范小城镇建设用地实行城乡建设用地增减挂钩周转指标管理，周转指标应当总量控制、封闭运行、定期考核、到期归还；区县人民政府应当组建示范小城镇投融资建设公司，作为项目法人，具体负责示范小城镇建设项目投融资、土地整理、建设开发等工作。

正如2006年试点意见中指出的：以宅基地换房的办法创造了城市郊区农村实现城市化的新模式；开辟了农村建设用地重新整合、流转和集约利用的新途径；创造了利用现有集体建设用地存量为经济发展提供空间的新思路；能够促进现有村庄建设用地向城镇集中，加速实施城镇建设总体规划；能够改善农村居住环境，提高农民生活质量；能够使农民宅基地的价值显现，农民住宅商品化、产权化，大幅提高农民家庭财产性收入和非农业劳动所得。从实践看，大部分地区宅基地换房建设示范小城镇确实实现了上述目标，尤其是采取整村推进能够大大加速城镇化的步伐，大部分农民基本满意，在农民资产市场化资本化方面进行了有益的尝试。但是如果不顾实际条件和农民意愿大规模地推进这种模式肯定存在各种问题，甚至是严重的社会问题。

（2）需要进一步解决的问题。虽然有相关制度要求，但因为各种实际操作难题、成本增加等原因，该模式在实践、推广中也存在一些现实或长远问题须慎重考虑并解决好。一是基本条件是否具备。实施好宅基地换房的基本条件是：实施宅基地换房一般是整村推进，需要绝大多数农民不以农业为生；复垦宅基地、集中建住宅以及配套基础设施需要占用部分耕地、巨额资金，复垦的宅基地面积扣除集中居住占地面积后必须有足够的剩余用于出让，并且获取的土地出让金能够弥补上述资金等开支后有剩余（包括建住宅的投资商的利润等）；能够出让的建设用地通过招拍挂后能够被开发商购买并支付较高的出让金，因此一般在商品房、工商业投资价值较高的地段和区位才能实施；多数居民自愿并认可（90%以上），政府以及村级组织具有较强的威信能够取信于民并得到绝大多数农民的支持等。二是换房的标准以及农民集中居住的成本费用能否普遍接受。涉及对农民宅基地及其房屋、构造物价值的合理评估(尤其是宅基地的综合价值、长期资本化收益),置换的标准,农民是否需要用现金补偿以及补偿额能否接受。尤其是住进统一的楼房后生活费用增加能否承受,相应的养老保障、医疗保障是否能够建立等,有部分农户会有生活水平下降的感受。三是政府获取的非农建设用地出让金的收益分配、投资开发商的利润是否合理。造成农民对宅基地换房质疑的重要原因之一就是农民认为对其房屋以及宅基地估价相对较低,由于地价上涨升值政府以及开发商在支付各种成本后盈余较多,而失去宅基地的农民没有分享到。四是劳动力的非农就业以及农业经营问题。宅基地换房后,新的城镇以及招商引资的工商业发展一般会提供一定的工作岗位,但企业用工有自己的标准要求,企业使用农民工成本更低、更好管理,城镇化的农民有时也并不愿意接受企业的用工条件,导致失业问题存在,进而可能使农户生活水平下降。同时,如果部分农民要经营农业,需要距离农田较近,需要存放工具的设施以及其他农业附属设施问题需要解决。五是复垦土地质量是否达到耕种的质量要求以及农业产业园区的经营、产权关系、利益关系。小城镇建设占用的一般是较好的耕地,宅基地复垦的耕地质量相对较低,虽然数量占补平衡,但其质量、生产力在短期内可能较低。同时,复垦后的耕地一般采取建立农业产业园区的模式实行规模化、企业化经营,其方向是正确的,符合现代农业发展方向和土地集约利用的要求,但其产权关系、收益分配关系等是否清晰、科学、合理需要解决。六是行政主导、公司运作的方式,具体程序等方面是否能够保证符合公平正义原则、尊重农民意愿原则等基本规定。由于宅基地换房需要整村推进,而村民的认知、态度、诉求等存在差异。虽然实施宅基地换房经过试点已经形成了较完善的操作规程和制度要求,但在实际操作中由于各种原因可能采取违规的做法,引起农民的不满和社会的不稳定,需要细致的工作。在全国有些地区不顾实际和农民意愿,以城镇化、新农村建设等为由进行大拆大建、强拆等被中央紧急叫停就是必然结果。

**2. 重庆"地票"交易模式**

2008年12月1日重庆正式实施《重庆农村土地交易所管理暂行办法》,3天后"重庆农村土地交易所"挂牌成立,正式开始了农村集体土地使用权或承包经营权交易和建设用地挂钩指标交易(简称"地票")。2010 年重庆组建了农村土地整治中心,专门承担宅基地退出的复垦、整治及融资等功能;出台文件严令:"地票"收入必须全部反哺"三农",其中 85% 归农民个人、15% 归村集体。市财政和国土部门在农村土地整治中心设立 50 亿元的土地周转金专户,区县可按有关规定借款,并在"地票"交易后予以归还。与农村土地产权交易密切关联的另外一项制度就是 2010 年 8 月实施的《重庆市户籍制度改革农村土地退出与利用办法(试行)》,其对农村居民住房及宅基地、宅基地使用权范围内的构(附)着物、承包地的退出与利用做出了详细的规定,是重庆市统筹城乡改革发展试点的重要内容(包括户籍制度改革、农村人口转移、保障性住房尤其是公租房的建设等配套措施和政策)。据有关资料,从 2008 年至 2012 年,年交易"地票"分别为 0.11 万亩、1.24 万亩、2.22 万亩、5.29 万亩和 2.23 万亩,合计 11.09 万亩;成交金额分别为 0.898 亿元、11.99 亿元、33.3 亿元、129.07 亿元和 47 亿元,合计 222.258 亿元。

(1)基本做法及改革创新价值。建设用地挂钩指标交易("地票")特指农村宅基地及其附属设施用地、乡镇企业用地、农村公共设施和农村公益事业用地等农村集体建设用地复垦为耕地后,可用于建设用地的指标。《重庆农村土地交易所管理暂行办法》第三章专门对"地票"产生程序、土地复垦的原则及其申请条件、复垦主体、指标交易规则、交易价格指导、交易调控管理、指标购买用途等作了详细规定。"地票"运行可简单分为复垦、验收、交易和使用 4 个环节,即:在农民自愿、农村集体经济组织同意的前提下,对土地利用总体规划确定的扩展边界以外的农村建设用地实施复垦;有关部门对复垦产生的耕地的质量和数量验收,在留足农村发展空间的基础上确认腾出的建设用地指标;"地票"在土地交易所公开竞买交易;购得"地票"的主体选定符合土地利用总体规划、城乡总体规划的待开发土地,凭"地票"办理转用手续后,国土部门按规定组织供地,指标落地时(指"地票"用于某个具体建设项目)可冲抵新增建设用地有偿使用费和耕地开垦费。

"地票"交易模式的制度设计,是充分尊重单个农民(以及集体)意愿和选择,促进愿意放弃宅基地而转为城镇居民的农民(尤其是边远地区)按照市场机制实现其宅基地(包括房屋)资本化市场价值的一种有益尝试,也是比较自然温和地促进农民市民化的实践探索,随着相关配套制度的建立与逐步完善,有望成为现行法律制度下大部分地区的渐进式农民市民化、宅基地市场化资本化的可复制经验,同时也有助于提高存量宅基地和其他建设用地的高效经济利用。邓勇(2012)将重庆"地票"交易模式总结为五大创新价值和四大开创意义,具有代表性。五大创新价值是:先复垦后占地,减少"耕地增减挂钩"风险,对耕地的保护力度更大、保护效果更好;大范围、远距离统一价格置换,将远郊区县的农村建设用地价值大幅提升;较高的"地票"收益为城镇化过程中农民转户进城提供利益补偿机制;充实新农村建设资金;土地交易转化为票据化的模式。四大开创意义是:使农民家庭使用的宅基地和村集体使用的建设用地真正成为可交易的资产,有效突破了长期困扰农村土地市场化改革的制度性障碍,为村集体加快原始积累、农民家庭提高财产性收入创造了条件;真正实现了统筹配置城乡土地资源,集约利用土地;切实保障了农民对宅基地的占有、使用、收益等权利,让农民家庭和集体组织获得了综合性的财产收益;激活了城乡要素市场,有利于金融资本进入农村。例如,重庆市有 2300 万农村人口,大约 600 多万户家庭,如果按户均宅基地和附属设施用地 1 亩计算,存量建设用地就达 600 万亩。假定通过集中居住的方式置换出 1/3 的闲置宅基地,理论上就可腾出 200 万亩的耕地,并产生相对应的建设用地指标。据有关报道,"地票"近几年成交均价每亩 20 万元,为"三农"建设筹资超过 200 亿元。

(2)需要进一步完善解决的问题。"地票"交易模式的创新价值和实践意义毋庸置疑,前景值得期待,但也引起很多质疑。根据各种报道资料,有关质疑和存在问题可以归为 3 类:一是实际做法与初期制度设计不相符。例如,制度规定"地票"交易成交额扣除多项费用后的纯收入按照 85:15 的比例在农民和集体中分配,部分退地农民抱怨"获得的补偿款远没达到规定的标准"等。二是在执行中存在不合理、不规范乃至违法违规行为。如部分村出现村干部违背自愿原则强迫农民复垦宅基地现象;"地票"定价、交易过程以及交易额的各种费用扣除等信息不公开、不透明,农民被置身事外,卖者是政府控制,买者基本是受政府影响较大的大公司,存在政府垄断,政府寻租空间大,对农民的权益保护不力。再如,重庆户籍改革制度总体思路是政府以户籍换土地,而农民的代价是以土地换户籍,"地票"是二者的纽带,似乎是借户籍改革之名行圈地之实,城市化往往是以农民进城和农民失去土地为代价。三是未预料到的不确定性问题。如目前转为城镇居民的农民多数属于乡镇就地转户,会导致乡镇财政压力过度增加,背离了改革初衷。再如,户籍改革是建立在对未来经济增长乐观预期之上的,如果经济不景气、产业规划难以实现将会面临考验。

### 三、农村集体资源资产社区股份化改革

引入股份制做法明晰产权关系、建立现代企业制度是中国自 20 世纪 90 年代以后在农村集体经济组织、农村社区合作经济以及城市集体企业、国有企业中重点推广的一种组织模式, 其股权设置由主要针对经营性资产向土地使用权、承包经营权等全要素股份化(股权化)、资本化发展,形成了企业股份制(股份合作制)、社区股份制(股份合作制)以及土地股份合作制等多种模式,各种模式在某些方面具有共同点,但在适用的条件、股权设置与管理、分配制度与制度绩效等方面存在很多差异,具体操作并不完全相同,实践效果因为多种文化、区位、经济等原因表现各异,成为研究与实践的热点。

#### 1. 广东南海农村股份经济(包括社区股份合作)模式

以广东南海为代表的农村社区型股份经济 (有的也称为社区股份合作经济)是一种综合考虑集体经济的经营性资产、农民土地承包经营权等多种因素的综合性股份化、资本化实践,目前依然是不少地区推进农村集体经济产权制度改革的主要模式。

南海的农村股份经济一般是根据发展规划,以村民小组(经济社)或者行政村(经济联社)为范围,把土地功能划分为农田保护区、经济发展区和商住区,将集体财产、土地和农民土地承包权折价入股组建股份公司,在股权设置、股份分红和股权管理上制定出章程;具体经营活动由公司按照企业化、市场化运作。其制度创新主要是明晰了集体土地、经营性资产以及农民土地承包经营权的产权关系,实现了所有权(成员权)与具体经营权的分离以及资本化, 是符合现代企业制度要求以及现代产权理论的一种重要组织模式。中国股份制和股份合作制的实践以及理论研究的结果都表明,从产权制度安排以及理论上说,股份制以及股份合作制由于相对产权明晰、能够聚集资本实现规模等优势,是一种代表未来趋势的组织模式。

但是,并不是"一股就灵",中国农村社区合作组织的股份制改造由于股

权设置、管理以及原有的管理运行机制弊端等原因,股份制改造在部分地区并不成功,尚存在许多问题需要综合性的配套改革去完善。刘愿(2008)的研究表明:南海农村股份制实施14年,各地区农村居民收入水平以及股份经济发展区域不平衡特征明显,其绩效差异本质上是区位因素导致的土地级差地租差异(地理位置优越的收入高),股份分红实际上在农村居民收入中仅占较低比例,家庭经营和非公有制企业的发展才是南海农村居民主要的收入来源;实际上,南海农民之所以愿意将土地承包经营权交给集体换取股权,主要并非看重股份分红收益,而是有集体统一开发土地进行非农建设能够绕开国家征用这一垄断模式,不但能够释放农村劳动力、促进劳动力转移,而且降低工业化门槛、推动地方中小企业发展;虽然有分红的经联社比例较高,但占村社集体一半资产的经联社大部分没有股份分红,南海农村有一半资产(主要为入股的土地)没有实现资产收益;土地股份制存在的代理人问题可能会侵蚀其规模效应,即随着资产经营规模的增大,这一制度成本可能会给股东带来巨大损失(追求资产扩张而非分红最大化,管理不善,净收益没有同步增加而可能大幅下降;政企不分,组织成本高昂,沉重的农村公共产品开支,干部报酬和办公经费增加等;农民缺乏话语权,农村集体产权固有的缺陷往往使农民的股东权遭受侵害等);土地股份化实质是土地的再集体化,农业税取消之后在中国农村强制推行土地股份制,可能是一个得不偿失的再集体化的不可逆过程。同时,不少专家都指出了农村股份制的固有缺陷,如股权的社区化倾向(封闭性、社区福利性等)、土地承包经营权折价入股的标准问题。总之,在农村推行股份化改革中,集体经济组织、村委会经营管理能力建设、组织制度建设对农民资产资本化价值的实现以及集体资产的保值增值同样重要;促进股权的进一步市场化资本化流转是完善这种组织模式的重要内容。

### 2. 苏州昆山"农村富民合作社"模式

昆山的经济发展世人瞩目,激活集体土地流转、让农民实现土地资本化、以地生财的自主创业是其重要特征。借助于台商产业资本聚集昆山的有利时机以及对建设用地的巨大需求,在1998年后通过盘活内资企业存量土地,复垦土地取得建设用地指标,由农民采取股份投资的办法成立"投资协会",租用集体土地联合投资建设标准厂房向台商出租,建设宿舍楼满足外来人口需求,形成了农民创业型股份合作的土地资本化、"自有资金"资本化投资发展模式。2000年12月昆山市出台28条富民政策,其中的留用地政策规定:在征地时,按照征地面积10%的比例给予村级集体组织农村建设留用地。之后,这种股份合作模式被统称为"富民合作社"。2006年苏州市《关于扶持发展农村富民合作社的意见》(苏办发〔2006〕86号)指出,农村富民合作社(亦称农民投资性物业合作社)是以农民为主体,由农民自愿组织起来,集聚资金入股建社,按相关手续报建或购置标准厂房、集宿楼、服务业设施、农贸市场等进行物业出租,以及开展绿化保洁、物业管理等服务,所获收益按股分配;发展农村富民合作社的指导思想(目的)是:引导农民转变投资经营方式,增强合作投资创业和资本经营意识,不断拓宽农民增收渠道,努力构建农民持续增收长效机制,塑造有创业意识、合作意识和风险意识的新一代农民;发展原则是入股自愿、置业出租、民主管理、形式多样、依法经营等,并进一步明确提出发展富民合作社操作程序、基本条件和扶持政策,有力地促进了富民合作社的健康、有序、快速发展。

　　顾杰、卢水生在《中国苏州发展报告(2009)》中的文章《苏州创办富民合作社的实践与思考》对这种模式的历史、类型、现状等进行了详细的分析。文章指出,富民合作社(现统一称为投资性置业股份合作社)是利用农村集体建设用地,由本集体经济组织成员自愿入股,平均或基本平均持股,通过建设标准厂房、商业用房等取得出租收入,实行风险共担、利益均沾、民主管理、承担有限责任的股份合作经济组织;富民合作社必须符合规划和土地用途管理,依法设立,合法经营;富民合作社类似于有限责任公司,就是在组织方式上借用了股份制的做法,坚持入股自愿,不得退股,股权可以继承、转让;而在办社宗旨上则坚持了合作制原则,平均或基本平均持股,不允许持大股,更不准个人控股。2002~2003年期间兴办的富民合作社主要是项目型,即根据一个项目建立一个合作社;2003~2005年期间兴办的主要是流转型,即在土地流转的基础上进行的,用地指标大多是通过置换而得,也有的将土地折价入股;2006年以后兴办的主要是复合型,即在社区股份合作社、土地股份合作社基础上,由集体和农户共同投资入股形成的复合型富民合作社。一般都实行二次分配,第一次股东分红,第二次再由社区股份合作社或土地股份合作社进行分红,也有的是三次分配(富民、社区、土地)。截至2008年年底,苏州市共组建富民合作社 303 家,入股农户 62369 户,入社股金 191686 万元,已建物业用房 284 万平方米。全年租赁收入 29494 万元,缴纳各项税费 3212 万元,综合税费率为 10.9%;合作社纯收益为 18062 万元,其中股金分红 12357 万元,平均每户 1981 元,当年的投资收益率为 6.4%,剔除在建等因素,年投资收益率平均为 10%左右。

苏州富民合作社的发展模式是农民自主开发建设用地实现资本化的有益探索(将建设用地指标用于农村自我发展),也为农民的货币资本实现投资创业和资本增值创出了一条持续发展的道路,实现了农村土地资源、农民自有资金(货币资产)、劳动力资源等要素结合的资本化创业,形成了长效增值机制(不是简单地将建设用地出租或者被征用)。作为农民通过农地非农化既直接分享到土地增值收益,也可在当地实现非农就业、创业并增加收入来源;作为产业投资,企业节省了征用土地成本等,是促进地方经济良性发展的重要方式。当然,这种模式的应用需要一定的条件,如符合发展规划,具有吸引非农产业投资的区位优势,合作建设的物业能够实现价值出租等。同时,要进一步研究市场主体不适用于农民专业合作社的法律问题,不能享受到农民专业合作社税收优惠问题等。

## 四、村集体主导的土地资源自主非农化资本化

相对于国家征用农民集体土地的非农化发展权转让,自改革开放以后乡镇企业的大发展成为农民实现集体土地市场化资本化的重要形式,实现了集体土地的非农化增值,在 20 世纪 90 年代乡镇企业大发展使其达到高峰,也占用了大量的耕地资源。《中华人民共和国土地管理法》允许在土地利用总体规划确定的城市和村庄、集镇建设用地规模范围内兴办乡镇企业,经依法批准可使用本集体经济组织的土地。随着国家对建设用地占用农用地控制的加强,各地出现了各种合法的或者不合法的农村集体农用地自主非农化的做法。

### 1. 北京郑各庄村"村企合一"土地资本化自主经营模式

在我国农村非农产业发达的大城市郊区以及江浙等地,普遍存在着村办集体企业(或集团)作为村集体经济组织的代表,与村委会或者村民小组共同经营管理集体资源和资产的模式(即村企合一),在 1998 年出台严格控

制集体建设用地规定之前,对乡镇集体企业建设用地管制较松,占用集体土地发展乡镇企业受到广泛支持,并显著增强了集体经济实力。自从国家实行严格的耕地占用政策后,城市化扩张加剧,住宅市场需求日益旺盛,在国家实行严格的征地制度下,不少有实力的村采取由村集体企业(集团)统筹运作本村的宅基地和其他建设用地,进行村庄改造,发展非农产业,形成了"村企合一"土地资本化自主经营,实现城市化、工业化,其中以北京昌平区北七家镇郑各庄村为代表。

郑各庄村"村企合一"土地资本化自主经营实现城市化、工业化模式的主要做法和特点表现在:一是以规划统领全村的空间布局、产业配置、基础设施建设和村庄发展。1998年村委会请专家制定了《郑各庄村21世纪生态庄园》的规划,把4000多亩辖区划为生活居住、文化教育、科技产业、旅游休闲产业这四大板块。2005年3月,北京市规划委员会批复了《郑各庄片区平西府组团控制性详细规划》,使郑各庄村的建设通过了"规划关"。二是对村集体企业宏福集团(建筑施工与建筑建材一体化企业)产权制度进行改革。按照法人控股67%、村委会参股16%,村民以自然人的身份出钱认购参股17%的比例进行股权确认;创业者以及参与创业集资的村民,没有实行配股,原始资本金按份额转为股份。三是按照依法、自愿、有偿、规范的原则,推出了"确权、确利、保收益"的土地流转经营机制。把耕地量化到每个农民,再引导农民由村民授权村委会与宏福集团签订土地流转协议(20~30年的使用权),把个人承包的土地以委托经营的方式流转到宏福集团进行统一规划、统一招商开发与经营(包括出租等),对村域土地采取了自用、入股、土地出租和厂房出租的方式,以推进村庄的工业化进程。宏福集团按每亩年租金不低于5000元的标准支付租金,对尚未租出的土地则由宏福集团按每亩每年500元的租金标准支付给村委会,所收租金全部分配给有土地承包权的农民。四是通过盘活宅基地、整理置换等方法,扩大建设用地。宏福集团靠盘活宅基地节约800亩存量集体建设用地,整理置换1600亩建设用地,拥有了2400亩土地的开发经营权。五是依托宏福集团建筑企业的优势自主建设住房、厂房,对村民进行拆迁安置以及进行出租、物业经营,并保障村劳动力的充分就业。房地产的开发和创办第三产业由本村企业进行,房地产开发的利润留在村内;通过发展第三产业,不仅使企业获得了土地级差收益,而且也使村庄的产业得到可持续性发展。如2010年郑各庄村688个劳动力,除部分个体经营户和在外自谋职业者外,其余496人全部安排在宏福集团就业。六是制订对村民宅基地和住房拆迁安置的长远性优惠措施,对外来技术人员、教师、劳动力等买房(小产权房)给予优惠,为村民住楼房提供各种福利。郑各庄村楼房置换宅基地,农民把原有的宅基地腾出来,给每个农户3~4套住宅的补偿(以后没有宅基地的福利);具体按照"六、三、一"折抵后定价,即对原宅地房屋及地上建筑设施评估作价、搬迁上楼后让60%的家庭富富有余,30%的家庭基本持平,10%的家庭稍有不足;同时,推出了内部经济适用房安置办法,以更加优惠的条件让困难户同享旧村改造成果;实行了对企业人员和教职人员住宅的半福利化和半商品化,以优惠价格配置住房给企业核心员工,为发展企业留住了人才,积累了人力资本。针对村民担心上楼后养不起楼的顾虑,村里制定了水、暖、燃气及物业管理等一系列费用报销和减免制度。比如:全额报销垃圾清运费以及每人每月5立方米的水费和8立方米的天然气费,按50%的比例报销温泉水费,按宅基地以及家庭人口等因素报销取暖费。七是保障村民收入来源的多元化和持续增长。1998年村民人均收入3100元,2005年17800元(超过同期北京市城市居民的17653元),2007年为21000元,2010年达到44566元。2010年郑各庄村村民在集团就业月工资1998元,各项福利人均是7325元,村民出租房屋给外来人口和周边校区的学生人均收入7149元,在集团有股的村民每年从股份分红中拿到的收入11516元。

郑各庄村"村企合一"进行土地资本化、村庄城市化模式的形成,既有北京市快速城市化扩张以及产业、居民住宅、教育机构(大学)等向区县快速扩张的强大市场需求拉动,也有依托自身集体企业集团产业资本优势,村委会与企业集团主要领导人一体化的"能人效应"优势(虽然分开核算、管理,但集团董事长与村党委书记是带头人均是黄福水),以及观念转变(如不卖地而自主开发、靠物业等三产持续经营增收、留住外来人员发展、共同富裕等)、制度创新等。但是,当该村发展到一定阶段,与现行的法律规定之间的矛盾冲突显现出来,例如,《中华人民共和国土地管理法》中不允许集体建设用地上市流转,土地资产不能抵押就不能从银行抵押贷款;目前郑各庄村的土地产权关系也不符合上市要求;自主开发的"小产权房"价格低吸引了很多买房者,但是买房办不了房产证;农民现在人均占有过多的楼房(70平方米)不能上市流通,影响农民资产增值(周边商品房价格远高)等。这些都是有碍于农村资源资产的市场化资本化要求,需要进一步改善。

**2. 开发建设商品房的自主土地资本化模式("小产权房"问题)**

在中国发达地区农村,尤其是城乡接合部的郊区和发达的县城、小城镇等地,面对来自于外来人口、城市居民等巨大的住房以及投资需求,以村为单位绕过国家征用土地环节,在集体土地上由村集体等自主开发建设大量的住宅销售实现土地资本化增值是一种非常普遍现象。但是,成了广受争议、令中央政府最头痛的"小产权房"问题,有关专家估计目前中国的"小产权房"面积有60亿平方米,其产生的经济价值巨大。一般认为"小产权房"是指由乡镇和村委会组织建在集体所有的土地之上、没有缴纳土地出让金等费用、没有国家房管部门颁发的产权证,出售给本村集体组织成员以外人员的商品性住宅。由于其未经法定征地和审批等程序,购买此房者无法取得法定机关颁发的土地使用权证书和房屋所有权证书,而是由村委会或乡镇政府给购房者颁发房屋所有权证明,因此称作"小产权房"。这是近几年经济理论、法律工作者以及政府有关部门、实践工作者、老百姓讨论最多、最关注的话题之一,发表了许多针锋相对的见解。"小产权房"不受法律保护,不能像"大产权房"在国家法定房屋管理机构备案、公开交易等。"小产权房"问题非常复杂,目前基本处于"两难"困境(以下限于篇幅本书只做概括,不详细分析解释)。

(1)类型复杂。一是建设主体既有村集体,也有乡镇政府;二是既有国家政策明令禁止之前的,也有之后的(既有已经建成入住的,也有正在建设的);三是既有合法的,也有明显违法的;四是既有占用建设用地(包括宅基地)、荒地,也有占用耕地(包括基本农田);五是既有符合规划(规划之内)的,也有规划之外的;六是购买者既有安身自住型,也有保值型(对自有资金投资保值,如将城市房留给子女)、投资获利型(投机型);七是既有经过乡镇(乃至县级以上政府)有关部门批准建设、手续齐全的,也有未经批准私自建设的;八是既有小区型、公寓式,也有独栋型;九是既有经济适用房性质的普通住宅,也有高档别墅;十是既有村集体成员与外来人员混住型,也有专门供外来人员购买居住的;十一是既有质量符合标准要求的,也有质量不合格的等。

(2)产生原因复杂。其原因主要是:城乡二元分割的土地制度的结果;对国家征用土地法律、政策的合理抵制,谋求或抢抓土地增值机会的选择;法律规定的模糊、不明确(没有明确禁止)、不及时;政策的短期性、不连续、缺乏权威性以及执行监管不到位,地方政府的行政不作为或默许;城市房价上涨失控、房地产暴利推动购买低价房以及开发商和集体建房(虽然只相当于城市房价 1/3 左右,但利润仍然可观);城市经济适用房(或者保障性住房)建设滞后;应对金融危机刺激房地产发展政策的伴生物;收入差距拉大、流动性过剩促使富余资金的投资,房价上涨的长期预期;新农村建设改善村民住房的同时弥补建设资金缺口;预期"小产权房"合法化的推动;人口居住、交通改善等城乡融合与一体化形成的通勤便利条件以及居住郊区化趋势的推动;工业发展中心向郊区转移带动劳动力及居民在郊区就业生活等。2011 年 3 月,在国家和地方楼市新政的三轮调控下,国内一线城市商品房价格上涨过快的势头得到了初步遏制,但不少小产权房价格不但没有下降,甚至开始逆市上涨,在一定程度上说明了小产权房的市场需求和存在的客观性。

综上所述,"小产权房"之所以形成如此大规模和复杂的问题,是中国经济社会快速发展与转型期各种矛盾与问题的综合性集中反映,是各种利益主体长期博弈的历史积累结果。针对"小产权房"问题,研究者提出了坚决不能合法化、参照城市住房补交各种税费后合法化、根据不同类型采取不同办法、直接合法化等解决思路和措施,每种办法可能都面临不同的社会成本、经济成本,其执行难度和实施的效果、产生的社会影响都很难准确判断(包括社会稳定、可能的示范效应、公信力等影响),尤其是在强调民生、和谐社会建设以及统筹城乡发展的整体要求下。本文设想和推测,可能的解决思路是:对于不符合如商品房质量、河道管理、军事设施管理等其他法律规范,严重影响公共安全和公共利益,严重损害村集体和村民利益,以及正在建设尚未完工的采取拆除措施;对于其他的采取谁颁证、谁建设、谁受益由谁负责的方式允许其存在(但不是合法化,也不同于"大产权房"),涉及的相关纠纷、问题等用民法、合同法以及物权法等法律解决,加强税收管理(针对其交易、继承等专门制定税收办法),只是赋予房屋居住、交易的权利,土地使用权性质、政策不变(也不同于"大产权房");同时,制定针对允许存在的"小产权房"有关的一揽子配套规范。

更进一步,"小产权房"问题所揭示的法律与政策困惑、行政管理体制弊端、综合配套性改革的迫切性和趋势等令人深思。在统筹城乡发展、缩小城乡差距以及市场化资本化、农村工业化的大趋势下,针对农村资源资产的法规规范调整明显落后于实践的需要,存在合理但不合法问题、规定模糊问题,缺乏前瞻性的详细系统的制度设计问题,修修补补无济于事的居多;政策和规划的短期性、不完善性以及执行的不坚决性,"摸着石头过河"的改革路径等都使得敢于突破政策限制、打政策"擦边球"、钻政策空挡的机会主义行为最先获益,这是造成区域差距、阶层差距的重要原因;现行的行政管理体制造成的政府有关部门"不作为"、维护地方利益以及政绩考核等方面成为中国现行最大的问题根源,政治体制改革滞后问题日益凸显。只有按照市场化资本化的大趋势进行前瞻性的系统配套改革才能有效避免类似问题。

## 五、基于农地农用的土地承包经营权及使用权的市场化资本化

农村税费制度改革后,农业成为享受补贴、免税的特殊产业,除从事烟叶生产等少数产品外,农地、林地承包经营者在不改变土地用途的前提下不需要向集体所有者代表缴纳土地承包费等费用,不需要向国家缴纳耕地占用税、农业税等各种税收。现实中由于多种原因,农地、林地承包经营权及其使用权市场化资本化流转实践探索一直未停止过。同时,借鉴农地承包经营等做法,对于"四荒地"的开发使用权经济实现也进行了多种探索。

### 1. 农地(耕地)承包经营权及其使用权市场化资本化流转

1983年年底农地基本承包到户后,家庭承包制存在的缺陷和完善要求必然产生基于市场优化资源配置要求的土地流转实践,实践探索以及发展要求促进政策法律制度不断调整完善。1984年中央一号文件首次提出允许农户土地承包经营权(使用权)有偿转包,即转入户为转出户提供一定数量的平价口粮;1993年中央11号文件《中共中央、国务院关于当前农业和农村经济发展若干政策措施》首次明确提出了"允许土地使用权依法有偿转让",即除转包外,转让、出租等其他形式符合政策。此后,在1998年的十五届三中全会、2001年的中央18号文件、2002年的土地承包法、2007年实施的物权法、2008年的十七届三中全会、2012年的十八大以及2013年的中央一号

文件等政策法律制度中，不断完善和明确了土地流转的制度。尤其是 2008 年党的十七届三中全会指出了新时期土地流转的总体要求，即：按照依法自愿有偿原则，允许农民以转包、出租、互换、转让、股份合作等形式流转土地承包经营权，发展多种形式的适度规模经营；有条件的地方可以发展专业大户、家庭农场、农民专业合作社等规模经营主体；土地承包经营权流转不得改变土地集体所有性质、不得改变土地用途、不得损害农民土地承包权益等。农业部经管司经管总站统计，截至 2011 年年底，全国家庭承包耕地流转总面积 2.28 亿亩，比 2010 年年底增长 22.1%；占家庭承包经营耕地面积的 17.8%，比 2010 年提高 3.1 个百分点；耕地流转形式仍以转包和出租为主，转包、出租、互换、股份合作和转让流转的比重分别为 51.1%、27.1%、6.4%、5.6% 和 4.4%；另有 5.5% 的耕地通过临时代耕等其他方式流转，比 2010 年下降 0.4 个百分点。以互换和出租方式流转的耕地面积比 2010 年分别增长了 52.5% 和 25.4%。

土地流转是一种市场化资本化行为，是与农村工业化、城镇化、农业现代化发展速度、发展阶段和水平一致的动态过程，在中国又受到地方政府行为、政策的严重影响。具体到某个地区流转的原因（或形成的现实条件）、速度与规模是由 4 个方面因素决定的。一是转出方。主要是：家庭没有劳动力或者无力经营承包地而又不愿意或不能完全放弃承包经营权，自己经营承包地从事农业效益较低、机会成本大，有流转的意愿等。二是转入方。主要是基于规模化开发新产品、扩大原生产规模以获取规模效益等，有意愿和能力经营。三是市场博弈。只有双方就有关流转价格、期限以及其他权利义务达成一致均衡，流转才能够实现。四是地方政府。政府采取扶持鼓励措施、扶持力度以及提供社会化服务等配套条件，能够加快流转步伐。就目前很多资料判断，上海、北京等大城市郊区县，浙江、江苏、广东等发达地区，人均耕地较多的黑龙江等地区承包地流转发展较快，流转规模大于其他地区。截至 2011 年年底，耕地流转面积占耕地承包面积比重较大的前 10 个省（市）分别是：上海 58.2%、北京 46.2%、江苏 41.2%、浙江 40.3%、重庆 38.2%、黑龙江 30.5%、广东 25.8%、湖南 23.6%、河南 20.6%、福建 19.3%。目前中国农地流转规模总体较小，地区差异明显。其主要原因是：多数农民难以放弃土地所承载直接经济效用（包括增值预期）、社会保障效用、就业保障效用等；农村富余劳动力转移就业不稳,乡镇企业的经营风险和进城务工的就业风险,农民工难以真正非农化、市民化;农业生产投资量大,农作物生长周期长、见效慢、风险大,农业规模经营缺乏好的项目支撑;农业规模经营在可能获取规模效益的同时,也将面临更大的市场、自然风险;能够适应规模化经营的市场主体相对较少等。

（1）土地承包经营权转让、转包和出租。转让是指土地承包经营权人将其拥有的未到期的土地经营权,经发包方许可后以一定的方式和条件转移给他人并与发包方变更原土地承包合同;转包主要是指承包方把自己承包期内承包的土地,在一定期限内全部或者部分转交给本集体经济组织内部的其他农户,转包人对土地承包经营权的产权不变,受转包人享有土地承包经营权的使用权、获取承包土地的收益并向转包人支付转包费;出租是农户将土地承包经营权租赁给本集体经济组织以外的人,出租人对土地经营权的产权不变,承租人通过租赁合同取得土地承包经营权的承租权,并向出租的农户支付租金（类似于转包）。这些方式共同点都是在法律规范下由双方协商的自发式市场操作。2003年施行的农村土地承包法规定了土地承包经营权流转需要遵循5个原则:平等协商、自愿、有偿,任何组织或者个人不得强迫或者阻碍承包方进行土地承包经营权流转;不得改变土地所有权性质和土地的农业用途;流转期限不得超过承包期的剩余期限;受让方须有农业经营能力;在同等条件下,本集体经济组织成员享有优先权。在具体的实践中,土地承包经营权转包、出租的具体运作机制存在较大差异随着流转规模的不断扩大仍会出现很多的新的运作机制。例如,从转入方看,既有农业大户,也有合作社或者公司等。据农业部经管总站资料,2011年全国在全部流转耕地中,流转入农户的占67.2%,比2010年降低1.6个百分点;流转入农民专业合作社的占13.4%,比2010年上升1.5个百分点;流转入企业的占8.4%,比2010年上升0.36个百分点;流转入其他主体的占10.6%,比2010年降低0.3个百分点。到2012年年底,全国家庭承包耕地流转面积达到2.78亿亩,占家庭承包经营耕地（合同）总面积21.3%;在全部流转耕地中,流转入农民合作社的占15.8%,比2011年年底提高2.4个百分点;流转合同签订率达到65%,800多个县(市)、13000多个乡(镇)建立了土地流转服务中心。

**案例:广西金穗农业投资有限责任公司租用农民承包地发展规模化、标**

**准化香蕉产业,实现公司、农户双赢。** 位于广西隆安县那桐镇定典新村的广西金穗农业投资有限责任公司(简称金穗公司)采取"龙头企业+农户+基地"模式,从周边乡镇的农民手中把土地租赁过来建设现代香蕉园,使企业和农户形成了利益共同体,一起参与项目基地建设与管理,实现了农民离地不离乡,就地工人化,依靠规模化、标准化、品牌化优势实现"双赢",降低风险、提高效益,建成全国最大的香蕉标准化产业基地。金穗公司运作的主要创新点是:公司每年每亩支付农民土地租金 700 元至 800 元,一般租 15 年至 20 年;公司除了支付农民地租外,每月还支付每个农民 1000 元的保底工资,确保他们的正常生活,以降低他们的风险;农民承包蕉园的实际产量,公司每斤支付 0.13 元的工钱(提成);如遇较大自然灾害所有的损失由公司承担。2010 年金穗公司香蕉种植面积为 1.5 万亩,2011 年发展到 3.6 万亩,2012 年猛增到近 12 万亩,涉及 1 万多农户、6 万多农民,吸引农户快速增长。

基于农地农用的土地承包经营权转让、转包和出租在发展中也面临很多问题需要解决。一是"农户、地方政府、中央政府、企业"目标的不一致性。土地承包经营权流转主要涉及转出方农户、地方政府、中央政府以及转入方(公司、合作社或农户)等主体,其利益目标诉求和土地资源配置实际影响力存在着差异。如果说中央政府更加看中土地的社会功能或"公平"属性,而地方政府更加看重土地的经济功能或"效率"属性,则农户(转出方)同时强调的是土地的社会功能和经济功能、公平和效率属性。(高帆,2011)转入方主要是追求规模经济或者发展新产品的经济利益,现实中也会出现违背法律政策规定的问题,如非农化、非粮化等,导致土地承包经营权流转的法律政策规定与实践运行状态之间存在着偏差、冲突需要通过制度调整协调解决。2011 年全国流转耕地用于种植粮食作物的比重继续下降,农户流转出的承包耕地中,用于种植粮食作物面积为 1.25 亿亩,占流转总面积的 54.7%,比2010 年降低 0.4 个百分点;分省看,流转出耕地用于种植粮食作物的比重较高的省份是:黑龙江 85.8%、吉林 81.5%、安徽 69.5%、内蒙古 68.0%、河南62.7%、江西 62.4%、湖北 58.5%、宁夏 56.3%、湖南 53.5%、山西 50.1%。(农业部经管总站,2012)二是交易双方关于流转期限、价格及其他权力责任博弈冲突等问题。对于流转期限,转出方农户一般不希望太长,时期太长不确定性更大,可能的风险或利益、机会损失的可能性较大;转入方一般希望期限足够长便于作长期规划和投资建设。交易价格的确定更是主要的博弈,在价格高低、支付方式(实物或货币)及其动态调整(固定或定期调整)等方面需要协商达成一致,会存在偏差、不稳定性乃至冲突。三是交易服务平台、交易制度以及纠纷的解决机制和制度问题。目前的土地流转基本是私下自发式的,价格、期限等权利义务在符合法律规范条件下双方协商,有的是口头协议、有的是书面合同,很不规范,有的地方出现村集体组织或者乡镇政府等强制流转现象。流转信息等服务平台建设在部分地区刚开始探索建立,流转范围有限、信息不灵,制约着流转规模。流转期限一般较短,农业经营效益由于农产品价格变化具有不确定性,农民工在外就业不稳定性,农用地可能被征用或者用于非农化开发,农业补贴不断增加、负担减少,使得流转价格、利益分配方面发生纠纷的可能性增加,需要相应的解决机制和制度。截至 2011 年年底,全国 30 个省、区、市村民委员会、乡镇人民政府和农村土地承包仲裁委员会共受理土地承包及流转纠纷 21.9 万件,比 2010 年减少 1.6%;其中:土地流转纠纷 6.77 万件,占纠纷总量的 30.9%,比 2010 年上升 2 个百分点。(农业部经管总站,2012)四是村民承包经营权(成员权)的退出机制问题。放弃承包经营权就等于放弃集体福利,放弃土地价值升值或者征用、开发后的利益等,导致农民不愿意或无力从事农业又不愿意放弃承包经营权,致使大量耕地生产力水平低,乃至荒芜。承包经营权的用益物权如何通过资本化的制度设计保障其利益需要进一步探索。

(2)"土地信用合作社"模式。土地信用合作社准确说应当是"土地流转服务合作社"或者土地流转中介服务合作社,是通过市场化的机制,以合作社为载体(中介)聚集土地资源实现土地承包经营权资本化的流转方式。一般做法是:农民自愿把承包地存入合作社,由合作社向存地农民支付"存地费";合作社再把土地"贷"给经营大户或企业,并收取"贷地费",存贷差即为合作社的收入。其中有代表性的是发端于 2005 年宁夏平罗县姚伏镇小店村的农村土地信用合作社。

平罗县于 2006 年开始在政府有关部门支持下进行以土地为资本,以存贷、托管、代耕种土地和发展二、三产业为业务的农村土地信用合作社试点。2007 年 4 月,宁夏工商管理局向宁夏回族自治区政府提交了《宁夏回族自治区农村土地信用合作社登记管理试行办法(送审稿)》。根据宁夏新闻网 2009

年7月6日有关资料,平罗县有关部门概括其基本运作规定是:试点村申请成立土地信用合作社,由主管部门聘请具备资质的会计师事务所对要存入的土地和村集体资产进行评估确认,出具验资报告,再由村委会向所在乡镇书面申请,经乡镇政府审核后报县人民政府审批,依据县政府的批文到工商部门或民政部门注册并挂牌成立;县政府委托县国土资源局对入社土地绘制宗地现状图,界定土地权属,农经站指导制作土地登记台账,规范存地、贷地手续;对托管的土地或其他资产,按质量和托管期限分类别向(被)托管方支付利息,对入股的土地或其他资产,根据收益情况给股东分红;对托管的土地等资产,按照托管期限的长短,确定对外批租期限,确保托管土地、资产按约定时限退出;在土地信用合作社中设置"集体股",即村集体以集体土地折价入股,并依据土地信用合作社的章程取得相应的分红;县政府给每个土地信用社3万~5万元的启动资金,由县农经站代表县政府入股,信用社赢利后,政府资金退出或转让给村集体;合作社的最高权力机构是村民代表大会, 合作社的收入就是在贷与存之间赚取10~20元的地差,就是村集体的收入。宁夏农业信息网2010年7月16日报道:截至目前挂牌成立土地信用合作社50个,累计流转土地19.13万亩,农民实现存地收入1582万元,实现集体经济效益168万元,转移农村劳动力8450人,创劳务收入4896万元。

　　平罗县的土地信用合作社模式作为农地承包经营权市场化资本化的制度创新,在发挥村级组织及其带头人的"能人效应"作用,通过合作社的组织载体聚集农户分散承包地实现规模经营、提高承包地流转中的谈判力,为农业大户、产业化龙头企业提供规模化基地和开发新的农业项目,稳定农户承包地收入、转移农业富余劳动力,增加农民收入和集体经济组织收入等方面显示出较强的作用,应当说是一种符合中国农村实际、有前途的模式。但是,这种模式也存在一定的风险和弊端需要进一步完善。一是农民收益风险责任问题。将土地集中租给产业化龙头企业从事项目开发和经营,如果项目市场前景不好,企业难以支付租金,可能会导致农民对合作社或者村级组织的不满。需要引导合作社成员树立正确的风险观,在合同或协议中对风险规避办法进行约定。二是合作社的组织性质和收益分配合理性问题。农户承包经营权流转要遵循依法、自愿、有偿原则,合作社是其成员自我发展的组织,但平罗县的这种模式中是否成立土地信用合作社要由全体村民代表决定,与合作社的有关规定不符。参加土地信用合作社的只是部分农民,但合作社的性质是村集体经济组织,最高权力机构是村民代表大会,土地存贷差的收益归村集体经济组织成员共同享受(虽然每亩地只有 10~20 元),是否会引起合作社成员的不满等。

(3)土地承包经营权入股组建农地股份合作社。近几年在全国各地农地股份合作制发展较快,其内部具体的组织机制、管理机制和分配机制存在较大差异。有的是由村委会(或者村党支部)成员领办,有的是由种田大户等领办;有的是只有土地入股,有的结合现金等入股;有的只根据耕地数量多少确定不同的股权,有的将土地数量折价入股;有的确定保底收益或分红,有的只根据经营情况确定收益或分红;有的是为了形成规模经营优势、自主经营,有的是组织土地股份合作社后再将规模化土地出租给农业企业,目的是为了增加社员的集体谈判力、形成规模;有的是为了将村民零散的土地集中进行规模化商品生产,有的是根据农业项目开发的需要采取土地入股的方式集中土地形成规模等。

**案例:天津宁河县岳龙镇小闫村集体统一建设经营土地股份合作。**(于战平,2012)宁河县小闫村坐落于天津东北角的偏僻之乡,目前只有 75 户、281 口人,有耕地 1450 亩。2006 年,全村人均纯收入 7000 余元,处于全县平均水平;2007 年建成 634 亩设施农业基地;2008 年开始,根据天津市大力发展设施农业规划和优惠政策扶持措施,建设 4 个合作社、筹措资金建设高效设施农业园区,2008~2010 年农民人均纯收入分别达到 17000 元、22000 元和 29000 元。小闫村 2008 年 10 月 18 号村民会议决定成立兴达、福兴、奥时、兴远 4 个土地股份合作社(社长由村级领导成员担任),将村里 807 亩零散土地分别集中发展规模化设施农业(另有其他成方成片的 634 亩承包地建成的设施大棚仍然由村民自己经营),利用合作社的法人地位和组织优势融资贷款,争取天津市发展设施农业的补贴。其中第一个合作社入股的完全是村民个人联合从事设施种植业,第二个是与企业联合经营 120 亩土地,第三个经营 250 亩土地,第四个经营 80 亩水面、60 亩的养殖小区、30 亩的果树林。在合作社还贷期间,收益的 70%用于偿还贷款、20%分给社员、10%留作再生产基金和集体积累;贷款还清后,收益的 70%给农户分红、20%用于村集体发展公益事业、10%留作再生产基金和集体积累。2010年上半年,该村1450亩耕地全部实现设施种养。

农地股份合作制的实质是以合作社为经营的组织载体,将农民的土地承包经营权股份化(或者股权化)以实现产权明晰,聚集土地等各种要素形成规模和组织优势实现资本化增值,优化资源配置。在中国户均承包地规模小、分散、小生产与大市场矛盾突出,承包户经营分化,部分农户出现农业副业化、土地撂荒,农地股份合作是针对家庭承包制的制度安排的一种创新,也是一种适应目前农业发展阶段的农业现代化组织创新。在现实中表现出多方面的积极作用:优化农业资源配置,提高土地资源生产力,保障食物安全;发挥合作社的"能人效应"、组织优势聚集资源发展新产业,实现土地的规模开发和规模效应、结构调整优化效应,实现农业资源和农民资产的资本化增值和整体效益;促进农民的分工分业,部分农民可以脱离农业并不丧失承包经营权,可以获得"股份分红"而成为"股民",可以安心外出打工或者从事其他工作获得稳定的多元化收益等。

作为农地经营资本化探索的方式,农地股份合作制在发展过程中可能存在一些担忧,或者说存在一些问题需要采取相应的制度设计解决。一是土地承包经营权特殊权能引发的问题。如果采取作价入股的方式,作价的依据和标准是什么? 一般按照现有种植项目和收益水平(纯收益或者地租)为基础确定,但是农产品的价格是变化的,农地经营收益水平是变化的,农户种植品种也可以是变化的,其收益必然不同;如果合作社经营破产或者负债需要清偿,如何用土地承包经营权股份清偿,法律没有详细规定,但可能会造成承包户失去承包地问题,国家政策不允许;农民的土地使用权作为股权加入到合作社中去,农民想收回自己的承包地相当困难(比如已经连片开发)等。对此,一方面需要国家完善《中华人民共和国农民专业合作社法》,对土地股份合作社做出特殊的制度安排;另一方面,需要在合作社成立之初,在章程中明确规定,制定详细的土地股股权管理细则,需要自愿参加的农户认可,如对于可单独将承包经营权的股份设置为不用于清偿债务而只是作为决策与分配的依据。二是合作社治理机制与风险问题。农地合作社作为农业的一种组织形式,既有其优势,也存在劣势(如规模小、实力弱、资金不足、对合作社领导人产权激励和利益激励不足等),如可能存在代理人(理事会成员)侵害被代理人(社员)利益、章程形同虚设、理事长说了算等共性问题。同时,不少合作社为了吸引农户加入往往承诺一定的股份收益最低额,但土地入股是一种投资行为,投资有回报也必然有风险,农业合作社的市场风险、农业的自然风险是客观存在的,难以保障收益,股权的稳定性将受到影响,必须要设定一定的规避风险措施。而且土地股份合作社也可能面临清算时偿债风险,即土地承包经营权是否会丧失问题。2012 年实施的《海南经济特区农民专业合作社条例》规定:以土地承包经营权作价入社的成员退社的,土地承包经营权应当予以退还;农民专业合作社清算时,作价入股的家庭承包土地经营权应当退还原承包人。这些规定有助于解决现实中的问题。

(4)农地承包经营权抵押贷款。这是农地承包经营权的用益物权实现市场化资本化的重要形式和农民融资的重要方式,近几年根据当地农民发展设施农业、结构调整和土地流转后规模经营贷款难等问题开展的农地承包经营权抵押贷款试点不断增加。中国人民银行总行和中国银监会从 2008 年开始在山东、辽宁等 9 个省(区)选择部分县(市)作为试点,联手推进农村金融产品和服务方式创新工作,提出农村金融机构要进行农地承包经营权抵押贷款的金融创新试点。中国农业银行各行已结合当地实际推出以林权、农村土地承包经营权和农村居民房屋为抵押的农户"三权抵押贷款"。浙江、山东、辽宁、福建、新疆、四川、湖南、宁夏等地已经进行了大量的试点,并出台了详细的指导意见或实施方案、细则。如 2009 年浙江省联社出台《浙江省农村合作金融机构土地承包经营权流转贷款管理办法》;2009 年 3 月 1 日,山东省寿光市出台了《大棚抵押借款暂行办法》、《农村住房抵押借款暂行办法》、《农村土地承包经营权抵押借款暂行办法》;2010 年 10 月湖州市农业局出台了《浙江省湖州市农村土地承包经营权抵押贷款管理指导意见》,对抵押条件和范围、发放原则和条件与用途、抵押价值评估和抵押登记、贷款额度与期限和利率、信贷流程、贷款风险防范措施、贷后管理与抵押物处置等作了详细规定。总体看,由于设计方案细致具体、操作性强,深受农户欢迎,取得了明显效果,促进了农业规模经营,有效缓解贷款难题,没有出现农民不还贷的现象。《经济参考报》2009 年 04 月 29 日报道:宁夏吴忠市同心县农村信用联社探索土地承包经营权抵押贷款模式,释放沉睡多年的耕地融资功能,贫困农民通过抵押获得最高 5 万元的信贷,推行 3 年来贷款额度已扩大到 4400 多万元,没有一户不及时还贷。寿光市从 2009 年 4 月正式放出第一笔农村土地承包经营权抵押贷款 1 年多,贷款 2.5 亿元,无一笔不良贷款。(刘成友,2010-09-14)

出于谨慎防范风险角度,各地在农地承包经营权抵押贷款的规则设计方面都提出了一些严格的条件(虽然有区别),规模相对较小,难以满足贷款需求。例如规定了农地用途不能改变,主要是面向规模经营农户贷款需要,从事的农产品市场前景较好,将承包经营权与地上附着物(包括农作物、大棚)等共同估价,并且贷款额度在抵押物评估价值的 70% 以下;有的地方规定不能将农户全部承包地抵押承包,有的规定只能将通过土地流转市场转让或者拍卖得到的承包经营权抵押,抵押物评估机构一般由农业行政管理部门组织(数额大或者有规范的市场评估机构的由该机构评估),多部门联合制定了严格的规则等。

一个地区农地承包经营权抵押贷款的开展需要多部门系统性的配合,目前开展的规模较小,主要障碍和要解决的问题概括为:一是观念陈旧。城乡分割的观念根深蒂固,国有土地使用权可以进行抵押融资,而农地使用权却不能,农村集体土地使用权与国有土地使用权在权能上处于不平等地位;怕农民失去土地承包经营权而沦为失地农民影响社会稳定、重演历史上农村两极分化,担心农地非农化、非粮化影响国家粮食安全(实际上很多农民已不是"温饱生存型"小农,而是利润最大化的"现代经营型商品型小农"),中央有关农村政策高官也表示要"慎行土地承包经营权抵押";对农民信用水准的怀疑、理性经济人的怀疑(事实上农民比任何人都清楚耕地是自己的"命根子"、是资产和资本,大部分农民都守信);对承担支农贷款责任的不积极、嫌贫爱富的观念;怕担责任风险,缺乏主动解决实际问题的服务创新观念等。二是法律制度矛盾与滞后。从逻辑上看,土地承包经营权转让较之抵押更具有彻底性,抵押权因债务得不到偿还而实现只具有或然性,允许农地承包经营权转让自然就不应该限制其抵押。但是,《中华人民共和国担保法》规定:"耕地、宅基地、自留地、自留山等集体所有的土地使用权不得抵押",农村土地承包经营权的抵押只限于通过招标、拍卖、公开协商等方式承包的荒山、荒滩等农村土地;《中华人民共和国物权法》则明确规定:除买卖、公开协商等方式承包的"四荒地"等农村土地可以抵押外,其他方式承包的农村土地不允许抵押；最高人民法院关于涉及农村土地承包纠纷案件的法律明确规定，承包方以承包土地经营权进行抵押或者是抵偿债务应该认定无效。同时，有关土地承包经营产权管理的法律制度规定在现实中并没有有效执行。如土地承包经营权登记制度不完备，权证发放不及时到位，记载欠规范的现象在农村普遍存在，导致权证范围不准确；因为征地、人口变化等集体内部土地调整现象极为普遍，土地流转市场发育迟缓、流转过程中利益冲突所引发的法律关系复杂化等。三是政府职能惯性与不到位。政府在市场经济条件下的重要职能是解决依靠市场解决不了、解决不好的问题，但现行的农业行政管理体制、管理职能更多考虑的是完成上级交办的任务、领导交办的任务，而不是主动研究解决农民发展中的具体实际问题，如贷款难、农产品销售难等问题。缺乏完善的农业政策性保险制度，保险覆盖面窄，影响金融机构贷款；农村保障机制不健全，放大了农民失地的风险；土地权证登记、管理以及流转的工作机构、人员配备等不健全，不能适应要求，尤其在市场中介机构发育不健全的初期，政府应当履行的职能不到位，土地交易服务以及评估、管理平台缺乏等。四是农村金融机构垄断性与"嫌贫爱富"。农村金融机构相对较少，由农信社、邮政储蓄等少数几家垄断性经营，出于市场化、流动性、安全性考虑，一般嫌贫爱富，有的对农业贷款不积极（成本高、数额小、盈利少）、手续繁杂、条件苛刻。《中华工商时报》2009 年 5 月 5 日报道（孙智，程景亮）：沈阳市法库县长岗子辣椒专业合作社以土地承包经营权为抵押从当地信用联社获得了 30 万元贷款，在"救命贷款"到账几天后又将这笔贷款退给了信用联社，原因是贷款一天利息近 90 元（按照当地农村合作社贷款最高利率 11.16%、基准利率上浮 2.1 倍执行），非但没有减轻农民负担，反倒增加了农业经营成本，与当前国家支持"三农"经济发展意愿相悖。五是土地流转中介组织与市场发育迟缓。虽然用土地承包经营权抵押贷款的农民除非"迫不得已"的原因一般会按期归还贷款，但出于风险以及实际操作考虑，要设计出金融机构一旦因农户无力还贷而对土地承包经营权及其土地的处理办法，最主要的就是通过市场转让、拍卖等，因此流转中介组织和市场发育至关重要；对抵押物价值的评估更需要相应的专业机构或者依托政府部门。但目前状况是，缺乏专业的土地经营价值评估机构和专业资质评估人员，也没有相对独立的评估价值作参照，土地经营权的评估价值界定较难，农村土地抵押价值认定不够科学;流转服务平台建立尚不规范,目前相当一部分土地流转还处在一个自发、分散、无序的小规模状态,流转周期较短,组织化程度低,管理水平不高,没有建立稳定、规范的流转关系,随意性和不稳定性较大;流转程序不规范,信息传播渠道不通畅,造成土地供需双方不能有效对接。

(5)农地承包经营权和使用权资本化的一个综合性实践案例:徐庄模式。针对农地承包经营权流转、抵押贷款中所面临的法律困境、组织困境等问题,山东枣庄市山亭区徐庄镇提供了一个系统性的破解案例,这是在政府的推动下,获取金融机构的支持、地方法院司法认可、政府相关部门职能创新、农民组织合作社实际运作的地方实验,具有较强的启发性和借鉴价值。其主要内容是:区镇两级设立农村土地使用权产权交易所,提供土地评估、流转信息及流转交易等服务;农民以土地承包经营权作价入股自发成立土地合作社(主要从土地流转及农业服务),或者按照好地一亩一股、次地1.2亩一股的办法入股;政府在颁发土地承包经营权证之外向受让土地的土地合作社、种植大户颁发总的"农村土地使用权产权证",持证人在规定的产权期限内按照规定用途可以依法使用、经营、流转土地,也可以作价、折股作为资本从事经营或抵押担保(土地承包经营权与使用权分开);流转来的土地一部分承包给专业生产大户获取租金收益,另一部分由合作社统一耕种管理,纯收益的大部分按照按股分红;合作社为种植大户、合作社成员提供农资统一采购、统一技术服务、统一购销农副产品等系列化服务,引入农业保险机制,政府对农业保险给予保费补贴;金融机构提供土地使用权抵押贷款业务,采取有限抵押的方式,土地合作社用来抵押贷款的土地最多不超过1/3,以土地使用年限的1/3作为贷款期限,以土地评估值的1/3作为抵押,使用产权抵押不能超过3年(注:存在严重缺陷);地方司法机关为土地改革提供法律保障(出台司法保障和服务意见,对农村土地使用产权证的抵押权合法性给予确认);政府全方位的引导规范推进服务(交易服务中心建设、风险防范设计、政策性保险以及与金融机构沟通)等。据有关资料,2011年枣庄市168家试点土地合作社亩均收益6660元,比一家一户分散耕种亩均收益高出62%;参与改革试点的农民人均增收近30%,人均纯收入高于全市农民平均水平1100元,超过15%。

**2. 集体林地经营权(及使用权)市场化资本化改革实践**

根据法律规定,我国森林资源包括森林、林木、林地以及依托森林、林木、林地生存的野生动物、植物和微生物。按经营特点分,森林包括生态公益林和商品林;按使用价值分,森林包括防护林、用材林、经济林、薪炭林和特种用途林。森林资源整体性、综合性特征及其所具有的经济价值、生态环境价值、国土安全价值、文化价值等,使得国家对森林资源实行非常严格的管理措施,也产生了复杂的产权关系,包括林地所有权、林地经营权(使用权)、林木所有权等。我国农村的森林资源依据历史等多种原因分别确定为国家和集体所有,由林业行政管理部门颁发所有权证予以法律确立、认可,集体林地面积近 26 亿亩,占全国林地面积 60%左右。

(1)改革历程及主要成效。20 世纪 80 年代农村中集体林地产权制度改革是"稳定林权、划定自留山、确定林业生产责任制"的"三定"时期。20 世纪90 年代以福建三明市等为代表实行"分股不分山、分利不分林、折股经营、经营承包",试图是通过产权清晰化,实现林地所有权和使用权的分离,推进山权、林权、活立木的市场化交易,建立林区产权市场,促进资源向资本的转化(并没有取得成功)。虽经数次改革探索,但集体林权产权不明晰、经营主体不落实、经营机制不灵活、利益分配不合理等问题仍普遍存在。被称作中国农村改革开放后第三次革命的最新一轮林改,是 2003 年《中共中央国务院关于加快林业发展决定》颁布后,福建省三明市启动了以"明晰所有权、放活经营权、落实处置权、确保收益权"为主要内容的集体林权制度改革,江西省开展了以"明晰产权、减轻税费、放活经营规范流转"为主要内容的集体林业产权制度改革。在试点基础上,2008 年发布了《中共中央国务院关于全面推进集体林权制度改革的意见》,主要内容(任务)是明晰产权、勘界发证、放活经营、落实处置权、保障收益权、落实责任等。2009 年专门召开中央林业工作会议对林改工作作出全面部署,计划用 5 年时间完成林改工作,2009 年颁布的"一号"文件要求全面完成林权发证到户,同步推进林权山权交易和其他配套改革。根据国家有关部门资料,截至 2011 年年底,集体林地产权基本明晰化,已确权集体林地面积 26.77 亿亩,占集体林地面积的 97.8%;发放林权证 1 亿本,发证面积达 23.69 亿亩,占纳入林改总面积的 86.65%,发证户数 8784 万户,涉及 5 亿多农民。全国林地的亩均产出率由 2003 年的 139 元增加到 2011 年的 445 元,一些重点县农民每年的涉林收入已占到人均纯收入的 60% 以上,林地产出率大幅度提高。

(2)需要进一步解决的问题。集体林权制度改革是农村生产关系的重大变革,实质是推进农村集体林地资源和资产市场化资本化改革,是一项系统的持续性工程,《中共中央国务院关于全面推进集体林权制度改革的意见》对林改工作涉及的各方面作了原则性、方向性部署安排。随着确权工作的逐步完成,在新的产权关系下如何保障产权主体经济权益的实现、达到改革的目的,尚有许多问题需要从制度方面配套解决。

一是林木采伐制度问题。目前国家正在全国 200 个县开展林木采伐管理制度改革试点。林业资源具有显著的多重正外部效应,进行林改促进林业发展的重要目的之一就是提高生态安全、国土安全水平,对林木实施采伐限额管理是必要的。同时,林木的砍伐销售又是林农产权和资产经济实现的必然要求,二者之间存在严重的冲突对立。2008 年林改意见中提出:对商品林农民可依法自主决定经营方向和经营模式,生产的木材自主销售;对公益林,在不破坏生态功能的前提下,可依法合理利用林地资源,开发林下种养业,利用森林景观发展森林旅游业等。而《中华人民共和国森林法》并未区分公益林和商品林,即林改意见中的规定难以在《中华人民共和国森林法》及《中华人民共和国森林法实施条例》中体现,《中华人民共和国森林法》明显滞后,导致政策与现行法律之间的冲突,给实际执法带来困惑。更进一步,同一块林地是划归为公益林还是商品林在实践中和理论上也难以完全区分清楚,对林木的采伐如果是适当的间伐有利于改进生态,滥砍滥伐会破坏生态。因此,问题的关键是采伐限额管理制度。现行的采伐限额每 5 年调整一次(没有考虑森林的最佳经济轮伐期),由国务院批准各省(市、区)总额,然后由各级政府依次分解到村,指标分解到村后再申报、抽签、开村民会议或其他办法落实到林农。集体林权制度改革后,林农投资林业得不到足够的采伐指标,不能通过采伐实现经济利益,使林木的处分权受到很大限制。

二是生态公益林管护与补偿问题。对于明确划分为生态公益林的林农,政策试图建立管护与补偿机制,使管护者不仅具有生态效益和社会效益,而且具有经济效益,从而形成受益和管护之间的良性循环和双赢互利,使管护者有能力进行自我补偿。但是,管护费用与生态补偿的标准如何确定?资金从何而来?地方政府是否有足够的积极性和财力保障其持续运行,形成良性机制等,都是需要研究的重要问题,否则难免出现合理的"违法"行为。

三是林业投融资和保险问题。林业经营投资大、周期长、收效慢,林改后林农经营会普遍出现资金不足问题,如果资金问题缺乏较好的来源渠道,很可能会出现粗放经营、过度的不合理砍伐,甚至于难以经营而"一卖了之"的现象。虽然法律规定林地经营权等可以抵押贷款,但目前的林权抵押贷款手续烦琐、门槛过高,贷款利息、担保费、评估费较高,贷款期限短、资金规模小,林农贷款、融资较难。同时,林业的风险较大,虫灾、火灾等一方面影响林农收益,另一方面也影响商业性森林保险业务的开展,需要探索政策性、商业性林业保险模式和机制。针对这些问题,已经进行改革探索。例如,截至 2011 年年底,全国已建立农民林业合作组织 9.78 万个,带动农户 1260.71 万户,经营林地 2 亿多亩;同时积极推进相关配套改革,27 个省(区、市)林权抵押贷款 529.9 亿元,全国森林保险投保面积 7.72 亿亩、保费 7.92 亿元,确定了 200 个农民林业专业合作社示范县。

四是林权流转服务平台和流转市场建设问题。现行法律与政策均允许林地使用权采取承包、转包、互换、转让、出租、招标、拍卖、公开协商、入股等多种形式流转,集体林权制度改革后产权主体必然会通过多种市场化资本化形式流转林地使用权盘活资产、获取收益。流转能否顺利实现取决于流转市场制度、流转服务平台建设完善程度。目前面临的主要问题是林地资源产权具有排他有限性、效益外溢性、产权客体的整体关联性、林地价值的综合性和变化性、政府约束性等特征,导致林权交易的困难性。需要综合考虑权利价值、林木价值、生态价值以及可能获取的政府补偿等因素确定合理的流转价格评估核算办法,需要建立信息服务、交易流转市场的有关规范等。目前这些方面相对滞后,问题可能会逐步凸显。五是林农承担社会责任以及林业经营监管问题。林改后使得林农具有生产经营自主权,但是林业的多重生态环境安全、社会文化乃至生物安全等方面价值使得林农经营必须承担很多的社会责任,林业产权经济利益实现受到限制,需要监管。例如,林业的市场化改革可能会出现某一种或几种树种的大面积栽培,造成局部森林生态系统的物种单一,从而降低森林生态系统的稳定性和抗逆性,最终导致其防护功能明显减弱和生物多样性降低;部分地区出现的造林后吸引大量鸟类栖息但难以禁止滥捕现象;林区防火、防虫需要整体行动问题等。

### 3. 集体"四荒地"开发使用权拍卖

集体所有的荒山、荒坡、荒沟、荒滩等"四荒地"不同于已经被长期开发利用的土地,一般种养殖条件很差、治理投资大、投资见效期长,治理前的经济价值几乎为零(或者很低),是一种由于自然和人为原因破坏而荒废的资源,往往需要进行区域性综合整治才能体现价值。如何将这些"沉睡"的资源变为资产进而变为资本实现增值是农地实行家庭承包经营后"四荒地"资源丰富地区的重要问题,也是集体荒地如何绿化、提升生态效益的重要命题。借鉴农地承包经营的做法,有的采取单个农户承包、联产承包等做法(当然承包费很低)。但其中最有创新性的就是自20世纪90年代初山西吕梁、山东等地以及在全国许多地区广泛采取市场化拍卖使用权的方式(有人认为是租赁,但有实质区别),是农村资源市场化资本化程度较高的一种制度创新,得到了法律法规和政策的充分肯定,产生了明显的经济、社会和生态效益。

"四荒地"开发使用权拍卖的竞买者突破了农地家庭承包的成员资格限制(面向社会)、所有制限制(个人、集体、企业事业单位等均可参与)、期限过短的限制(50年至100年,预期长),采取市场化的竞争拍卖、合同契约等手段,成立"四荒地"使用权拍卖的相关组织制定规则、确定合同权利与义务、评估资源价值、监督拍卖过程等,用法律合同方式约束"四荒地"开发利用的方向、明确产权所有者与使用者的权利和义务,出让期限内实行"谁购买、谁治理、谁受益"的原则,卖方通过收取地价实现"四荒地"的所有权,买方通过付费获得一定年限内"四荒地"的占有权、使用权、收益权和转让权,有效地维护保障了利益双方的权利,有效吸引了社会各方资金、技术、人才和有实力的企事业单位等长期合理开发利用"四荒地",克服了村集体以及村民自身的局限性,促进了资源与产业资本的有效结合,实现了资源的资本化和优化配置。

"四荒地"拍卖在资源价值较低、村集体以及村民自身投资能力较低的发展初期,得到了村集体以及多数村民的广泛认可。但是,随着"四荒地"资源开发投资效益的显现、价值的提升(包括可能被征用得到补偿的收益、旅游开发收益等)以及部分村民投资实力增强和投资意识的觉醒,尤其是随着经济发展资源价值观发生重大转变(原先是荒地现在是宝)、国家对"三农"扶持力度的加大(包括造林绿化、水土流失治理等),部分村民以及学者等对这种模式提出了质疑,主要问题:一是采取的拍卖方式是以效率优先,但完全不公平,村集体的村民(或者部分村民)由于没有开发治理能力而丧失发展机会和收益机会,是成员权利的一种剥夺,部分村集体将获得的拍卖收益的违规不合理分配使用可能会加剧村民的不满;二是合同期限较长,拍卖初期的价格相对较低,随着时间的推移资源的升值巨大,部分升值并不是由于资源开发投资产生的,而是由于资源占有的垄断性以及区位、政策等造成的,要求变更合同内容,提高经营者上交集体的收入等等。这些问题已经成为发展中的重要社会问题,只能在充分保障投资者合法权益的基础上,遵循市场化、法制化的原则,通过经济、行政、法律以及社会文化的方法进一步完善。

## 六、农村集体建设用地使用权经济实现的市场化资本化

农村集体建设用地是在集体所有的土地上从事非农活动用地的简称,包括兴办工商企业(经营性)、公益事业、公共设施以及农村居民住宅用地等。农村集体建设用地使用权按照取得的方式主要有:符合建设用地规划并经依法批准;依据村民身份合法获取宅基地;其他未经依法批准但事实上的建设用地,如集体经济组织同意等。农村集体建设用地是农村重要的存量资产,从改革开放开始隐性的农村集体建设用地使用权的流转就开始了,已经自发地进行着资产市场化资本化的实践。尤其是自 20 世纪 90 年代以后农村建设用地规模迅速扩大,建设用地使用权的流转和交易事实上已经大量存在,是农村资产市场化资本化的重要形式,但目前尚存在许多的法律制度困境和现实问题需要解决。其中主要是经营性用地和宅基地使用权的流转问题。

### 1. 集体经营性建设用地使用权的市场化资本化流转

集体经营性建设用地使用权的市场化资本化流转,是在集体所有的土地上从事工商业的企业、个体工商户等将拥有的建设用地使用权及其附属的建筑物、构筑物等进行有偿性出让、出租、转让、转租以及作价(出资)入

**205**

股、联营、抵押等。其中：出让是集体土地所有者将集体建设用地使用权在一定年限内让与土地使用者，并由土地使用者向土地所有者支付土地出让费的行为；转让是土地使用者将集体建设用地使用权再转移的行为；转租是承租人将集体建设用地使用权再次租赁的行为。集体经营性建设用地使用权的市场化资本化流转在实际中已经大量存在许多年，其原因是多方面的，主要是基于经济发展对建设用地的供求关系决定的。一方面，在乡镇企业大发展后，农村中有大量的存量建设用地因为经营问题、产业转移，乃至谋利等原因存在流转的意愿，如出现闲置等；另一方面，农村建设用地供给紧张，审批严格，尤其是根据目前的法律规定，不少企业（尤其是中小企业）获取政府经过土地征用后的建设用地使用权成本高昂，有时可能难以得到土地使用权，因此转向获取集体经营性建设用地使用权（成本较低）。正是经济发展的内在动力、市场机制的作用以及现行的制度规定促进了各种合法的与不合法的集体经营性建设用地使用权流转。地方政府则根据实际需要突破法律和中央政府的制度规定，以地方法规、政策等形式允许、促进和规范流转。广东省政府于2003年出台《关于集体建设用地流转的通知》，并于2005年6月以省长令的形式颁布《广东省集体建设用地流转办法》并于该年10月1日在该省范围内实施，此后全国大部分地区参考广东的办法都出台了类似的地方法规或政策。2008年党的十七届三中全会对农村土地制度改革指出了方向，其中包括建设用地问题。但是相关的《中华人民共和国土地管理法》等法律由于修改的周期性、复杂性等原因，虽经长时间讨论和征求意见目前尚未明确肯定。

集体经营性建设用地使用权的市场化资本化流转是统筹城乡发展、优化提高资源配置效率、完善社会主义市场经济的必然要求。其有利于促进城乡土地的"同地、同价、同权"，打破政府垄断土地一级市场；有利于农民以土地权利参与工业化和城市化进程，更好地分享土地价值增值的成果；有利于发挥农村的资源优势，降低农村工业化的门槛，提高资源利用效率，加速农村工业化进程，减少对农用地特别是耕地的占用等。不少地区在现实中存在一方面有大量的存量建设用地得不到集约化利用乃至闲置，一方面又存在有前途的企业得不到足够的建设用地、需要不断占用耕地；由于没有有组织的规范化的交易市场，导致地下交易普遍，收益被部分个人或企业独占，产生了许多靠"囤地"、"倒地"暴富的现象,也产生了不少"权力寻租"的腐败现象。如果法律规定允许流转并要求按照严格的规范公开、公平、公正操作,就能够有效杜绝此类现象。集体经营性建设用地使用权的市场化资本化流转主要发生在经济发达地区的现实证明,集体经营性建设用地规模大、经济转型升级和结构调整快、土地产出效率高、经济活力强,其流转的规模大、需求强劲。

集体经营性建设用地使用权的市场化资本化流转由禁止转向允许、由不合法转向合法化、由自发随意转向组织规范化,需要在借鉴吸收各地有关法规条例和政策规定的基础上,着重解决以下问题。一是国家法律滞后于国家政策导向、发展需要和地方实践、地方法规与政策问题。1998 年的土地管理法虽经过 2004 年的修改,但是立法的理念、价值观等方面并没有发生实质性改变,致使现实中早已存在的流转需要和实践并未被法律认可,而修改土地管理法涉及复杂的利益关系和程序,需要一定的周期,形成了目前土地管理法的严重滞后性。如土地管理法规定:农民集体所有的土地的使用权不得出让、转让或者出租用于非农业建设,只有符合土地利用总体规划并依法取得建设用地的企业因破产、兼并等情形致使土地使用权依法发生转移的可以;乡镇、村企业的建设用地使用权不得单独抵押,以乡镇、村企业的厂房等建筑物抵押的,其占用范围内的建设用地使用权一并抵押。但地方实践、地方法规和政策早已突破了该法的限制,流转已经很普遍,急需调整修订。二是城乡建设用地市场统一问题。土地征收制度以及归国家所有的建设用地与归集体所有的建设用地不同权、不同价,农村集体建设用地使用权不能进入土地一级市场,是造成中国城乡二元矛盾和差距非但没有缩小、反而扩大的重要制度性原因,也是引发诸多社会问题的根源之一。例如,村集体不能在集体建设用地上建商品房出售,但城市国有土地可以,对集体而言建商品房出售本身应当属于发展二、三产业,不应当限制,限制的结果是导致出现大量的"小产权房"。建设城乡统一的建设用地市场,实现城乡建设用地的同权、同价,是十七届三中全会提出的土地制度改革方向,但其绝不是简单的放开市场,需要进一步研究征地制度改革、产权确认、市场准入、交易范围、决策主体、政府管制等一系列问题。如目前已经出台建设用地使用权流转的地区基本都规定:出让、出租和抵押集体建设用地使用权,须经本集体经济组织成员的村民会议 2/3 以上成员或者 2/3 以上村民代表的同意。三是建设用地使用权价值评估、流转价格以及收益分配问题。随着建设用地审批难度加大、供给短缺等导致地价在不断上涨,已经获取建设用地使用权的企业流转使用权在利益上如何实现、利益如何分配成为棘手问题。各地方一般采取请专业评估机构评估、协商定价的办法。已经出台地方法规或政策的地方一般规定,集体土地所有者出让、出租集体建设用地使用权所取得的土地收益纳入农村集体财产统一管理,区(市)县政府要制定并公布基准地价和流转最低保护价,出让、转让和出租的要向土地行政主管部门申报价格并依法缴纳有关税费,转让发生增值的要参照国有土地增值税征收标准缴纳有关土地增值收益。但目前规定不够具体,如何在城乡建设用地使用权流转等方面制定统一的制度,合理调整集体所有者、村民、使用权所有者以及国家的利益关系上需要进一步研究。四是流转交易组织、管理以及服务平台建设、纠纷解决等问题。克服各种"隐性"、"地下"集体建设用地使用权交易市场,使其公开化、规范化、法制化,满足公平交易的需要,要求政府必须建立统一规范的流转交易组织、管理制度、信息以及申报、合同、交易等服务体系,相关的法律纠纷仲裁解决制度也必须同步跟进。目前大部分城市已经建立了国有土地使用权交易服务中心,也有相应的纠纷解决制度。集体建设用地使用权交易放开后,需要建立覆盖流转活跃地区的区县、乡镇交易平台和相关制度,有许多相关问题需要研究,如交易主体资格问题,政府管理机构设置问题等。

**2. 农民宅基地使用权及其房屋的自主性流转**

农村集体宅基地使用权及其房屋是农民重要的资产,甚至是大部分农民最主要的资产,其中宅基地使用权是村集体成员的"身份权"之一(集体经济组织成员有权利按照规定要求获取宅基地),房屋及其他构筑物是农民自有投资的结果,宅基地使用权属于用益物权,宅基地所有权属于村内集体成员共同所有。按照目前的物权法、土地管理法等规定,宅基地使用权人依法对集体所有的土地享有占有和使用的权利,有权依法利用该土地建造住宅及其附属设施;农村村民住宅建设应当按照村庄规划、符合土地利用总体规划和年度计划;农村村民一户只能拥有一处宅基地,其宅基地的面积不得超过省、自治区、直辖市规定的标准;农村村民出卖、出租住房后,再申请宅基地的,不予批准;宅基地使用权不能抵押等。

从改革开放后农村工业化、城市化以及城市扩展的现实看,已经大量出现了法律中没有明确禁止的流转现象、违法的流转现象,事实上宅基地使用权及其房屋的市场化资本化早已大量存在,并对现行的法律完善提出了要求。

一是农民在自己的宅基地上建造房屋的规范要求问题。目前的法律规定宅基地使用权人依法对集体所有的土地享有占有和使用的权利,有权依法利用该土地建造住宅及其附属设施。也就是说,农民在经过批准的宅基地上建造的住宅面积、高度、外观等方面是农民自己决定,并没有具体的法规要求。现实中在很多地方出现了部分村民盖多层住宅自用之外用以出租获利或者用作经营性厂房,有的地方视为违章,有的地方听之任之。其对村庄其他居民的不利影响显而易见,急需要规范约束。

二是农民全部或部分出租宅基地上的房屋使用权问题。法律并没有明确禁止农民住宅用以出租获利,事实上大量存在。例如农村大量存在的“农家乐”经营,其建造的房屋已经远远超过自住需要,各地鼓励发展农家乐也不断促使农民多盖房屋用以出租。再如,在城郊接合部地区的农民大量出租住宅给流动人口、农民工等长期居住或者用以经营。从实现农民资产资本化最大收益和满足市场需求的角度,房屋的出租既合理又不违法,是农民的自主权利,关键是要在法律上予以明确并制定规范的管理制度,不能留下制度真空。部分地区采取由集体或者农民合作建立房屋出租满足市场需求。2010年3月3日北京城乡经济信息网披露:从2010年北京市农村工作会上获悉,在城乡接合部改革的试点村——北坞村,已确定了2万平方米的合作制租赁房规划;今后北京市将结合50个重点村“一村一策”模式,在有条件的重点村集中建设合作制租赁房,依照“符合规划、集体用地、集中管理”的原则,让广大农民入股,合作建租赁房供外来务工人口租用。(赵莹莹,2010)

三是农民将宅基地使用权及其房屋出租、出售或转让问题。2007年7月北京宋庄“画家村”村民马海涛状告画家李玉兰,要求退还宅基地使用权及其房屋,经法院判决,双方2002年7月1日签订并经过村委会盖章同意的宅基地使用权及其房屋买卖协议无效,该案件引起了广泛关注和讨论。根据法律规定,农村村民出卖、出租住房后,再申请宅基地的不予批准,也就是说应当是允许出卖住房的。法院的考虑主要是买者是城市居民而不是本村居民,而城市居民不允许在农村购买宅基地使用权及其房屋,即宅基地使用权被限定为村民的身份权。现实情况和要求与法律发生很大冲突。例如不少地方村民取得宅基地需要交纳一定的费用,严格限制宅基地使用权出卖,就使得农村房屋和宅基地成为不具有充分市场价值的"死资产",也造成农村大量住宅闲置(有统计数据显示,到2011年农村农民住房空置率为30%左右,初步估算农村住房空置率达到7亿~8亿平方米),体现着对农民及宅基地使用权的歧视,不利于资源的有效配置和合理利用。城镇农民所享有的商品房所有权及建设用地使用权可以自由流转,但农民所享有的房屋及宅基地使用权却限制流转,使得农民房屋及宅基地使用权无法成为真正的财产,明显体现了城乡二元分治和不平等。更进一步,不少人担心,农民在城镇就业居住不稳定,允许村民出卖宅基地使用权和房屋可能会导致部分村民失去法律所赋予的"福利"而居无住所、成为流民,影响社会稳定。但即使法律上允许宅基地使用权的流转,作为"经济理性人"的农民并不一定会将其宅基地使用权流转出去,其完全可以根据自身的经济状况及其对土地的依赖程度,选择自己认为最能发挥宅基地效益的利用方式。宅基地使用权作为农民的私人用益物权,应当有权利自由处分。出卖宅基地使用权及其房屋并不影响他作为集体经济组织的一员享有土地承包经营权等村民的其他权利,他在需要时也可以像有些城市居民一样租住别人空闲的房屋。

四是农民宅基地使用权及其房屋抵押贷款问题。住宅以及宅基地具有连带性(依附性),法律规定村民宅基地使用权不能抵押,事实上也就意味着农民的住房难以抵押。在农民住房抵押中存在的现实问题是,作为金融机构面对较分散的、价值不高的农民住房抵押,如果不能如期归还贷款,难以处置住房,比如变卖需要买方,可能难以找到;并且担心农民失去住房影响社会稳定而与政策不符。但是,作为农民为数不多的最重要的资产和权利,宅基地使用权及其住房不能抵押又使得农民失去了重要的融资渠道影响生产和生活,一般情况下除非迫不得已农民不会冒着失去住所的风险恶意拖欠贷款。因此,赋予宅基地使用权及其住房抵押的自主权利可先行改革。但需要制定可行的规则,开禁农村宅基地使用权及其住房市场。五是宅基地使用权的期限以及退出问题。目前一般的农村习惯是农民获取宅基地后可以一直使用,并且可以继承,实际上也就是说没有使用年限的详细规定,对于退出宅基地使用权权利的相关补偿等也缺乏规定，在市场交易不允许的情况下，出现了不少已经完全转为非农业城镇居民的一些家庭仍然保留农村宅基地及其住房，造成资源浪费；有的房屋即使没人居住也保留等待拆迁或者以后政策变化获取利益。因此，亟待出台相关的政策，重庆的"地票"交易模式等有助于解决该问题。

**本章综合案例：全国统筹城乡综合配套改革试验区之"成都试验"。**

作为全国统筹城乡综合配套改革试验区，成都市在户籍制度、住房制度、产权制度、规划制度、行政管理和事业单位管理、金融保险等几乎涉及"三农"问题的所有方面进行着系统改革实验。其中从2008年开始的以"还权赋能"为核心，以建立"归属清晰、权责明确、保护严格、流转顺畅"的现代农村产权制度走在了全国前列，也为实现总体改革目标定位奠定了产权制度基础，其实质就是农村资源资产的市场化资本化。2008年10月28日在全国率先挂牌成立了综合性农村产权交易所，为林权、土地承包经营权、农村房屋产权、集体建设用地使用权的转让、交易等提供服务。在全国率先设立了耕地保护基金制度。截至2011年，全市2661个村，35857个组集体经济组织、212万户农户、485万宗农民承包地、宅基地、房屋等农村产权的确权、登记、颁证工作已基本完成，远远走在全国前列；全市农村产权流转累计26345宗，金额115.58亿元；耕地流转面积达到267万亩，占耕地总面积的42%，并探索实践了土地股份合作社、土地股份公司、"大园区+小业主"、土地银行、业主租赁经营等多种土地流转模式。

本章前述的农村资源资产市场化资本化的实践基本属于小区域或单项的针对性改革探索，改革风险和成本相对较小，虽然仍面临被许多问题需要进一步改革，但已经取得显著成效。"三农"问题本身是具有历史性、系统性和复杂性的难题，目前改革已进入"深水区"，面临"转型陷阱"。从国家整体战略和区域发展战略角度，统筹城乡发展的大区域、系统性、综合性配套改革更具战略意义和全面推广价值，成都市提供了一个很好的样本，阶段性成效非常显著，是对各种单项或小区域改革的深化、提升与综合推进。虽然其改革进程中存在的问题和最终成就尚需进一步观察，但其价值和前景值得肯定，经验需要尽快推广。

# 第七章 构筑前瞻性权威性的农村资源资产市场化资本化基本制度

一、破除思想桎梏,更新发展理念,推进市场化资本化制度创新

二、完善农村资源资产市场化资本化法律规范,健全法制化管理

三、构建科学、公平、权威的一体化农村土地资源利用规划制度

四、转变政府职能,完善相关政策,为农村资源资产市场化资本化营造有利的发展环境

**内容提要:** 农村资源资产市场化资本化的深化发展面临计划经济理念指导下的法律法规、规划、行政管理以及政策等约束,必须树立平等、完整的市场主体权利观,城乡一体的发展观,协调的效率与公平观,辩证的风险观。要实现以管为主向以现代产权和农民权益保护制度为核心的转变,明晰农村集体资源资产的产权法律主体及其成员资格,加快农村资源资产确权登记工作,完善农村资源资产在占有、使用、收益和处置方面的权利,建立农村资源资产经营主体的法律约束和监管制度,强化司法保障。中国农村土地资源利用规划制度存在制定的民主性、法治性不足,规划内容要求与地方发展权、利益主体冲突普遍,规划变更不科学、连续性差,行政主导性导致的规划执行权威性不足、违反规划行为屡禁不止等问题,需要采取针对性措施尽快构建科学、公平、权威的一体化农村土地资源利用规划制度。市场经济条件下政府在农村资源配置方面的越位与错位现象大量存在,有深刻的根源,必须扩大地方财源(尤其是县级和乡镇级),实现事权与财权、财力匹配;改革和完善行政权支配农村资源资产的规范制度,转变政府职能,完善相关政策,提高针对性和有效性,加强政府服务农村资源资产市场化资本化的能力,为农村资源资产市场化资本化营造有利的发展环境。

　　农村的改革开放就是不断实现农村资源资产市场化资本化的过程,目前仍然存在许多的制约因素和难点问题需要解决,其中囿于计划经济理念指导下的法律法规、规划、行政管理以及政策等基本制度是主要制约因素。渐进式改革遗留的不彻底性以及缺乏系统的整体设计、顶层设计致使产生许多新的矛盾和问题,区域发展的不平衡性加大,制度的权威性不断受到挑战,已经到了非解决不可的程度。2020年全面建成小康社会,面临着严重的城乡差距、区域差距、阶层差距、行业差距以及不断凸显的社会转型矛盾和问题,农民的各种权益保障诉求进一步增强,农村资源资产市场化资本化要求进一步提高。创新完善市场化资本化基本制度体系,构筑前瞻性权威制度保障,用先进理念和制度引领、指导、规范发展成为最紧迫的现实选择。

**一、破除思想桎梏,更新发展理念,推进市场化资本化制度创新**

　　思想与理念引导、指导行动,中国改革开放的过程就是不断更新发展理念、破除思想桎梏的过程,发达地区先于其他地区率先发展的根本是市场主体、地方政府以及公众基于历史开放文化、沿海开放区位优势、先行先试政策、市场机遇等基础上,以市场化资本化为导向,与时俱进突破理念与制度约束而获取改革红利、先发优势的结果。目前在农村资源资产市场化资本化进程中的诸多问题与法制、行政、政策等方面的思想和理念滞后有很大关系,需要不断创新。

　　1. 尊重基层与主体的创造性,适应发展需求,与时俱进更新观念

　　中国实行的是渐进式改革路线,来自于基层和市场主体对于旧制度的突破和创新,虽然在短期看可能存在部分违背政策法律规定的现象,但有些则是反映了基层和市场主体的发展要求,反映了现存制度的不合理方面;同时,经过改革开放35年的发展,中国农村各地差异性明显,对制度提出了不同的变革要求,全国"一刀切"的制度很难完全适应,需要在基层和市场主体小范围主动实践、创新的基础上进行总结提升,为建立较强适应性的制度奠定基础。这也是中国改革开放的基本经验之一。将被动的、不合规的实践总结提升为主动性的合理合法的制度,是推进市场化资本化理念创新的基础。

　　(1)积极试点、试验,总结提升。实现农村资源资产市场化资本化,市场

主体和基层工作者已经进行了大量的实践探索，有的突破了法律制度的规定，留下了许多问题需要法律认可或者创造条件深化；有的只是在制度规定范围内的局部改进，目前法律制度的制约越来越明显，改革进入深水区，如土地征用制度、集体建设用地使用权进入市场问题、宅基地使用权流转问题、小产权房问题等。在立法理念、行政管理的理念方面如果没有突破，改革很难深入。理念创新需要创造条件，根据不同地区经济发展阶段与水平的差异性、资源禀赋的差异性、发展障碍的差异性、文化的差异性，允许和鼓励不同类型地方、不同试点主题在一定范围试点，研究试点效果、存在问题以及解决方案，在完善的基础上推广普及。

（2）把握试点、试验的基本原则。农村资源资产市场化资本化改革必然涉及利益关系的调整，如地方利益与中央利益、局部利益与整体利益、农户利益与集体利益、农户之间的利益、短期利益与长远利益等，试点可能成功也可能失败而产生更多的问题，必须精心设计，把握几个基本原则。一是尊重农民意愿、有利于效率与公平水平提高原则。农村资源资产市场化资本化改革的核心目的是提高资源优化配置效率，使资源资产的所有者、使用者能够最大限度地获取资本化的利益，进而促进社会整体利益的提升，促进社会公平程度的提升。必须尊重农民意愿，调动农民广泛参与，从农民最关注的、最需要解决的问题入手改革。二是政府或集体主导、农民主体原则。地方政府以及集体组织是推动市场化资本化改革试点的组织者、方案设计者和主要推动者，主要职责是通过科学调研设计系统详细方案，进行指导、服务。但改革能否顺利推进需要农民的积极配合，集体多数农民不认可、不参与、不配合，改革难以推进。即改革必须是市场主体的自主行为，而不能是集体或政府的强制性行为。三是有限范围原则。试点、试验要在一定的具有代表性的行政地域范围，针对迫切需要解决的实际问题或障碍因素，在不违背基本的法律政策原则条件下进行。部分地区的试点可能存在一定的风险需要较长时期的观察和不断完善；在某些地区的做法很可能因为地区文化环境、经济环境等不同而难以大范围推广。四是整体科学设计原则。市场化资本化改革试点、试验涉及复杂的利益关系调整，需要考虑长远性的效果、影响，对公平与效率、利益与风险等系统把握，必须从整体进行系统科学的方案设计，明确程序、范围、目的性、风险防范等。

**2. 创新市场经济发展理念,引领农村资源资产市场化资本化**

虽然社会主义市场经济体制的探索已经 35 年,市场化改革取得了巨大成就,但是在政策制定者、行政管理者、立法者等诸多方面尚存在许多思想观念不适应深化改革的要求,理念滞后导致的制度障碍已成为阻碍农村资源资产市场化资本化的首要问题,顺应建设服务型政府、透明型政府、责任型政府、廉洁型政府要求,必须创新市场经济发展理念。

(1)平等、完整的市场主体权利观。市场经济是以资源、资产及其权利的市场化流动配置实现增值的经济,各种财产主体、市场主体的权利平等是公平竞争的基础,明晰的产权、严格保护的权益是市场化资本化的前提。主体的产权包括占有、使用、收益和处分等,不同的市场主体取得的权利虽然不同,但必须是有利于资源资产市场化资本化经营和最优化配置的相对完整的产权束。目前在各种制度规范中存在大量不平等性、残缺性规定。例如,城乡二元划分而产生的城市居民与农村居民的身份分野、权力分配,城市居民由于其身份限制不能购买农民的房屋,使得农民和市民之间无法就农村的土地和房屋进行市场的交易,农民的宅基地和自建房屋只能在农村内部流转,无法真正进入市场实现其土地、房屋的价值,而城市居民的商品房却可以自由交易,价值不断增加,形成不断加大的城乡居民私人资产价值(财富)差距,这些比城乡居民收入差距要大得多。农村人力资本为城市发展贡献(农民工)难以同工同酬、享受市民待遇。同时,延续多年的城市土地只能属于国有的规定,将农民集体土地排斥在城镇化之外,只能通过不公平的土地征用制度将集体土地低价转为国有土地,也将农民排斥在城镇化之外,造成严重的"城中村"等问题。再比如,农村集体不能在其建设用地上建设商品房出售引发的"小产权房"问题,集体林权制度改革后对林农采伐权的限制等。

平等、完整的市场主体权利观要求:树立农村资源资产与城市资源资产以及其他主体拥有平等市场化资本化交易的权利观;构建以保护和保障农民土地财产权为核心的土地权利法律体系,对所有土地资源的确权、登记、颁证,明确土地所有者和土地使用者应有的土地权利和权属关系;建立在用途管制下,农民集体土地与国有土地依法享有平等进入非农使用和平等分享土地非农增值收益的权利;废除垄断土地市场的有关规定,建立平等交易的土地市场,逐步搭建公开、公正、公平的统一交易平台和交易规则等。

(2)城乡一体的发展观。2004年实行税费制度改革和系列强农惠农、新农村建设政策以来,农村面貌发生了巨大变化。随着原有政策边际效用的逐步递减,深层次的体制机制问题逐步成为制约发展的主要障碍,农村发展的难度加大。土地要素市场制度的"二元化",金融市场的"二元化",社会保障制度的"二元化",以及农民承担的保护耕地、满足粮食安全、维护生态安全等责任与其获取的经济利益的不相称,导致农村发展要素(土地资源、资金、人力资本等)脱离农村流向城市,未能形成有效的吸引资本向农村集聚等问题,城乡差距扩大趋势没有实质性缩小,如何激发农村发展活力成为重要议题。十八大报告提出:"城乡发展一体化是解决'三农'问题的根本途径。"

2020年全面建成小康社会的重点和难点在农村,要按照十八大提出的"逐步建立以权利公平、机会公平、规则公平为主要内容的社会公平保障体系,努力营造公平的社会环境,保证人民平等参与、平等发展权利"等要求,加快完善城乡发展一体化体制机制,着力在城乡规划、基础设施、公共服务等方面推进一体化,促进城乡要素平等交换和公共资源均衡配置,形成以工促农、以城带乡、工农互惠、城乡一体的新型工农、城乡关系。为此,必须进一步激活农村资源资产的市场化资本化增收潜能和加大财政投资向农村倾斜力度,将城乡统筹和一体化科学发展观要求切实落到实处,加快缩小城乡基础设施建设、社会保障、居民收入、生活环境、生活质量、公民权利等方面的差距。必须改变以城市为中心的发展观,将经济社会发展的重点向县域转移,统筹县域资源利用,引导城市资本要素向农村聚集,与农村丰富的资源、农民资产优势有机对接,形成强大的需求市场和增收能力,提升农村资源、农民资产的价值。

(3)协调的效率与公平观。公平与效率问题的争论将随着经济社会发展的不同阶段而持续,在统筹城乡发展、全面建设小康社会的新阶段,全社会更加注重公平正义,追求共同富裕、产业贡献与收益的公平,注重局部公平与整体公平,腐败与权力寻租、征地制度的不合理、社会保障制度的城乡不公平等成为社会热点。公平问题已经成为转型期制约效率提高、影响社会稳定的关键问题。正如十八大报告首次提出的"初次分配和再分配都要兼顾效率和公平"。对于推进农村资源资产市场化资本化的公平与效率观应当特别强调以下几点：一是市场主体发展权公平是一切公平的逻辑起点。公平的内容、标准非常复杂、丰富，但是赋予市场主体平等的发展权则是一切公平的逻辑起点。从实现农村资源资产市场化资本化和增加收入的角度看，现实存在大量的发展权不公平问题，如集体土地不能自主用于商品住宅开发，土地出让收入、商品住宅的高收入主要被开发商和政府获取，农民住宅及宅基地不能资本化流动，国家调控粮食等农产品价格导致农民承担食物安全责任却难以获取平均收入，城市就业对户口的限制以及农村劳动力在城市发展机会、待遇的不公平，农村学生义务教育的条件落后导致人力资本形成的不公平等。必须从根本上确立城乡居民公平、同等的公民权利、财产权益保护观，使农村资源（包括人力资源）、农民资产与城市享受同样公平的市场化资本化发展权和收益权，需要在土地制度、户籍制度、社会保障制度、教育培训制度等方面尽快形成城乡一体化的公平体系。二是产权明晰、流动与权益有效保护是提高资源利用效率的制度基础。提高资源资产的利用和产出率是提高效率的基本路径，但在现有制度安排下，集体资源与资产产权不清、流动性受限，产权主体权益受到来自政府等方面的侵害，导致资源与资产浪费、产出效率不高等问题，如农用地抛荒问题，农民住宅空置问题，征收集体土地后占而不用和违法占地问题，农民权益难以有效保护。必须按照现代产权制度要求更新发展的理念、完善相关制度。

（4）辩证的风险观。风险是事件发生的不确定性，在经济社会发展以及市场化改革中存在风险是必然的，漠视风险或者夸大风险都不利于改革发展。中国改革开放后发达地区的实践证明，风险态度是市场经济价值观的重要内容、决定经济发展水平的重要因素，改革发展的过程就是不断化解风险的过程，过度担心或夸大制度变革的风险会严重阻碍改革发展。现实中对于农村资源资产权利的限制与对风险的认知有很大关系。例如，有人认为赋予农民土地承包经营权的抵押贷款权可能会使农民失去土地、失业而影响社会稳定，赋予农民宅基地使用权及房屋的市场化流转会使农民"居无住所"而成流民，赋予集体过大的农用地非农化发展权会影响粮食安全等。这些观念实际上是城乡分割的计划经济观念、以城市为中心、轻视农民农村发展诉求发展观的体现。在深化改革的攻坚阶段，需要客观、辩证地认识、分析风险问题。一是客观认识农村资源资产市场化资本化进程中可能存在的风险类型和原因。风险可以分为宏观性、整体性风险与微观性、局部性风险,经济风险与社会、生态风险,累积性风险与偶然性风险等。各种风险发生的可能性、产生的原因、影响范围和结果不同。对制度选择而言每种方案都有风险,对风险的认识取决于基本的价值观、知识水平、利益倾向等方面。对风险的认识也是动态的,有些认识、做法可能是完全错误的。例如,传统的普遍观点认为土地私有制会导致社会动荡、政权更替,但研究表明,中国历史上的农民起义暴动是因为政府的横征暴敛导致官逼民反,而不是土地私有制。再如,中国采取了世界上最严厉、最系统、规范最多、手段综合的耕地保护制度,但耕地非农化占用、浪费仍然是世界上最严重的;国家限制农村集体用地用于商品房开发,但日积月累却形成了复杂的"小产权房"问题,经济社会风险更大等。二是制度创新的风险应当通过科学的制度设计规避或公平分担。风险只是事故发生的可能性,随着科学的进展、认识的深化以及各试点地区不断探索完善,有些风险是完全可以通过严密的制度设计(包括法律规范、产业规制、产业准入、用途管制、规划等)、运作机制设计、严格的执法监督以及行政管理等加以规避,或者通过制度的不断完善将风险损失降到最低。例如,承包经营权抵押贷款、入股以及农民宅基地和住房抵押等,都曾经被认为是风险大而饱受质疑,但现在各地实践试点中采取多种防范规避措施,推广迅速,成为深受欢迎的模式。同时,在规避风险时要形成公平的分担制度。例如,保护耕地与保障粮食安全问题如果仅仅由产粮区和粮农负担,结果只能是风险难以规避,这是粮食比较效益低的必然结果,需要农民、政府、消费者以及其他方面的公平分担。

## 二、完善农村资源资产市场化资本化法律规范,健全法制化管理

法律制度是市场经济的核心制度, 根据发展要求及时制定完善法律规范,强化法制化管理是促进市场经济健康发展的基本要求。我国涉及农村资源资产的法律规范已经形成一个庞大的体系,被称作世界上最严厉、最复杂的规范体系,包括全国人大及其常委会通过的《中华人民共和国宪法》、《中华人民共和国物权法》、《中华人民共和国税法》、《中华人民共和国民法》、《中华人民共和国土地管理法》、《中华人民共和国农业法》、《中华人民共和国农村土地承包经营法》、《中华人民共和国森林法》、《中华人民共和国村民

委员会组织法》、《中华人民共和国城乡规划法》、《中华人民共和国农村土地承包经营纠纷调解仲裁法》以及国务院和有关部门颁布实施的条例、部门规章等法规。目前法律制度与现实以及发展要求的冲突是阻碍资源资产市场化资本化的主要障碍。完善法律规范，要改变过去以管为主向以现代产权和农民权益保护制度为核心转变，坚持实行最严格的耕地保护制度和最严格的节约用地制度，以激发农村资源资产潜力、促进农村持续协调健康发展为主线，立足于长远发展趋势、实践探索，借鉴近年来社会各界的研究、实践成果，将国家和地方出台的成熟政策成果上升为法律，要具有较强的前瞻性、持续性，遵循立法的基本规范。

**1. 明晰农村集体资源资产的产权法律主体及其成员资格**

《中华人民共和国宪法》规定，农村集体经济组织实行家庭承包经营为基础、统分结合的双层经营体制。据《中国统计年鉴(2012)》，2011 年年底，全国共有村委会 589653 个(另有一批农村社区居委会)，村委会成员 231.9 万人。全国村民小组约 480 万个。结合目前的其他法律规定，农村的土地资源主要属于乡镇、行政村、村民小组的成员分别集体所有，农民集体占有全国 96%的耕地、约 70%的养殖水面、60%以上的林地和 1/3 以上的草原，另外尚有大量的集体建设用地。同时，从 1953 年合作化至今，依靠集体成员共同的投入、经营和积累，农村积累了大量的集体所有的厂房、设备等经营性固定资产和流动资产，这些也分别属于乡镇、行政村、村民小组的成员集体共有。改革开放后，随着市场经济的发展，集体资产产权不清问题日益凸显，累积的矛盾和问题越来越多。

(1)所有权组织载体(实体代表)问题。在几乎所有的法律中都笼统规定农村集体经济组织代表集体成员经营管理集体所有的资源资产。但是，却未规定农村集体经济组织的定义、具体形式、如何成立、如何运作、如何管理、如何参与经济活动、法人地位等内容，以致现实中农村集体经济组织无名无实，在法律和政策上没有给予明确，其不属于民法中规定的企业法人、机关法人、事业单位法人、社会团体法人四类中的任何一种，没有法人地位，也就不能从事市场经济活动，不能在信用社、银行等金融机构开户。(张云华，2010)在现实中，许多农村集体经济组织不得不通过另外成立集体企业的形式来从事市场经济活动，有的地方成立了社区股份合作社、经济联社、经济社以及公司性质的组织负责经营运作集体所有的资产,有的则是由村委会、村民小组代行。出现这种情况,一方面是市场经济发展的需要、各地区的具体情况不同,另一方面源自于改革初期的政策规定。1984年中央一号文件《中共中央关于一九八四年农村工作的通知》指出:"政社分设以后,农村经济组织应根据生产发展的需要,在群众自愿的基础上设置,形式与规模可以多种多样,不要自上而下强制推行某一种模式。为了完善统一经营和分散经营相结合的体制,一般应设置以土地公有为基础的地区性合作经济组织,这种组织可以叫农业合作社、经济联合社或群众选定的其他名称;可以以村(大队或联队)为范围设置,也可以以生产队为单位设置;可以同村民委员会分立,也可以一套班子两块牌子。"

关于从法律上明确农村集体经济组织法律地位、法人组织以及代表问题,理论和实践中的争论与主要观点有以下方面:

一是取消农村集体经济组织的有关规定,将其经济职能归入村委会,并赋予村委会经济法人地位。既然很多地区农村集体经济组织是"虚置"的,缺乏法律规定的组织实体、法人代表,农村中的资源以及资产事实上由村委会负责管理,即使在有些集体资产积累较多的行政村设立了集体经济组织负责管理集体资产,但主要领导基本上是由村委会成员或者村党支部成员兼任。所以,应当直接在法律上明确村委会不但是村民群众性自治组织,而且是负责管理运营集体资源资产的经济组织,赋予其市场主体地位。这样有利于减少组织数量、组织成本和组织之间的矛盾和摩擦,形成合力。在农村能够得到村民普遍信任的精英相对较少,集体经济组织、村民委员会都是要经过村民选举产生,村委会不仅要办理本村的公共事务和公益事业、调解民间纠纷、协助维护社会治安,而且更主要的任务之一是利用好、管理好集体的资源资产,发展经济并带领村民共同致富,缺乏带领村民共同致富的村委会恐怕很难得到村民的积极拥护、支持和参与其工作,很多地方村民对村委会工作不关心、有能力的人不愿意竞选村委会干部等与村委会缺乏经济职能的定位有很大关系。当然,也有人担心,村委会权力扩大,会给村委会干部利用执掌公共权力的优势谋取在经济组织中的非法利益提供便利,在当前两者关系不清的情况下,许多村官违法犯罪和腐败案件都与贪污、侵占、挪用、挥霍集体财产有关,在土地征用问题上尤其突出,一旦两者合并,则面临更多的"内部人控制"风险。(徐增阳,杨翠萍,2010)我们认为,这个问题不是其职责界定、主体合并方面的,而是管理监督机制问题,这是两个问题。事实上,任何组织都可能存在上述问题。

二是农村集体经济组织独立于村委会,并通过制定农村集体经济组织法等明确其性质、组织机构、形式、职责,赋予市场主体的法人地位。《中华人民共和国村民委员会组织法》(2010 年 10 月 28 日修订)规定:"村民委员会是村民自我管理、自我教育、自我服务的基层群众性自治组织,实行民主选举、民主决策、民主管理、民主监督;村民委员会办理本村的公共事务和公益事业,调解民间纠纷,协助维护社会治安,向人民政府反映村民的意见、要求和提出建议;村民委员会依照法律规定,管理本村属于村农民集体所有的土地和其他财产,引导村民合理利用自然资源,保护和改善生态环境;村民委员会应当尊重并支持集体经济组织依法独立进行经济活动的自主权,维护以家庭承包经营为基础、统分结合的双层经营体制,保障集体经济组织和村民、承包经营户、联户或者合伙的合法财产权和其他合法权益。"按照村委会组织法的规定,村委会与农村集体经济组织有不同的职责定位,但对于村农民集体所有的土地和其他财产均拥有管理权。在村集体经济发达的地区,改革后有的地区成立社区股份合作社、股份公司、资产管理公司等企业化组织负责集体资源资产的运营管理,也有一些不发达的或者发达的地区在行政村一级成立经济联社、村民小组一级成立经济社作为村集体经济组织的代表(如北京、甘肃等地)。其中最具创新性的是都江堰市从 2008 年 11 月 11日实行的《都江堰市农村集体经济组织管理办法》(不适用于农村集体经济组织改制为公司或其他经营性企业实体的组织),该办法对于都江堰市农村集体经济组织的性质、名称、职责、章程、成员权利与义务等方面做出了详细规定。例如,其规定:农村集体经济组织,是指乡(镇)、村、组全体社员以生产资料集体所有制形式设立的独立核算的组织,包括乡(镇)集体资产管理委员会、农业合作联社、农业合作社;农村集体经济组织以乡(镇)、村委会、村民小组为基础,按照集体土地所有权归属和集体资产产权归属设置;农村集体经济组织名称统一为:都江堰市××乡(镇)集体资产管理委员会,都江堰市××乡(镇)××村农业合作联社,都江堰市××乡(镇)××村第×农业合作社;市人民政府向农村集体经济组织颁发组织证明书作为其身份证明;农村集体经济组织凭组织证明书办理组织机构代码证，按照有关规定在银行或者农村信用社办理开立账户等手续。村集体经济组织与村委会分开的好处是，村集体经济组织有了独立的市场主体参与市场活动，变集体经济组织"虚置"为"实体"。但也可能会导致二者之间的矛盾和冲突，如村委会的地位和作用下降，失去活动经费来源和保障，增加高昂的组织成本等。因此，现实中大量存在的是"一套人马、三块牌子"（包括行政村的党支部）。

三是村民小组及其集体经济组织的法人地位、组织形式问题。对于村民小组的规定相对更少，只在《中华人民共和国村民委员会组织法》中有如下规定："村民委员会可以根据村民居住状况、集体土地所有权关系等分设若干村民小组，村民小组组长由村民小组会议推选，村民小组组长任期与村民委员会的任期相同，可以连选连任；属于村民小组的集体所有的土地、企业和其他财产的经营管理以及公益事项的办理，由村民小组会议依照有关法律的规定讨论决定，所作决定及实施情况应当及时向本村民小组的村民公布。"相对于村委会，村民小组不是一级组织，往往只有组长和出纳（会计），也没有办公场所。但是，全国有村民小组 480 万个，大部分农村土地属于村民小组成员集体所有，村民小组一级没有对应的集体经济组织，产权组织虚置问题更突出，法律没有规定，人们讨论的也比较少。部分小组成立了经济社或者合作社代表村小组集体经济组织，但其法律性不明晰。而且，从严格意义上说，合作社是部分成员自愿加入、自愿退出的互助性经济组织，与村集体经济组织是不同概念，所谓的社区合作经济组织不是真正意义上的合作组织。代表小组村民行使集体共有的资源资产的组织应当在法律上如何界定需要尽快明确。四是乡镇集体经济组织的法人组织问题。按照"政社分设"改革的设想，人民公社取消后设立乡镇政府承担政府行政管理职能、设立集体经济组织承担发展经济的职能。改革开放之前和之后，形成了不少属于乡镇行政区域范围内农民共有的资源资产，包括资源性的土地资源、经营性的资产等。尤其是不少地区的乡镇政府组织征收农民集体土地建立开发区、园区进行招商引资，拥有大量的资源资产，政府主导经济发展特点明显，乡镇政府不单纯是行政管理组织。有的地区成立乡镇资产管理公司或者经营性公司负责运营管理。但其产权关系、成员的权利与义务行使、利益分配等方面似乎并未明晰，乡镇成员似乎也并不关心这些资产，把这些资源资产看作归政府所有。从市场化资本化要求看,也应当进一步明确其法人组织。

综上所述,农村集体所有的资源资产目前处于复杂的、没有法人组织代表的状态,不适应市场化资本化要求,需要法律明晰、规范。明晰、规范农村资源资产所有者组织的基本思路和要点:一是对农村集体经济组织所属的资源资产的基本状况、经营情况、产权状况等进行全面摸底调查,掌握系统的基础资料;二是制定"农村集体经济组织法"或者部门条例,用列举的方法明确农村集体经济组织的各种具体形式与名称,确定其法律地位、法人地位与机构代码、登记发证、权利职能与义务、管理章程、成员资格与确认、成员权利与义务等。三是承认不同地区发展现状、发展需求的差异,尊重成员选择,由集体组织成员按照民主程序成立各种经济组织并在法律予以认可,既可以是村委会,也可以是经济社、联社、股份合作社等;当然,如果现实紧迫性不强(即集体的市场化经济活动较少),也可以暂时不设立,比如许多以农业为主的村民小组。四是配套修改其他相关的法律规范,如《中华人民共和国民法》、《中华人民共和国村民委员会组织法》、《中华人民共和国物权法》以及《中华人民共和国土地管理法》等,增加集体经济组织具体形式等内容。五是对集体办的企业组织进行股份制、股份合作制或者其他形式的改革,使其完全以市场主体身份参与经济活动,集体以及成员按照股份享受权益,不再单独设立所谓的"集体企业"。同时,在理论和政策、法律等方面要明确按照农民专业合作社法成立的各种农民专业合作社是独立的市场主体,不属于村集体经济组织的范畴。

(2)成员资格确定制度问题。"村民"是在一定时期内居住在某一农村社区、并受社区组织领导的自然人,其权利主要体现在选举和参与公共事务的民主管理上;而集体"成员"权利主要体现在依法承包经营集体土地、参与集体资产的民主管理与收益分配上。目前多数地方村民和"成员"已经不能重合,不少发达地区乡村外来人口(包括外来务农人员)已占 30%以上。(关锐捷,2010)确定农村集体成员一般根据户籍的记载确认,集体组织成员往往就是当地村民,他们所生子女自出生后自动取得成员资格(符合《中华人民共和国计划生育法》的要求),也有通过婚姻、收养或者迁入等合法途径取得成员资格。但改革开放 30 多年来,由于工业化、城镇化以及农民流动性增强等原因导致村集体经济组织成员呈现不稳定性,城乡居民双向流动、城乡一体化等必然出现许多新情况、新问题、新矛盾,成员资格取得的方式多样化,由于成员资格等问题产生的纠纷不断增加、对改革发展的不利影响逐渐显现。主要表现在:一是由于人员流入、流出,并村并组、村改居和农民集中居住区的建立使集体经济组织成员构成发生变动等,成员的变化、资格确认的复杂性导致不少村集体经济组织进行产权制度改革的成本、难度和矛盾可能加大,甚至有些村不得不放弃村集体产权制度的股份化改革;二是城镇化引起的农民转入城市户口后行使村集体成员相关权利转移、资格退出制度问题,如土地承包经营权转让、宅基地使用权转让后的成员资格问题等;三是在经济发达地区农村、大城市城郊农村社区吸引大量的非本集体经济组织成员居住、生活、工作,造成村集体成员与村民不一致、社区管理问题等,如村集体经济组织的封闭性与村自治组织、公共权力组织的开放性发生冲突问题。四是由于成员变动频繁,出现了土地承包关系不稳定,村级集体经济组织收益难以公平合理分配、失地农民资格难以认定等问题派生出来的矛盾,以及影响农村集体经济组织资源资产的确权登记、发放产权或权利证书等工作,进而影响到市场化资本化的发展。上述问题如果不能及时制订规范、化解相关矛盾,会积累得更多而难以有效解决。

规范成员资格确定是一项较复杂细致的工作,其基本原则应当是实事求是、尊重历史、公平合理。建议采取以下对策:一是结合 2010 年人口普查工作成果资料,系统分析掌握农村社区以及集体经济组织的人员状况,建立实施分类动态管理的基础信息库;确定一个时点,在充分考虑历史的、现实的各种因素基础上,确定村民或者集体经济组织成员的资格。二是结合制定"农村集体经济组织法"或条例规章,出台有关前瞻性、指导性规范制度,进一步确认、明确成员的资格,建立规范的分类登记管理制度,明确每类人员的权利、义务;出台有关集体成员退出机制以及退出后权利的法律规范条文,主要是转入城镇户口的农户土地承包经营权、宅基地使用权、林地承包经营及使用权处置的有关规定,如集体经济组织成员权利如何享受、是否享受村民的权利等。

(3)建立和完善成员退出与准入制度。以承包土地权利为例,承包经营权确权发证后面临的首要问题可能就是建立稳定、规范、合理合法的退出机制以及新成员获取权利的机制,这是难点之一。城乡融合一体化的最终目标、理想目标是建立城乡各种资源基于市场优化配置的双向流动机制,城市居民变为农村居民、农村居民变为城镇居民不再受到户籍制度、成员资格的限制,实行工作生活居住地管理,没有户籍和身份的限制。但是,在未来很长时间,城乡之间、工农之间的差距和历史鸿沟难以实质性有效克服,难以建立平等的城乡工农关系,支持保护农村、农业、农民,推进城市化、渐进式改革、维持社会稳定仍然是阶段性现实目标和要求;农村资源资产的产权关系非常复杂,农民对于资源资产的态度和预期、要求差异巨大,各种类型的流动将进一步发展,往往很难达成一致性意见。因此,对于村集体成员的退出和准入等方面应当采取审慎的、大多数现村民能够接受的方法,结合颁发各种产权证书还权赋能、推进市场化资本化要求有序推进。一是与城乡居民户籍、社会保障、就业等制度一体化同步推进。对于已经纳入一体化管理服务的城镇农民工及其家属达到一定年限(3 年左右)后,必须放弃村民资格,其他村民基本维持现状。对于集体经营性资产必须采取股份化改革,退出者仍然保持股份按股分红。对于土地承包经营权只对地上产品进行价值补偿后由集体重新分配给合法新成员。对于宅基地使用权及其房屋采取市场交易的方式,优先出售给本村民,如果本村居民没有购买者也可出租给其他人或者自己持有。二是尊重现实,赋予集体组织在一定条件下调整承包地的权利,保障合法新村民的权利。虽然国家政策强调“增人不增地、减人不减地”以及家庭承包制长久不变。但是,在现实中由于人口增减变化、征地以及建设用地占用耕地、调整以前不合理的承包等复杂原因,出于公平、社会稳定和习惯做法,大部分地区基本上是每隔 5 年左右对承包地进行“小调整”,集体成员对这种做法也基本认可。法律禁止承包地调整所面临的问题并未解决,反而带来了一些其他后果,比如:有相当一部分人多年没有土地,但也有许多农户人口减少而多占土地,人地占有不均的矛盾十分尖锐,影响到农村的稳定;没有取得承包地的农民不仅失去土地利益,而且丧失了得到国家补贴的条件,严重违背社会的公平正义;使部分集体成员失去了社会保障,其中受害最为严重的是妇女。(韩松,2010)因此,法律应当赋予村集体根据村实际情况和村民意愿对承包地进行调整的权利,而不应当限制(事实上也限制不了)。对于合法取得村民资格的新生儿童、婚嫁人口等落实承包地及其他权利;对于家庭因为死亡、外嫁等减少的人口,以及已经享受城镇社会保障并在城镇有稳定居所、职业的人口应当收回承包经营土地,重新发包给新村民。三是建立预防资源撂荒制度。对于资源粗放经营、撂荒等法律有原则性规定,但具体实施需要村集体监督约束。法律要明确规定,资源撂荒达到3年的,由集体强制性收回承包地,发放的产权证书注销,并且失去承包资格。

### 2. 加快农村资源资产确权登记工作

35年的市场化改革,农村资源资产的数量、实际用途、权利主体等方面发生了巨大的变化,政府管理部门乃至村级组织并未掌握系统、详细的信息资料,资源资产家底不清问题突出。成都市综合改革实验区建设首先在这些方面进行了系统的工作,国家也已经在一些省市进行试点,正在探讨可行的方案,需要全国自上而下进行系统的有组织的普查,需要花费大量的人力、财力,这是农村资源资产市场化资本化规范、有效、合法开展的必要基础。主要涉及两方面工作:一是农村资源资产数量、用途及权属现状清查。即要全面查清集体所有土地、集体资产、农户承包经营土地、宅基地和集体建设用地等资源资产的数量、现状用途、权属状况和登记发证等详细情况,查清存在的资源资产不实、权属纠纷等现实和历史问题。二是农村资源资产产权权能主体的确认、登记、发证。即在第一步现状清查的基础上,根据成员资格确认、产权主体的情况,在妥善解决各种纠纷后,将资源资产的产权主体明晰化,发放具有法律效率的产权证书。国家有关部门已经出台了一些规定,如2008年国土资源部颁布实施的《国土资源部关于进一步加快宅基地使用权登记发证工作的通知》(国土资发〔2008〕146号)、《土地登记办法》等。但这些远远不够,需要结合完善产权客体权利的新的法律规范制定具体的规定。国土资源部统计表明,自2010年国务院决定开展农村集体土地确权登记发证工作以后,截至2012年上半年,全国农村集体土地所有权确权登记发证率达到78%,但仍有7个省发证率不足50%;集体建设用地使用权确权登记发证率达到85%,宅基地使用权确权登记发证率达到80%。但有的地方对这项工作不够重视,组织领导不力,经费不落实;有的有消极畏难情绪,存在等待观望思想;一些省份工作进展迟缓,土地登记率不高等。国土资源部副部长胡存智表示,凡是到2012年年底未按时完成农村集体土地所有权确权登记发证工作的,农转用、土地征收审批暂停,农村土地整治项目不予立项。国土资源部法律中心最新数据显示,截至2012年年底,全国发放农村集体土地所有权证 612 万本,发证率 94.7%;宅基地使用权发证近 1.9 亿本,发证率 77%,集体建设用地使用权发证 1271 万本,发证率 76%。

**3. 完善市场化资本化客体权利的法律规范**

农村资源资产客体权利主要是农村资源资产在占有、使用、收益和处置方面的权利。从发放权证、促进市场化资本化要求出发,一般包括所有权、使用权(以及经营权);对农村土地主要包括所有权、承包经营权(农地、水域、林地、草地以及"四荒地")、建设用地使用权、宅基地使用权以及经过流转形成的各种农业(大农业)用地实际经营使用权、处置权等。《中华人民共和国民法》《中华人民共和国土地管理法》等有关法律对于各项权能的基本要求已有一定的规定,有的比较清晰、明确,有的非常原则,需要进一步完善。同时,在法律规定中,对于处置权(处分权)等方面存在不少不合理的规定,也需要进一步改革完善。按照现代产权制度理论,针对农村资源资产权利的残缺性和市场化资本化要求,以及现实中存在的问题,主要应当从以下方面完善法律规范。

(1)完善农村资源资产基本权利的有关规定。一是明确各种资源资产权能的界限。针对每种产权证书中,持证人享有的权利、义务等进行明确详细的法律规定。重点是:权利期限,资源资产的用途、使用方向规定规制要求,转让权利的规定,接受转让者的资格要求(例如接收承包地转出的实际使用者的能力要求),保护资源资产义务的规定,处分权的规定,高效科学使用资源资产的要求,违反有关规定承担的法律责任等。二是依法明确允许(至少是不禁止)农用地承包经营权、林地承包经营权、宅基地使用权、集体建设用地使用权等可用以抵押的权利,并加以规范。作为资源资产的重要权利之一的抵押权是财产权利的重要内容,允许抵押对于缓解农民由于缺乏抵押担保而贷款难、推进农村金融创新有重要意义。虽然目前从金融机构看部分地区对开展此项业务由于价值评估难、资产处理难、农村产权交易市场不发达等原因而积极性不高,但从法律角度不能人为地以抵押可能会造成农民失地、影响社会稳定、影响粮食安全等为由,而限制、剥夺产权主体的应有权利,应当赋予其权利。更进一步,抵押行为能否实现是市场行为,是抵押权人和抵押人的交易,应当交给市场解决。法律可以制定抵押的具体限制性条件、操作要求,比如期限要求、备案要求、设定法律规定不得抵押的情况等。三是明确规划以及用途管制权对各类土地权利的限制。农村资源虽然主要属于集体所有,但从根本上说是全中国人民共同的资源和财富,政府代表全民整体和全局利益进行科学合理规划、用途管制等是客观必然的权利。因此,对用地性质限制、用途限制、土地保护、开发的责任以及土地权利抵押、流转等的限制也是必然的。当然,这种限制要遵循公平与效率原则,而不是歧视性的、不利于资源利用效率提高的任意行为。四是扩大村集体农业建设用地自主权。要适度放宽村集体建设用地控制,尤其是扩大发展农产品加工物流、产地批发市场、扩大合作社规模等大农业建设用地自主权力,其需求应当优先满足。

(2)改革国家征收征用农民集体土地的规定。政府利用公权力征收农民集体土地产生的问题已被广泛讨论,不同地区、不同村民对征地的期望和要求存在差异性,部分农民希望征地获得补偿收入,部分对土地和农业依赖性较大的村民不希望征地,在征地中存在很多复杂的矛盾和问题,关键是要公平、公正、公开地实施,确保农户的权益和长远生计。从法律规范上进行改革完善重点是以下方面:

一是不断缩小政府征地数量,土地征收权的运用限定在公共利益的范围之内。要制定公益性项目用地目录作为法定范围,重点是受益面广、需要专门机构统一协调管理的公共道路交通和通讯、水利、国防等建设用地。要明确规定:在土地利用总体规划确定的范围内,因公共利益需要,可以依法征收、征用土地;因非公共利益需要,应当通过统一的城乡土地市场以公开的方式获取。禁止建立开发区、工业园区、企业等经营性目的的征地,一律采用集体土地租用方式或者合建方式,或者由集体建设工商业用房后出租的方式。

二是赋予集体建设用地参与城镇建设、成为城镇土地所有者和扩大村集体利用土地资源发展经营性产业的权力。要明确规定城镇扩张需要的新增建设用地,应当采取政府主要进行详细的功能区划分、建设标准等规划布局控制。在规划控制下,将村集体土地参与城镇化建设的方式交给村民决策,避免目前一刀切的征收办法。如果大部分村民同意、村干部素质能力和水平较高,可以采取由集体、开发商、政府共同投资和经营管理,集体主要以土地作为资本,使失地农民带着资产实现城镇化,共同享受城镇化成果;如果村级组织缺乏直接参与城镇经营管理的能力和水平,村民对村级组织的能力和水平缺乏足够的信任，最好采取一次性补偿或者村民同意的其他办法。

三是提高征地补偿标准和失地农民在土地增值收益中的比例，建立和规范补偿标准的调整机制。对农民的征地补偿要体现土地发展权（即改变为非农业用地）的市场化资本化的价值，市场化要求按照非农建设用地的市场价格确定，资本化要求将土地未来价值折现为现在的价值，由于对折现期限、土地用途价值的认识和衡量差异巨大，其价值确定很难达成统一。因此，简便可行的办法是：结合土地征收后的出让价格和增值收益，农民失地失业后维持生活水平不断提高的收入要求、物价以及生活成本上涨、失地后机会成本等综合因素确定补偿标准，并建立根据物价上涨以及全民福利提高的趋势进行动态调整的机制。这种标准应当是普遍高于目前的按照原土地农业用途确定的水平。尤其是要调整土地增值在政府、开发商、集体之间的分配，大幅度提高土地出让金对村集体和失地农民的分配比例，这是一种现实的可操作性强的办法。

四是建立失地农民社会保障基金。针对部分农民在土地被征用后出现的赌博率高、离婚率高、购买高档汽车消费率高以及生活水平下降等其他不稳定因素，必须在制度设计上建立预防机制，主要是将各种补偿提取一定比例建立失地农民的就业、医疗等特殊保障基金。

五是完善土地征收程序。在征地过程中要确保维护被征地农民的知情权、参与权、监督权和申诉权，逐步建立和完善征地补偿争议的协调裁决机制，为被征地农民提供法律援助；征收的程序必须公开、透明，让农民广泛参与，与农民进行充分协商；强制拆迁必须通过司法程序决定。具体要求是：市、县人民政府在申报征收、征用土地前，应当拟订征收、征用方案，确定拟征收、征用土地的用途、位置、补偿标准、安置途径，将有关事项向被征收、征用土地的权利人公告，并由市、县人民政府土地行政主管部门依照有关规定组织听证；听证后制作听证笔录，与其他有关材料一同上报。依照法定程序报请有权机关批准；征地方案经依法批准后，由被征收、征用土地所在地的县级土地行政主管部门予以公告，并组织实施；被征收、征用土地的所有权人、使用权人应当在公告规定的期限内，持土地权属证书到公告指定的人民政府土地行政主管部门办理征地补偿登记。

六是改革政府土地储备制度。土地储备制度最初目的是国家想储备一部分土地用于解决由于土地过于紧张所导致的房价过高问题，但现在却成了地方政府合法征用土地的平台，成了地方政府土地财政的一种手段。土地储备中心往往是政府以非常低的价格从农村和农地征用过来土地经整理后以非常高的价格转让出去，都是市场化运作。政府既是土地管理者，又是征收主体，同时又是出让方。土地储备制度改革可以采取两种方案：一种是取消，另一种是如果要保留，则必须要限制为储备土地的性质和来源必须是国有的，不能到农村征地，禁止事先征地作为国有储备土地，并且不应该采取市场化的运作方式。(彭真明，2010)

(3)农用地、林地符合原用途条件下的流转等权利规定。总体看，关于农民承包的农用地、四荒地、林地等权利流转法律上采取允许、鼓励的规定(抵押权不属于流转，是一种债权关系)，已经有了总体性规定。流转规模较小主要不是法律规定的限制，而是流转地的供需双方难以达成交易均衡等其他客观原因，我国上海、浙江、北京等发达地区土地承包经营权流转规模相对较高，反映的是经济发展水平对资源资产的流动交易市场化要求。现实中需要进一步明确的主要问题：一是操作层面的制度规范问题。如对土地流转双方的权利义务、利益补偿、流转价格、纠纷处理、流转合同等方面缺乏具体操作性的规定，需要制定相关的指导性规范。二是关于承包林地上林木的采伐权与限额管理问题。按照目前《中华人民共和国森林法》的有关规定，受采伐限额指标的影响，林地承包经营者产品处分权不完善，存在许多弊端，需要对法律进行修改。总的思路是：对于商品林，经营者可根据市场价格情况、需求情况，只要达到林木最佳采伐龄就可以分批间伐，不需要采伐指标，但要及时补种新树；对于生态公益林，要在综合考虑生态补偿和管护补贴收益、保护林农得到足够收益的基础上，赋予林农对于成熟林一定的采伐权、采伐指标，达到生态效益和经济效益的持续统一。例如，一些地方推行按林木年龄从大到小排序安排采伐山场的做法，或试点推行商品林按面积控制采伐的改革。再如，福建省三明市政府2007年出台了《关于规范林木采伐计划分配和使用管理的意见》(明政文〔2007〕144号)，对林木采伐指标的分配基础、分配方式、采伐类型、指标管理、民主监督等方面进行规范，建立了以森林数量和林木年龄为主导的林木采伐管理新机制等。

(4)农民集体农用地自主非农化建设开发以及集体建设用地的有关规定。在明确政府只有为了公共利益才能征收集体土地的条件下,大量的建设用地来源方式以及有关权利在法律上必须做出重大调整。一是强化规划和用途管制的法律权威性。要明确改变或缩小政府审批农用地转非的权限,用规划和用途管制来管理土地农转非的转换,明确只要符合土地利用规划和基本农田保护、确保占用耕地数量、质量和开垦、复垦的数量、质量平衡,就可以实现农转非。二是赋予村集体在符合土地利用规划条件下农用地自主非农化、市场化资本化的权利,形成城乡统一的建设用地市场体系。具体包括:废除城市中的土地属于国有的规定,赋予集体建设用地参与城镇化、分享城镇化利益的权利;集体建设用地直接进入市场,与国有土地同地、同价、同权;将集体建设用地上商品房开发与城镇商品房开发纳入一体化管理,集体在依法组织村民会议讨论通过的前提下可以在所取得的集体建设用地上建设商品房,并向本集体经济组织成员以外居民出售,与城镇商品房同等对待缴纳各种税费、建立相应的物业管理和社区管理制度,接受国家宏观政策调控;对于已经建成的"小产权房"采取分类处理、规范的措施;对依法取得的农村集体经营性建设用地权利必须通过统一有形的土地市场以公开规范的方式转让;集体建设用地使用权可以依法进行交易、抵押贷款,建设用地使用权人可以依法以转让、股份合作、继承、租赁等方式流转建用地使用权,对流转的范围、用途、收益分配、税收制度等方面加以规定,明确集体建设用地与国有土地享有同等的流转和增值的税费制度。

(5)农民宅基地使用权及其房屋流转的有关规定。长期看,大量的农村人口不断转入城镇以及村庄的合并是城镇化、新农村建设的必然,农村宅基地利用率不高、空宅现象不断增多、城乡人口双向流动是普遍现象,农民住房建设、出租、买卖以及缺乏规范、纠纷不断的问题普遍(如买卖后征地补偿问题由于被认为是非法买卖产生的纠纷等),农民宅基地使用权及其房屋的市场化资本化法律制度建设势在必行。具体规定:一是初始宅基地取得权利。在符合计划生育政策的前提下一户只能有一处住宅,宅基地依法建设在统一的规划地,住宅占地标准符合省、自治区、直辖市或者区县人民政府有关规定。二是住宅建设标准要求。农户住宅建设的外观、高度、楼层等控制在一定范围内(具体规定由相关部门制定),符合住宅区整体要求和相邻权要求。三是宅基地使用权及房屋流转。宅基地使用权人可以依法以转让（买卖）、赠予、出租等方式流转宅基地使用权及其房屋。农村村民转让、赠予或者出租宅基地后，村民及其共同生活的子女再申请宅基地的，不予批准；宅基地及其房屋转让、赠予后由受让人享受相关权利、承担相应义务。宅基地使用权流转必须征得村民委员会同意、备案并接受监督，必须签订规范合同并经过公证，流转价格由双方协商解决，并制定有关流转的税收制度。

**4. 建立农村资源资产经营主体的法律约束和监管制度**

农村资源资产市场化资本化虽然是市场行为，但在市场经济的诚信意识、法律意识淡薄以及市场规则、交易主体行为规范不健全的阶段，各种交易主体的动机存在很大差异，机会主义违法获利、浪费土地资源现象大量存在，必须对获取土地经营权利的市场主体交易主体经营行为进行规范。

（1）获取资源资产经营权资格的准入要求。随着经济环境的变化，农村资源开发是许多社会资本投资的重点领域，农产品加工物流、现代工厂化农业、观光休闲农业的发展以及对农产品质量安全的关注，工商资本通过租地经营等形式投资农村资源开发规模不断扩大，不少工商企业缺乏经营农业的基础和经验，目的是获取廉价的农用地、政府财政对农业的扶持政策以及未来土地变性、转让的预期收益，而不是建设现代农业。一些地方为发展乡村旅游招商引资，把数百亩直至上千亩耕地改变用途建度假村、观光园等休闲娱乐场所，造成了农地非农化、非粮化、低效化乃至撂荒等问题，缺乏相应的规范要求约束。农村资源资产市场化资本化的推进必须对准入资格提出明确要求，并加以规范。重点是在农产品生产以及观光休闲领域，在投资经营主体的经济实力、技术条件（包括技术人员储备、技术合作单位等）、生产经营的产品选择等各方面必须具备基本条件，严格规范，否则不允许租地经营农业。

（2）资源用途和经营行为监管制度。关于土地用途管制我国已有明确的法律法规要求，关键是取得经营资格后的实际经营过程中改变资源用途，经营行为短期化、掠夺性和浪费性经营。必须限制资源开发用途，在最低10年的经营期限（包括租地合同期限）、最低资金投入及投资方向等方面制定详细的规范要求。

（3）生产经营实际绩效监管制度。要对经营者生产农产品的数量和质量、土地生产率、劳动生产率、资源利用率以及实际带动产业化经营、现代农业技术水平提升等经济、社会、生态效益方面进行经常化监管,定期考核其是否比原生产经营者在上述方面有显著提高,并根据监测考核结果制定淘汰制度。

### 5. 强化司法保障,促进市场化资本化

市场经济是法制经济,法制建设既需要建立公正、公平的法律规范,更要建立完善、高效的司法保障体系。中国已经建立了最庞大的涉及农村资源资产的法律法规体系(虽然还需要完善),但在司法方面尚存在很多问题,农村中围绕土地资源利用的纠纷、违法案件乃至群体性上访等事件仍然较多,有些纠纷呈现上升趋势。其中有些案件主要是地方政府违法问题,严重影响着法律的权威。据国土资源部副部长贠小苏通报,截至2010年3月25日,全国范围内共清理出2007年10月到2009年10月期间的"未报即用"违法用地案件36872宗,涉及土地总面积61.3万亩,其中耕地面积27.2万亩;因"未报即用"违法用地案件而提出党纪政纪处分建议4233人,落实3325人;移送司法机关追究刑事责任1932人,已经追究510人。推进农村资源资产市场化资本化,在某种程度上有助于从根本上解决过去存在的一些问题,但也会产生新的问题,需要强化司法保障。

(1)农村资源资产权利纠纷与处理的特点。整体分析,其特点主要是以下方面:一是表现和原因复杂。主要表现在:纠纷的主体包括村委会、村民、有关区县、乡(镇)政府、企事业单位、单个农户、外村村委会和村民等,既有平等主体间的权利义务冲突,也有地方政府职能错位引发的政府部门侵犯农民权益、做出错误行政行为以及基层组织管理不善导致村干部权利滥用引发的纠纷;既有围绕农村资源的承包经营权、使用权等权利纠纷,也有围绕农民宅基地使用权以及房屋等资产产生的纠纷;既有法律自身不规范、不合理引发的"合理但不合法"产生的纠纷,也有出于自身经济利益违法产生的纠纷(如毁约问题等);既有政策变化、法律调整以及二者之间的不一致产生的纠纷,也有对政策法律规定不细致、理解不一致而产生的纠纷;既有历史原因累积产生的纠纷,也有因为资源收益变化、环境变化等产生的纠纷等。在这些纠纷中,政府征地行为、村干部腐败和违规等引发的纠纷最为突出,其他相对影响较小、较易解决。二是影响和关注度高。"三农"问题全社会高度关注,农村资源资产问题的政策性很强,对农民的生存、收益、就业等影响较大,产生的纠纷如何解决的社会影响和关注度很高。例如北京画家村案

例,小产权房引发的问题以及如何解决等均引起社会广泛关注。因为政府征地引发的群体性上访案件、村干部"权力寻租"腐败案件、农村中"大拆大建"等引发的矛盾历来被中央政府高度关注。有些问题解决不好会严重影响党和政府的威望。2010年12月22日中国广播网报道,河北磁县某村的60余名村民,因其村的闫姓支书瞒着村民和其他村干部将村中耕地低价租给了关系户,而且租地的人还毁掉了村民20多亩的农田,村民送其"违法乱纪先锋",并把这面锦旗挂在了村委会门口。三是解决难度大。其原因主要是:不少纠纷与地方政府行为、领导干部以及村委会干部有关,涉及地方经济发展以及财政收入等,使得行政裁决、调解、诉讼等难度加大;新的纠纷类型不断产生,个案差异较大;有的纠纷缺乏准确的标准和法律依据,有时涉及历史累积的矛盾;村小组、村集体经济组织的组织不规范,没有法定代表人,诉讼主体不合格,诉讼无法进行;有的纠纷涉及村民的人身及基本生活保障,即使判决也难以执行等。四是组织相对薄弱。我国现行法律框架涉及农村资源资产纠纷解决的组织主要是人民调解机构和调解员、行政裁决与复议机构、仲裁机构以及法院诉讼机构,解决纠纷需要的人员专业素质和综合素质较高。由于农村机构特殊的地理位置以及工作性质吸引优秀人才相对较难,有时其工作因为案值小也难以得到足够的重视。例如,2010年1月1日起施行的《中华人民共和国农村土地承包经营纠纷调解仲裁法》规定:"农村土地承包仲裁委员会,根据解决农村土地承包经营纠纷的实际需要设立,其可以在县和不设区的市设立,也可以在设区的市或者其市辖区设立,其人员由当地人民政府及其有关部门代表、有关人民团体代表、农村集体经济组织代表、农民代表和法律、经济等相关专业人员兼任组成;设立农村土地承包仲裁委员会的,其日常工作由当地农村土地承包管理部门承担。"但实际上,仲裁委员会的人员、经费难以保障,工作主要由农业部门的经管站负责。目前,大部分地区经管站是一个最薄弱的部门,缺乏足够的经费和专业人员保障。

(2)促进农村资源资产市场化资本化的司法保障措施。针对目前农村资源资产问题以及市场化资本化进程推进中纠纷的特点,要采取行之有效的宣传教育、培育成熟合格的市场主体等多种措施并举。从司法保障角度其重点是以下措施:一是以农民经济发展权益保护为核心,建立预防性司法保障制度。随着农村资源资产市场化资本化进程的推进,围绕资源资产利益问题的矛盾纠纷将会表现出许多新特点、产生新问题。因此,司法理念必须从单纯的事后处理为主转变为预防与处理并重, 更加重视对可能出现纠纷的预防研究,并提出相应的措施;必须从资源资产的实体保护为主转向保护资源资产的所有者、使用者合法条件下的收益增值为主。二是严厉查处和惩治政府机关工作人员、村级组织人员违法、腐败以及不作为问题。农村土地方面的纠纷和矛盾影响较大是由于政府征地、宅基地占用、承包地和"机动地"发包等而产生的滥用职权、收益分配不公平、腐败等,即政府部门、村级组织人员违反法律、政策产生的。有的是出现纠纷后有关部门由于利益关系等原因而不作为、不及时化解,老百姓的意见最大,其不良影响要比其他纠纷大得多。应当说,中央政府采取多种措施解决了不少问题,但是仍然层出不穷。有的则是公然对抗法律,采取各种名目谋取私利,需要采取更严厉的措施、探索新的机制加以解决。例如,2011 年 3 月 25 日央视报道,江西崇仁县某些乡农民在宅基地上建房自住被政府强行收取"营业税",按照国家规定不应收取,但有些乡自 2005 年以来农民建房以及翻修房屋都必须经过乡镇政府盖章批准,并交纳所谓的"建筑营业税",税额从 2005 年的 500 元,增加到 2010 年的 1800 元,2011 年开始更是达到 5000 元。三是大力加强农村司法队伍、组织建设,充实完善基层政府经营管理站组织。采取多种措施吸引优秀法律人才、经济人才以及管理人才到农村司法组织、政府土地管理部门、土地承包合同管理部门等任职,增加经费投入,提高人员待遇,改善办案条件。尤其是要彻底扭转区县、乡镇经管站组织薄弱、工作不受重视等问题,构建高水平的基层土地纠纷调解、仲裁机构。同时,要采取法律下乡、建立有关经济法律咨询服务组织等多种途径,完善农村经济法律服务体系。目前,部分发达地区已经初步建成了完善的土地流转市场纠纷仲裁体系。例如,上海已累计建设完成 74 家乡镇流转管理服务中心,基本实现上海涉农地区承包地流转管理与服务的全覆盖,每个乡镇管理服务中心配备 3~5 名管理人员,各村明确 1 名流转信息员,指导规范农村土地流转行为;9 个涉农区县全部成立了农村土地承包仲裁委员会,共配备仲裁工作人员 35 名,聘任专、兼职仲裁员 102 名;97 个涉农乡镇均建立了调解机构,聘请了调解员 237 名。(李荣,2012)

### 三、构建科学、公平、权威的一体化农村土地资源利用规划制度

当今世界各国对土地的管理都遵循"用途管制"的原则,即严格按规划来使用和管理土地;土地利用规划在任何国家都是超越所有制的,不管土地归谁所有都必须按规划使用,"用途管制"也是我国土地管理制度的核心。(陈锡文,2010)资源利用规划实质也是资源"用途管制"要求的体现,体现国家、全体居民的共同长远利益,体现资源配置利用的方向性要求。科学的长远规划是保障全局、整体、共同和长远利益的制度规范,是引导、规范、控制市场主体活动空间布局的重要依据。事实上,各地在产业布局、项目投资等方面都需要依据土地资源利用的总体规划。促进农村资源市场化资本化,一方面需要在规划要求下活动,体现规划的权威性;另一方面需要制订科学、公平的规划作为前提,在我国尤其要建立城乡一体、区域一体、产业一体化的规划制度。

#### 1. 中国农村土地资源利用规划制度存在的主要问题

总体看,我国的国土资源利用规划体系已经基本形成,在1989年《中华人民共和国城市规划法》、1993年国务院颁布实施的《村庄和集镇规划建设管理条例》和一系列部门规章、地方性法规规章的基础上,于2008年1月1日起实施《中华人民共和国城乡规划法》作为城乡规划的根本大法,在《中华人民共和国土地管理法》等法律法规中对于土地利用规划也都有基本要求。根据《中华人民共和国城乡规划法》,我国的规划体现了一级政府、一级规划、一级事权以及下位规划不得违反上位规划的原则,规划分为全国级、省域级、城市级、县级以及乡镇、村级等层次。规划的制定一般都聘请各方面的专业人士与当地的干部等共同完成,县级以上的规划其科学性一般较高,水平在不断提高。近年来,各级政府对规划越来越重视,编制了不少规划,很多地区都有自己的国土空间布局规划、土地利用规划、产业布局规划、开发区规划、村镇规划、城市规划等,形成了规划体系。国务院2007年出台了《关于编制全国主体功能区规划的意见》,作为战略性、基础性、约束性的《全国主体功能区规划》于2010年12月底由国务院正式发文,并于2011年年初下发到省部级,各地正在逐级编制相应的地方性主体功能规划。由于规划涉及资源、人口、产业等基本现状、发展的潜力和方向、政策和投资、利益关系等

复杂问题,并受到客观情况变化、主观原因影响而动态调整,使得涉及农村资源的规划制度、内容以及执行等方面尚存在许多问题需要进一步完善。

(1)规划制订的民主性、法治性不足。整体看,世界上有代表性的美国和德国两种不同规划体系都有明确的法治规范,在制订过程中都体现了充分的民主性、科学性。规划本身就是立法过程,立法机构成员民主选举,规划制订过程规定了面向社会的公开听证程序,赋予所有受影响的团体和个人有意义的参与权,以及制订规划时设立专门的委员会让专家发挥有效的顾问作用等。(刘向民,2009)我国现有规划制订以行政部门为主,部分规划不经过立法程序,有的只是人大代表审议,但是没有建立正式的司法审查制度对政府行为进行违宪违法审查,对公众参与即使作了原则性规定,在实际执行过程中也可能流于形式,规划过程的民主性有限,法治的原则没有得到充分体现。对相关的私人产权主体、利益主体在规划中缺乏参与性与利益保护机制,全民参与、认同感几乎没有。领导专家制订规划,人大代表会议审议,但是人大代表的知识水平、能力与规划的科学性要求、利益主体要求有差距,往往只是形式上的。在公众参与方面,一般是规划制订完成后以征求意见形式发布,有的公众根本不知,即使公众看到也因为复杂烦琐而难以提出自己的想法,有的往往是通告性、告知性的,事实上大部分农民很少关注。

(2)规划内容要求与地方发展权、利益主体冲突普遍。土地利用规划是对于一定区域土地利用方向的规定,是区域土地资源用途管制的方式,其中涉及复杂的各层次利益关系问题、公平问题,包括城乡之间、区域之间、产业之间、经济与社会和生态之间、政府与公众之间、各级政府之间、局部性与全局整体性等。不同级别的规划涉及的利益面不同,冲突矛盾各异。例如,《全国主体功能区规划》将国土分为优化开发、重点开发、限制开发、禁止开发四类和城市化地区、农业地区、生态地区,由于主体功能区规划战略涉及国家和地方、城市和乡村的切身利益,不少地区要求列入重点开发区,不愿被列入限制开发区。再如,我国的土地利用规划导向更多是对农村发展的限制性、管理性规定,由于政策、投资保障不能体现各方面的利益要求,实际限制不了而违规发展。在当前市场经济发育不完善、市场竞争不完全公平的条件下,靠行政的手段进行规划布局,如何做到经济利益的均衡需要研究。

(3)规划变更不科学,连续性差。中国的规划表现出短期性、易变性。一方面是客观原因,作为发展中国家正处于工业化、城市化以及经济快速发展时期,公共服务以及基础设施建设、产业发展以及区域转移等都在迅速扩张。地区发展的不均衡性,尤其是落后地区追赶先进地区的优势之一就是土地资源,客观准确的预测确实有一定难度,当一个国家经济处于低速平稳增长时,土地总体利用才可能稳定。另一方面是主观原因、体制原因,如领导任期制,领导个人意见往往凌驾于法律、政策或者公众、专家之上。"规划赶不上变化",规划的变化、调整肯定存在,关键是如何处理好利益关系人的利益、整体利益等。

(4)行政主导性导致的规划执行权威性不足,违反规划行为屡禁不止。在中国违反规划与土地违法结合在一起,基本形式是下级违反上级制订的规划(尤其是全国性的)、同级政府有关部门及其项目建设者违反所在行政区的土地利用规划,往往是自己制订规划、维护规划不严肃,让规划失去了权威性,才造成了人们行使机会主义行为的空间。违反规划大部分是政府行为,或者政府认可、默许,或者不积极查处。产生的根本原因是规划管理、土地管理、建筑管理、项目管理、环境管理等部门同属一级政府管理,政府的决策、行为在"一致性"利益条件下形成共谋,即地方经济利益与地方保护等行政管理体制弊端。例如,在中国违反土地管理、违反规划以及违反环境保护、食品质量安全的事件被揭露多数是三种情况:一是利益受害者坚持不懈地向更高一级乃至中央告状、上访;二是媒体揭露后社会反映强烈、高层领导重视;三是中央政府自上而下的专项整治、例行监督检查。因此,就出现只有上级查下级违法,同级监管部门一般很难查处或者不作为。再如,有的区域土地规划为非农化用途,但圈地后长期不开发,尤其是政府的开发区等建设,对于政府征地后未出让而闲置缺乏管理约束办法。先规划后建设自身存在一定问题,没有考虑能否成功招商引资、投资的效果等难以准确预测的问题,进而变为地方政府主导的圈地运动。而对于违反规划刑事处罚较少,多是组织纪律性的处罚,违规难以制止、形同虚设,更加诱导违规行为,导致"规划规划、墙上挂挂",既降低了规划的效率,也影响了规划的权威性。

(5)土地资源利用规划与经济社会发展规划要求之间、下位规划与上位规划之间协调难。对于地方政府(尤其是欠发达和不发达地区)以及市场主体而言,利用土地资源的优势实现资本化增值、加速经济发展是其主要任务之一,但土地资源利用规划(包括主体功能区规划)更多的是用途管制,这种管制从土地资源非农化、资本化角度更多是基于现状做出的安排,至少从短期看更有利于发达地区,有利于国家整体的经济安全、粮食安全、生态安全,某种程度上会束缚欠发达地区的经济社会发展,从统筹城乡发展、区域发展以及缩小城乡、区域差距的总体要求看,存在不公平问题。同时,按照规划法要求,下位规划必须服从上位规划,尤其是地方规划必须服从全国的整体规划。因此,如果没有强有力的城乡、区域、产业以及与生态之间利益平衡保障机制,下位规划突破上位规划限制(尤其是地方规划突破全国规划限制)的现象就很难避免,只能借助于行政、法律手段强制维护,但效果难以持续。

**2. 实现规划制度创新与农村资源市场化资本化协调推进的基本思路**

(1)转变规划理念,提高规划对农村资源市场化资本化要求的适应性。一是在资源规划编制中体现市场化资本化理念,促进资源高效利用。一方面在各地的土地资源利用规划中城镇建设用地、非农产业用地、农民宅基地用地在不断增加,但另一方面农村中大量存在建设用地浪费、利用率不高、产出效率不高以及"空宅"现象。某种程度上说,资源市场化资本化不足是耕地大量占用、资源浪费等问题产生的重要原因。如果资源能够充分实现市场化资本化交易,产权主体会通过有效交易做出集约节约使用资源的安排。因此,促进规划更加合理,必须以市场化资本化推进资源集约节约使用,规划调整中要更加注重在集约利用、挖掘现有潜力方面做文章,充分考虑市场化资本化对减少规模数量扩张的潜力,在查清资源集约利用状况、潜力的基础上控制占用新资源的数量规模。二是要强化规划对利益相关者负责的理念。规划应当尽量做到政府与市场、个人利益与集体利益的良好平衡以及民主、科学与法治原则的有效统一, 而不应该单方面强调在某一领域政府管治权力的扩大;要改变只对上负责、对领导负责而不对利益相关者负责、群众负责的观念,在规划中明确利益相关者权益得到保护的具体措施,如基本农田保护、生态保护补偿等。

(2)完善规划程序,增强规划的民主性、法治性。一是增强民主性。应当借鉴国外规划法的经验,给规划编制设置"公众评议"、"公众听证"的程序,按照科学执政、民主执政的要求,既让专家参与,也向民众征求意见,将规划涉及利益相关者的主要内容做成简要文本,通过多种宣传、听证会让利益相关者发表看法、提出修改意见,让利益相关者熟知规划,提高规划的科学性和认同感。二是增强法治性。应当规定,规划须经本级人民代表大会审议,而不是人大常委会审议;并要规定人大审议规划应当设置辩论、听证、投票表决等程序。

(3)多种手段平衡协调不同区域以及规划利益主体之间关系,减小对抗性。一是公共财政补偿措施。对于承担粮食安全、生态安全责任地区,建立由国家财政进行补偿的制度,对粮食产业、林业等加大补偿力度;实现耕地保护措施与保障收益相结合,给予基本农田保护补贴;建立区域财政承担不同社会责任的利益补偿机制,形成工业化和城市化水平较高、占用耕地多的发达地区支持其他地区发展的长久利益机制。二是投资项目审批和重点建设项目投放手段。对于承担粮食和食物安全、生态安全社会责任的地区,根据产业链延伸要求、新产业发展要求以及社会事业发展要求,在项目审批、国家重点建设项目投放、公共基础设施建设等方面加大倾斜支持力度。三是市场化与调控结合机制。例如,对于粮食安全、菜篮子产品保障,要进一步改变目前仍然以城市居民为中心市场调控思路。如只重视"谷贵伤民",忽视"谷贱伤农"、"菜贱伤农"、"肉贱伤农"、"果贱伤农",将消费物价指数(CPI)上涨归罪于农产品价格,在农产品价格过度上涨时打压农产品价格,但在农产品价格过低、农民亏本时无针对性和时效性较强的调控保护措施。要顺应农产品价格上涨的必然性规律要求,保障农业经营者收入,进而保障农业土地资源能够按照规划要求用于农业。

(4)严格规划变更和执行监督检查,保障规划的权威性。一是严格规划调整条件。按照城乡规划等法律法规要求,明确规划一经通过实施一般不允许变化,变化需经过严格的民主、法制程序。例如,如果区域有大量闲置、利用率不高的土地,不允许调整规划,只能利用已有的建设用地。二是强化责任追究。加大对违背规划的查处力度,强化政府执行规划的法律责任,修改"责令改正,通报批评"、"对有关人民政府负责人和其他直接责任人员依法给予处分"之类的软规定、缺乏威慑力的规定,提高处罚、处分级别,包括开除公职等。三是发挥好人大代表、人大组织的作用。目前,地方人大代表在同级政府中未能有效发挥对于规划的制订、执行等监督职能,对于侵害农村资源资产权益的违法现象也鲜有地方人大组织及人大代表的声音,往往是与政府步调一致。要通过建立对人大代表履行职责的考核机制、淘汰机制、责任追究机制等,促进人大代表更好履行职责,罢免不能胜任职责代表的资格等。

## 四、转变政府职能,完善相关政策,为农村资源资产市场化资本化营造有利的发展环境

由计划经济向市场经济转轨、加速经济跨越式发展过程中,政府利用行政权力配置资源对经济社会发展起到了巨大的作用, 具有一定的合理性和必然性,是发达地区发展的共同经验之一。例如,政府发挥其组织优势,按照规划建立经济开发区、工业园区等,成规模地开发农村土地资源,创造良好的投资环境吸引产业项目、技术和资金,推进工业化、城市化,加速地区经济发展、财政收入增加和农村富余劳动力就业、增加农民收入,进而依靠较强的经济实力发展农村公共事业、提高民生水平,获取改革的红利,是一种跨越式发展的路径。但是,这种模式在市场经济体制不断深化、农民权益意识和法制意识不断增强的新时期,其弊端和潜在的问题、风险不断暴露,成为社会不稳定的因素, 需要按照农村资源资产市场化资本化要求规范地方政府职能与行为,完善相关政策,为发展主体营造公平的发展环境。

### 1. 市场经济条件下政府在农村资源配置方面的越位与错位

农村土地资源主要属于农民集体成员共有,但是资源的利用,尤其是非农化利用需要经过政府部门的批准, 农业用地转为建设用地主要通过政府的征地行为,地方政府既是土地利用规划的制订者、监管者,也是农用地转为建设用地的批准者、征收者和出让者,既是运动员也是裁判员,应当是执法者,但却成为主要的违法者。目前土地违法事件主要是地方政府行为,或者地方政府默许、不积极查处等,政府行为的越位与错位并存,成为主要的社会问题之一。

(1)政府在农村资源资产市场化资本化配置中越位与错位的表现和问题。按照市场经济要求,农村资源的配置主体是农民、集体经济组织、企业的市场化行为,政府应当主要是服务和管理。但是,由于中国特殊的土地征收制度、行政管理制度等,地方政府职能更多的是发展经济,对农村资源配置拥有很大的权力,产生了系列矛盾和问题。一是征收农民集体土地引发的问

题。正如第六章分析的，"公共利益"被泛化，对农民补偿水平低，大量失地农民社会保障制度不健全，农民不能合理分享土地非农化收益，引发农民的不满，产生对政府公信力的质疑等。二是新农村建设中迁村并居等引发的问题。不少地方政府以新农村建设为名，不顾农民的意愿和现实条件，强制性迁村并居，让农民整体"上楼"，事实上是地方政府代替农民选择、侵害农民合法权益。三是政府债务风险问题。在地方政府大量征地建设开发区、产业园区招商引资的过程中，一般是政府建立土地储备整理中心负责征地，征地后经过规划整理招商引资，同时建立地方投融资和担保平台，征地的资金大部分是向金融机构进行融资（即负债），有专家指出，地方政府融资平台绝大部分与土地有关。如果政府征收的土地能够以较高的价格出让、出租，或者能够在短期内获得丰厚的税收弥补金融机构的贷款，债务风险相对较小；但不少地区政府征地后大量空置，有的以非常低的价格出让或者出租，导致政府背上沉重的债务，其风险以及可能对金融体系产生的不利影响将难以估量。据有关报道，1998~2005年间，全国土地抵押面积985.56万公顷，抵押金总额73385.77亿元；根据《2009年中国国土资源公报》，截至2009年年末，仅全国84个城市的土地抵押面积就达到21.7万公顷，抵押贷款高达25856亿元，比上年分别增长30.9%和42.8%。2010年6月23日人民网报道，审计署审计长刘家义向十一届全国人大常委会第十五次会议报告了2009年对地方财政和地方政府性债务管理的审计情况指出：审计调查的18个省、16个市和36个县本级，截至2009年年底政府性债务余额合计2.79万亿元，地方政府性债务总体规模较大，融资平台公司的政府性债务平均占一半以上；地方政府性债务中，政府负有直接偿债责任、担保责任及兜底责任的债务分别为1.8万亿元、0.33万亿元和0.66万亿元，分别占债务总额的64.52%、11.83%和23.65%，财政资金偿债能力不足，部分地方政府偿债压力较大，存在一定的债务风险，负债经营、寅吃卯粮等问题可能进一步加剧。四是中央政府政策、规划与调控管理措施执行难问题。应当说，中国恐怕是世界上土地管理的法律法规、政策以及行政管理制度（包括国家土地督察制度）最多的国家，但同时也是违反违规案件最多、土地资源形势最严峻的国家。虽然综合运用法律法规、政策、行政管理和"天上看、地上查、网上管"等综合手段，仍然难以到位，不断产生大量违法案件。土地违法案件主要是政府行政公权的不合理使用等,需要深入研究思考深层次的原因,提出根本性对策。五是市场化服务职能不到位。政府在市场经济中的主要职能应当是保护产权、社会管理以及公共服务等"市场失灵"问题,但目前地方政府由于多种复杂原因热衷于作为市场主体发展经济,谋取地方政府的财政收入、权力寻租等,为市场主体提供公共服务、保护产权等不受重视。

(2)地方政府在农村资源市场化资本化进程中越位与错位的根源。造成政府错位与越位的原因很多,包括前述分析的土地征收法律制度不完善、集体经济组织产权主体虚置、村民自治制度存在缺陷等为其创造了空间和可能性。但其根源是政府行政管理体制等政治体制改革滞后于市场经济改革发展要求。具体表现在以下方面:

一是地方政府事权与财权、财力的不一致,迫使其追求地方国内生产总值(GDP)、财政收入等经济利益。在中国行政分级管理体制之下,中央的有关政策要求、区域管理的工作主要由地方负责,省市、区县、乡镇对区域经济社会负全责,并逐级接受上级领导、对上负责,大量的事务由地方政府负责。但是,1994年分税制改革使得财权上收,中央政府能够集中的财力大幅增加;同时,分税制改革没有完全到位,省以下政府间是依据讨价还价的包干与分成模式处理4个层级之间的财政分配关系,致使政府间财政收支的划分颇具随意性,为高层级政府上提财权、下压事权提供了空间,从而形成了政府间的事权重心层层向下移动、财权重心层层向上移动,直接导致了各级政府事权与财权的严重错位,县乡财政收支矛盾日益恶化。(于长革,2010)地方政府为了应对日益增加的行政事务成本、行政人员成本,将获取更多的财政收入作为主要任务。经济发达地区由于率先改革开放、发展经济获取"改革红利"而在经济水平、收入水平、社会事业发展等方面远远领先于其他地区,产生了极强的"先发示范引导效应",在中央财政不能有效平衡发达地区与落后地区利益差距、整体与区域经济利益的矛盾、经济利益与社会生态利益的现实下,形成了各级地方政府追求地方GDP、财政收入等经济利益竞赛。据有关资料,2009年全国1.6万亿元土地出让收入约占当年GDP的5%和地方本级财政收入的48.8%,2010年2.9万亿元土地出让收入占当年GDP的7.3%和地方本级财政收入(4.06万亿元)的71.4%。另外,对地方政府来讲,其主体税种是营业税和增值税,税源主要来自第二产业的制造业、建筑业、采掘业以及第三产业中的房地产业,因此地方政府必然会努力引导和增加对这些产业的投资;第二第三产业在GDP中占比例高的地区会在地方税收方面比平均水平高,发达地区可以从出售土地使用权来获得高额的预算外收入,而欠发达地区由于土地价格较低而较少地获得该项财源。(于长革,2010)因此,促进经济发展、招商引资、建开发区以及促进工业化、城镇化,导致地方政府用非市场化手段征地、权力寻租、地方政府之间的财政竞争与地方官员行为的"公司化"就成为必然。

二是政府及其官员政绩考核、晋升激励机制的经济化。中国的财政改革与其他国家财政分权伴随政治上的联邦主义不同,中国式财政分权始终伴随着垂直的政治管理体制,上级始终掌握着对下级政府官员政绩考核与晋升的权威。实行经济分权后,由于地方各级政府存在着"机会主义行为倾向",并且上下级政府之间存在信息不对称,地方政府可能为了自己的利益而产生不利于整体经济的行为。为了约束地方政府的上述行为,同时更是为了地方政府极力发展地方经济的意愿,上级政府就必须对下级政府的行为加以监督,并需要设计一个易测量的指标对其绩效加以衡量。由于经济增长相对易于衡量,就将经济增长指标作为衡量地方政府绩效的关键性指标。(于长革,2010)

三是官本位的行政管理制度。中国是一个具有悠久的官本位历史的国家,官员注重对上负责而不是对下负责,官员的好坏、能否升迁主要取决于上级部门和领导,缺乏官员所负责区域群众对其评价、决定其政治前途的有效机制;政府机构及其领导者掌握大量的财政收入支配权力、行政审批管理权、政府机关工作人员任命使用权等多种权力,有时甚至会出现凌驾于法律和群众意愿之上的现象。采用行政性非市场化手段征收农村集体的土地、侵害农民权益的行为在政府系列工作措施之下得到执行、配合和认可、默许。

四是政府权力缺乏较强的民主性监督和约束。对地方政府权力运用的监督和约束主要是3个层面,即上级管理部门依据有关行政法律法规、管理权力、纪律处分等对下级的监督约束,新闻媒体等舆论监督,同级人大组织、纪律监督部门和司法部门。但从实际执行看,主要发挥作用的是前二者。全国暴露出的土地违法案件主要是媒体揭露曝光、中央政府督察,地方政府自我曝光的很少。同级政府有关部门之间复杂的利益关系、人事关系等导致相关监督部门往往集体失语。查办土地违法案件,主要由中央政府在全国分区设立督察机构,花费大量行政成本操作。由于信息的不对称、监管范围过大、发现与查办的周期较长等原因,单靠督察机构往往违法已经造成严重后果和损失,发挥的警示作用可能大于经济作用。因此,推进民主化进程可能是解决问题的根本之道。

**2. 积极推进资源资产财税管理体制改革,加快政府职能转变**

改革行政管理体制、转变政府职能已是老生常谈,但迄今为止没有实质性突破,某种程度上说明改革的阻力和难度之大。顺应农村资源资产市场化资本化要求需要进一步积极推进。

(1)扩大地方财源(尤其是县级和乡镇级),实现事权与财权、财力匹配。财税体制改革的基本思路是:扩大地方财权、财源,实现事权与财权、财源匹配,整体(全民)公共利益通过中央财政转移支付由全民分担(如粮食安全、耕地保护等)。围绕农村资源资产市场化资本化的财税制度改革的主要内容:一是改变财政收入结构,保证县和县以下有一定的税源。中央要让利,逐步增加县级和县以下的财政收入,形成良性循环。例如,增值税存量部分每年中央分成减少一定比例(如5%),增量部分全部留给地方政府收取,将现行税制关于企业在注册地纳税的规定改变为在税源地交税;建立物业税、交易税新财源;在《中华人民共和国土地增值税暂行条例》中增加关于农村集体土地建设用地使用权转让计算增值额及税率的相应办法,弥补地方政府财政收入;加快营业税改增值税试点推广范围等。二是增大制度性的补助。要减少专项项目资金,削减中央各部配置资源的权力,调整既得利益格局;取消政府土地出让金作为财政收入,直接作为扶持农业、农村和农民的发展扶持基金,保证征收农民集体土地出让金收益全部用于农业、农村和农民;加大中央财政、省级财政平衡区域利益差距的支出,保证农业贡献大的区域的收入和生活水平提高能够快于工业化地区的增长等。

(2)改革和完善行政权支配农村资源资产的规范制度。一是明确政府利用行政权支配农村资源资产合理性标准。主要是:符合法律规范、发展规划;为地区长远或短期共同利益,而不是局部利益、部门利益,甚至个人利益;不存在侵权;各方面利益关系协调,地方公民满意、认同,不存在上访、不稳定因素等。二是改革政绩评价与领导者升迁的评价标准。结合全国及地方主体功能区规划规定的发展方向、资源和生态保护要求确定侧重点不同的政府和主要领导人政绩评价标准和考核体系，根据承担不同责任的情况综合评价。三是试行农村资源管理权下放与主要领导负责制。根据市场化资本化要求定位政府职能(中央、地方各级)，尝试将农村资源的整体管理权下放各级政府负责，形成中央政府通过法律、规划、政策、财政转移支付、监督等方面对地方问责，地方政府代表中央政府行使国有土地的权利并对中央负责、对地方全体居民负责的机制。四是强化民主监督、依法行政、行政问责制度。建立鼓励支持市场主体民主监督、民主诉求的有效机制，实行举报奖励等措施；要按照《中华人民共和国行政许可法》等法律法规要求，严格政府行政行为，做到行政依据合法、行政主体合法、行政过程合法，保障程序正义、群众利益优先。同时，按照有关行政问责制度的要求，进一步完善内部监督制约机制(内部会审和重大事项集体决策制度)，建立土地审批权责统一的责任追究制度(一把手负总责，分管领导、承办人员负具体责任的工作责任制)，加大行政问责、违规处罚力度。

(3)加强政府服务农村资源资产市场化资本化的能力。农村资源资产市场化资本化运作过程中除制度障碍外，尚存在市场失范、服务中介匮乏和技术障碍、人才短缺等问题。土地市场发育晚，市场运作存在许多人为的制约，缺乏一个客观、公开、公平的交易环境；土地价值量、经营信用等级评估技术标准缺失、土地交易自动化信息系统建设滞后、资本收益分配机制不完善、会计信息披露欠公开和透明等；没有一个自上而下、网络状、多功能、高质量的中介服务体系；缺乏既掌握房地产、土地开发等专业知识又熟悉金融证券的边缘"复合型"人才。(胡亦琴，2006)因此，迫切需要政府承担相关职责。一是建立政府公共服务组织，实现由管理向服务转型。针对农村资源资产市场化资本化进程中需要的信息服务、价值评估、合同签订与履行监督等市场解决不了、解决不好或者无效率的方面，在市场发育不成熟的初期，需要政府做大量的工作，例如建立产权交易服务机构等，弥补"空位"、服务真空，实现由管理向服务的转轨。二是利用现代信息技术，建立管理服务网络平台。在现有农村资源、资产管理机构(如土地资源管理)基础上，整合、充实专业人员，建立省(市)县、乡(镇)三级网络服务和管理机构，建立统一的市场化资本化交易监管制度。

**3. 完善政策手段，提高针对性和有效性，发挥对农村资源资产市场化资本化的引导作用**

针对现实中出现的新情况、新问题、新要求，通过政策调研、政策试点、政策执行和政策评价等手段引导规范经济活动是中国推进渐进式改革开放的重要经验，也是法制化建设的前提和基础。改革开放以来，"三农"政策不断深化、完善，尤其是 2004 年以来，以统筹城乡发展、对"三农"加大扶持保护为核心的政策框架基本形成，改革进入深水区和更多的具体操作领域，需要提高针对性和操作性，促进农村资源资产市场化资本化。

（1）新时期促进农村资源资产市场化资本化的政策难点与问题。政策不同于法律法规，阶段性变化和时效性特点明显。在某些方面需要对现存法律法规进行突破（法律修改具有一定的周期），成熟后再上升为法律规范；其有时是导向性、方向性、原则性的，需要具体的措施、试点等逐步推进；有时是为了解决紧迫性的现实问题，往往配合以具体的财政措施保障实施；其约束力不如法律法规，有时难以执行，有时出现上有政策、下有对策，违反政策的成本低等。根据农村资源、农民资产市场化资本化的试点以及进一步发展要求看，目前的政策难点与问题主要表现在以下方面。

一是受法律限制政策没有突破，但现实中大量存在，缺乏政策引导问题。主要是农村集体利用集体土地建设商品房对外销售，农民住宅对本集体外人员出售，集体建设用地抵押等。

二是政策被异化问题。最典型的是耕地占补平衡政策，在实际执行中出现很多问题，例如："占优补劣"现象严重，补充耕地质量难以保证；补充耕地的质量难以评价；补充耕地生态危险性加大，生态环境恶化（有的是开荒增加耕地）；耕地开垦费难以落实，影响占用耕地的及时补充，且存在社会公平问题；新增耕地统计上存在缺陷，耕地保有量信息失真；实施耕地占补平衡的后续监管不力，存在抛荒现象；大中型重点工程的耕地占补平衡难以落实；补充耕地的成本投入大，资金来源单一等。（王军征，2010）

三是保障政策执行的经济手段不力问题。主要表现在基本农田保护与耕地保护政策缺乏经济平衡手段、约束力弱，区域政策性补贴以及农业保险不到位等。

四是政策规定与实际操作冲突、滞后于现实需要问题。政策的具体操作性规定缺乏、不配套，落后于现实。例如，农户承包经营地3~5年调整一次，但政策规定"增人不增地、减人不减地"；"十七届三中全会"提出建立城乡统一的建设用地市场，实现同地、同价、同权，但一直没有具体的操作性规定等。

（2）促进农村资源资产市场化资本化的政策重点。

一是将区域试点成熟政策尽快上升为国家政策。近几年各地针对增加农民财产性收入的要求，在农村资源资产市场化资本化方面进行了许多有益的区域探索试验，有些做法在短期内可能难以完全上升为法律法规，可以从政策层面制定规定加以引导。如集体建设用地使用权流转和抵押、农民宅基地使用权及其房屋转让政策、相关的税收政策。同时，对于一些法律虽然允许但缺乏可操作性强的规定通过政策加以细化，引导实际操作，如农户土地承包经营权、林地承包经营权入股的具体政策等。

二是进一步加大对"三农"的扶持，为市场化资本化创造条件。如加大基础设施、水利等建设，为规模经营以及土地流转创造条件；完善农业政策性保险、贷款制度为减弱土地、林地抵押风险提供保障；建立以耕地保护基金为主要内容的耕地保护经济补偿和契约式管理机制等。耕地保护基金可由各地市级政府设立，以保护耕地为主要目的，从土地出让收入中筹集资金，主要用于耕地流转担保、农业保险补贴，承担耕地保护责任、农户养老保险补贴和承担耕地保护责任的集体经济组织现金补贴。

三是构建区域土地政策体系，实施差别化土地调控。整体看，区域发展已成为提升我国整体实力的重要动力源泉，土地政策理应在促进区域持续协调发展中发挥作用，综合配套改革实验将区域土地政策设计推上前台，但失序的区域经济发展也带来了日益复杂的区域问题，现有区域政策研究普适性过强而针对性不足，亟须建立健全区域土地政策体系。要结合制定和落实国家和地方国土资源主体功能区规划，根据城郊地区与一般农区的区别、农业适宜区与其他地区的区别等，构建适合不同区域的差别化土地政策体系，改进和提升土地政策调控区域发展能力，增强区域发展活力、促进区域发展协调。

# 第八章　培育多元化农村资源资产市场化资本化新型主体

一、培育发展家庭农场、农业公司等适宜的高素质企业化组织

二、因村制宜促进村集体组织改革创新,重塑村集体组织新优势

三、积极扶持引导和规范发展多样化新型农民合作社

**内容提要:**发展高素质、高水平的新型经营主体是决定资源资产市场化资本化效率的核心,培育发展适宜的高素质企业化组织、因村制宜推进村集体组织改革创新、扶持引导和规范发展多样化新型农民合作社是主要思路。发展家庭农场要坚持条件性与规范性结合、规模适度与效率标准结合以及家庭自主决策、政府有限扶持引导、社会化服务体系建设三方协调等原则,加快培育新型职业农民、制定家庭农场准入条件和管理细则、鼓励引导农业土地承包经营权流转。工商资本采取公司制在多领域投资农业资源的市场化资本化是现代农业发展的必然现象,实践中存在"非农化"等多风险和不规范问题是市场经济不成熟的阶段性反映,必须建立扶持与准入结合的制度,严格租地项目运行状态效果监测与处罚淘汰退出制度。村集体组织是实施农村资源资产市场化资本化的主要组织,改革开放后农村集体组织及集体经济发展在地区之间、组织个体之间存在较大的差异,表现出新的特点和要求,面临着产权制度、组织制度等方面的问题,必须结合城中村、城郊村以及远离城镇的一般村的实际改革创新。在各种有利条件的促进下农民合作社发展迅速,成为新型农民组织的主要载体,发挥着日益重要的作用,但发展较规范、带动能力较强的相对较少,其组织机制、产权制度等方面存在一定缺陷和劣势,实践中也大量存在机会主义投机获利、合作社领办者文化价值和理念不适应、管理运作不规范等问题,必须转变数量追求目标,引导和规范发展土地股份合作、金融合作以及基于合作社内在需求的联合社发展,

鼓励部分合作社的公司化，支持村委会发挥优势领办合作社与村集体经济组织产权制度改革有机结合等。

中国农村改革开放的历史经验表明，抓住历史机遇，在村党支部、村委会或村集体经济组织的带领下，创造性地开发利用农村资源资产实现市场化资本化是发达农村率先发展、富裕的共同做法，市场主体的理念、素质和能力的不适应是目前制约农村资源资产市场化资本化效率的重要现实因素。适应中国经济社会的制度环境、市场环境及其变化，培育适宜的市场组织主体，尤其是适应农村的经济、文化、制度和组织特点，发展各种形式的企业化组织，将村集体经济组织及农户、专业合作社等培育为成熟合格的市场化资本化新型主体，充分激活其持续发展潜能，是面临的长期任务。

## 一、培育发展家庭农场、农业公司等适宜的高素质企业化组织

2013年中央一号文件提出，要培育和壮大新型农业生产经营组织，充分激发农村生产要素潜能，鼓励和支持承包土地向专业大户、家庭农场、农民合作社流转。在农村资源资产市场化资本化规模不断加大、进程不断加快的过程中，引导发展多种适宜的农业企业化组织具有重要意义。

### 1. 多种形式的企业化经营是农村资源资产市场化资本化和现代农业建设的主导方向

企业是以盈利为主要目的，具有一定的生产规模、固定的办公场所、独立的财产，按照有关规定依法注册登记成立、遵守财务制度规范，能以自己名义承担经济责任的法人组织，是市场经济条件下将外部交易内部化、节约交易成本的重要生产经营活动组织形式。经济大辞典《农业经济卷》（上海辞书出版社，农业出版社，1983年12月第一版）认为：农业企业是实行独立核算、以经营农业为主的经济单位，是在商品经济条件下产生的；其包括以农产品生产为主要业务的各种专业化和综合性企业，农产品生产同农产品加工结合的农工联合企业，农产品生产同农产品加工、运销相结合的农工商联合企业，为农业生产服务的服务型农业企业等。一般认为，由于农业生产的特点决定了农业最适宜于家庭经营，但经过百年的规模化、市场化发展，农业现代化国家普遍存在的是规模化家庭农场，即事实上的农业企业。

(1)分散的农户小规模经营不是成熟的市场化资本化主体。农村资源资产市场化资本化的进程与农户的理念、行为和利益直接相关,村级组织、合作社的发展均需要将农户的资源资产权利进行市场化资本化运作,农户是主体。但中国大量小规模、分散化的农户目前尚不是成熟合格的市场主体。

市场经济条件下,农户以家庭为核心,共同劳动,共同生产和经营,共同享受劳动成果,承担生产经营风险,对外独立承担社会责任和义务,其生产的目的是为了获取最大利润满足家庭存在发展需要,是社会的基本单位和市场主体之一。作为成熟合格的市场主体必须具备以下条件:一是产权明晰、权利完整。能够以家庭财产和权利证明对外承担经济责任和风险,享受经营的经济利益。二是财产和权利能够市场化交换或流转。农户能够根据生产经营的需要,利用自身财产或权利对外承担责任,用于交换,或者入股、抵押贷款等资本化,实现资产优化配置和收益最大化。三是生产目的商品化,具有较强的市场经营素质和能力,乐于接受新技术新产品。生产经营的主要目的是商品交换,而不是自给自足。能够根据市场变化调整产品结构,乐于接受新技术新产品,采取一定的途径推销产品实现价值,能够承担一定的市场风险实现持续经营。四是较强的合作意识和能力。农户自身实力、能力等有限,进行联合与合作或者借助外力实现自身发展是必然趋势和要求,必须具有较强的合作意识、诚信意识、让利意识等。五是能积极主动保护自身的合法权益。农户应当熟悉法律政策制度赋予自身的权利,并充分行使,在法律政策范围内保护其合法权益,例如,作为集体成员、股东以及土地承包经营者等方面的权益。只有大部分农户具有这种意识和行动,才能形成合力,有效抵制侵害自身权益的行为。

与成熟合格的市场主体相比,目前农户尚存在不少问题和差距。一是产权权利不完整导致市场化资本化受到诸多限制。如农民的房屋对本村以外的人销售受到限制,农民承包林地的林木销售等受到限制,农民对村集体建设用地的权益不明晰,农民承包地、宅基地抵押受到限制等。二是被动适应市场。每一个农户生产规模较小,只能被动适应市场需求变化、接受中间商的定价、承担市场价格波动风险;合作组织处于发展初期,覆盖面和辐射带动农户范围较小,缺乏像日本、韩国那样的全国性农协组织。三是合作理念以及权益意识欠缺。农户的合作共赢理念包括与农产品经纪人、运销商、农产品加工企业的合作意识,联合组建合作社的利益共享和风险共担意识,甚至必要的让利意识等。在不少农民中存在宁可自己产品低价销售甚至销售不出去,也不愿意让别人赚钱,价格高时毁约、欺客等现象,难以形成稳定的销售渠道。同时,作为集体组织成员、集体资产所有者之一、合作社成员等拥有的各种权益,部分农户不愿意、不能够积极行使。四是职业分化难以彻底,资源不能优化配置实现最大效益。由于户籍制度、社会保障制度、城市生活成本高以及土地对农民的特殊作用等多种因素,进入城市的农民难以真正市民化,农户兼业经营呈现上升趋势,纯农户数量减少,不少农民工即使在城市工作多年,也不愿意放弃承包地以及宅基地,出现农业劳动力老龄化、妇女化、副业化等现象。2010年,国务院发展研究中心农村经济研究部在全国做了一个大型调查,走访了6300多万农民工,问他们两个问题:你在城里落户以后,愿不愿意放弃承包地? 愿不愿意放弃宅基地? 对于承包地,80%的人不愿放弃,只有2.6%的人同意无偿放弃,还有6.6%的农民工表示只要给补偿就可以放弃;对于宅基地,67%的人不放弃,只有4.7%的人说有补偿的话可以放弃。(韩俊,2011)这个调查结果实际上反映了承包地资源、宅基地资源没有实现或不能实现优化配置,不能完全体现其价值,存在资源浪费。

(2)市场化、规模化经营是发展现代农业的方向。世界经济发展的理论和发达国家现代化的发展经验已经充分说明,适度规模化大生产优于分散的小生产。即使在小农经济为主的东亚地区,日本、韩国等现代化国家的农业资源配置也是基于市场化资本化的规模经营,农户数量不断减少、经营规模不断扩大到合理水平是主流。只不过基于各国的特殊国情、发展阶段,市场化规模化发展方式、发展速度、发展规模以及规模大小、有关制度规范存在差异或阶段性差异,需要因时、因地逐步发展,不能强求,也不能设置障碍阻碍其发展。

实现规模化生产,资源资产的市场化资本化配置是主要的机制。在市场经济体制下,具备法人资格的生产经营主体具有更加完善的制度和更加简单清晰的治理结构,对投资人、责任双方的利益保障更加充分,在资源资产市场化资本化配置中更易于被各类市场主体接受。此外,从目前国内的政策导向看,法人组织比其他组织受到更多的政策倾斜和优惠扶持。

(3)中国农业企业化经营已具备一定的实践基础。21世纪初以来,上海松江、湖北武汉、吉林延边、浙江宁波、安徽郎溪等地积极培育家庭农场,在促进现代农业发展方面发挥了积极作用。同时,在养殖业领域,规模化养殖场、养殖公司逐步占据产品生产的主体,比例仍将不断提高;在种植业领域,各种工商资本投资成立的农业公司发展非常迅速,土地股份合作社作为合作社企业化的重要形式正在迅速发展,在推进农业资源市场化资本化以及农业产业化进程中发挥着重大作用。据农业部初步统计,截至2012年12月底,全国家庭承包经营耕地流转面积已达2.7亿亩,占家庭承包耕地(合同)总面积的21.5%。其中,流入工商企业的耕地面积为2800万亩,比2009年增加115%,占流转总面积的10.3%。另据农业部有关信息,截至2012年中国经营面积达30亩以上的种植业大户已达887.4多万户,经营耕地在100亩以上的种粮大户约48万户,一大批以专业化、规模化、集约化经营为特征的专业大户、家庭农(牧)场在浙江、吉林、江苏、上海等地兴起,有的已经成为主体;农业部确定的33个农村土地流转规范化管理和服务试点地区,已有家庭农场6670多个。

**2. 积极稳步发展家庭农场**

根据各国经验,家庭农场是农业资源企业化经营的主要形式。2013年中央一号文件强调稳定农业家庭承包经营制度的同时,首次提出发展"家庭农场"的方向,释放出强烈的政策信号。其背景是:国际农业组织化的普遍经验,中国已有的实践基础,现代农业发展趋势与组织化、质量安全保障要求,对农业后继无人的担忧以及培养新型职业农民的要求,工商资本租用农民土地的非农化、非粮化对农民就业、社会稳定、粮食安全产生影响的担忧等。

(1)家庭农场的基本特征(或要求)。目前对家庭农场认识与界定存在差异。农业部有关负责人在解读2013年中央一号文件时,将家庭农场定义为:以家庭成员为主要劳动力,从事农业规模化、集约化、商品化生产经营,并以农业收入为家庭主要收入来源的新型农业经营主体。较早推行家庭农场的上海松江区认为,家庭农场是指以同一行政村或同一村级集体经济组织的农民家庭(一般为夫妻二人或同户家庭劳力二、三人)为生产单位,从事粮食、生猪养殖等生产活动的农业生产经营形式;家庭农场经营者是主要依靠家庭劳动力的自耕农。2013年3月公布的《合肥市示范性家庭农场认定管理办法(试行)》将家庭农场界定为:本县(市、区)以农户家庭(一般为夫妻二人,个别为父子或者父女等二、三人)为基本组织单位,以适度规模的农、林、牧、渔等为劳动对象,以高效的劳动、商业化的资本和现代化的技术为生产要素,以商品化生产为主要目的,实行自主经营、自我积累、自我发展、自负盈亏和科学管理,并在工商部门办理家庭农场注册登记的经济实体。钟甫宁主编的《农业经济学》(第5版)认为:家庭农场是以家庭为基本经营单位,农户拥有生产资料的使用权或所有权,能够自主经营管理并具有一定规模的农业生产经营组织;家庭农场是农业生产经营的主要载体,其特征是以家庭为基本经营单位,经营规模化、市场化、专业化,生产技术现代化,组织管理企业化,农民技能、思想现代化,与多种经营组织结合发展等。但同时,在这本教材中又将目前中国的农业家庭承包经营制度也看作是家庭农场制度,似乎存在自相矛盾。

农场的字面含义是从事农产品生产的场所。但经济意义上的农场是在工业革命后相对于工厂而出现的一种农产品生产组织方式,是在经营者所有或能够支配的一定的土地边界范围内从事规模化、商品化农产品生产的经济单位或特殊企业。农场的基本特点或要求是:拥有能够自主独立承担经济责任的资产或相应的产权权利,一定的土地面积和产量规模(虽然差异较大、难规范),从事追求利润最大化的商品农产品生产(不是自给性生产为主),生产活动有一定的土地区域边界范围,有自己的主打产品和品牌(可识别),在有关部门注册登记,有适用的规范化财务收支核算记录等。按照产权主体和经营组织形式,农场可分为家庭农场、合伙农场、股份公司制农场等。家庭农场是以家庭作为生产经营单位,以家庭劳动力为主从事农产品生产经营的农场。具体的家庭农场登记注册规范必须进行深入细致的研究确定,并根据现代农业的发展进行定期调整。

**案例:上海松江区家庭农场已经成为粮食生产主体。** 从2007年起,上海市松江区(总面积604平方千米)开始实践百亩左右规模的家庭农场模式,2011年粮食家庭农场已经发展到了1173户,比2007年增加了656户;经营面积13.38万亩,比2007年增加了4.33万亩;家庭农场经营比例占全区水稻经营面积的78.2%,亩均净收入866元,增加了56.1%;家庭农场户均收入10.1万元,部分种养结合的家庭农场甚至可以达到人均10万元的收入水平。其主要做法:一是当地区政府引导推动和规范。出台《关于鼓励发展粮食生产家庭农场的意见》，采取以农户委托村委会流转的方式，将农民手中的耕地流转到村集体的土地流转户每亩流转费收入不少于 500 元。到 2011 年年底，全区耕地流转面积已占全区耕地面积的 99.4%，绝大部分为农户委托村委会进行流转。土地流转到村委会后，由区政府出面将耕地整治成高标准基本农田，然后再由村集体出面将耕地发包给承租者。其中近一半的耕地流向家庭农场。二是对家庭农场经营者能力进行把关。村经济组织通过财务公开和信息发布进行公开招标，确定家庭农场经营者，预防农业低效经营和掠夺式经营；规定农场主必须是本村组织中的成员，扶持当地专业农民和种田能手、镇村干部和技术人员等"有文化、懂技术、会经营"的农业经营者发展家庭农场；建立农业生产档案，农场耕地必须用于粮食生产，家庭农场受让的流转土地不得转包。三是合理控制土地经营面积。综合考虑吸纳当地劳动力、收入等相关因素将每个农场的基本规模定为 100~150 亩。四是健全农业社会化服务。为保证家庭农场高效经营，区政府扶持发展农机专业合作社，为其提供全程机械化订单作业服务；成立了一系列涵盖产前、产中、产后的社会化服务体系，包括农资供应、农机、种子繁育基地、烘干设施等四大类。五是加强政策扶持。为家庭农场提供贴息贷款扶持并购买水稻保险，对达到 100 亩以上的家庭农场给予每亩 200 元的流转补贴，加上各级种粮补贴等，除去各种费用，基本能够保证每亩 300 元的纯收入。（本案例根据杨黔于 2013 年 2 月 20 日在中国农经信息网的文章——《上海市松江区"家庭农场"经营模式的经验启示》以及其他资料整理）

（2）促进家庭农场健康稳步发展的主要原则要求。家庭农场虽然代表中国现代农业的长远发展方向，其规模经济效益、组织化以及质量保障等产业发展优势毋庸置疑，但基于中国农业发展面临的特殊国情、资源禀赋、重要地位、关键阶段以及行业、区域的差异性等现实问题，在大部分地区的很长时间内，目前小规模的家庭承包经营仍是农业（尤其是集约化种植业）的主要组织形式。发展家庭农场必须遵循以下基本原则。第一，条件性与规范性原则。对某个地区而言，家庭农场的发展与土地流转的规模扩大、农户数量的减少、农业劳动力的减少进程一致，并要求土地流转的规范化、法制化程度高，流转期限相对较长（尤其是土地密集型农场），保障土地的农业用途，社会化服务体系能适应农业专业化要求，需要政府具备足够的组织能力、扶持能力、监管能力等;对于家庭农场个体,不同于一般农户、专业大户,其注册成立有一定的条件要求,主要是真实资产数额、生产经营经验与能力、文化技术水平(包括核算等)、经营规模等;家庭农场在能够获取较高效益的同时,也可能面临更大的市场风险、自然风险、债务风险、管理风险(如多支付土地租金、雇工导致成本增加而亏损等)。必须根据区域、行业的特点制订严格的准入、认证条件和退出机制,在债务承担、破产清算等方面制订适用的制度规范,否则将可能产生更加严重的问题。因此,对于发展家庭农场要坚决杜绝"大跃进"、形式主义、"形象工程"、行政推进、下达任务指标等做法,将政府的扶持引导与市场机制有机结合,注重条件建设与规范化建设,宁缺毋滥,积极稳妥地发展。第二,规模适度与效率标准原则。规模过小不能称之为农场,因为劳动生产率低等原因也不能获取规模经济效益和满足农场主经营农业的收益要求(如超过经营其他行业或外出打工、出租土地收入等)。但规模过大可能超越家庭的经营能力,造成土地生产率等资源产出效率下降,风险加大等一系列问题和纠纷,甚至可能出现或助长家庭通过流转更多土地获取政策优惠、转包获利等机会主义行为。因此,必须以有利于提高资源利用效率和产出率为核心,考虑农场主获取一定经济收益的可能性,并根据行业与区域特点、发展阶段等,在详细调研的基础上制订差别化规模标准,一般应当是设置底线和最高限。以种粮为例,目前一般认为北方一个家庭经营 100 亩、南方 50 亩比较符合规模经济,也能够适应农村劳动力就业的需求。当然,北方的差异也很大,东北面积可大些,其他地区可能要小些。第三,家庭自主决策、政府有限扶持引导、社会化服务体系建设三方协调原则。是否成立家庭农场、如何经营管理、适宜规模大小等应当完全是市场行为,必须本着自愿性、渐进性的原则,独立自主经营、自负盈亏。政府基于社会整体目标和利益要求可以对发展家庭农场采取多种扶持措施,这种扶持要根据财政实力大小、扶持能否可持续、扶持可能的正负效应、扶持目标的可实现程度等多种因素综合评估确定,必须确定一个科学合理的扶持或补贴力度,既能促进家庭农场规范有序发展和经营,又不能使其造成对政府的过度依赖。同时,家庭农场的发展需要技术、农机、病虫害防治、经营管理以及运销等专业化社会服务组织或政府公共服务组织提供必需的服务,解决农场自身解决不好或解决不了的问题,家庭农场才能健康发展。因此,发展家庭农场必须将家庭独立自主经营、政府有限扶持引导、社会化服务体系建设三方协调作为重要的原则或者必要条件,作为重要的基础性内容。

(3)培育新型职业农民,为家庭农场发展创造有利条件。目前农户作为市场主体存在的问题、差距与中国特殊的国情和小农经济的历史有关,整体改善需要很长的历史时期,包括建立农民合作组织、培育农民合作理念、提高市场竞争能力、促进农民有效彻底的职业分化等,有的改变需要在不断实践中逐步完成,有的可能需要几代人的努力。其中,培育新型职业农民是重要的基础和条件。一是加快推进农民身份和职业转型。主要是促进农民市民化、农民股东化和农民职业化。重点是深化户籍制度改革,促进符合条件的农业转移人口在城镇落户并享有与当地城镇居民同等的权益;对进入小城镇落户的农户,对其宅基地、房产合理折价,准予其折抵在城镇的住房成本;对于失地农民建立完善的养老、医疗、就业与失业等社会保障制度,尤其是解决好失地农民就业后由于企业亏损倒闭造成的再失业问题等。制定鼓励农户将土地承包经营权、宅基地以及住房置换成股权的各项具体政策,让更多农民成为股东;要配合集体产权制度改革,使农民成为股东,促进农民流动、进入小城镇。对于务农农民(尤其是青年农民)要将其培育为新型职业农民,即具有科学文化素质、掌握现代农业生产技能、具备经营管理能力,以农业生产、经营或服务作为主要职业,以农业收入作为主要生活来源的农业从业人员,成为专业大户或家庭农场主,或者将耕地让渡出去而成为新型的农业产业工人;要以奖励、担保、贷款贴息等手段留住本地素质相对较高的中青年农业劳动力,将其培育成职业农民的新生代;要对农村社区实行开放政策,以实实在在的举措鼓励大中专毕业生、农业科技人员和企业家进村当农民、进行创业,形成新型职业农民的引领者。二是完善政府对农户生产经营的服务。在全国性农业合作组织发育的初级阶段,针对农业弱质性、农民弱势性、农村弱后性加大基础设施建设、技术推广服务,为农户提供完善的市场信息、产品销售等新的服务,建立全国性主要农产品种类种养殖规模、预计产量、上市时间等连续性信息发布,指导农户安排生产,解决目前仅仅发布事后价格信息对农户指导性、规避风险损失作用不强的问题,实现政府服务目标由过去保障供应转向追求供求平衡、避免价格大波动、保障农户收益,避免"谷贱伤农"、"谷贵伤民"等问题。三是着力提高农民培训的针对性和有效性。在农民培训方面,中央和地方政府每年都会拿出大量资金用于农民技术、农民工职业技能等方面的培训,制订和实施了"阳光培训工程"等各种行动, 对农民素质与技能提升起到很大的作用。但培训中存在的问题很多,例如不是根据农民的实际需求自下而上制订培训内容,而是热衷于自上而下制订全面性的系统工程以突显政绩和特色,培训内容方式、地点等不能贴近农户的实际状况、现实紧迫需要, 用获取各种证书的数量衡量培训成绩,培训工作"虎头蛇尾",培训资金成为主管政府部门及其官员的"唐僧肉",导致权力寻租、腐败等。据 2009 年 4 月 20 日《人民日报》报道,自 2008年开始,贵州省查处农民工培训造假系列案件 150 余起,涉及官员下至乡镇的上至省级部门的,贪污少则数万元,多则上百万元,不法培训学校骗取国家补贴金额多者达上千万元(根据国家规定,每培训一名农民工,培训机构可获 500 元至 800 元财政补贴)。这些类似案件即使 2011 年在全国各地也不同程度存在。针对农民培训存在的问题,需要在培训对象、内容、方式和方法方面不断完善,要更加贴近农户的现实紧迫要求,方便农户参加、确保农户受益,提高针对性和有效性。各地有一些很好的经验值得借鉴,如 2009 年洛阳市筹集资金 5000 万元,采用发放培训券的形式对 10 万名农村劳动力(失地农民)和下岗职工开展技能培训,农民工凭借培训券到自己方便或满意的各地职业院校参加相应专业的培训,承担培训的院校则按回收到的培训券向政府部门兑换国家培训资金。四是深化绿色证书等农民培训制度,深化证书的潜在功能。制定专门政策,将农民获取绿色证书等与产业发展扶持政策紧密挂钩,着力选择青年农民、规模化经营户、合作社骨干、农场主等培养为创业型的新型职业农民、农民企业家,将宝贵的农业资源由职业农民来经营。

(4)制定制度规范和政策,引导家庭农场健康稳步发展。一是尽快制定家庭农场登记注册等准入条件、管理细则。家庭农场是企业化经营,化解风险与可能的纠纷需要有法可依、有章可循。要尽快按照家庭农场的基本要求,结合中国实际,对于家庭农场的类型、注册登记条件、基本标准、注册登记程序和管理等方面制定详细的制度规范,因地制宜制定与产业、区域等特点相匹配的准入标准。目前在部分试点地区,有的将家庭农场登记注册为个体工商户,有的登记为个人独资企业,需要进一步根据实际分类规范。目前安徽省、浙江省等地以及一些区县制订了鼓励发展的意见,示范家庭农场的认定标准、登记注册条件、扶持政策等。二是鼓励引导农业土地承包经营权流转。减少农民、土地集中是家庭农场规模化的基础。要全面调查掌握农户土地流转和规模经营的现状与类型，根据实际制定针对性强的鼓励扶持政策，为规模化专业农户、农户合伙创办企业化农场创造条件，尤其是要着力推进粮食的规模化经营，解决种粮单位面积收益低的问题。制定农民土地承包经营权流转规范条例，引导和规范土地承包经营权流转与社会资本投资农业行为；设立土地流转专项引导资金，支持村党支部、村委会组织农民以承包土地入股组建土地股份合作社，引导农民以土地承包经营权向专业合作社入股。三是制定扶持政策。重点支持发展一批"生产有规模、产品有标牌、经营有场地、设施有配套、管理有制度"的示范性家庭农场，鼓励有条件的村积极试点发展家庭农场。家庭农场可在农业行政管理部门单独注册登记并接受其管理。将扶持合作社的优惠扶持政策同样用于家庭农场，全面取消各种税费；将政府对农业的各种扶持政策普惠到家庭农场。

**3. 积极发展、引导和规范工商资本投资农业，培育高素质农业公司**

引导工商资本投资现代农业，培育高水平的农业公司是建设现代农业、实现资源资产市场化资本化的重要途径。自1995年农业产业化经营理念在中国得到认可之后，工商资本投资现代农业建设就呈燎原之势快速发展，尤其是在中国入世之后面临国际市场竞争压力下和近几年宏观经济政策与环境导向下，投资现代农业建设的工商资本、风险资本、国际资本不断增多，在城市郊区、传统农区、山区的农业发展和土地市场化资本化实践中都有各类工商资本的投资，其一般采取公司制方式经营园区、农庄、养殖场或者生产基地。工商资本参与农村资源资产市场化资本化、投资现代农业建设的具体组织形式包括：公司租用农民承包地经营现代农业，或者租用集体能支配的土地（包括耕地、"四荒地"）经营农业；地方政府征用农民土地后低价或者无偿交由公司经营农业；采取"公司+农户"、"公司+合作社+农户"等方式，公司主要负责加工、营销、生产资料供应等，农产品生产环节由农户具体负责。工商资本投资农业主要是特色农产品、绿色或有机农产品、种子等生产资料、加工物流以及全产业链经营。一般是能够保障一定利润的高端产品、经营环节或者实行全产业链经营。

众所周知，自1995年之后中央政府以及地方政府对推进工商资本采取多种形式的农业产业化经营以及其他方式投资现代农业都给予了许多扶持政策，并且支持力度仍在加大。同时，在现实中也暴露出不少问题，面临许多风险。如何辩证客观和全面看待这些公司制的优势、必然性与存在的问题、风险，采取有效的措施引导其健康快速发展是面临的重要问题。2013 年中央一号文件已经提出要对企业租赁农地进行严格的准入限制，释放出明显的政策信号。

（1）中国现代农业发展需要而且必然会有更多的工商资本建立数量更多、素质水平更高的农业公司。可以列举很多理由说明其必然性和必要性，国内外的历史和现实也充分证明了这一观点。一是必然性。适应大国农业产业产品特点、区域生产力差异、消费需求差异以及科技水平、生产力水平等多样化特征，现代农业的经营组织必然是一种多元化的组织体系，工厂化生产也逐步在很多农业产业成为可能（可以精确监控、标准化生产、劳动付出标准化计量），并且在很多领域需要，在新产业发展、资源开发等方面公司制有很大优势。解决农业资金问题，作为农村资源资产市场化资本化需要承接者，实现优化组合与增值，最主要的组织形式应当是公司制，可以实现农村优势与工商资本的各种优势的结合。公司制与合作制、家庭农场等相比在融资、品牌建设、规模化生产、质量安全保障、营销、延伸产业链条等方面具有明显的优势。农业的基础地位和多功能价值不断提升，农产品的长线稳定性市场，政策扶持保护力度加大等必然会催生各种农业公司等。二是必要性。站在国际视野，发挥资源优势开辟更大的国际市场实现资源、产品的市场化资本化增值，保护本国产业安全和市场安全，增强国际竞争力必须着力打造一批农业各行业的"航空母舰"、跨国集团，实行全产业链经营。推进农业标准化、保障质量安全等需要大批公司提高组织化。将公司制的优势与合作社、农户的优势结合，形成产业化经营模式也是合作社、农户发展的需要，可以在各自最有效率的领域发挥最大作用，也可以通过合作发挥最大作用。对农业依赖性小的农户希望将农业资源由工商资本经营，甚至比流转给合作社更有保障。现实中也大量存在"公司+农户"订单农业模式毁约、合约稳定性差等缺陷，只有通过合作社、村委会、村集体或者政府部门担保才能得到认可、信任，采取公司承租农户土地的经营方式能够解决。华中师范大学中国农村研究院百村观察项目组基于对全国 31 个省 151 个村庄 3048 位农户就"资本下乡"进行的问卷调查和深入访谈得出以下结论:当前我国资本下乡发展范围较广,规模较大,非农产业居多;农民比较欢迎资本下乡,约半数农民愿意由下乡资本承包其土地以及到下乡企业中打工,九成农民认同出租土地拿租金的方式;农民对资本下乡的态度与其权益保障密切相关,权益保障较好的农民,对资本下乡的意愿及评价都较高;因此,资本下乡要发展,重在保障农民权益(中国农村研究网,2012-06-22)。大量的事实也证明很多公司在推进农村资源资产市场化资本化增值,开发新型农业产业、产品,带动区域农民富裕等方面发挥了合作社等难以起到的作用。因此,在强调家庭经营的基础性,家庭农场、合作社经营的主体性同时,不能否定农业公司组织发展的主导性、先进性、必然性。

(2)工商资本投资农业存在的问题是应当而且可以逐步解决的发展中问题。工商资本投资农业中存在的问题可以从不同角度归类。一类是"公司+农户"、"公司+合作社+农户"产业化经营中存在的问题,主要是契约合同的不稳定、毁约,双方的利益博弈中存在的问题,尤其是龙头公司得到政府的大力扶持,期望其能够带动农户实现增收、保障产业数量质量安全,但不少公司却利用其优势地位、垄断地位损害处于弱势农户的利益,造成市场博弈中的严重不公平、不平等问题等。有很多案例反映现实中的问题:2012年年初新华网等媒体广泛报道讨论的五常大米加工企业采取霸王条款、垄断性合谋等手段获取高利,而政府有关部门保护加工企业、轻视稻农利益的"五常大米高价与稻农利益"博弈热点案例;2011年10月23日新华网的文章《世界知名企业克扣奶农之道——双城雀巢低成本奶业经营模式调查》发现,奶农交一桶奶少1公斤,多年被克扣已成"公开秘密";2012年4月7日新华网的文章《一斤奶缘何卖不过一瓶矿泉水——一家国内知名企业低价收奶现象调查》写到,垄断黑龙江省双鸭山市生鲜乳收购市场的完达山股份有限公司一直以低于黑龙江省规定的保护价收购,且拖欠奶资长达3个月之久,许多奶农纷纷"砍牛"避险,导致奶牛数量骤减,当地多年培植起来的奶牛养殖业陷入困境。

另一类是工商资本租用农户的承包地或集体土地等产生的问题和对面临风险的担忧,这是质疑最大的方面。新华网2012年5月24日发表了"新华视点"记者的文章《雨润模式——发展实业还是圈钱游戏? 雨润集团在辽宁大规模低成本扩张调查》。记者深入调查了解到,我国最大肉制品企业之一的雨润集团近年来在辽宁省密集布局,所建生猪屠宰项目却因产能过剩,开工率严重不足。雨润之所以愿做这样的"赔本买卖",得益于以农业项目获取了大量补贴资金和优惠政策,如土地免费、财政扶持、收费减免,雨润集团在借惠农政策低成本扩张的同时,对农业的带动作用却并不明显。"雨润模式"可以概括为:先是夸大投资计划,向政府申请高额补贴和配套资金,自己用少量投资便能建起新工厂;然后将低成本获得的土地资产,抵押给银行贷款,作为企业运转资金;而雨润将无偿获得的土地和资产计入利润,还可通过上市公司发行新股获益。2011年下半年雨润在辽宁省黑山县建成的项目,总投资3亿元,具备年屠宰生猪200万头的能力。雨润集团与黑山县政府签订的协议书显示,项目占地194亩,综合地价4850万元先收后退,"县政府在收到雨润土地款后的10个工作日内,以财政补贴方式奖励给雨润"。同时,项目建设期间,黑山县政府协助雨润向上争取农业产业化扶持资金4000万元,协助新工厂落实5000万元贷款的财政贴息资金。随后,新项目的运行费用也被大幅减免。协议约定,新工厂的检疫费、"防五"证明、消毒证收费实行年度包干上缴,每年不超过8万元。而辽宁各地动物卫生监管部门对生猪屠宰每头收取5~8元的检疫费,如果雨润黑山项目按照设计的产能规模进行生产,仅检疫费一项每年就应收1000万~1600万元。以上合计,县政府协调给予雨润的补贴、减免和财政支持资金总计近亿元。

国务院发展研究中心张云华在2012年2月20日的《农民日报》上阐述了企业下乡租地或称"圈地"、"资本下乡"存在的问题和危害,得到普遍认可,也是现实中确实大量存在的问题。其主要观点是:一些工商企业下乡租赁农地的主要目的是"圈地",而不是真正用于农业经营,其目的主要是从事非农业活动、套取国家资金、企业老板租赁农地做"庄主"(休闲养生)等。同时,他认为,即使确实是从事农业生产,但是工商企业长时间大规模租赁农地的行为不利于农民土地权益的保护、会动摇农村基本经营制度。因为在租赁农地的过程中,工商企业利用资本、信息、市场、部分基层政府和干部支持等优势,在与农民的谈判和签约中占据有利地位,租赁合同条款往往会有利于企业一方。出租之后,由于企业与农户的农地租赁合同期较长,合同期内,由于农地形状变化、家庭成员变动等情况,以及随着时间的推移,工商企业会成为事实上的农地主人,农民很可能难以收回自己的承包地。另外,不少工商企业租地经营存在短期性行为,部分工商企业本身不具备经营农地的经验,企业一旦发生经营风险就拍屁股走人,很容易将风险转嫁给农民和地方政府。另据张云华等对分布于多个省份的 669 个农户的问卷调查表明:57.1%的受访者对于公司长时间、大面积租用农民耕地存在担忧;40.6%的受访者担心收不回来地,27.5%的受访者担心公司亏欠农民租金,24.5%的受访者担心公司会破坏耕地,3.2%的受访者担心会损害集体利益,4.2%的受访者有其他担心;90.4%的受访者认为对于公司在农村租用农地应该有限制。张云华(2012)通过对成都市农地流转的研究后认为,存在的主要问题是:少数地区农民的流转主体地位得不到保障;农民难以获得土地增值收益,部分流转土地存在"非粮化"倾向,部分村流转"工作经费"不符合有关政策规定等。

对于工商企业下乡直接租赁农地,既存在大量的成功好典型,也存在大量冲突、纠纷和问题、风险,如何辩证分析? 其深层次和宏观性原因是什么?一是资源资产市场化资本化"摸着石头过河"的渐进式改革方式和政府管理、制度建设滞后的结果。工商资本租用农民承包地或集体土地是农村资源市场化的一种方式,也是"摸着石头过河"的渐进式改革,政府的管理制度、管理行为严重滞后是普遍问题。虽然国家法律法规早就对农业土地用途管制等方面有明确规定,但监督检查跟不上,打政策"擦边球"、应付检查等现象大量存在,地方政府出于招商引资、竞争需要与企业合谋或者容忍等也为这种现象提供了生存土壤。同时,《中华人民共和国农村土地承包法》《中华人民共和国农村土地承包经营权流转管理办法》中均没有对工商企业租地行为进行准入规定,只有 2001 年《中共中央关于做好农户承包地使用权流转工作通知》中提出了"中央不提倡工商企业长时间、大面积租赁和经营农户承包地",但"不提倡"并不表示"限制",多长时间算是"长时间"、多大面积是"大面积"、期限和规模大小的科学的实践依据和标准是什么、如何监督执行等一系列问题没有任何规定,尤其是没有法律法规的规定而形同虚设。二是不成熟的市场经济环境和发展阶段下投机逐利性行为和市场主体素质水平差异的反映。在不成熟、不规范的市场经济条件下,不少公司很不成熟,经营者的文化价值观、社会责任意识等方面存在缺陷,在激烈的市场竞争和利润最大化导向下,以追逐利润最大化为目的投机行为大量存在,资本会采取各种可能的,乃至违法的方式追逐利润,不但在农业、农村大量存在,而且在其他领域、城市中也大量存在,并存在于各种类型的经济组织、经济主体中。当然,也大量存在着高水平高素质公司能很好地处理存在的风险、冲突和问题,实现公司利益与农户利益、社会利益的多赢,企业家的文化价值等至关重要。三是农户(集体)、公司、地方政府、中央政府四方面利益要求冲突的体现。在期望农户承包地的利用目标方面,农户希望收益持续增加、风险较小,公司希望利润最大化,地方政府招商引资希望增加国内生产总值(GDP)、税收、就业机会等,中央政府希望保障粮食安全、社会稳定,对农地非粮化,尤其是非农化要严格限制、禁止。四方面的利益存在不一致,乃至冲突,最终的博弈结果取决于各自的能力和市场选择,现实中也存在能够实现四方利益目标均衡的成功典型。例如,将粮田改种为其他高效经济作物是公司租用农民承包地的普遍做法,是非常合理的、理性经济行为,否则工商资本就不会去租地,这也是市场力量和政府力量博弈的结果。

(3)用制度引导和规范工商资本发展现代农业公司经营。基于上述分析,我们认为,促进工商资本投资现代农业健康发展的关键是要协调好政府调控管理与市场机制的关系,尤其是明确政府应当做什么、必须做好什么和如何做好,制定制度引导、规范。一是建立扶持与准入结合的制度。首先是必须进一步加大和完善发展农业公司的扶持力度,应当将扶持合作社、农业产业等优惠政策普惠于所有的农业经营企业,作为扶持"三农"尤其是农业的战略举措,为所有的市场主体公平竞争创造政策条件。其次,建立经营农业资源的资格准入制度,对企业租赁农地进行严格的准入限制。享受扶持政策必须满足相应条件,主要是:必须具备经营租入农业用地的技术、管理能力,保证土地的农业用途和土地产出率、劳动生产率不断提高;企业经营领域必须与农业相关,租地企业负有保护农地的责任等。要对各类企业、组织租赁使用农户承包地,严格企业资信、技术力量、产业规划、风险防范等情况,严格查处、纠正和禁止"圈占农地"的非农化行为。二是严格租地项目运行状态效果监测与处罚淘汰退出制度。要在重视招商引资、落实扶持政策和项目投资建设的同时,更加重视对公司的租入土地用途、财政投资项目运行效果等方面的经常性有效监控,完善监测考评标准体系,建立严格的违规处罚、淘汰退出机制和制度,强化制度执行。尤其是对于地方政府用非常优惠政策招商引资的违法违规"非农化"等要严格查处,这是目前最大的短板,也是造成各种机会主义投机圈地行为的重要原因。三是建立与完善风险和纠纷防范制度。工商资本租用农地实行公司化经营的风险主要是围绕农地租期、租地价格、土地增值收益及其分配,以及因为自然因素、市场因素对公司效益产生不利影响而形成的公司违约、浪费资源等问题,是比较复杂的问题,实质就是利益问题,需要客观理性地找到平衡点和具体办法。例如,出租户(农户)希望租期较短,中央也不提倡长时期租用农户土地,但对于租地公司如果租期达不到足够的期限,进行基础设施建设等固定资产的投资就难以收回,也不利于公司的永续经营和产业发展,这是违背基本经济规律和企业发展规律的;租期较短就需要频繁调整租金,需面临众多不利于产业发展的不确定因素,增加许多社会成本、经济成本和各种风险,很可能成为短命企业。因此,对于存在的风险和可能的纠纷等应客观看待,并找到现实的解决办法。具体包括:限制5年期以下租地合约,合约期内根据物价变化或通货膨胀因素等确定合理的租金上涨幅度,或者采用支付实物农产品租金的办法,这些方法目前在很多地方建立土地股份合作社中均有采用;鼓励建立和完善土地租金预付制度;在土地流转面积较大地区,通过政府补助、流入方缴纳等方式,鼓励建立土地流转风险保障金制度;扩大农业保险补贴范围、提高标准,降低因经营规模扩大可能导致的自然、市场风险等。

## 二、因村制宜促进村集体组织改革创新,重塑村集体组织新优势

全国村级集体所有的耕地、草地、林地、园地、养殖水面等农用地总面积58.97亿亩,其中耕地13.51亿亩、草地21.69亿亩、林地17.91亿亩,家庭承包经营耕地面积12.74亿亩。另外,村级组织经过多年积累,尚有大量的经营性、公益性资产,这些资源资产的市场化流转、资本化增值是农村经济社会发展的重要经济基础。农村土地资源的集体所有和村民自治制度等决定了村民委员会、村民小组和村集体经济组织是实施农村资源资产市场化资本化的主要组织者,随着市场化资本化进程的不断推进,更需要农村集体组织发挥多种综合性作用。村集体组织适应经济社会发展要求与市场环境变化,不断增强自身把握市场机会能力、组织创新能力、运用各种资源资产实现增值能力等是实践的紧迫要求。改革开放后农村集体组织及集体经济在地区

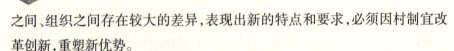

之间、组织之间存在较大的差异,表现出新的特点和要求,必须因村制宜改革创新,重塑新优势。

**1. 现阶段村集体组织与集体经济的总体特点与趋势**

我国现阶段农村集体组织是在经历合作化运动的高级社、人民公社制度后,于 1983 年逐步形成发展的。法定组织形式包括村民自治组织村委会、村民小组、村集体经济组织等。现实中村集体组织经过 30 多年改革变迁,在具体职能、组织形式等方面差异较大。有的地方村委会按照自然村庄设立(如天津),有的自然村称作村民小组,有的人口较多的自然村庄分为几个村民小组(如陕西等)。村集体经济组织一般是"虚置"的,有的有集体办的企业,有的称作经济合作联社、经济社、社区股份合作社、股份合作公司、资产管理公司等, 有的集体经济组织与村委会职能有明确分工,有的"合二为一",总之是复杂多样的。按照共同富裕目标、村级组织职能界定以及应当承担的职能,在推进农村资源资产市场化资本化进程中,村级组织都将承担首要的责任。必须首先对现阶段村级组织以及集体经济发展的总体特点和要求有清醒的认识和判断。

(1)村党支部、村委会与村集体经济组织职能。行政村级的三种组织是负责行政村经济社会发展和管理的法定组织,制度规定的职责界定不同,总体看各地差异较大,现实中表现出与制度要求不相同的特点和趋势:一是基本管理制度能够执行,但经济职责履行程度各地差异大。2010 年 12 月,据民政部部长李立国介绍: 我国 85%以上的村建立了村民会议或者村民代表会议制度,92%以上的村建立了村民理财小组、村务公开监督小组等组织;35%以上的村每年召开村民会议,75%以上的村每年召开 1 次以上村民代表会议,98%以上的村制定了村民自治章程和村规民约,90%以上的村建立了村民民主理财小组、村务公开监督小组;90%以上的县(市、区)编制了村务公开目录,91%以上的村建立了村务公开栏。但从经济发展角度看,农村税费制度改革后, 各地村级组织由于收入来源和基础发生较大变化,原有的群众基础、管理和服务的人口、产业基础等存在差异,对履行职责造成较大影响。经济基础好、群众信任、积极参与和人口相对较少的村,制度所赋予的职责一般能够得到较好履行,但其他地区相对较差。例如,保持集体资产保值增值、为农户生产服务的职责在不少村基本没有履行。二是"两块牌子"或"三块牌子"、"一套人马"是大部分行政村的最佳选择,主要村干部起关键性、决定性作用。目前大部分行政村中(尤其是发展较好的村),村党支部、村委会乃至村集体经济组织的主要领导成员往往交叉任职,有的采取书记与村主任、集体经济组织法定代表人"三合一",有的"二合一",村委会主任或者村支书起关键性、决定性作用,这是基于成本费用节约、工作协调、群众信任基础、干部威信以及人力资本短缺、工作内容的关联性等多方面因素的选择结果。尊重多数村民意愿和现实需要,而不是以教条主义的"应该是什么"去人为设定基本标准。三是管理和服务的经济基础对组织运行和效率起重要作用,甚至是主要作用。村集体经营性资产、收入较多,村民关注、参与组织活动的积极性就较高,村组织为村民服务、发展公益事业等就有经济基础,就能产生更大的凝聚力,组织运行就有保障。现实中,资产较多的村,村民参与村干部竞选、投票就较积极;相反,则不关心。不少村之所以凝聚力差、组织运行效率低与此有很大关系。四是期望与要求日益提高,矛盾多、干部工作量大。与承包制实施的初期相比,农户在生产经营中面临的许多问题(市场、技术等)需要集体帮助解决,土地承包经营权等权利流转将进一步增多,村民增加收入以及对公共服务、公益事业的要求提高,村民的流动性将进一步加快,农村资源市场化进程中的新矛盾新问题不断出现,农村社会管理出现许多新特点;国家建立覆盖城乡的均等公共服务体系,扶持"三农"的资金和项目增加,乡镇政府要求村级组织承担的事务增加等。这些都使得村级组织承担的责任更重,正如许多村干部反映的,村级组织承担的职责、完成工作量设计的内容除了国际外交外其他都有,总计100多项来自各部门的任务,对村级组织的能力建设、组织制度建设等方面提出了严峻考验。村集体资产较多、收入较多的村产生的矛盾、工作量一般也较多,也有财力组织更多人员完成好各种任务;大部分村集体资产较少、收入较少的村产生的矛盾、工作量一般也较少,缺乏足够财力完成好各种任务,有的工作只能是应付。村级组织工作人员的工作任务、指责与其报酬的不匹配是影响组织效率的重要原因。

(2)村民小组组织及职能。农村大部分土地资源属于村民小组成员共有,但法律对其没有具体性质、职能的界定,也没有相应的组织代表,大部分村民小组是以协调村民之间和村之间矛盾、组织办公益项目、承担村委会分派任务为主,发展经济职能很弱。村民小组一般只设组长和出纳员,在经济发展项目、资源开发等方面主要由村委会或村集体经济组织等负责,包括用地协调、签订合同等。

(3)村集体经济发展。改革开放后,村级经济发展成为中国经济发展的重要力量,涌现出华西村等一大批典型。从目前看有以下特点:一是总体水平不高,差异较大,分化严重。正如根据农业部经管司经管总站统计(第三章"产权权能分离性"中),截至2011年年底,全国30个省、区、市村级集体经济组织村均账面资产343.4万元,其中东部地区资产占资产总额的75.6%(村均619.3万元),西部地区只占6.6%(村均97.1万元);广东、山东、浙江、北京、江苏等5个省市占全国村集体资产总额的59.8%,村均789.8万元;村均村级集体经济组织收入57.1万元,其中经营性收入村均22.2万元;没有经营收益和经营收益在5万元以下的经济薄弱村占全国总村数的79.7%,无经营收益的村占总村数的52.7%。因此,平均数下掩盖着村与村之间的巨大差距,相当一部分村要依靠政策支持或财政补贴,依靠转移支付才能维持基本运转。据对天津村集体经济调查估算,天津市村级集体经济人均可支配收入仅200元左右,多数村级年可用财力20万~30万元,大部分村级经济收入来源主要依靠财政转移支付、各种补助收入及其他不稳定收入,不少薄弱村收支倒挂,运转艰难,失衡矛盾十分突出,可支配收入低于平均线以下的占多数,经济薄弱村占1/3左右。二是债务负担沉重。村级债务问题源自于20世纪90年代兴办集体企业、各种政府的达标升级活动以及税费制度、村级民主管理不到位等原因。由于产权、权责利关系不清等,企业亏损倒闭导致负债由集体承担。据陈晓华等(2001)研究,1998年村级实际净债务1483亿元,村均21万元。另据韩俊、张云华等(2008)对全国2749个行政村的调查显示:调查村庄集体平均负债水平为176.23万元,东部村庄平均负债305.61万元,中部平均负债52.48万元,西部平均负债22.77万元。据农业部经管司经管总站统计,截至2011年年底,全国30个省、区、市村级集体经济组织账面负债总额高达8206.2亿元,村均139.3万元,比2010年增长12.0%,村均资产负债率40.6%,较2010年提高0.7个百分点。短期应付款仍占村级负债大头,修路是公益负债主要成因。作为全国农村经济较发达的北京市,2011年资不抵债的村有233个,占村集体经济组织总数的5.8%;收不抵支的村组织1978个,同比增加155个,增长8.5%,占村集体经济组织总数的49.6%,

同比上升了 3.9 个百分点;2011 年农村集体利润总额仅为 69.8 亿元,总资产利润率仅为 1.7%,低于同期银行定期存款利率。(北京市农村经济研究中心,2012)北京市的情况尚且如此,其他地区,尤其是中西部地区的情况可想而知。三是发展路径由自主经营转向招商引资、股权经营、资源资产资本化经营。与 20 世纪 "村村点火、户户冒烟"发展村办企业时期的市场竞争环境不同,在传统一般性工业产品市场严重饱和、企业趋向大型化、集团化环境下,村集体自办企业缺乏优势,易于形成产权困境和管理困境。同时,村集体企业自 20 世纪 90 年代后开始进行的产权制度改革,采取股份化、拍卖、转让等方式也预示着村集体自办企业的困境。因此,目前大部分地区发展村级经济主要采取集体土地的出租、出让或开发,以及少量集体资产或物业的出租等资源资产的市场化资本化经营。据韩俊、张云华等(2008)对全国 2749 个行政村的调查显示:东部地区村干部认为要靠招商引资、出租集体资产或集体土地来壮大集体经济实力的比例分别占到 74.5%和 81.1%,分别比中部和西部地区村庄高出 16.5%、37.5%和 12.7%、30%。四是村级组织在发展村级经济和农民共同富裕中起关键作用。整体看,村级经济发展较好、村民收入以及各种公益事业、福利待遇较好的村,群众对村委会和党支部一般比较信任和拥护,集体统一组织经营的力度较大。例如,我们调查的城郊村之一"天津北辰区双街镇双街村",以及远离城市和县城的传统农业村之一"天津宁河县岳龙镇小闫村"。前者主要是村委会(党支部)将征地补偿款回购部分建设用地使用权(被征收的村集体土地)发展工业厂房出租以及建商品房投资发展起步,形成有名的富裕村。后者主要依靠村委会(党支部)成员领办合作社发展设施农业,同样实现村民的共同富裕。

(4)村集体经济组织改制。20 世纪 90 年代以后,在地方试点示范和中央政府推动下,全国村级集体企业发展较快、经营性资产规模较大的部分村陆续开展了集体经济产权制度、管理体制等改革探索。总体看目前有以下特点:一是集体经营性资产较大的村以资产股份化改革为主线。改革初期一般认为以社区股份合作制和企业股份合作制为主,其主要背景是:姓资、姓社问题争论不休,股份合作制被看作兼有两方面特点而姓社,个体私营企业将其作为红帽子;为吸收资本引入股份制,实行按股分红与利润返还相结合;在企业起步之际,或者需要扩大规模而难以获取资金时需要从职工内部融资。但股份合作制改革过分强调集体股占多数,改革不彻底,出现了许多问题,如:资本很难"人格化",资本代表缺位,很难吸引外部投资者的资本和技术;大部分股权不可转让、不可交易、不能变现,是一种准股权;股权分散,企业形不成核心,抑制了企业家积极性的发挥;不少企业董事会、监事会、股东大会形同虚设等。因此,股份合作制被认为是一种过渡性、不彻底的改革方式和企业组织方式。2000 年以后对集体企业和集体经营性资产股份制改革更加倾向于股份制。例如,地处苏南的常熟市在 1997 年 7 月至 1999 年 10 月对乡镇企业进行第一轮产权制度改革时,将集体企业改为股份合作制的有 915 家,占 40%,但在 2001 年 2 月开始进行的第二轮改革中,将股份合作制企业改为股份公司、有限责任公司或者个体私营企业,至此股份合作制企业在常熟市消失。(郑有贵等,2002)二是股份化改革的具体操作方法不同。村社区集体资产以及集体企业股份化改革的重点是股权设置、股份分配、股权管理等,在这些方面各地做法不同。在股权设置中的焦点之一是是否应当设集体股以及占多大比例。例如,天津市东丽区等地方认为,在改革初始应尽可能不设集体股,理由是:集体股的权属仍然是不清晰、空泛、虚化的,随着股本的增值,虚化产权不断增量,将面临产权二次改革的问题,而且改革的成本更高,改革的难度更大;为集体股的代理人留下控制股份制组织命脉的制度通道,致使新的机制难以运行,出现穿股份制的新鞋走旧体制老路的现象;村公益事业等经费保障完全可以用从年终收益分配中合理确定公积金和公益金提留比例的方式解决。(郝乃桢,蒋爱丽,2009)而大部分地区则强调要设集体股,有的甚至强调不能低于 50%。另外,在股份分配方面,一般按照不同标准设村龄股、贡献股、职工股、工龄股等;在股权管理方面一般是量化到个人的股份只有分红权、投票权,不能继承,只能在股东内部转让等。但有的地方实行"股权固化",如潍坊市奎文区确定以"一刀切"的方式界定和配置股权,实行"生不增、死不减、进不增、出不减、可继承"的股权制度,集体资产一人一股平均配股;广东佛山市南海区平南村将 2009 年 12 月 15 日作为股东资格界定的固化时点,在这之前出生的婴儿、新嫁娶的村民可以通过自动分配或出钱购买的方式取得股权,此后的则不能再取得股权,同时以户为单位,"增人不增股,减人不减股"。总之,各地做法不完全一样,需要通过民主决策,按多数原则确定,重点是要公平、合理。三是股份化改革后经营管理模式不断创新。实行股份化改革的村在资产的经营运作模式和组织结构方面表现出不同特点,有的村成立股份合作社作为法人组织,有的建立股份公司或有限责任公司,建立相应的股东代表大会、董事会、监事会等。有的建立法人投资管理公司,其中最具代表性的是北京丰台区南苑乡石榴庄村,该村在 2002 年年底完成了社区股份合改制,将村集体组织转变为工商部门注册的北京金石庄源投资管理公司,公司性质为合作股份制,股权设置为集体股与个人股,个人股可以继承及在公司内部转让;公司内部分为 5 个部门,原党支部改为党务监察部,原村委会衍化出行政管理部、资产管理部、财务部、改制部,其中改制部用于解决原村庄改制后的遗留问题。(李俊英,2005)四是农村社区股份制改革覆盖率较低。虽然股份化产权制度改革在 20 世纪 90 年代后被大力推崇,但总体看在适宜于改制的村庄中所占比例较低,在实际操作中面临的困难较多、操作成本较大,需要一定的条件。据在天津市部分经济实力较强的村座谈,有的村原准备进行股份化改制,但面临的纠纷、矛盾可能增加,很难找到满意的办法。例如,由于几十年来村民流出、流入以及数量变化,导致村民资格认定、股份量化分配过程中牵涉复杂的历史关系、历史矛盾和纠纷,很难令村民满意,改革的社会成本较大,可行的办法是维持现状。当然,如果村集体组织的干部经营能力较强、深受村民信任,也未尝不是一种合理选择。从长远看,股份制改革势在必行,但需要村干部以及村民观念的转变、共同的认识基础,政府只能引导、帮助、规范,不能强制。

(5)村集体组织成员。区域经济发展的差距和工业化、城市化发展,以及社会的进步,使得村集体组织成员的观念、行为等方面表现出许多新特点。一是总体上法律意识与权益意识增强。中国农民绝大多数是最诚实、最守法的公民,农民的法律意识和维权意识进一步增强,对村集体组织的领导以及政府部门提出更严格的要求。二是形成不同阶层,诉求差异大,教育管理难度大。整体看村民也形成了不同的阶层,有的专家将村民分为务农农民、农民工、干部、企业老板以及乡村知识分子等,每一个阶层权益诉求存在差异,对待农业、土地、集体资产、集体组织等要求不同,村级组织管理难度增大。例如,不少地区按照"一事一议"规定兴办公益事业,往往成了"事事难议"而流产。三是流动性、变化性的影响显现。随着户籍制度改革破冰以及城乡融合,农民工市民化后土地承包经营权问题、集体资产的权益问题、农户住房及宅基地问题变得日益复杂, 大学生毕业后户籍可能保留在村引发的承包地权利、宅基地权利问题,外村或者城市居民在农村租用农民住房或者以后可能购买农户住房,外地农民工在本地生活、工作、居住后是否为本村村民等引发的问题。尤其是随着农村城镇化的推进,农村土地不断升值,农村集体经济快速发展, 部分地区已经出现大量已迁入城镇的农村居民纷纷将户籍迁回农村。甚至在部分农村可能出现回迁人员比原居民还多的局面,造成"回迁派"与"本土派"之间在收益分配、选举、土地承包等方面的矛盾,农村社会管理受到严重影响。这些问题在一些发达地区农村已经出现。

**2. 农村集体组织推进资源资产市场化资本化面临的共性问题及对策**

农村资源资产市场化资本化进程是随着市场经济和工业化、城镇化推进不断深化、提高的历史过程,村级组织的特殊地位、特殊性质和特点决定了其在推进市场化资本化进程中的特殊作用、组织特点,不同地区、不同的村在这种进程中的基础条件和面临的紧迫问题不同, 解决问题的条件及可行性不同,没有固定的模式和招数,需要发挥村级组织及其成员、地方政府等多方面作用,各司其职,不断探索。从村自身因素看,魅力型精英人物、团结务实的领导班子、社员对村级组织的信任状况等是村级经济社会发展的主要内在因素。在不考虑法律政策限制的条件下(如假定农村集体组织作为市场法人),从村级组织自身建设、改进、提高角度概括,面临的主要共性问题及其解决策略主要是以下方面。

(1)提高集体组织经营素质和能力,增强凝聚力、带动力问题。农村资源资产市场化资本化的经营运作效率首先取决于村级组织适应市场变化,抓住发展机遇进行经营运作的素质能力,能力强、效率高才能够得到村集体成员的信任、支持,才能持续发展,减少各种矛盾。从现实看,有很多不利因素和问题制约村级组织作用的发挥:一是部分村干部自身理念、素质、能力、行为方面问题。农村村级经济社会发展干部是目前决定性首要因素,大部分村干部经过村民选举产生,一般代表本村范围内的优秀分子或者精英,但作为承担组织管理协调以及村民共同致富等多种职责时,在理念、素质、能力和行为方面会存在诸多不适应,可能存在决策失误、管理不善等,有的出现违法、权力寻租、腐败等问题,有的明目张胆违法,置村民的反对意见、村民利益于不顾。农村有知识、有文化的部分精英人物或人力资本流失,收入少、工作量大等难以吸引高素质人才在某种程度上加剧了这些问题。例如,与竞争加剧的环境相适应,进行农村资源资产市场化资本化经营的专业素质、专业人才短缺。再如,一些党员干部甚至被群众戏称为"三不如干部"(讲政策不如上访户、讲技术不如专业户、讲发展不如个体户)。据全国农村经济统计资料显示,2010 年各级农业部门对全国 39.9 万个村进行了审计,共审计出违纪单位 8699 个,涉及违纪金额 9.8 亿元,其中贪污案件 581 起,贪污金额 1687.6 万元,受处分人数 2335 人,受刑事处分 250 人。二是村级组织内部团队合作机制问题。村级组织包括村党支部、村委会以及村集体经济组织,虽然政策法律有不同的职能分工,需要有知识素质及能力互补的合理人员组织结构,建立权责利相一致协调的人员分工合作机制、合作团队。但实际上,组织成员往往有不同的村民背景、利益诉求,产生矛盾多,有的很难调和,形不成发展合力。由于多种复杂因素的存在,不少地方出现了村支部和村委会"两张皮"、"两条心"现象。在村民自治过程中,家族性对村委会成员影响巨大,尤其是大姓的影响有时决定着村委会的决策。现实中出现的支部书记或者村委会主任擅自做主,不征求其他成员意见将集体土地、集体资产私自出租等违法案件具有典型性。三是村民自治制度、集体"三资管理"制度不能完全有效落实问题。有关法律法规、部门规章以及政策对村民自治制度、集体"三资管理"制度都有详细的规定,如《中华人民共和国村民委员会组织法》、农业部《关于进一步加强农村集体资金资产资源管理指导的意见》(农经发〔2009〕4 号)等。但实际中有的村能够较好的执行,不少村实际执行中走样,村民的知情权、决策权、民主监督权等有的未能体现,村级组织及其干部权力与村民权利难以协调。例如,在村委会选举过程中存在的贿选等问题在经济发达的大城市郊区县存在的可能性更大,因为有巨大的利益支配权,获选成功后能够通过其他途径(不合法的)收回成本。个别行政村一些应由村民会议或村民代表会议决策的大事,往往还是由村干部研究决定,甚至由村委会主任或支部书记个人说了算,致使"村民自治"变异为"村官自治"。一些农村村务公开只是策略性公开鸡毛蒜皮的小事,不公开群众关注的焦点问题等。四是经济实力与公共支出需求矛盾。不断增进村民福利、带领村民共同致富是影响村级组织凝聚力的主要因素之一,在村委会选举等过程中出现的村民选举能致富的"能人"、"富人"、"企业经营者",以及富人治村、村企合一等现象在一定程度上说明经济基础的决定作用。集体收入、资产多,村民才会更加关心村级组织的建设问题,薄弱村村民往往对村事务、选举等漠不关心。但从现实看,收入多和经济实力强的村比例较少,尤其是以农业为主的村。而需要村承担的责任和支出的项目却很多、负担较重,另外尚有负债问题。例如,2009 年全国农村社区集体经济组织承担村级组织管理费用 503 亿元,村均 8.2 万元,是各级财政对村民委员会和党支部补助的 2.7 倍,支付的公共服务费用达 102 亿元。(关锐捷,2011)另据王德祥、李建军等(2010)2008 年下半年在全国 9 省 16 个县(市)65 个行政村的抽样调查,全部调查村的村级集体资产平均为 35.3 万元,人均村级集体资产仅 137 元。村级集体资产中 90%以上是实物资产,现金资产少,平均每村现金资产不足 5 万元,而且这主要是由少数城郊富裕村(有上千万元现金资产)所支撑的,大多数非城郊村的现金资产不足 1 万元,有一些村甚至没有现金资产。

上述困境和问题的长期存在,是中国"三农"难题的一种客观反映,也是多年来政府有关部门一直致力于解决的重点难题,其根本思路是健全农村基层组织建设、民主法治建设、行政管理体制与制度建设、国家扶持"三农"的政策制度化建设等。各地通过完善村民自治制度、基层党组织制度和工作机制、干部教育培训制度、监督制约制度以及引进、聘任优秀人才到村任职等具体措施,为解决这些问题提供着很好的经验。

(2)产权制度改革及现代治理机制建设问题。从根本上和长远看,建立产权明晰、权责明确、管理科学、依法规范的现代企业制度是推进农村资源资产市场化资本化和村级集体经济组织改革的必然,但实践中面临以下问题:一是推动改革的主体和动力问题。集体经济组织产权制度改革最早来自于山东淄博、广东南海等基层自主实践,后经政府有关部门自上而下推广,目前虽然产权制度改革不是强制性推广,但政府通过宣传思想工作、制定目标责任和计划等方式推广,出发点是从根本上通过产权结构、分配方式、激励机制等方面建立起行为规范,为协调好村级公共利益与成员个人利益提供制度保证,促进村级经济民主监督制度、民主管理制度建设,解决集体经济发展面临的产权"虚置"难题。产权制度改革的具体实践者、操作者和受益者应当是村级组织及其成员,政府只能是服务、引导和指导。必须调动村级组织成员和村民的主动性和参与性,这是能否成功的前提基础。整体看,村级组织产权制度改革覆盖面相对较低,尤其是集体经营性资产、建设用地、集体积累较多等适宜于或应当通过改革增强活力的村,推进改革的动力不足、需求不强烈,需要分析研究,帮助解决困难。二是治理机制及其效果问题,利益平衡问题。理论上产权制度改革后一般形成或建立了股东大会、董事会或理事会、监事会等权力制衡机制,以及按股分配、风险共担的机制等。但这些治理机制的制度设计能否有效实施、实施效果如何取决于多种因素,并不是"一股就灵",股份制企业在实际运作中同样存在各种问题,如"三会"形同虚设非常普遍。股份制的效果某种程度上受制于股东是否成熟。如果社员的风险意识和集体意识未真正确立,按股分红的期望值越来越高,只想分红、不担风险,怕政策多变要分光集体资产,重个人利益、轻集体积累,重眼前利益、轻长远利益等。这样,集体资产经营者的责任、风险、利益激励机制就难以真正建立,干部也感到工作有难度,不敢理直气壮地抓,干部怕失误不敢投资,群众怕风险要分光不想投资等问题,致使集体的凝聚力、向心力弱化。而作为企业化管理,风险是客观存在,可能会造成,使集体资产保值增值难度加大。同时,由于股份化改革在股权设置、股权界定、利益分配等具体内容上存在的制度弹性,在操作和实施中的尺度如何把握好,如何协调好村级公共利益与村民的个人利益等也需要注意。例如,按照《中华人民共和国公司法》规定,集体经济组织改制为有限责任公司进行法人登记时,股东不能超过50人,而集体经济的成员往往成百上千,于是他们只能推选股东代表,每个股东都代表一批村民,这些村民只能当隐形股东。总之,村集体经济产权制度改革是适应市场经济竞争要求的客观要求,但股份化改革效果能否实现需要许多条件,如经营管理者、股东以及治理机制的真正执行等,现实看,不同地区、不同村效果不完全相同,需要在组织经营管理者、股东素质和意识等方面逐步培养。

(3)村级组织与乡镇政府关系问题。按照《中华人民共和国村民委员会组织法》的规定,村委会实行村民自治,与乡镇政府的关系是指导与被指导的关系,村委会应当协助配合上级政府完成相关工作。但经过30多年的改革发展,现实中村级组织与政府的关系产生了许多新特点,出现了许多新问题。一是法律界定的关系实际被异化。乡镇政府与村委会的指导与被指导关系变为实际上的领导与被领导关系,许多村委会、村党支部实际上以配合上级政府和领导的中心工作为主,例如配合政府的征地、拆迁,有的地方村级组织甚至走向村民利益的对立面,引起村民不满。二是行政化倾向。税费制度改革后,村委会成员、村党支部的报酬主要由财政支付,在村集体经济收入较低的村更是依赖于政府。实践中乡镇政府一般根据工作需要,对村干部制订了越来越复杂、综合的考核指标要求(不是由村民根据需求制订、考核),完成指标情况与村干部的奖金、工资等报酬挂钩,村级组织行政化倾向明显。出于预防村干部滥用集体"三资"、预防腐败等多种考虑,全国自上而下制定了集体"三资"管理的制度规范和要求,对于规范集体"三资"管理是非常必要的。但在实际中不少地区均实行村财乡镇代管制度,即由乡财政部门或者经管站等乡(镇)会计委托代理机构代管村财务收支,这种做法与村民自治的基本要求冲突,缺乏法律依据。三是对政府的依赖性更强。国家建立覆盖城乡的均等公共服务体系、新农村建设、扶持"三农"的资金和项目增加等均需要通过乡镇政府逐级实施,政府掌握的财政资源配置权力成为村级组织依赖政府的主要原因,争取财政支持成为衡量村级组织能力的重要方面。尤其对于村集体经济实力较弱、"一事一议"兴办公共事业难度较大的村,其诱惑力更大。现实中许多村的发展就是在政府大力扶持下发展起来的。

村级组织必须在政府部门以及上级党组织的指导、协调和监督管理下工作,但必须对政府以及其他部门的权利范围、职责等有合理的界定,解决不合理干预问题,将发展自主权交给村民,赋予自主改革权,地方自主发展、自主改革、自主选择产权组织形式以及改革模式的权利,严格限定上级部门的不合理、违规行政干预,用法律界定。具体看,政府的主要职能应当是:落实好国家"三农"政策和法律;结合村级组织和村级经济发展特点要求制定和落实集体资源、资产经营管理的规范意见,监督村级组织民主自治运行;统筹协调村之间资源开发利用和市场化资本化流转关系,建立区域性服务组织;预防和制止违反政策法律活动;指导村级组织根据实际选择适宜的经济发展模式、产权制度改革模式等。

### 3. 因村制宜推进村集体组织改革创新的基本思路

不同区域类型的村庄,其资源资产的基础条件、开发的潜力、方向和条件不同,所处的规划区功能定位不同,承担的社会责任不同,实现农村资源资产市场化资本化可能的方向、路径不同。

（1）城中村。城中村的土地完全或大部分被征收，或者由集体开发转为建设用地，基本成为城市的一部分，处于城市建设规划范围内。一般获取了较多的征地补偿收入，积累了大量的集体资产，有大量的集体产业（包括物业、房产、物流设施等），未被征用或未开发建设的土地具有较大的升值潜力，村民较富裕，集体经济实力强，村委会基本改为居委会组织。因此，城中村居民最关心的是资源和资产资本化的收益分配问题，村级组织主要经济职责是如何经营好集体资产、资金，实现资源资产保值增值能力，增强持续发展和盈利能力；主要社会问题是如何解决好失地农民就业安置、农民市民化以及"村改居后"的社会管理问题。城中村一般被地方政府按照城市统一要求有计划地进行改造，使其完全融入城市。其资源资产市场化资本化持续发展的基本途径：一是推进资产股份化改革，建立股份公司或者集体资产经营管理公司。要根据村集体成员多数意愿，按照股份化的要求，通过清产核资、资产量化、股权设置、股权管理等方面的系统改革，将资产量化到成员，做到产权明晰、权责明确，实现股份制企业制度管理。具体组织形式可以是股份公司、有限责任公司或者集体资产投资经营公司等。二是采取专业化、职业化资本资产经营运作模式提高增值能力。城中村拥有大量的集体物业资产、货币资产，实现这些资产的保值、增值需要专业化、职业化的人员，采用现代投资方式实现增值，使"沉睡"的沉淀资产变为增值的资本，也可避免将集体资产"分光吃净"。例如，村公司或集团上市，建立产业或科技投资公司，投资各种证券等。三是以经营第三产业作为产业发展的主体。城市加工业向郊区县转移、农村转移是必然趋势，根据城市化扩张的影响、需求以及村级组织经营能力现状，发展第三产业是城中村的客观选择，这已被许多实践证明。例如，针对城市物流配货的需求，在城中村或者中心城区外围建立大型仓储设施，出租给大型物流企业，收取租赁费、物业费等。

（2）城郊（边）村及镇边村。这些村地处城市、县城、建制镇的周边，地理位置优越，是城市（镇）化扩张、建立工业园区及开发区等土地非农化的主要区域，各种企业较多，地方政府可能会征收土地建立开发区、园区等，在国家土地征用制度以及集体建设用地制度未发生实质改变之前面临集体所有土地日益减少的问题；一般也获取了较多的征地补偿收入，积累了大量的集体资产,有一定的集体产业(包括物业、房产、物流设施等),集体经济实力较强,村民相对较富裕。总之,这些地区是土地资源市场化资本化的重点区域和敏感区域,不确定性因素和矛盾很多。推进资源资产市场化资本化的基本途径:一是积极稳妥地推进多种形式的集体经济产权制度改革。要根据多数村集体成员意愿和村干部的情况,结合资产规模、资产结构情况,根据需要与可能、可行结合的原则,选择股份合作、股份公司、集体资产经营管理公司等组织形式,实现产权清晰。二是统筹规划,实现农民居住社区、工业园区、农业产业园区"三区"功能协调联动。为实现土地资源集约节约利用,在推进分散居住农户集中居住的同时,统筹建立现代农业产业园区以及工业园区。"三区"功能不同,在资源利用方面存在冲突与矛盾,三区联动就是要把"三区"看成一个有机的整体,在空间规划、基础设施建设等方面统筹考虑,形成相互推动、相互促进、相互提高、共同发展的格局。例如,天津市政府在华明镇宅基地换房模式试点基础上,进一步推进在城郊村、镇边村等建立农民集中居住社区、现代农业产业园区和示范工业园区"三区"联动,作为统筹城乡发展、统筹协调土地资源利用,推进城镇化、工业化、新农村建设,从根本上解决现代农业、农民就业和农民社会保障等一系列问题的一条新路,取得了较好的效果。

(3)其他一般村。这些村一般远离城市以及县城,招商引资发展工业一般困难较多、机会不多,在一定时期内难以成为非农产业规划发展的重点区域,主要是承担农产品供给、粮食安全、生态安全重点任务,具有生态、环境和发展农业等优势。同时,这些村集体经营性资产较少、集体经济薄弱,收入和管理开支更多依赖政府,村级组织更多的是管理、协调。推进资源资产市场化资本化的基本途径:一是组织农业用地、林业用地的产业化、规模化、合作化经营,增加附加值。大量的农业用地、林业用地如何实现市场化资本化增值是现代农业建设的重要任务,也是农户要求、国家需要。促进土地流转发展规模化、产业化、合作化是必然要求,村级组织应当发挥重要作用。许多地区的实践案例已经证明,通过村级组织的协调组织,引进农业产业化龙头组织发展农业新产业新项目,建立土地股份合作、农民专业合作社等也能够有效实现农用地的增值。二是组织生态资源、文化资源的资本化开发。农村生态环境、农村文化、农业产业等是现代旅游产业的重要对象和热点,一定区域的旅游文化资源是一个有机的整体，进行资本化开发和持续经营需要村级组织进行规划、协调、管理，村级组织发挥着重要作用。这方面的成功案例很多，如天津蓟县的常州村、毛家裕村等，正是在村党支部和村委会的组织努力下，将落后的山区小村发展为有名的旅游度假村，实现了山区生态资源、文化资源的资本化增值，农民实现了共同富裕。2009 年年底天津市市级乡村旅游特色村(点)有 130 个，其中远离城市的蓟县就有 80 个。

## 三、积极扶持引导和规范发展多样化新型农民合作社

村集体组织是基于全体村民共同利益、以村域为范围组织资源资产的市场化资本化，基于村民异质性分化基础上发展各种形式的农民专业合作组织是部分村民为了其共同的经济社会需求而结成的另一类自组织系统，这种组织是适应市场竞争要求，实现组织成员资源资产收益最大化增值的重要途径。自 1844 年世界上第一个合作社——罗虚代尔公平先锋社成立后，合作组织已经成为市场经济的重要主体，涉及农业、手工业、服务业、金融业以及土地资源等各个方面，其虽然有基本的规定性，但具体的组织运营模式在世界各国之间存在差异。中国 1953 年至 1956 年进行的合作化运动由于最终演变为产权不清的集体化而宣告失败，改革开放之后，尤其是 21世纪不得不将发展合作社作为现代农业建设的重要内容而高度关注。2013年中央一号文件进一步提出：农民合作社是带动农户进入市场的基本主体，是发展农村集体经济的新型实体，是创新农村社会管理的有效载体。

### 1. 农民合作社与农村资源资产市场化资本化

农民合作社不同于以村域土地共同所有为核心的农村社区合作经济组织(村集体组织)，而是基于自愿基础上开放性的成员联合，其基本规定性也不同于以资本联合为核心的公司制。从理性和逻辑上分析，出于共同经济和社会需求、自愿联合的合作社是保护农民合法权益、实现资源资产市场化资本化的有效组织载体，合作社发达国家和我国的实践充分证明了合作社的特殊组织功能。

(1)对农民合作社组织制度的基本认识。各国合作社发展状况不同，对合作社的界定有区别，美国、新西兰等一些国家现在一般认为"合作社是用户所有、用户控制和用户受益的公司型企业"。国际合作社联盟 1995 年对传

统典型的合作社定义、原则以及文化价值观做出的阐释具有普遍性:合作社是人们自愿联合,通过共同所有和民主管理的企业,来满足共同的经济和社会需求的自治组织;合作社组织运行的基本原则包括自愿和开放会员制,民主管理、会员控制,会员经济参与,自治和独立,教育、培训、信息,合作社之间合作,关注社区;合作社价值观的基点包括互助、民主、平等、公平和团结,合作社成员信奉诚实、公开性、社会责任及关心他人这些信条,合作社强调不以营利为目的、主要为社员提供服务。国际合作社联盟对合作社150年历史的总结实际上也是合作社成功发展的经验,欧美等发达国家合作社之所以能够在面对激烈的市场竞争和大公司的强势地位下生存和发展,源自于文艺复兴后社会价值观和人们行为、政府政策和法律制度的积极变化,这是合作社发展的社会环境和文化基础。由此也预示着转型期中国农民专业合作社实现健康发展和预期效果将是漫长的历史过程。

人们一般认为合作社区别于其他经济组织的核心特性是成员民主控制、盈余按交易额返还和资本报酬有限,背离这三条核心也就不能被看作真正意义上的合作社。传统经典的合作社理论和实践认为:合作社是成员在共同需要的某些领域的联合,成员是具有独立财产所有权的劳动者、经营者,对组织盈亏负有限责任。成员缴纳的股金(身份股)、对合作社的投资以及合作社盈余中提取的公共积累由合作社统一使用,成员以其在合作社的股金、投资等为限承担责任;合作社一般限制社员股金分红比例(或不参与分红),主要支付相当于银行存款利息的股息,强调按照社员与合作社的交易量(额)将部分或大部分可分配盈余返还给社员;合作社实行民主管理,通过共同制定实行的章程、一人一票决策制,社员选举产生理事长、理事会和监事会,社员代表大会最高决策制等制度体现。但是,随着世界各国合作社发展面临的市场环境变化,现代合作社更多趋向于企业化经营,吸收了股份制的一些做法,虽然名称仍为合作社,但实际类似于中国的股份合作社,尤其是发展加工等需要较大资金的合作社以及规模较大的合作社倾向于公司化经营(如北美新一代农民合作社),大部分的一般社员会被边缘化,各国的具体运作模式不完全相同。之所以这些国家的合作社或者原有的合作社采取公司化方式仍然能够得到成员的广泛参与和支持,是与这些合作社为社员服务的宗旨、企业的信誉和社员的收益能够得到保障,已经形成了品牌、规模、信誉和市场竞争力、影响力,某种程度上带有一定的垄断性等历史积累有关,农民已经离不开合作社。这些与处于初创期的中国农民专业合作社不同。

世界上没有十全十美的组织形式,相对于公司制企业、家族式企业、合伙制企业等企业组织形式,传统合作社组织制度规范有其优势,但也存在明显的制度缺陷。主要是:自愿加入、自愿退出的制度,不利于合作社资本的完整性、持续的扩大规模经营;对资本报酬的限制难以激励投资;盈余返还制度,尤其是大部分盈余返还虽然满足了成员加入合作社的短期利益要求,但却降低了扩大再生产的能力,例如中国规定的不低于60%;合作社公共积累产权制度残缺,退出者难以享受积累贡献的未来收益,新加入者没有贡献却能享受到;合作社需要以社员的信任、诚实、团结互助等价值观作为基础,需要管理者、经营者服务社员的高尚情操,短期内可能实现,但长期看会因为缺乏合理的薪酬经济激励导致"奉献"程度可能会削弱,甚至导致少数人利用合作社谋取私利,守业者和创业者不同的价值观念、需求可能使合作社传统规范难以为继;合作社民主管理制度能否发挥作用,既取决于领导者的观念、行为,也取决于所有社员的民主参与意识、态度和行为,社员代表大会往往是形式上的,理事长(董事长、社长)、理事会等才是真正的决策核心,这与现实中的股份制公司相似,一般社员(股东)往往只能选择"用脚投票"。

正是因为合作社制度存在的缺陷,以及制度在执行过程中受到的各种因素制约,决定了中国合作社发展中不同合作社运作的差异性,与法律规定的不一致性、不规范性等问题。同样也说明,实践与理论上的制度设计不完全一致,同样的组织模式制度在中国实施的情况不同于其他国家,正如公司制一样。将合作社的某些优势与公司制的优势实现有机结合,或者向公司制方向发展是合作社发展进入高级阶段的客观趋势,例如股份合作制等。

(2)农民合作社推进农村资源资产市场化资本化的功能与基本路径。首先需要说明,我国《中华人民共和国农民专业合作社法》界定的农民专业合作社是指在农村家庭承包经营基础上,同类农产品的生产经营者或者同类农业生产经营服务的提供者、利用者,自愿联合、民主管理的互助性经济组织。该法主要适用于与农业产业相关的领域,实际并未概括农民合作社的全部。从字面理解,农民专业合作社不同于农业专业合作社,只要以农民为主体创办的符合合作社基本制度要求的各种生产生活服务组织都应当属于合作社,既包括传统的农产品运销、技术服务、农机服务等,也应当包括如土地流转服务、融资服务、农户房屋出租中介服务,手工编织、家庭手工业制作、农家乐经营服务、消费品售卖以及文化资源开发等合作社。对这些合作社目前尚没有针对性的法律法规,有的套用现在的法律。

农民合作社是提高农民组织化程度的重要形式,对于合作社的功能,经过170多年的实践总结和理论探讨已经形成共识,可以概括为很多方面,例如:规模集成、竞争力提升(1+1>2);作业(生产、销售等)协同;技术、信息传递与服务;管理智慧、渠道、产品增值共享;诚信、品牌、信誉以及合作理念意识培育,提升品牌价值等。其中合作意识、诚信等培育功能,对中国农民和农村发展更为重要。

通过建立农民自己的合作组织统筹运作和优化配置农村资源资产,保障农民的权益、增进农民的利益,使其成为聚集资源资产发展的重要组织和市场化资本化的重要组织载体,在将分散经营农户的土地资源联合为规模化组织化主体,提高资源的资本化增值等多方面发挥作用。例如,现实中大量存在的土地股份合作社、土地托管与流转服务合作社等,乃至不少农产品生产型合作社在促进农村品牌资源资本化增值、文化资源资本化增值等多领域发挥重要的组织作用。

**案例:天津市西青区辛口镇小沙窝村"沙窝萝卜"品牌发展和价值增值。**
小沙窝村种植萝卜有300年的历史,该地区的气候和独特的土壤以及水资源均有利于沙窝萝卜的生长,所产萝卜皮细光亮,肉色翠绿,甜辣可口,素有"沙窝萝卜赛鸭梨"之美誉,20世纪30年代起就开始出口香港地区、日本和东南亚各国。21世纪初,开始利用保护地进行沙窝萝卜反季节生产技术,利用冬季温室大棚栽培,元旦、春节上市,赢得了市场。然而,随着萝卜的旺销,一些商贩以假冒伪劣沙窝萝卜坑害消费者,沙窝萝卜的品牌受到威胁。另外,种植面积扩大,产量不断增加,萝卜由农民经纪人经销,使农户的利润被盘剥掉,农民种植萝卜的积极性受到一定程度的挫伤。2007年9月曙光沙窝萝卜专业合作社成立,围绕"沙窝萝卜"品牌这个主题,开展标准化生产,组织技术培训与交流,进行产品质量认证,完善服务和生产设施建设,加大品牌宣传和市场开拓力度,实现了沙窝萝卜农业投入品的统一采购和供应,统一品种、统一生产质量安全标准和技术培训,统一品牌、包装和销售,统一产品和基地认证认定等"五统一"服务。合作社社员由最初的 6 户发展到2010年的 310 多户,生产规模达到 1200 余亩,辐射带动农户 600 多户,面积2500多亩。2010 年销售量比上年提高了近 3 倍以上,达 500 多万斤,实现销售收入 1500 多万元。2010 年入社社员比非社员平均增收 4000 元以上。同时也带动了小沙窝村和辛口镇沙窝萝卜销量与价格的大幅攀升,2010 年沙窝萝卜产地批发均价较 2009 年提高了 0.5 元,拉升农民收入 1600 多万元。同时,合作社采取分级定价销售的方式,少量最好的萝卜每个卖到 100 元左右,传统品牌的价值进一步提升。

依托农民合作社推进农村资源资产市场化资本化的基本路径（组织模式）:一是建立资源集中规模化经营型合作社。将分散农户的承包地采取股份合作或者其他合作形式集中于合作社统一经营，或者再由合作社出租给大公司发展新的农业产业项目,实现规模化经营,提高承包地的价值。这种方式在现实中已经大量存在,如"公司+合作社+基地+农户"的产业化经营模式,土地股份合作模式,土地托管经营模式等。二是建立资源资产产权交易服务型合作社。就是建立农户土地承包经营权流转等合作社(土地信用社),为农户实现产权交易提供服务,实现市场化资本化。三是建立生产经营服务与管理型合作社。主要是围绕成员共同的服务要求、统一协调要求建立合作社,降低市场风险、降低成本、增加资源资产经营收益,例如运销服务、农机耕作服务、病虫害防治服务、技术服务以及综合性农业服务。在非农产业领域,可以建立自发性管理协调服务的农家乐经营合作社、手工编织合作社等(与协会类似),实现资源资产的价值增值。四是建立产品(资产)加工增值型合作社。农民生产的农林产品是农民的重要资产,初级产品价值较低,通过建立农民自己的合作社加工增值，实现资本化。五是建立资金互助型合作社。通过建立为成员融通资金的资金互助合作社等组织,将成员的闲置货币资金集中起来,采取市场化资本化的方式为成员融通资金,提高成员闲置资金的价值,并有助于解决农民贷款难问题,目前各地都在大力发展。2011 年全国参与信用合作组建资金互助合作社的合作社有 5849 个。

**2. 我国农民专业合作社发展的总体现状、问题与制约因素**

改革开放后适应小农户家庭承包经营发展的要求,以农民专业合作社、专业技术业协会等为代表的新型合作经济组织在农村逐步发展,2007年《中华人民共和国农民专业合作社法》颁布实施之前受到市场主体法律地位不明、登记管理无序等困扰,整体发展较为缓慢,到2005年年底全国大约只有15万个较规范的组织。以2007年《中华人民共和国农民专业合作社法》颁布实施和一系列扶持优惠政策出台为标志,开始进入快速发展轨道,涌现出一大批运作规范、带动能力强的典型,产生了多重积极作用,也存在很多问题需要研究解决。

(1)发展的总体现状:初级阶段,数量快速增长,类型多样,成效显著。一是登记注册的数量翻番式增长。根据农业部网站有关数据,2008年6月底(合作社法实施一周年)、2008年年底和2012年年底登记注册的农民专业合作社数量分别为5.81万个、11.09万个和68.9万个,呈现爆发式、翻番式数量逐年扩张,预计2015年将超过100万家。山东、江苏、山西、河南、浙江、吉林、黑龙江等7个省合作社数占合作社总数的55%左右。二是发展类型和模式多样。农民专业合作社涉及种植、养殖、农机、林业、植保、技术信息、手工编织、农家乐等农村各个产业,业务活动内容涉及农资供应、农技推广、土肥植保、加工、储藏和销售等各个环节。合作社的领办模式丰富多样,包括:农村运销和种养殖种植大户的能人领办、村级组织及其成员领办、供销合作社领办、农技推广服务部门领办、涉农企业领办等。截至2011年年底,全国50.9万个农民专业合作社中,种植业、畜牧业、服务业、林业、渔业合作社数依次占合作社总数的比重分别为48.3%、28.2%、9.0%、5.1%、3.9%;服务业合作社中,农机合作社2.6万个,植保合作社0.6万个,土肥合作社0.2万个,分别占服务业合作社的比重分别为57.5%、13.1%、3.6%;按服务内容划分,实行产加销一体化服务的占52.3%,以生产服务为主的占26.9%,以购买、仓储、运销、加工和其他服务为主的分别占3.5%、0.8%、3.3%、2.2%和10.9%;按合作社牵头领办人划分,由农村能人牵头领办占89.9%,其中,由村组干部牵头兴办的占该类型合作社的20.1%;由企业牵头领办的占2.9%,由基层农技服务组织牵头领办的占2.0%,由其他主体牵头领办的占5.2%。三是合作社的多重优势和发展成效开始显现。合作社发展推动了农业经营体制机制创新,搭建了新型农业生产和农民进入市场组织的重要载体,促进了农业规模化经营、标准化生产,提高涉农项目效益,促进农民就业增收和共同富裕,提升了农民民主意识、合作意识、文化意识、守法意识等。2011 年,全国农民专业合作社为成员提供的经营服务总值为 6183 亿元,统一购买生产投入品总值达 1568 亿元;注册产品商标的合作社 3.96 万个,通过产品质量认证的合作社 2.1 万个。2010 年,各类合作社当年可分配盈余 491.6 亿元,合作社可分配盈余中通过股金分配 104.4 亿元,通过按交易量返还 243.4 亿元,采取可分配盈余按交易量返还的合作社 11.5 万个,占合作社总数的 22.6%,其中,依据法律返还比例超过可分配盈余 60% 的合作社近 8.3 万个,占 72.5%。

对于农民专业合作社数量的快速增长需要客观看待,其原因是多方面的(于战平,2011):一是合作社法实施后规范注册登记。2007 年《中华人民共和国农民专业合作社法》颁布实施后,自 20 世纪 90 年代后已经建立的大量合作社、协会按照要求重新注册登记,即部分原名称为"协会"的重新注册为农民专业合作社,原先挂靠在或者在有关农业行政主管部门、民政部门登记的重新注册登记。例如,有关部门统计,在《中华人民共和国农民专业合作社法》颁布实施之前,全国已有规范的农民专业合作社、协会 15 万个以上,总数应当在 20 万个以上。二是农业发展与农民增收的需求拉动。获取潜在的更高的预期经济利益是合作社组织者、参与者实施组织行为的核心目的和目标。进入 21 世纪后,中国农业发展的外部市场环境更加严峻,既面临国外优质农产品的竞争挤压,也面临国内农业结构调整中出现的部分优质农产品"难卖"、价格波动剧烈、农产品质量安全水平要求提高、提高农业效益等挑战,应对这些挑战需要农户联合起来抗御市场风险,加快标准化、品牌化、规模化、设施化、产业化以及特色农产品发展,进一步延伸产业链条等,才能不断增进农民的利益,进而不断强化建立农民专业合作组织的需求。同时,在实践中,人们普遍认为"订单农业"中龙头企业带动农户存在诸多问题,如利益矛盾、毁约问题等,对加快农民专业合作社发展提出了现实迫切要求。三是成功的典型农民专业合作社示范效应。合作社具有其制度优势和较强的适应性,是适应市场经济发展农民组织形式。自 20 世纪 90 年代后全国农民专业合作社发展涌现出大量的好典型,在带动农业产业化经营、标准化品牌化建设以及开拓市场、带动农民增收等方面起到了积极的作用,这些典型示范带动着各地建立新的农民专业合作社。四是中央及各级政府政策等推动。中央及各地出台政策,加大财政资金扶持力度。例如,从 2004 年起,农业部开展农民专业合作组织示范项目;农业部农业标准化示范项目、畜牧养殖小区、阳光工程培训等项目建设中,都将农民专业合作社列入实施载体;出台《关于做好农民专业合作社金融服务工作的意见》、《关于开展农民专业合作社示范社建设行动的意见》、《关于农民专业合作社有关税收政策的通知》等改善农民专业合作社发展的外部环境;推进"农民专业合作社示范社建设行动"等。2011年,各级财政扶持资金总额达44.6亿元,共扶持合作社2.9万个,平均每个合作社获得扶持资金15.6万元。这些政策以及相关的优惠扶持政策成为合作社数量大增的重要原因,当然也不排除部分"假合作社"或者"空壳社"套取国家优惠政策的现象存在。五是合作社成立的零成本,监管和淘汰机制缺乏导致合作社数量及入社农户"虚增"。在地方实际操作过程中,注册登记合作社的门槛很低、成本为零,各种注册登记等制度要求并未得到严格执行。例如,大部分地区注册合作社只需要5位以上成员,提供成员花名册和注册资金,注册资金也无须验资,既可以货币出资,也可以实物折资,也不需要固定的办公场所等。中央及各级地方政府部门都对建立合作社制定了补贴、项目扶持等措施,甚至有的项目只能以合作社的组织名义去申请。现实中造成注册登记合作社的预期收益较大(尤其是政策优惠收益),部分加工龙头企业纷纷成立合作社获取减免税的优惠。有的村甚至挂牌成立了很多合作社,包括农业、工业、文化、旅游等。六是地方政府制订数量发展目标以及行政推动。各级政府对合作社的重视程度、支持力度在很大程度上影响合作社发展数量和水平。通过网络搜索,能够发现许多地方都有关于合作社的数量。制订规划、数量目标激励合作社发展无可厚非。问题在于,有了规划,不少地方对目标任务层层分解,并采取行政推动,难免出现为完成任务的"空壳社",在合作社有关数据不断攀升的表象之下存在潜在的隐患。

(2)一个合作社发展案例的启示:"曾经红火的山东明刚生态农业合作社'倒在半路'"。2008年5月山东省济南市历城区董家镇董家村由孙明刚为首的3个农民发起建立了农业合作社,6月份租赁本村农民1500亩土地(每亩地一年租金1200元)建立起优质胡萝卜生产基地,当年1500亩地的胡萝卜畅销,4500吨胡萝卜全都被订走,甚至瑞士、东南亚的客商也专程订货,并与部分食品有限达成供销协议,2009年再次租村民1500亩土地。基地推行规范化管理,统一翻耕播种、统一栽培、统一施肥、统一技术、统一病虫害防治、统一经营,铺设了节水高效地下滴灌系统,基地所生产的胡萝卜经有关部门鉴定为地道的无公害绿色食品,并认定为山东省出口蔬菜备案基地,成为全市最大的优质胡萝卜生产基地。入股农户1亩地1年的租金、打工薪酬和年终分红三部分收益加起来高出传统种植收入的3倍以上。同时,合作社计划以设施农业、体验农业为突破口,发展多种形式的农产品种植,委托北京绿维公司对200亩现有土地进行了规划设计,准备打造一个高标准生态园,生产有机农产品,发展旅游观光休闲生态农业。但到2011年10月,村民反映,孙明刚胡萝卜基地良田撂荒成了草场,孙明刚尚欠村民土地租赁费300多万元,农业合作社已周转不下去,有近1700亩耕地撂荒一年多后外包给园林公司做苗木开发。

曾经红火的合作社何以"倒在半路"?综合有关公开资料可以看出其表面原因是:第一,气候因素、产品价格与市场、销售问题(天气、销路不给力)。2010年秋天连续一个多月的阴雨天致使胡萝卜无法播种,2011年春季孙明刚号召社员种起了2010年上半年盈利的土豆,土豆由上年的亩产4000斤上升为5000斤,但每斤土豆批发价只有六七毛钱(至少在八毛以上才盈利),而且越是在价格低谷越难卖,2011年11月还有几百吨土豆在冷库存着。虽然合作社在种植之初就联系好了销路,但由于行情低导致经销商可选择的余地变大,原来的协议无人执行,无奈的孙明刚只好自己出车出人,到各省市的一级批发市场进行推销,成本变得更高。第二,合作社事实上演变为个人经营(社员退股撤资)。该社最初是以村委会牵头,村民入股的形式成立的,但在运行了一段时间之后,作为村领导的合伙人突然撤资,导致村民也纷纷选择了退股,孙明刚(挑头人)选择了"硬撑",合作社的经营模式就变成孙明刚一个人风险自担。初期基础设施的投入,中期的经营管理、后期的寻找销路等更像是孙明刚"一个人在战斗"。事实上村民退股之后该社已经不是真正意义上的合作社,村民退股之后,合作社的生产、运营等需要按照市场价格雇人导致成本骤增。第三,资金链断裂,难以支撑。为应对气候不好造成的胡萝卜出苗效果不理想问题,根据技术员建议孙明刚花费了近200多万元对1000多亩铺设小拱棚进行补救,胡萝卜虽然保住了,但长出的全是次品。

从该案例我们可以看到或得到以下结论和启示:第一,我国不少农民专业合作社其实很脆弱,难以经得起大风大浪,尤其是市场风险;第二,中国有不少合作社已经倒闭,徒有虚名,但仍然被统计在合作社总量中。合作社只有"零成本"登记注册,没有注销,合作社数量大幅度增长中包含多少虚假的成分,很难看到媒体有关合作社经营失败、注销倒闭等报道,这几乎是唯一的案例,而成功的案例则比比皆是;第三,建立合作社注册登记、定期考核评价审核、注销等制度对于实施扶持政策、评估发展进程等意义重大。第四,村民认为合作社是理事长自己的,在农村经常可以听到人们说的一句话是"某某人的合作社如何",乃至合作社社员从来没有将合作社当作自己的,有利时支持合作社、搭便车,一旦出现不利于社员收益的情况,合作社则很可能成为理事长一人或少数骨干独撑。(本案例根据谢翠萍、唐峰发表在 2011 年 11 月 15 日《农民日报》的文章《曾经红火的合作社何以"倒在半路"》,徐宗亮、张虎发表在 2009 年 7 月 9 日《济南日报》的文章《那一片"红人参"为增收"强身健体"》,以及新浪网 2011 年 10 月 17 日的文章《租赁方资金链断裂——历城 1700 亩良田变草场》整理)

(3)合作社中发展存在的主要问题:引领带动能力和市场竞争能力有待提升。处于发展初期农民专业合作社不可避免地存在很多缺陷和问题,尤其是让普遍缺乏合作文化价值基础的小规模农户自愿联合需要很长的历史时期。许多专家和实际工作者从多个角度对目前合作社发展中存在的问题进行了深入的调查研究和分析,全国各地的情况大同小异。现根据天津市某区县的调研资料简要说明。该区自 2007 年以来农民专业合作社快速发展,2010 年年底接近 100 家,主要围绕主导产业以及开展各种农机服务等兴办,合作社领办主体有龙头企业依托、村两委班子领办、致富能人带动和科技人员领办等;组织农户经营方式主要是"分散生产、统一销售"的松散型经营,"集中经营、承包到户、自负盈亏"的经营,"统一经营、按劳取酬"的经营等模式。合作社为农户提供服务、带领村民发展主导产业和调整农业结构、增加收入等功能开始显现。存在的问题表现在:一是入社农户和注册资金规模普遍较小,带动农户增收的能力较弱。注册入社农户只有 5~10 户的占到合作社总数的 85%,超过 100 户的只有少数几个;注册资金在百万元以下的占到60% 左右。有的合作社注册资金严重不实,从金融机构融资时对资产的评估难以进行,也难以获取贷款。同时,可能存在产权纠纷、风险隐患。二是办社动机多样,部分领办者主要是获取私利和优惠,没有持续发展的动力。主要有 3 种逐利动机:争取免税政策,获得增值税免税发票;获得法人地位,争取进入超市等高端市场;纯粹是短期逐利行为,误以为成立合作社能获得政府部门提供的资金奖励和项目支持,但并不开展生产经营活动,如成立农机服务合作社为购买农机具能够享受 50%国家购机补贴,为申报财政扶持项目。这 3 种动机基本上是以个人利益为出发点,创办人不去了解合作社的经营理念,从注册之日起没有从事公共性的服务活动,有些根本就是虚假合作社。三是产后服务不足,品牌化经营的水平很低。合作社已注册登记和授权使用商标的有 20 多家,占开展农产品销售业务合作社不到 30%,多数合作社停留在无商标、无品牌的阶段,销售渠道主要为产地市场批发和渠道客户代销;已注册商标的合作社中,具有影响力大的品牌寥寥无几。其原因主要是缺乏市场推介资金和没有行之有效的营销措施。四是观念落后,缺乏风险共担的合作意识。例如,一些合作社领办人与外界客商联系了种植订单,并给农户提供种子和农资,但随着市场农产品价格的波动,订单却不能有效兑现。当市场行情好,市场价高于订单价,农民不履行责任义务,自行销售农产品;市场行情不好时,市场价低于订单价,农民会主动找到合作社代销农产品,合作社成为农民转嫁市场风险的中介。五是内部管理规范程度不高。运行比较规范的合作社不超过 20%,绝大多数专业合作社的章程和内部各项管理制度都是照搬照抄,没有紧密联系本社实际细化和补充,造成章程对合作社业务工作的指导性不强,内部各项管理制度的可执行力偏弱,一人一票的社员大会决策制度形同虚设,很少开会;出入库管理、财务管理不规范,成员账户不健全,会计报表不及时,不能及时反映合作社实际经营状况等。六是指导力量不足,未能形成促进合作社发展的合力。从职能分工上看,法律赋予县级农业行政主管部门对合作社建设和发展予以指导、扶持与服务职能,对合作社没有直接的管理权,合作社的成立不需要农业部门审查,营业票据的获得也不需要农业行政管理部门同意,而由相关的工商、税务部门负责。各部门各司其职,对合作社的生产经营情况了解的都不全面,导致虚假合作社存在、注册人数和实际人数严重不符等问题。同时,没有能形成相对专业的合作社辅导员队伍、相关责任制度,指导难度大,一般主要抓少数好的典型。农业部农村合作经济经营管理总站副站长赵铁桥分析认为,"如果做一综合打分,中国农民专业合作社可以分为好、中、差3个档次,而且,这3个档次合作社的数量几乎各占 1/3。"

受合作社法制化规范历史较短以及大量小规模农户等多种客观国情因素的制约,我国合作社发展整体处于初级阶段,发展中存在的不规范等各种问题有其必然性,但也必须引起重视,为合作社以后发展打好基础,发挥好探索、示范等多种作用。系统看,合作社发展中产生问题的原因以及制约未来发展的主要因素有以下方面:一是农户方面。小农户绝大多数缺乏领办合作社的能力和愿望;合作意识、投资意识不强(不愿拿钱只愿分享的机会主义等习惯),熟人社会中了解合作社情况而对合作社不信任,因为很多合作社不规范导致参与热情、缴纳股金和投资不高;重视短期利益,不愿投资和承担风险,部分农户信誉意识、诚信意识不足;绝大部分农民参与合作经济组织的目的是为了低风险地进入市场并获取服务,并不重视对合作经济组织进行投资,也不在意合作经济组织的管理和盈余分配等。二是领办者方面。在合作社发展的初级阶段乃至持续发展过程中,培育热心农民共同事业的积极分子、增强合作社的领导力起着关键作用,合作社理事长、理事的理念、素质和能力决定着合作社的成败。作为合作社领导核心,即经营管理团队必须是"好人+能人",好人是热心为社员服务,能人是能够为社员服务好,要有较强的个人威信及其人脉关系。现实中部分领办人出现的机会主义逐利动机,部分地区办合作社行政推动色彩浓,不少是"要我发展"而不是"我要发展"等不利于合作社发展。培育或聘任高素质、强能力的合作社领导核心,解决发展中的人才瓶颈至关重要,尤其是合作社理事长的继任者培养问题。三是合作社自身方面。合作社经济功能较弱,提供的有效服务较少,农户与合作社的利益链接关系不紧密;合作社大户、能人"一股独大",一般股东、社员并不能或不愿积极参与,由主要领导者及其董事会、理事会决策;品牌与影响力、吸引力不足;有的过度依赖政府或龙头企业,市场经营意识不强,仍然是坐等客户上门,不能主动开拓市场,有的单纯靠人脉关系经营等。同时,合作社持续发展的吸引力来自于对社员的服务需求满足、增加社员收入、扩大合作社积累发展实力,要根据产业与产品特性,不断提供更多的服务项目,延伸产业链条,形成品牌化、信誉化。四是合作社组织机制以及法律规范的缺陷问题。正如前文所述,合作社的组织制度既有其优势,也存在缺陷。我国《中华人民共和国农民专业合作社法》对合作社的内部机制(或制度)作了基本的法律界定,成为合作社共同的制度基础,如财务管理制度、产权制度、分配制度等。但是,合作社毕竟是农民自己的互助性经济组织,有些具体规定需要结合合作社自身实际和发展要求灵活规定,并经过社员代表大会讨论通过写进章程。如在合作社发展初期,吸引更多的法人组织参与,在对内以服务为宗旨的同时对外讲求竞争、盈利,给予能人、精英更多的利益,为扩大再生产盈余返还比例低于60%等,可能更有利于其发展。同时,合作社法只适用于农业及其相关产业,对于土地流转、土地股份合作等类型不完全适用。五是政府政策制度和管理服务方面。合作社的发展壮大离不开政府有关部门的扶持、指导和帮助,扶持的内容包括项目支持、合作社有关人员培训、技术推广部门公共服务、基础设施建设、品牌宣传、产品认证、法律保障以及用地政策等,扶持的方式包括财政补贴、融资贴息等。但部分地方政府的有关部门只重视合作社的成立数量和规模大小,对存在问题却关注不够;合作社事业发展蒸蒸日上时,各级领导的指导和关注不断,而遇到经营困难最需要帮助时,领导反而关心少;有的对合作社扶持资金运用缺乏有效监督,致使机会主义大量存在;上级的部分优惠政策难以落实到合作社;合作社发展加工等项目用地难以得到。六是资金方面。农户、合作社融资难、资金短缺是制约较规范合作社发展壮大的重要因素,其产生的原因很多:合作社自身资本积累机制、投资机制的缺陷;合作社缺乏金融机构认可的抵押担保物;合作社发展运作不规范、还贷风险较大;农业产业的风险性以及保险机制、政策的不健全等。

(4)未来合作社的发展趋势。未来合作社将向不同的方向演变:以获取国家优惠政策、缺乏广泛农户实质性参与的大部分合作社会失去生存的基础和价值而自生自灭;部分深受社员拥戴、按照合作社原则经营较好的合作社为增强凝聚力、解决融资难问题而选择土地、资金等实质性股份合作,并开展内部融资,成为多功能、多产业的合作社;由能人牵头、以营利为真实目的、经营能力较强的合作社向企业化方向发展。现实中不少合作社事实上与企业无异,之所以采取合作社形式主要是合作社与企业享受不同的税收等政策、法律待遇。如果将扶持合作社的政策普及到所有的农业市场主体(应当如此),很多合作社会转变为农业企业。事实上,发达国家的合作社经过百年以上的演变,现在基本上都是企业化经营,经典的合作社已经很少。更进一步,中国乡村传统文化中合作价值的缺失、"合作困境"的大量存在和依靠精英人物带动发展的事实,合作社产权制度、经营管理制度的天然缺陷,合作社只有拓展经营领域、增强经济实力才能持续生存发展的需求,合作社在市场竞争中表现的规模小、实力弱等现实环境,不少合作社名存实亡都预示着促进合作社向企业化方向发展,或者用建立各种农业企业代替推广合作社模式是根本方向,需要对现在的合作化政策进行反思和调整。(于战平,2012)

**案例:上海市首例合作社非货币出资入股公司在崇明产生。**《农民日报》2012 年 6 月 19 日发表的陆一波、王宗双的文章报道,上海市崇明联益村的种植专业合作联社与李杰农业科技公司共同出资成立的"上海李杰联益农业合作科技有限公司"拿到工商登记注册证,成为首个"合作公司"。合作社以农业生产资料(土地等)作为非货币资本入股公司,新公司按股份比例确定表决权,扩大了在公司中的股权比例和可得红利比例,可以让合作社农户成员得利更多。这种合作社与公司制度的紧密结合,不同于以往的"公司+合作社+农户"的产业化模式,也不同于传统的"公司+农户",合作公司是合作社与公司多要素合作的结合体,有机整合了双方人力、资金、土地等各种生产要素的优势,以合作社为平台开展农业生产,以公司为渠道开展市场营销,在生产和流通环节形成"农民—合作社—公司"的产业合作链条,与合作社相比更具有市场竞争力,与公司相比更加贴近农民,最终实现带领农民致富。

### 3. 促进农民合作社持续健康发展的基本思路

办好合作社是一个不断完善、创新、经营的企业化、市场化深化发展过程,是一个转变所有涉农部门、农户的发展理念,培育创新创业精神的漫长的先进经济文化形成过程,政府应当提供足够的帮助但却难以代替组织发展的自我规律。合作社发展中存在的问题及制约发展的因素中,农民、合作社领办者、核心成员的观念等方面问题只能通过引导和教育培训以及实践教育逐步改变,合作社内部规范制度以及其吸引力等需要在发展中逐步形成,合作社法的制度缺陷在现实中很多并未切实执行,在合作社融资、人才培训问题、规范化建设、标准化建设等方面,农业有关部门已经采取各种措施逐步解决。以下就合作社发展基本思路提出几点建议。
（于战平，2012）

（1）转变追求数量目标，集中力量重点支持规范合作社做强做大，发挥好现有合作社的带动能力。注册合作社数量虽多，但只有少数具备正常的发展动机，能真正发挥作用，具有发展潜力。以追求政策优惠利益为主要目的的"空壳社"难以为继，浪费着大量紧缺的财政资源，是对合作社文化和价值观的"亵渎"，助长着机会主义投机获利，必须坚决纠正。首先要坚决抵制制订合作社发展数量目标、下达行政数量指标等违背规律的做法，将是否成立合作社交给市场。其次要本着"条件成熟一个发展一个，发展一个规范一个、稳固一个"的原则，将激励扶持与监管规范有机结合，在稳定中求发展、发展中求壮大。再次要改变有限扶持资金分散使用，按照示范标准社建设的要求择优扶持、加大扶持力度，聚集支持资金促进一批合作社做强做大，提高带动能力，最大限度发挥现有合作社的潜能。

（2）支持鼓励有条件的合作社向公司化企业发展。合作社自身存在制度缺陷和实际运作中已经走样，如盈余分配、社员大会制等，有的合作社实际上类似于公司制企业，结合发达国家农业合作社企业化的趋势，对于已经形成一定规模、经营能力较强、潜力较大的合作社应当支持鼓励发展公司化经营，鼓励扶持合作社的各种优惠政策同样适用于农业企业。

（3）支持村委会（或村民小组）领办合作社与村集体经济组织产权制度有机结合的新模式探索。在一个分散、小规模农户为主的农业大国，采取由农户自发组织提高适应市场生产经营的组织化程度，要形成较大规模和影响力的组织系统难度大、时间长，基于市场选择的能人或大户领办型是理想的典型模式，但成功并且持续经营壮大难度很大，将面临资金问题、品牌问题、对外竞争问题、接班人问题等；龙头企业、技术推广服务部门领办等其他方式会存在企业、技术部门与农户的利益矛盾，其持续性值得怀疑。在合作社发展的几种模式中，从农业发展所处的阶段、内外环境条件看，组织成本相对较低、能够持续经营的很可能是村委会成员领办（但不同于集体经济，实行自愿原则），这种模式组织成本相对较低，能够充分发挥村民自治组织选举产生的领导人以及村党支部的权威性、凝聚力，实现合作社组织低成本发展，很可能将是中国特色的切实可行的农民合作社发展模式，应当鼓励提倡。目前在部分地区,村委会或党支部成员领办合作社是主要方式,一般受到群众的拥护,也能够比较好地解决用地问题。同时,这些成员与政府有关部门能够建立良好的人脉关系有助于发展。当然,村委会领办合作社会遇到合作社与村委会的关系、与村集体经济组织的关系如何处理问题。将村集体经济组织产权制度改革、组织制度改革、村委会职能调整与合作社发展有机结合,进行综合性配套改革,建立起广覆盖、体系化、组织化程度较高的准政府机构,也可能会大大推进中国农民基层组织创新的步伐,构建起具有中国特色的农民合作社发展道路。

(4)制定针对性规范制度,引导土地股份合作社等多种合作形式健康发展。将农户承包地尤其是外出务工人员、老人等承包经营地集中建立土地股份合作社是实现农用地市场化资本化经营的重要形式,目前在农村大量存在。但是,合作社法作为一般性规定很难适用这种特殊的合作社,现实中很多土地股份合作社的做法可能存在较大风险,例如将农户土地集中发展设施农业时大量贷款的风险,承诺保底分红的风险,用承包地以合作社名义抵押贷款的风险等。需要进一步完善和修订农民专业合作社法,弥补法律规范中股份合作、资金合作等合作组织规范的空白点,制定制度规范以及风险防范制度,促进以土地、资金等资产为纽带的土地股份合作、金融合作等新型合作组织健康发展。

(5)引导扶持基于合作社内在需求的联合社发展。合作社之间的合作是国际合作社发展的重要原则,也是发挥合作社作用的重要内容,如果只有大量小规模的合作社,合作社难以发挥其最大的组织优势,小农经济的日本、韩国以及大规模生产类型的美国等合作社之间的合作或联盟最终成就了合作社的地位。联合社的成功运作和发挥真正的实质作用比建立一个合作社更难,建立区域性乃至全国性农民专业合作联盟需要许多条件,不能是行政命令或者行政领导的偏好去搞形式主义,而应当是基于合作社之间强烈需求,并且有能力和条件协调、领导合作社联盟发挥作用。鼓励基于合作社之间合作需求强烈的合作社建立区域联合社,需要在农民专业合作社法中明确联合社成立、运营的制度规范,将单一合作社的优惠政策等普惠到联合社(如税收优惠等);需要围绕主导产业,以延伸产业链条、实现基础设施共享、提高市场竞争合力、降低交易流通费用等为目的,探索合作社之间多种联合的产权机制、利益联结机制、服务机制、信息传递机制、品牌发展机制、经营管理组织机制等,通过对联合社保鲜仓储设施、质量检验设施、营销网络和信息体系、物流配送设施等倾斜性投入政策引导,提高联合社的经营能力。

# 第九章 创新发展多样化高效率农村金融服务

一、金融有效供给不足：农村资源资产市场化资本化的瓶颈之一

二、发挥传统正规金融机构的优势和潜力，创新农村金融产品和服务

三、以培育新型农民合作金融为重点，稳步构建农民自己的金融基础

四、加快完善发展新型农村商业化金融组织，形成规范的竞争性金融市场

五、区域金融系统创新激活农村资源资产市场化资本化潜能："丽水模式"

　　之实践与启示

**内容提要：** 农村资源资产市场化资本化需要针对性强的多样化高效农村金融体系提供相应的金融服务产品。基于供给与需求特点而形成的农村金融市场是供给抑制下的低水平、不合理均衡。农业银行、传统农村合作金融以及邮政储蓄银行等正规金融机构具有服务"三农"的优势、潜力和社会责任，已经发展了很多金融服务新产品和新模式，涌现出许多鲜活的案例，产生了积极效果，值得总结推广。培育和发展农村新型金融组织是打破传统正规金融垄断、促进多样化高效率的竞争性农村金融市场发展的必由之路，基于产业共同体内在需求的合作社内部资金互助社、社区型资金互助社、小额贷款公司以及村镇银行是目前的主要试点创新模式，虽然取得了很大进展，但也存在诸多问题需要进一步完善政策。其中的农民专业合作社内部资金互助合作在现实中产生了许多行之有效的具体模式，需要不断完善。在依托金融创新激活农村资源市场化资本化潜能的各种实践中，区域金融系统创新的"丽水模式"最具代表性，作为农村金融改革试验区，其推广与发展前景广阔。

　　金融是现代市场经济发展的核心，建立能够满足多层次、多领域、多类型的金融需求，形成各种金融机构和金融服务产品、服务模式相互补充的发

达、完善、高效的金融市场体系是发展完善农村市场经济体制的关键点和难点。城乡之间形成了资金、资本的双向流动,农村的资本、资金、资源通过多种途径流入城市,城市也有部分资金、资本流向农村。由于多种原因农村金融资源配置较少、城乡不均衡。农村资源资产市场化资本化需要针对性强的多样化高效农村金融体系提供相应的金融服务产品,开发农村资源资产需要金融部门提供资金支持、创新资本化的融资方式。农户、合作组织规模化、企业化和产业化经营普遍面临资金短缺的困境,农村金融体系建设滞后于农村发展需要是农村市场经济发展的主要短板之一,需要高效率多元化农村金融创新。现实中各种试点创新的成功典型很多,需要总结成功经验,结合实际推广和实践。

## 一、金融有效供给不足:农村资源资产市场化资本化的瓶颈之一

金融具有资金动员、资金配置和风险转移等功能,农村沉睡的资源资产只有与资金结合才能实现资本化增值。截至 2012 年 12 月末,中国银行业金融机构资产总额已达 133.6 万亿元。目前农村金融市场的供求双方是一种特殊的市场力量博弈,形成的是一种低水平、不合理的均衡。城乡二元经济在金融方面表现为农村金融抑制导致的正规金融供给短缺,提高了融资成本,进而使农村资源资产市场化资本化进程滞后于现实需要和整体经济发展。

### 1. 农村金融供给与金融需求:特殊的市场博弈

金融市场是特殊的市场,供给者主要是正规的金融机构和民间借贷等非正规组织(或地下组织、私人借贷)。正规金融机构是经货币管理当局批准从事金融服务的机构。在中国,涉农金融服务的传统正规金融机构包括农业银行、邮政储蓄银行等大型商业银行,农业发展银行、国家开发银行等政策性银行,农信社、农村合作银行、农村商业银行(简称传统合作金融)等中小型金融机构。另外,尚有村镇银行、小额贷款公司等新型小微金融机构。农村正规金融供给短缺是发展中国家和落后国家的普遍现象和世界性难题,其主要原因之一是农村金融服务产品、金融市场及其供求双方不同于一般的商品市场,具有特殊性。(于战平,2012)

(1)农村金融供给特点。金融机构提供的金融服务和金融产品不同于一

般产品,其资金来源于股东资本金、客户的存款和积累,使用股东资本金、存款户的存款具有成本,只有盈利才能不断生存。金融机构提供产品和服务首先要考虑资金的安全性,其次是流动性和营利性,在此基础上设计出服务和产品的种类、价格(利率)及其他条件供需求者选择,金融市场供给带有一定的垄断性(不是完全充分竞争的开放性市场),金融服务产品的种类及其价格取决于货币管理当局、政府、法律的规定以及金融机构的价值取向、产品创新、经营能力等多种因素,需求者只能是被动接受,服务对象也取决于供给者的选择,需要综合考虑需求者的经营能力、还款能力、商业信用等多种因素。即使能够满足供给者的条件,需求者有时也难以获取贷款,或者获取贷款的利率较高,因为金融资源有限。据有关调查发现,涉农贷款利率上浮幅度是就高不就低,享受 20%~50% 的上浮算是优惠,60%~80% 的上浮是正常。

目前中国正规金融机构对农村金融服务表现出几个明显特点:一是服务机构和能力相对不足,垄断性更强。经历了 20 世纪 90 年代金融机构撤离农村风潮之后,正规农村金融服务机构严重不足问题充分暴露,截至 2011年年底,全国还有金融机构空白乡镇 1696 个。农村贷款农户数量庞大、居住分散、状况各异,会存在严重的信息不对称情况,而征信成本往往相对较高,单笔贷款数额一般较小,放贷成本相对较高,商业银行放款者难以判断其道德风险和逆向选择的程度。需要近距离的服务,将机构或业务延伸至社区、街道、乡村,构建本土金融服务体系。但相对于各种金融机构在城市的较快发展,在乡镇向农民贷款的主要是传统的合作金融组织、农业银行和邮政储蓄银行在乡镇的营业点,金融服务机构的服务半径过大、服务人员严重不足。二是针对性的有效服务产品较少。农村金融服务既要符合金融规律,又要符合农村特点,以"三农"为服务对象的金融机构必须针对农村贷款主体的不同特点和需求设计不同的产品和服务方式,例如针对农民缺乏一般银行所需的抵押物,贷款额度一般较小等特点发展小额信用贷款。传统的合作金融组织、邮政储蓄和农行是面向农村服务的主要金融机构,在农村主要是吸收存款、担保贷款、抵押贷款和信用贷款(尤其是小额信用贷款)。根据《中国金融年鉴 2012》,2011 年农户贷款余额中,46.9% 为保证贷款,抵押和信用贷款分别占 31.4% 和 18.3%;从增速看,农户贷款中抵押贷款增长较快,年末同比增长 34.6%,比同期农户贷款增速高 15.5 个百分点。同时,金融机构在城市中提供的系统金融产品包括吸收存款、信用贷款、担保贷款、交易结算、资产管理(理财等)、证券服务(基金)及信托投资、保险服务等。在农村主要是存贷款,其他业务较少,农民资产投资增值的渠道不足。三是金融机构的服务对象与地方政府重点工作要求结合紧密。虽然正规金融机构实行商业化企业化经营,强调政企分开,但是不少的金融机构(如农村合作金融)的主要管理者由组织部门任命、管理,地方政府部门的发展规划、重点工程等成为金融部门支持的重点,包括政府担保平台融资等。2011 年 6 月 27 日审计署发布的全国地方政府性债务审计结果显示:截至 2010 年年底,全国地方政府性债务余额 107174.91 亿元,其中,政府负有偿还责任的债务 67109.51 亿元,占 62.62%;政府负有担保责任的债务 23369.74 亿元,占 21.80%;政府可能承担一定救助责任的其他相关债务 16695.66 亿元,占 15.58%。省、市、县三级政府设立的 6576 家融资平台公司,政府性债务余额 49710.68 亿元,占地方政府性债务余额的 46.38%,其中,政府负有偿还责任的债务 31375.29 亿元、政府负有担保责任的债务 8143.71 亿元、其他相关债务 10191.68 亿元,分别占 63.12%、16.38%、20.50%;承诺用土地出让收入作为偿债来源的债务余额为 25473.51 亿元;全国只有 54 个县级政府没有举借政府性债务。(国家审计署网站,2011-06-27)地方政府负债余额接近银行业金融机构涉农贷款余额,充分说明了政府主导型经济在金融领域的能量。四是"嫌贫爱富"、"离农化"普遍。从传统的分析视角和传统的商业金融操作供给模式出发,一般认为农村中的农户、企业布局分散,金融服务操作成本相对较高,农村商品生产项目面临较大的自然和市场双重风险,常被认为是风险较高的群体。出于安全性、营利性,不少金融机构采取责任包干及追究制,审慎放贷,贷款更倾向于大企业、盈利高的行业、优质客户以及一次性融资额较大的客户(统称为高端客户),中小企业贷款难、农户及合作社贷款难是普遍现象。"三农"融资需求虽然广泛存在,但单笔服务需求规模较小,需要在较强的金融服务广度和深度基础上才能实现金融服务的规模效应。五是各地金融改革创新差异较大,正在不断突破旧制度的束缚。正规金融机构的创新主要是在融资模式、方式等方面,针对农业、农民贷款难问题,各地的信用社及其他金融机构不断尝试地方性改革,有的突破了法律的限制,合作社内部多种融资方式、土地承包经营权和林权等权利抵押贷款、农民房屋抵押贷款、农业设施以及牲畜抵押融资等在各地正在试点，旧的制度束缚正在被逐步突破。

(2)农村金融需求的特点。目前以及未来很长时间，农村经济社会发展对金融的需求保持强劲增长。金融需求包括多种类型，例如：融资性需求与投资性需求，前者主要是借用金融机构的资金用于生产经营，后者主要是利用自有资金投资金融产品实现保值增值；农户生存性需求（脱贫）和发展性需求；"鹰派"与"鸽派"需求，前者主要是人脉关系较好、能够较易获得贷款的人群，后者主要是缺乏人脉关系、获得贷款较难的老实人；能够提供合格担保的需求与难以提供合格担保的需求；高端用户、中端用户和低端用户需求等。对农户而言，所有的生产生活资金需求目前不可能完全通过金融机构解决，农民借款一般首先是亲友借款，其次金融机构，实在没办法只好求助于高利贷等地下金融。

总体看，目前农村资源资产市场化资本化对金融的需求表现出以下特点：一是发展性融资需求是主体，投资性需求有待开发。相对而言，由于农业的低效益、投资周期长以及缺乏好的项目导致对融资需求相对较低，一般小规模农户的小额需求主要通过自有资金或者亲友借款即可解决，生活性贷款因为周期短、风险小以及额度小等原因也较易满足。对农村丰富的资源和资产开发利用以提高增值能力和收入水平的发展性融资是主要需求，包括农户及合作社等农业规模化、产业化项目融资，土地等自然资源开发融资，集体建设用地开发和非农产业发展融资等，这些融资主体一般是企业、集体经济组织、合作社以及政府组织、农业规模经营大户等。农民生活性融资一般主要通过亲友借款。农民的闲置资金一般存放在金融机构，较少投资于股票及其他金融理财产品。据《中国金融年鉴2012》，从贷款用途看，2011年农户贷款余额3.1万亿元中，用于生产经营的占比83.3%，用于消费的仅占16.7%。二是难以满足金融机构担保要求和信用要求的潜在需求巨大，农业生产经营融资需求满足程度较低。由于金融需求在某种程度上受制于金融产品的价格（融资成本）及担保、信用等其他条件，能够满足这些要求的需求较少，如土地承包经营权、宅基地使用权等权利以及农业设施、农业固定资产等在很多地方难以纳入抵押贷款的范围，适合农村、农业、农民特点的融资产品短缺,农业经营融资满足程度较低。大量研究表明,目前农户的贷款需求大致只能满足 1/3 左右,农户贷款覆盖面只有 10% 左右。2010 年农民专业合作社贷款余额只有 10 亿元,2011 年年末,农民专业合作社贷款余额增加到 65 亿元,按照 50 万个合作社平均每个只有 1.3 万元;即使按照 10% 的有贷款需求的规范合作社计算,平均也只有 13 万元,合作社贷款难、贷款少的问题非常明显。

(3)农村金融市场:供给抑制下的低水平、不合理均衡。在央行以及中央政府政策的制度规范引导下,近几年中国涉农贷款的规模不断扩大,贷款保持快速增长,涉农贷款增长速度总体不低。央行数据显示,2012 年年末,农村贷款、农户贷款、农业贷款余额分别为 14.54 万亿元、3.62 万亿元、2.73 万亿元,同比增长分别为 19.7%、15.9%、11.6%;2011 年年末,农村贷款、农户贷款、农业贷款同比分别增长 24.7%、19.1% 和 11.2%。但是,与庞大的农村人口和城市人均贷款相比,农村金融资本供给严重不足,市场博弈的结果是形成了一种供给抑制下的低水平、不合理均衡,形成了农村金融供给短缺与发展需求之困境。总体表现在:一是农村货币资源存量丰富与农村发展资金短缺的困境。在金融机构存款中来自于农村的大量资金通过金融机构流向城市,而农村发展资金短缺,金融机构不仅不能发挥农村地区资金“供水站”的作用,反而成为资金的“抽水机”,形成所谓的“虹吸现象”。2011 年农户在农村合作、商业、信用社的人民币存款为 70672.85 亿元(不包括在邮政储蓄等机构的存款),但年末农户贷款余额只有 31023 亿元,相差近 4 万亿元。据人民银行统计调查司对农民工的问卷调查(《中国金融年鉴 2012》),2008 年、2009 年、2011 年农民工回乡创业贷款需求不能满足的占比分别为 44.4%、45.6% 和 43.3%,贷款需求比较旺盛、满足率不高;在贷款需求选择中,排在首位的是创业需求,选择占比高达 67%;不能满足的主要原因不仅没有大的改观,反而进一步加深,排在第一位的仍然是:贷款条件过于严格。二是农村资源资产丰富与贷款难的困境。工业、农业等实体产业发展的主要资源依托和空间在农村,农村人口、产业规模占全国大多数,丰富的农村资源与资产受制于现代金融信贷技术的要求难以有效开发、增值,处于“沉睡休眠期”,主要原因是缺乏资金,农民专业合作社发展贷款难、农民贷款难等问题普遍存在。与此相对应,城市房地产、股票和基金投资,以及黄金、艺术品投资等虚拟经济成为追捧热点,吸引了大量的资本投资,其价格被不断推高,实体经济融资成本上升、利润空间不断被挤压而生存艰难,中小企业及农业贷款需求难以得到满足。三是在农村金融机构融资成本较高。在金融机构商业化、市场化改革中,按照政策规定传统农村合作金融机构在基准利率的基础上可以上浮230%,以保障金融机构的利益,这是将本应由政府贴息的部分转嫁给"三农",进一步抑制"三农"融资,严重影响"三农"的发展。四是正规金融供给的有限性导致农村"地下金融"(民间高利贷等)盛行。正规金融机构对农村、农民融资供给的不足、抑制,使得部分急需但得不到贷款的中小企业、农民只好求助于非正规的"地下金融",高利贷在农村地区盛行,虽然弥补了资金缺口,但带来的风险更大。据央行对20040户农户的调研发现,全部农户户均民间借贷额1617元,而全部农户户均正式金融借款额只有999元;农村中小企业在银行信用社的借款在其借款中占47%左右,其余来自于民间金融等渠道。非正规金融的高利贷活动在不少城市以及农村存在多年,其主要面对的是中小企业、农民和个体户等短期资金需求。尤其是在2011年年初以来,随着央行紧缩性货币政策的不断出台,在江苏、浙江、安徽、包头、鄂尔多斯、山西等地区各种非法的、合法的金融组织(包括贷款公司、担保公司、典当行、资产管理公司、资金互助社等)的融资出现井喷式暴涨,贷款利率不少已经超过了基准利率4倍上限的央行规定(属高利贷不受法律保护),有的年利率高达160%~200%,有的地方出现国家公务员利用和银行的关系、银行职员获取贷款后再投资于金融组织获取利差的现象,央视2011年6月持续报道了各地的情况(见央视"聚焦钱流"等报道)。

**2. 农村正规金融供给短缺:宏观因素、客观现实与政策缺陷叠加累积结果**

像我国这类发展中国家,资金稀缺是一个长期普遍的现象,"三农"贷款是发展中国家的世界性难题,全面满足各类经济主体全部信贷需求不现实。尤其是在采取紧缩性宏观货币政策时,中小企业贷款难、农业农村贷款难的矛盾更加突出。从宏观和历史现实角度看,在中国导致这一结果的原因是复杂的。

(1)整体经济发展的宏观因素:逐利性选择的必然。对农村的金融供给受到宏观经济发展对资金的需求、货币政策调控下的资金供给总量、投资利润在部门行业间的不均衡性以及区域经济发展等众多宏观因素制约。总体看,工业商业利润高于农业、城市高于农村、发达地区高于欠发达地区、大型企业高于中小型企业等,使得金融资源更多流向盈利高的地区、行业、企业。如果没有强有力的政策扶持引导,"三农"融资难将长期普遍存在。城市房地产、股票和基金投资,以及黄金、艺术品投资等虚拟经济投资成为近几年追捧热点是典型的资本逐利性反映。

(2)"三农"特点与现实:弱质性、弱后性、弱势性的体现。大量的研究证实,如果按照城市金融机构的盈利要求、信贷技术、经营模式,服务"三农"的金融成本较高、风险较大,其根源在于农业的弱质性、农村的弱后性(贫穷、落后)、农民的弱势性。发放相同金额的贷款,"三农"业务的成本要比普通城市业务高出 3~4 倍,若与大企业业务相比,差距就更大。越是经济发展水平较低的地区,农村基础金融服务越薄弱,金融资源不足,经营成本高、风险大的问题突出,形成一种低水平恶性循环。目前在落后农村新设立的金融服务网点经营状况总体不乐观,不少难以实现盈亏平衡,持续提供金融服务面临巨大压力。在整体资金供给短缺的背景下,"三农"融资将处于更加艰难的境地。2011 年年末,农业(农林牧渔及其服务业)贷款不良率 7.5%,虽然比 2010年年末下降 1.8 个百分点,但在全行业中也是很高的;农村贷款不良率 3.2%,农户贷款不良率 6.7%。从贷款质量看,金融机构涉农贷款不良率 2.9%,中资四家大型银行涉农贷款不良率 1.6%,其中农业银行 2.3%;中资中型银行涉农贷款不良率 1.1%,其中农业发展银行 1.5%;农村合作金融机构(信用社、农商行、农合行)涉农贷款不良率 6.5%,比 2010 年年末下降 2.3 个百分点。

(3)金融改革等政策缺陷:历史演进的结果。许多专家已经分别从多个角度对中国农村金融发展改革的政策历史及其缺陷进行过总结,主要是:20世纪 50 年代建立的农村信用社的合作组织性质演变为官办而异化,导致真正的农民合作金融组织缺失;20 世纪 90 年代开始农民自发建立的农村合作金融(基金会)因为国民经济过热所导致的资金市场利率畸高、乡镇政府控制的合作基金会出现违法操作、政府监管滞后、信贷风险引起的不稳定等原因在 1999 年被统一取缔,致使全国约 4.5 万家乡村两级的农村合作基金会停业关门,抑制了自发性农村金融组织的发育发展;农业银行等国有银行全面收缩县级以下业务网点,业务重点转向城镇及非农领域;邮政储蓄主要吸收存款上存至其他金融机构,建立邮政储蓄银行后主要开展一些小额信贷;

国家对金融企业设立门槛较高,建立各种合法金融机构在农村受到限制等。多种历史性的金融政策演化一直不利于农村金融的建立和发展,形成城乡二元不平衡的金融布局与供给结构。

**3. 农业政策性保险供给短缺:抑制了农村金融供给**

农民农业贷款难的一个重要因素是农业的风险较大以及缺少金融机构认可的抵押担保物。其中政策性农业保险建设严重滞后,险种设计、保障水平等方面难以实现保险的功能,达成保险市场高水平均衡,抑制了金融机构对农业农民的贷款。

(1)政策性农业保险基本状况。农业政策性保险的规模相对于中国农业大国的规模和作用极不相称。据中国统计年鉴资料,2006年保险公司农业保费收入及赔付只有8亿元和6亿元。之后,中央政府开始推进政策性农业保险补贴,2007年农业保费收入及赔付就分别达到53亿元、30亿元,到2011年分别为174亿元和81.8亿元。2007~2010年,中央财政累计拨付种植业保险保费补贴资金136亿元。2007~2011年,农业保险累计保费收入607.5亿元,累计赔付367.1亿元。2012年,农业保险保费收入240.6亿元,同比增长38.3%,为1.83亿户次提供了9006亿元风险保障,向2818万受灾农户支付赔款148.2亿元。据《2010年中国农村政策执行报告》有关农户调查资料,2010年参加农业保险的农户比例为24.7%;2011年为1.7亿户次农户提供风险保障,承保主要粮油棉作物7.9亿亩,占全国播种面积的33%。目前,中国只有22家保险公司经营农业保险业务。总体看,农业风险保障水平很低。

(2)政策性农业保险制度存在的主要问题:以天津市为例。政策性农业保险的有效实施,涉及中央和省市级政府的财政补贴力度、保险公司利益、区县政府补贴和行为、农户认知等多方面的博弈,需要科学精确地设计才能达到效果。根据对天津市的调查,农业政策性保险农业在天津试点几年来,总体看覆盖面小,未能充分发挥保障功能。2011年,天津市政策性农业保险共承保各类牲畜11.45万头,温室大棚1833公顷,农作物123500公顷;而同年,天津市各类牲畜约为700万头,设施农业种植面积约106666.7公顷,农作物面积约460000公顷,农业保险覆盖面很低,不少地区在2012年出现农业保险大幅度下降的情况。

　　造成农户参与农业保险积极性不高的主要原因是目前的政策性农业保险存在很多问题,主要是:市政府保险补贴总金额和力度小;农业保险赔付率高、盈利少乃至亏损、理赔成本高等导致保险公司保险品种选择在风险和损失相对较小的物化成本方面(不是全部的实际损失);保障水平低等导致覆盖面窄、需求不足,难以实现通过"大数法则"弥补"小概率"事件损失的保险良性循环;区县分担的保费补贴政策(虽然区县政府提供的保费补贴比例仅在 10%~30%之间)不利于调动农业主产区县推广的积极性;担心农民因为参与开展政策性保险后,如果发生了损失,又对保险公司理赔不满意,农民会将矛盾转移到政府,导致基层政府对政策性农业保险推广热情不高;保障水平较低、最急需保障的没有纳入保险以及理赔工作不到位导致农户参保热情不高等。其中,保障水平过低是核心问题。按照天津市政策性农业保险设计, 保险公司所能接受的保险金额也只能体现保险标的的部分物化成本,保障水平依然过低,不能满足农民风险保障的需求。以钢骨架温室保险为例,面积 1 亩,造价在 12 万元左右,而保险金额通常只有 8000 元/亩左右,保障程度仅为 6.67%,保险公司保的只是设施部分,只有当全部损毁时才理赔,并不包括棚内种植产品的损失,而且不保险雪灾、霜冻等。再以生猪保险为例,保险金额为 700 元/头左右,而一头出栏猪的市场价格在 2500 元左右,保障程度也只有 28%。在如此低的保障水平下,农户缴纳的保费并不多,即使发生了损失获得保险赔偿,也对被保险人微不足道(何况不一定发生),整体参保率低就是必然现象。保险设计偏离政策性农业保险发展初衷成为最现实而尖锐的问题。

　　(3)建立和完善政策性农业保险全覆盖体系的关键点。针对上述问题,结合《农业保险条例》的有关精神,必须将政府政策性农业保险作为保持农业稳定发展、促进农业融资以及撬动民间投资的重大保障战略,大幅度增加中央和省市级政府政策性农业保险补贴资金投入比例,调动保险公司、生产经营者积极投保,尽快构筑高补贴、广覆盖的保障体系。一是重新设计现有保险保障内容和保险品种,扩大保障对象。要根据生产成本、风险实际可能造成的产品歉收、绝收等未来损失的一定比例制定保费及赔偿(根据财力逐年增加),这虽然会增加一部分财政支出,但有助于建立一定规模的风险保障资金,实现良性循环。二是取消区县级政府保费补贴政策要求。区县级承担部分保费补贴不利于政策性农业保险的推广,也是不公平的。取消区县级保费补贴,省市级财政补贴所占比例极低,应当在市财政可承受范围之内。以 2009 年天津农业生产为例,在假定现有险种、保障程度和补贴比例等条件不变的情况下, 对于政策性种植业保险, 当参保率分别达到 40%、60%、80% 和 100% 时, 市财政所需保费补贴总额分别为 3228 万元、4842 万元、6456 万元和 8070 万元,占市级一般预算财政收入的比重分别只有 0.039%、0.059%、0.079% 和 0.098%; 对于政策性养殖业保险, 当参保率分别达到40%、60%、80% 和 100% 时, 市财政所需保费补贴总额分别为 8080 万元、12120 万元、16160 万元和 20200 万元, 占市级一般预算财政收入的比重分别只有 0.098%、0.147%、0.197% 和 0.246%。

## 二、发挥传统正规金融机构的优势和潜力,创新农村金融产品和服务

"三农"发展面临的金融难题,根源在于历史积累形成的城乡二元差距以及"三农"的特点,其根本解决需要市场体系机制的完善,需要依靠政府的政策制度弥补市场自发性的缺陷,这也是对政府解决"三农"问题的决心、宏观调控管理能力和水平的考量。传统正规金融机构虽然有的改制为股份制企业化经营,但大型国有银行在其历史发展过程中是基于国家赋予的垄断地位、支持等多种因素而达到了目前的水平,成为盈利稳定、水平较高的金融机构;传统农村合作金融原本就是农民自己的合作组织异化、改革而成。因此,它们承担的国家整体发展责任、社会责任并不能、不应该削弱,否则中国"三农"融资难题在它们的"逐利性"和竞争优势面前将难以解决,这是历史原因累积的结果和要求。正规金融机构需要在企业化营利性要求与承担"三农"责任等方面做出平衡,政府需要出台相关政策建立长久的机制和制度,促进其不断创新服务"三农"的产品和模式,提升和发挥好主渠道的作用。

1. 传统正规金融机构具有服务"三农"的基础、优势和潜力

传统的农村合作金融机构、农业银行、邮政储蓄银行等正规金融机构经过几十年的发展积累,目前仍然是最信任的存贷款主要机构,某种程度上这些机构仍将在农村处于优势地位,农民一般会将闲置资金存于这些机构;农发行则主要承担政策性业务(不吸收个人存款)。这些机构根据国家政策要

求和发展战略定位,初步构成了服务"三农"的金融格局,是服务"三农"的主力军,其服务"三农"大有潜力。同时,这些机构在不同地区开发出了很多的金融服务产品,例如,"合作组织+农户"的统一贷款方式,订单农业质押贷款,林权、果树、花卉等抵押贷款,标准仓单质押贷款、进口仓单质押贷款、动产质押贷款、林权质押贷款、小额存单质押贷款,农户联保贷款、农机贷款等。有的地区推出了农村信用社、农户、龙头企业、保险公司和政府"五位一体"的综合服务方式,由龙头企业与农户签订购销合同,农村信用社负责提供贷款,保险公司承保,保险费由当地政府和农户双方按一定比例支付等。

(1)中国农业银行。农行与农信社系统一直是农村服务"三农"的主力军,伴随农行股份制商业化改革,为更好承担"三农"责任,2008年3月开始在6个省11个二级分行推动"三农"金融事业部改革试点,2008年8月农行总行设立"三农"金融事业部,全面推动全行"三农"金融事业部制改革。2009年5月1日银监会发布施行《中国农业银行三农金融事业部制改革与监管指引》,其目的就是要确保农行股份制改革取得实效,贯彻"面向三农、商业运作"的原则,着力提高"三农"金融服务水平和市场竞争力。

农业银行名列全球银行第六位,有54%的网点、46%的人员分布在县域,是唯一一家在全国所有县市设有分支机构的国有大型商业银行。截至2012年年末,总资产突破13.2万亿元;各项存款和各项贷款分别达到10.86万亿元和6.43万亿元;县域贷款余额突破2万亿元,增长17%,高于全行平均增速2.9个百分点。在农业银行6万亿元的信贷资产中,涉农贷款接近2万亿元,支持农业产业化龙头企业7600多家,惠及农民3亿多人。2012年共发放农户贷款3216.3亿元。截至2012年年末,组织实施"金穗惠农通"工程,推出57种"三农"专属产品,发行惠农卡1.2亿多张,设立"金穗惠农通"工程服务点接近60万个,布放电子机具100多万台,覆盖全国2/3的行政村;针对企业推出农村产业金融"千百工程",在县域地区初步形成了"网点+ATM+三农金融服务站+电子银行"的多层次、广覆盖农村金融服务渠道体系。推出了农牧户小额信用贷款、双联农户贷款、新农村民居建设贷款、三农"市场+商户"贷款等多项特色农户贷款产品,以及"银行+担保公司+龙头企业+合作社+社员"、"银行+国营农场+农机户"等贷款模式。

（2）传统农村合作金融机构。20世纪50年代合作化运动时期在国家帮助下由农民自己组建的合作性质的信用社最终变为官办性质，改革开放后对农信社的改革已经进行了近30年，最终明确了围绕明晰产权关系探索实践多元化产权改革，确立了股份制为主导的产权改革方向，优化机构组织形式，健全规范法人治理，改制的形式主要是农村信用联社、农村商业银行、农村合作银行三种。2011年年末农村商业银行、农村合作银行和农村信用社资产分别为42527亿元、14025亿元和72047亿元，合计128599亿元，占全部银行业金融机构总资产的11.35%，48.4%的资产集中在东部。截至2012年年末，全国共组建以县（市）为单位的统一法人农村信用社1804家，农村商业银行337家，农村合作银行147家。2012年年末，农信社涉农贷款、农户贷款余额分别为5.3万亿元、2.6万亿元，比2011年年末分别增长16%、12.6%；全国农村信用社不良贷款比例为4.5%，比2011年年末下降1个百分点。

（3）邮政储蓄银行。从1986年邮政储蓄业务恢复到2003年7月，邮政储蓄存款一直转存人民银行，吸收了大量农村存款，产生了严重的"虹吸"效应。2007年3月，中国邮政储蓄银行正式挂牌成立，"虹吸"效应有所减弱，农村资金通过邮政储蓄渠道的外流得到一定程度的缓解。以服务"三农"、服务社区、服务中小企业为战略定位的中国邮政储蓄银行，有38000多个营业网点，是全国网点最多、覆盖面最广的商业银行，70%以上网点分布在县及县以下地区。截至2012年年底，全行资产规模达到4.9万亿元，名列中国银行业第七位；存、贷款余额分别达4.7万亿元和1.2万亿元；县及县以下农村地区储蓄存款余额超过2.6万亿元，账户数近8亿户。截至2012年年末，通过小额贷款累计向县及县以下农村地区农村地区发放4600多亿元贷款，占全部小额贷款累计发放金额的71%。2012年邮储银行涉农贷款投放约2000亿元，总体看相对较少。

（4）农业发展银行。农发行是国家农业政策性银行，按照国家的法律、法规和方针、政策，以国家信用为基础，筹集农业政策性信贷资金，承担国家规定的农业政策性和经批准开办的涉农商业性金融业务，代理财政性支农资金的拨付。其业务范围由国家根据国民经济发展和宏观调控的需要并考虑到农发行的承办能力界定，目前的主要业务包括农产品收购储备贷款、农产品加工企业贷款、农业综合开发贷款、农业小企业贷款和农业科技贷款、农村基础设施建设贷款、县域城镇建设贷款、农业生产资料贷款、新农村建设贷款等;其资金主要来源于业务范围内开户企事业单位的存款(不吸收个人存款)、发行金融债券、财政支农资金、向中国人民银行申请再贷款、同业存款、协议存款、境外筹资等。农发行的机构主要在县级以上。作为国家"三农"政策性银行的农发行经过多年的发展业务范围越来越大,作用越来越突出。2011年年底总资产19534.67亿元。2012年全年累放各类贷款12647亿元,年末贷款余额21844亿元,增加3105.9亿元,增量为历年之最。但是,其营业网点的覆盖范围、业务范围还远不能适应对政策性投融资的发展要求,全系统有31个省级分行、300多个二级分行和1800多个营业机构,不少县级单位尚没有分支机构或营业点(更不用说乡镇级),能够享受到农发行政策性投融资服务的乡村、农户、企业等还比较少,需要政策性金融服务的项目尚没有开展,农发行不能吸收个人存款在一定程度上制约着其资金规模,这些都在一定程度上制约着扶持"三农"政策的落实。农发行未来发展的主要任务就是尽快形成普惠制的政策性投融资服务体系,尽快增强其资金实力和服务的范围、业务领域,满足扶持"三农"的要求。

**2. 传统正规金融机构服务"三农"模式创新的典型案例讨论**

针对"三农"融资难题,在政府的政策引导、规范下,农信社、农行、邮储银行等金融机构面对农村金融服务的客观需要和现实特点,进行着各种实践探索,谋求开发出更好的服务"三农"的新产品、新机制和新模式,部分创新具有很强的启发性,很值得进一步推广。在此仅选择4个案例简要分析。

**案例之一:临汾市农信社发展小额信贷,创建"村周银行"。**

(1)主要做法及成效。农村小额信贷是目前农民获取贷款的主要途径,对农户信用状况(包括财产等基础信用)的全面动态掌握是基础工作,提供便利的信贷条件、降低交易成本是实现信用社和农户"双赢"的客观要求。2000年,临汾市农村信用社开始全力推动"小额信用贷款",首先从最基础的信用档案建立开始做最详尽的农户财产普查,建立了每户农民家庭财产档案,并且每年更新;根据农民家庭固定财产、收入来源、品德状况,评出信用等级,以此确定贷款额度,发给信用证,农民可持证到信用社随时贷款,不需审批。近年来,配合政府各部门的社会性扶助行动,推广各种特别的创业贷款,发放了"农村青年创业贷款"等6种创业贷款,以信用社贷款扶持农民专业合作社和供销合作社,促成"三社联动",为农民提供了产前、产中、产后的一条龙服务,临汾市43万农户切实受益。同时,临汾市在全国首创"村周银行"便利店模式,每周定时、定点派信贷员进村服务,弥补村一级金融服务的缺失。例如,襄汾县连村的"村周银行"信合便利店,除每周二、周五营业外,逢五逢十赶集也开门,信用社同时聘请县农业技术员为农民授课,这个便利店辐射周边7个行政村、2.6万余人,自2010年7月1日开业后,5个月时间存款余额就达到1578万元,吸纳股金82万元,发放贷款128户、380万元,贷款按月结息率始终保持100%。临汾市已建起开放式和封闭式"村周银行"便利店215个,辐射800多个行政村,有效地填补了农村金融服务空白。(本案例来自于马小林、吴晋斌2011年1月19日发表于《农民日报》的文章《农民是最守信用的——临汾市农村信用社创建农村信用环境十年调查》)

(2)本案例启示及相关问题讨论。从临汾市农信社的做法中,进一步得到很多启示,并引申出对一些问题的基本看法。第一,农信社作为服务农村基层的传统正规金融具有很大潜力,关键取决于自身的理念、定位。一般认为服务基层农民、农业和中小企业的金融组织、经营成本较高、营利性差而没有前途。临汾市农信社的经验表明,农村基层金融服务需求潜力巨大,其关键在于是否具有很强的服务区域基层的理念、业务定位是否符合基层的现实需要,在于农信社自身的理性选择,在于农信社领导者的决策。强化农信社服务"三农"的理念、责任并不意味着就不能盈利,这应当作为农信社发展改革的出发点。第二,绝大多数农民是守信用的,农信社的风险主要不是来自于农民。人们一般将农信社不良贷款率较高归罪于农民不守信用,临汾市及其他许多地方的经验表明恰恰相反。农信社不良贷款率较高主要不是来自于一般农民不守信用、还款率较低,而是来自于农信社受基层政府政治需要、个别领导人决策失误、"人情"信贷、"政绩信贷"乃至信贷中的有关人员"权力寻租"和腐败行为等。部分地区出现的农信社主要领导造成巨大亏空或者卷款潜逃现象也揭示出其"内部人控制"带来的巨大风险可能远高于农户违约风险。个别少数农民不能按期还款一般是有特殊困难,其造成的损失或者对农信社的不利影响要远小于对于企业的贷款、政府项目的贷款。第三,建立完善的农村基础信用信息体系是提高农村金融效率的基础工作。金融机构面对大量的农民信贷需求，难以在短时间内对其信用状况做出全面客观准确的评价，其搜寻相关信息的成本高昂，这是目前不少金融机构不愿意在农村基层开展业务的重要原因之一。临汾市农信社则发挥其植根基层优势，长期致力于建立农户基础信用档案，虽然支付了一定的初始信用信息"拓荒成本"，但也形成了自己的优势，为以后提高信贷效率、控制风险、节约交易成本奠定了基础。因此，发挥政府、信用社以及各方面的力量，利用现代信息技术优势，建立基层农户等信用信息档案应当作为重要的工作，进而建立信用村、信用户以及颁发信用证等是非常有效的模式。第四，建立农信社服务延伸到村的高效率机制和模式应当作为解决农民融资难的重点之一。进一步推动普惠型金融在我国的发展规模与速度是今后金融改革的重点之一，建立村镇银行、资金互助社、小额贷款公司等新型农村金融机构的目的之一就是填补农村金融空白点，主要原因是现有的农信社受人员限制服务半径有限，难以完全覆盖和满足所有农民的贷款要求，有的村镇银行采取下村入户建立"流动服务车"以及其他简便、快捷的方式满足了农民的信贷性需求。而临汾市农信社建立的"村周银行"模式，则是充分挖掘农信社的潜力，实现服务进村入户，扩大服务半径，在固定投入没有增加的情况下满足了农户的储蓄和贷款需求，对于有些交通不便、分散的地区非常适宜。如果单独设立固定的营业点，需要花费许多固定成本，工作量大，单笔业务金额小，利润空间小，增加农民的贷款费用，可能会出现亏损而难以持续。

**案例之二：重庆市统筹城乡金融改革，推进农村"三权抵押"贷款。**

（1）主要做法及成效。作为我国统筹城乡改革的实验区，为了满足农户、农村中小企业及农民专业合作社发展种植业、养殖业、林业、渔业、农副产品加工、流通等农业产业化项目以及满足农业产前、产中、产后服务支农资金的需求，重庆市政府出台《关于加快推进农村金融服务改革创新的意见》（渝府发〔2010〕115号）和《关于开展农村土地承包经营权居民房屋和林权抵押贷款及农户小额信用贷款工作的实施意见（试行）》（渝办发〔2011〕11号），着力推进以农村土地承包经营权、农村居民房屋和林权（简称"三权"）等产权抵押融资为核心创新农村金融制度，以发展新型农村金融机构为重点创新完善农村金融组织体系，以推动农村信贷资产和权益流转、建立农村金融风险分担机制为中心创新农村金融服务配套支撑体系等，提出了较系统的实施方案。据重庆市市长黄奇帆(2012)提出,2010 年重庆发放"三权"抵押贷款只有30 多亿元,2011 年上升到 180 亿元,2012 年可能突破 300 亿元,2015年有望达到 1000 亿元。

改革的主要内容是:确立重庆农商行作为开展农村"三权"抵押贷款业务的主办银行;各有关单位制定"三权"抵押登记细则,明确抵押登记要求;加快推进农村居民房屋、土地承包经营权的确权登记颁证工作,对需要办理抵押贷款的农村"三权"优先确权颁证;贷款金额在 100 万元以内的,其抵押物价值认定原则上不需要专业评估机构评估,由借贷双方协商确定;贷款金额高于 100 万元的,可委托有资质的专业评估机构评估,评估费按照最低标准执行;农村"三权"抵押贷款及农户小额信用贷款发放前应做好风险评估,借款人应资信良好、遵纪守法,使用贷款的农业产业项目应有较好效益,保证第一还款来源充足;农村"三权"抵押贷款利率在同等条件下优惠 5%~10%;依托重庆市农业担保公司组建国有性质的农村资产经营管理公司,负责处置金融机构因开展农村"三权"抵押贷款产生的不良资产;农村"三权"抵押物在处置时应首先在本集体经济组织内进行转让,如本集体经济组织内无法处置,农村资产经营管理公司可以对有关抵押物进行收购或流转(农村土地承包经营权只能流转);由财政出资 5 亿元成立了农村"三权"抵押融资风险补偿资金,对于"三权"抵押融资贷款出现的不良资产,市、区两级财政将分别给予 20%、15%的风险补偿;完善以土地交易所、农村土地流转服务机构、林权交易平台为中心的农村资产流转体系,完善和发展农村"三权"资产评估体系,支持和鼓励各区县(自治县)探索以市场化方式组建农村"三权"及其他农村权益类资产评估机构;扩大种植业、养殖业、林业保险业务范围,加强涉农信贷和保险合作,将涉农保险投保情况作为银行授信要素,鼓励借款人对贷款抵押物进行投保,积极发展农民小额信用贷款保证保险;重点抓好农户信用档案建设,建设良好的农村信用环境等。重庆市高级人民法院将出台《为推进农村金融服务改革创新提供司法保障的意见》,从地方立法的层面保障金融机构发放"三权"抵押贷款的合法性。

(2)本案例启示及相关问题讨论。重庆市统筹城乡金融改革、推进农村"三权"抵押贷款的系统性制度安排试验具有重要的理论和实践价值,是符合中国实际的具有一定可操作性的制度创新。从重庆市的系统改革方案和做法中得到很多启示,并进一步引申出我们对一些问题的基本观点。第一,推进农村资源资产市场化资本化"三权"抵押贷款需要政府统一组织推动。重庆市"三权"抵押贷款制度设计以及四川都江堰市等地的试验均表明,通过"三权"抵押贷款解决农民融资难、促进农民资源资产权利的市场化资本化需要一定区域的系统制度安排和整体推进,需要法制、农业保险、政府服务等相关制度的配套,完全依靠市场机制难以实现,只可能发生零星、不规范的交易,难以有效防范和控制风险。第二,农村"三权抵押"解决农民融资难问题具有可行性,是现实途径之一。虽然各地不同程度地开展"三权"抵押贷款试点,但仍然有不同看法和担心。最主要的担心是土地对于农民具有社会保障、就业退路等功能,宅基地保障农民有基本的居所而避免流离失所,金融机构无法处置抵押权利,抵押后农民可能出现失地、失房影响社会稳定、农民生活等。事实上,抵押贷款能否实现取决于信贷双方基于需求、信用等综合评价,金融机构并非只要提供抵押物就可发放贷款,更主要的是对于客户收入来源、还款能力、信用的评价,设置抵押物更多的是一种心理约束和道德约束,农民也是一种理性的经济人,会清醒地认识到抵押物对自己的价值,除非特殊困难原因不会轻易放弃抵押物权利,变卖抵押物的现象发生的可能性很小。第三,建立土地银行、发行土地债券等在中国农村目前不具有可行性,其风险难以预期、控制。针对完善农村金融体系,不少专家提出了借鉴国外经验建立专门的土地银行、发行土地债券(土地证券化)等政策建议。但是应当看到,中国的土地产权、土地关系不同于西方私人产权制,建立新的土地银行需要整体的制度设计、机构等相关调整,难度大,近期不可能像西方其他国家专门建立土地银行机构从事土地信贷,可行的办法是依托现有正规金融机构开展相关探索。对于发行土地债券等土地证券化问题,我们认为融资模式的构建与创新应当遵循尽量环节简化、操作简单的原则,符合农民的认知与能力,尤其是 2008 年金融危机暴露出的虚拟经济过度发展、金融衍生品的泛滥导致金融风险加大的教训应当充分认识。在目前农村资源资产产权的法律规范不健全的现实背景下,融资模式的创新涉及的问题使得土地证券化理论模式环节过多而难以实际操作,渐进式改革更符合中国的实际。第四,建立农民"三权"交易中心以及价格评估机构要逐步推进,通过政府职能转变履行相关职责是可行的模式。从市场化资本化理论上和逻辑角度分析，建立市场化农民资产和农村资源权利交易中心以及价值评估机构是客观要求。但作为市场化经营组织，必然要考虑营利性、成本等问题，对于价值相对较低的土地承包经营权、林地经营权以及农民住宅等权利交易支付相对较高的交易服务费用、评估费用，反而可能会限制或影响农民交易的积极性；支付的费用较低，相关的市场中介机构没有积极性，尤其是在交易数量不可能很大的发展初期难以保障中介机构的持续营利要求。现实中农民"三权"交易往往是自发的私自交易，交易成本几乎为零，价格双方协商确定，具有可行性。另据调查，有些独立运行的农村产权交易中心主要依靠政府大量投入建立，涉及编制、经费等众多问题，行政成本很高，有的缺乏足够数量的交易和收入而难以运行，有些农村产权交易仅仅是形式上的，作用并不明显。因此，农民"三权"交易机构的建设目前应当主要依靠政府相关管理机构转变职能，强化相关服务，从形式上挂靠在有关行政机构是可行的途径，完全交给市场的时机不成熟。第五，农业政策性保险、政府对促进金融服务"三农"的补贴制度是影响农村资源资产市场化资本化的重要因素。农业的风险较大，承担服务"三农"的金融机构的风险较大是制约农民融资的重要客观原因，相对于农村金融成本高、风险大和收益低的经营劣势，国家现行的扶持政策范围仍然偏窄、扶持力度仍然偏小、扶持期限仍然偏短，扩大政策性农业保险的范围、提高政府补贴标准、建立完善政府对金融机构服务"三农"贷款的费用和风险补贴制度是解决的基本途径，也是世界各国解决农业、农民融资难问题和扶持农业的重要内容。重庆市的方案充分考虑到这一问题，提出了对农民"三权"抵押融资的利率优惠和风险补偿制度，并提出建立相应的制度，加强涉农信贷与涉农保险合作，探索分散农业生产风险和解决农村"贷款难"问题的有效途径。

**案例之三：农行吉林省分行畜牧业贷款中心与担保公司合作助农增收。**

（1）主要做法及成效。2009年4月农业银行吉林省分行成立畜牧业贷款中心，以龙头项目和农户养殖业为重点，积极支持其加快发展。采取的主要措施是：按季研究畜牧业龙头企业遇到的新情况、新问题，及时制定下发《畜牧业龙头企业信贷工作指导意见》，要求辖属各级支行加大对畜牧业龙头企业的支持力度；积极组织召开畜牧业龙头企业银企对接会，搭建银企融资、互动、交流平台；地方政府组建了畜牧业担保公司与之配套运行，并建立起畜牧业贷款中心与畜牧业担保公司相互衔接、配套运行的工作机制；积极同吉林省政府及省畜牧局沟通联系，召开联席会议，通过省工信厅审批准入的畜牧业担保公司10家，已审批准入7家；发挥畜牧业贷款灵活、快捷、方便等特点，探索出了"农行+畜牧业担保公司+养殖户"、"农行+公司+养殖户"、"农行+合作社+养殖户"等服务方式，通过担保公司为1193户养殖户发放贷款5952万元。截至2010年年末，该行累计投放畜牧业贷款35.48亿元，其中投放法人客户33笔，贷款5.57亿元；投放个人客户99797户，贷款29.91亿元，仅支持农民养猪和养牛就达4.96万户，贷款余额达13.48亿元，支持其他养殖户6568户，贷款余额2.2亿元；支持了吉林华正牧业、吉林正业集团等19家畜牧业龙头企业，辐射带动农民养殖户近4.5万户，不仅帮助企业解决了融资难题，还使金融支持畜牧业企业的能力和效果不断增大。例如，梨树支行与梨树红嘴担保公司合作，对担保公司辐射的农户贷款实行名单制管理，由担保公司提供担保，梨树支行对有贷款需求的养殖户实行普惠制服务。截至2010年年末，通过这种模式该支行已累计为养殖业发放贷款1.1亿元，没有一笔损失。梨树支行还加强与畜牧业专业合作社的合作，通过"农行+合作社+养殖户"模式，探索出了支持畜牧业养殖户的新路子。梨树支行与富邦合作社合作近一年来，为富邦合作社社员授信1261户、投放养猪贷款4985万元，累计发放养猪贷款7356万元，取得了丰硕成果。(本案例根据中国农业银行网站2011年3月2日徐少义文章《农行吉林省分行畜牧业贷款助农增收》整理)

(2)本案例启示及相关问题讨论。农行虽然从县以下撤出了营业点，非农化倾向明显，但作为服务农业的重要金融机构承担着重要职责，其服务农业的业务领域和方式有不同于信用社、邮政储蓄银行的特点。从上述案例中得出以下启示和一些基本认识。第一，围绕农业优势主导产业链规模化、组织化水平提升是金融支持农业发展的重要方向。农户土地权利流转形成规模化、组织化经营是实现农村资源资产市场化资本化的重要途径，规模化、组织化程度提高后面临的资金需求需要借助于金融机构融资，而规模经营大户、龙头企业、合作社贷款难问题比较突出。吉林农行与政府合作围绕当地畜牧业发展延伸玉米主导优势产业的产业链条开展融资服务，建立畜牧业贷款服务中心，既有利于种植玉米的农民获取较好的收益，保障粮食安全,为国家做贡献;也有利于发展延伸农业产业链条,形成农业产业集群,提升产业的整体竞争力和效益水平,实现农民、企业、区域、国家多方面的共赢。中国不少地区都有自己的优势主导产业和特色产业,农行应当发挥自己的优势为打造具有国际竞争力的现代农业产业链和产业集群服务,这代表着未来的发展方向。第二,金融机构与政府、农民专业合作社、农产品加工流通等龙头企业分工协作是解决农业融资难的重要组织模式。农行公开上市成为现代股份制银行后,成立"三农事业部"继续履行服务职责,但其更要对股东的营利性和收益要求负责,农业投资的多重风险性、周期长、收效慢等制约着放贷积极性,需要政府采取多种措施发挥作用,其中建立政府出资的农业贷款担保中心(公司)就是其中的一种模式。同时,农行的贷款一般不直接面对分散的小规模农户,而是加工龙头企业(公司)与合作社,进而辐射加工龙头企业和合作社成员,形成"农行+畜牧业担保公司+养殖户"、"农行+公司+养殖户"、"农行+合作社+养殖户"等服务方式,具有普遍的推广应用价值。更进一步,能否探索"银行(社)+企业+农户+合作社(协会)+保险+担保"等多方面有机结合的信贷合作服务模式。第三,金融机构必须准确定位服务于"三农"的领域、创新服务方式才能持续发展和系统解决"三农"融资难题,满足农村资源资产市场化资本化需求。在农村新型金融组织进一步发展过程中,金融机构之间的业务领域、服务产品和方式必然面临一定的竞争,主要依靠获取存贷利差的生存模式将受到挑战,不同机构其优势、特点不同,要求其业务领域和服务方式、产品必须走差异化、特色化道路,形成持续发展能力和竞争优势,"三农"的融资需求以及农村资源资产市场化资本化的深入发展为金融机构不断创新提供着广阔空间,如"三权"抵押、农业设施抵押、仓单和应收账款等新型抵(质)押担保方式,结合农村信贷规模小、需求急、季节性强和缺乏抵押担保的特点开发批量化与特色化的金融产品,发展适合于农民特点的理财产品、投资产品等。只有这些金融机构的相互补充、分工合作,多主体、多产品、多方式的中国现代农村金融体系才能够真正建立,并不断成熟、发展壮大。

**案例之四:山东平度市政府与六和集团合作打造担保融资平台模式。**

(1)主要做法及成效。平度市政府拿出1000万元财政资金、六和集团出资2000万元资本金注册成立了青岛平和担保有限公司,并赋予独立法人地位,具体承担业务拓展、资金管理、联络服务、核算结算等职能;初始阶段政府每年拿出120万元财政资金,支持有关部门宣传推广担保融资模式,组织实施监督指导工作。担保公司与商业银行签订贷款担保协议,银行给予相当于担保公司资本金5~10倍的贷款;养殖农户以畜禽活物、养殖场等所有权或用益物权与担保公司签订反担保协议;商业银行与养殖农户签订贷款协议;养殖户自愿与保险公司签订固定资产和畜禽活物投保协议,购买自然灾害与疫病保险,用"四个协议"构建担保融资规范。担保公司帮助农户管理银行贷款,专款专用,封闭运行;养殖农户按照生产需要,提出购买畜禽种苗、饲料、兽药等物资的要求;担保公司负责与六和集团联系,帮助农户购买所需物资,并支付费用;六和集团下属企业以现代物流方式及时配送养殖农户所需物资,收购养殖农户饲养的畜禽产品,并分别与担保公司结算;担保公司采取"秋后算账"的办法,对养殖户的成本、收益进行核算结算,将盈余打入养殖户的银行账户。企业派出技术人员,帮助建设标准化猪舍,面对面、手把手帮助农户学习和使用设备安装、疫病防治等技术;六和集团下属饲料厂、种禽孵化场、兽药厂、屠宰加工厂等企业联合推行"保值合同"、"出厂价优惠"等措施,向养殖户让利销售和优惠价收购。通过上述系统设计和运作,实现了平度市畜禽养殖规模化水平不断扩大、畜禽养殖标准化水平快速提高和畜禽养殖产业化水平有效增强、畜禽养殖户收入水平稳步增加等多重效果。从2008年开始,"平和担保"累积为农民担保贷款18亿元,扶持养殖户5000余个,到2011年年底,肉鸡、鸭和生猪在保养殖户分别为676户、260户和107户,分别相当于2008年年底的26倍、2.17倍和5.63倍;平度约有1/3的养殖户参与到以六和集团及其上下游企业为龙头的产业链条当中;以肉鸡养殖为例,在保签约养殖户即使要支付贷款利息和担保费,每只鸡都会确保2元左右的纯收益。(本案例来自于朱守银、段晋苑2012年8月6日发表于《农民日报》的文章)

(2)本案例的创新价值。肉鸡、肉鸭等是在农业产业化经营中水平相对较高的行业,易于形成产业体系和合同订单关系。主要面临的问题是市场风险、疫病风险以及资金问题、销售问题等。平度市政府为培育主导产业、实现产业化经营,将政府财政扶持资金、龙头企业的综合优势、担保公司和保险机构的作用以及金融机构的资金、农户分散生产的优势有机组合,设计出一套具体的制度和运作模式,实现了多方共赢。第一,克服了融资以及资金使用等方面的信息不对称问题。农户购买饲料、兽药以及产品的销售、养殖收入等各种信息政府、担保公司、金融机构、保险公司以及龙头企业都比较清楚,政府的扶持资金和政策有明确、公开的信息,有利于形成各方面的长期合作,解决了多方合作中的信息不对称问题。第二,通过政府财政资金的引导作用,有效解决了农户以及产业化经营资金短缺问题。在中国农业产业化经营中,政府投入了大量的资金和用地,采用税收减免等优惠政策扶持龙头企业,但有的龙头企业并未有效带动农户进行产业化经营,反而与农户存在严重的利益冲突,难以实现产业化经营的目标。平度市政府则重点投入与龙头企业建设担保公司,着力解决农户发展养殖业的资金短缺问题,撬动了大量的金融资本为农户融资带动产业化经营,政府资金的放大效应和带动农户效应明显,提高了政府产业化经营扶持资金的效果。第三,构建了产业链多方的相互依赖和约束关系,形成了发展合力。通过制度和机制设计,将政府、担保公司、金融机构、保险公司以及龙头企业、农户有机结合起来在完整的产业发展链条中,充分发挥各方面的职能和优势,克服单方面的局限性,形成了合力。

### 三、以培育新型农民合作金融为重点,稳步构建农民自己的金融基础

商业金融的逐利性决定了完全寄希望于商业银行承担“三农”责任、解决农业农村融资难题是不现实的,亚洲的台湾地区和日本、韩国等小农经济国家在现代化过程中政府扶持在农会、农协内部建立农民自己的合作金融组织的成功经验,以及全国各地不断涌现的各种类型的农民资金互助社表现出的巨大市场需求,预示着从长远看要以发展新型农村合作金融为突破点深化农村金融改革。自2006年12月中国银监会发文引导设立新型农村金融机构以来,各种类型的新型农村合作金融发展迅速,但在机构名称、具体的成员要求、组建和运营方式、组织方式、融资方式、分配机制、批准成立以及监管机构等差异较大,不完全相同,比较混乱,也不规范,需要进一步规范。例如,按照组织者可分为以农民专业合作社为基础的信用合作(内生于或内置于农民专业合作社)、在乡镇村范围内组建的农民资金互助社以及由

财政扶持经济贫困村成立的农民资金互助社,名称有农民资金互助社、农民资金专业合作社以及农民专业合作社内部建立的资金互助部(会)、农村扶贫互助社;有的民政部门注册、供销社主管,有的民政部门注册、金融办主管,有的工商部门注册、金融办主管,有的民政部门注册、农业行政管理部门主管等,有的没有登记注册,但总体上各地发展的积极性很高,有的专家估计超过 2 万多个。但截至 2012 年 6 月末,经全国 36 个银监局批准的农村资金互助社仅 47 家。

**1. 发展基于产业共同体需求的农民专业合作社内部融资模式**

以农民专业合作社为基础的信用合作（内生于或内置于农民专业合作社）的融资模式、管理方式具有很强的创新性和综合效应,类似于日本、台湾地区的农民金融合作,风险相对较小,比较成功且有前景。

（1）以农民专业合作社为基础建立农民资金互助的 3 个典型案例分析。为客观描述和分析农民专业合作社内部融资模式的特点和成效，我们根据调查以及有关资料,选择 3 个典型案例进行总结分析。

**案例之一：天津市宝坻区民盛种养殖专业合作社资金互助会内部融资模式。**（于战平,2012）

合作社(原名宝坻区民盛养鸡专业合作社)于 2005 年 4 月注册成立,目前有社员 322 户。随着合作社规模的扩大,为解决社员养鸡需要资金而难以从银行获得贷款的难题,合作社于 2009 年年初在天津市农委、区农委的支持下,借鉴其他地区的经验,结合本区域养鸡的实际,合作社内部成立资金互助会,开展资金互助工作(并未经过银监局批准)。资金互助会按照组织建立的程序和原则,成立股东大会、理事会、监事会组织机构,表决通过《合作社资金互助会实施方案》《互助会管理办法(试行)》《合作社资金互助会财务管理制度和社员借款程序》等;确定办公地点,聘任工作人员(会计、出纳),设立了资金互助会总账,明细分类账和现金账等。

其主要做法、特点和运营成效主要概括为:第一,成员资格规定。凡是合作社的社员自愿入股参加资金互助工作,都可以成为资金互助会成员,每股股金为 1000 元,入股最低不低于 10 股,最高 500 股。对入股的成员进行登记入册,股金入账,现金存入银行,给每位入股成员开具股金金额收据。第二,借贷流程。依次经过以下程序:社员或成员提出借款申请,并提供借款担保人;将借款申请提交理事会研究,经理事会研究同意后,填写借款合同,担保人签字;报理事长签批;理事长签批后,财会人员根据合同书,填写借款单(借款人签字)后,支付借款金额;财会人员进行借款登记,凭借款单入账。到期还款时,财会人员给还款人开具还款收据,一联给还款人,一联入账。第三,借款额度及担保。社员可根据自己扩大养鸡规模所需资金向互助会借款,一般每次借款额在 2 万~6 万元之间,两个月为一个周期,通常在两个月肉鸡出栏销售后就能还款。股东社员借款的用自己的股金担保,不足部分以其他成员股金担保;不是股东社员找股东社员担保,股金数额不得低于借款数额。第四,借款利息、财务管理和盈余分配制度。投入的股金利率和社员借款利率按市场利率定价。2011 年 4 月(本书作者调研时),股金年利率为 3.6%,借款年利率为 10.04%。投入的股金按投入时间计息,借款按借款时间计息,定期由财会人员核算入账。互助会坚持合作社内部资金互助,实行独立的财务管理制度。社员的股金、政府扶持的资金、股息、聘用职员工资和办公设施设备等,统一计入成本。扣除成本后的经营利润提取 10% 的公积金和 10% 的公益金后,每年年底按照入股份额向股东分红。第五,2009 年和 2010 年运营情况。2009 年吸纳入股成员 50 名,筹集股金 110 万元;开展社员借款业务 16 批次,全年累计借款 126 人次,借款 380.50 万元;累计入股产生的利息 40127.51 元,借款产生的利息 52362.72 元;股金分红利息 40127.51 元,剩余盈余分红 4375.07 元。2010 年吸纳入股成员 30 名(两年累计为 80 名),筹集股金 90 万元(两年累计为 200 万元);开展社员借款业务 21 批次,全年累计借款 238 人次,借款额 925.40 万元;累计入股产生的利息为 58500 元,借款产生的利息数额为 132647.76 元;股金分红利息 58500 元,剩余盈余分红 51938.60 元。第六,实际效果。主要效果是:解决了社员养鸡中购雏、买料、鸡舍维修等资金缺少的问题,排除了没钱养鸡的后顾之忧;使一部分社员养鸡户扩大了养殖规模,增加了肉鸡的出栏数量,提高了利润,增加了收入;入股成员将闲余资金投入到资金互助会,一方面得到了比银行较为优惠的利息和股金份额分红,另一方面支持合作社肉鸡养殖业的发展。(本案例资料来自天津宝坻区委研究室及作者调研座谈)

　　该资金互助会取得的良好效果吸引着更多的人加入或者获取贷款支持。其之所以成功运作,除了上述的制度规定之外,有以下原因非常关键:一是资金互助会的内生性和内部循环性。即产生于具有共同产业经营需求的农户的联合，成员的信誉、人品、能力、资产和经营状况等信息非常透明（熟人团体），仅仅局限于内部资金的调剂和周转使用，不对外放贷，风险可控。二是规范有效的农业生产经营型专业合作社是依托、基础。合作社为社员提供各种统一的饲料供应、防疫、收购等服务，并且提取一定的风险基金（销售额的2%），每个社员每批肉鸡的销售收入必须经过合作社统一发放，合作社有一定的控制力，社员经过长期的合作经营对合作社非常信任，资金互助会与专业合作社的关联性较强。三是运营成本较低。主要是办公经费、人员开支等相对较少，不需要较多的固定资产投入（政府通过各种途径有一定的扶持）。

**案例之二：吉林梨树县南泉村凤翔农民专业合作社"一体两社"开展粮食信托实践模式。**（粮食信托合作社）

2007年3月吉林梨树县诞生了经中国银监会批准的全国首家村级农民资金互助社，农民发展互助资金社的积极性很高。由于相关的融资配套政策缺乏，普遍受困于向银行业金融机构融入资金的抵押问题无法解决，仅依靠社员内部股金和存款难以满足入社成员的贷款需求、难以保证临时性存款支付。但农民专业合作社社员的农民有粮食，如何通过粮食信托的方式融资解决资金难题成为一条思路。2010年10月在四平市银监局等部门的帮助下开始进行"一体两社"的粮食信托合作社试点，其中之一就是在凤翔农民专业合作社试点。该合作社创办于2007年年末，合作社场内由水泥铺成，面积约为8000平方米，其中建筑面积600余平方米。合作社建立了严密的组织制度、章程，分为粮食信托组织、资金互助社组、粮食收储小组，合作社由社员代表大会、理事会、监事会组成，现有社员150多户，现在有不少农户希望加入，目前是集农民专业合作、粮食信托和资金互助于一体的农民组织。

合作社采取"一体两社"的组织模式，即以农民为主体，分别成立粮食信托合作社和农民资金互助社，实行独立的会计核算制度；粮食信托合作社社员向资金互助社入股成为互助社成员，互助社成员需自愿委托粮食信托合作社管理和经营粮食。粮食信托的运作机制是：农户将收获的粮食委托合作社管理经营，将粮食存放在合作社监管的场院内，由合作社对每个农户分别开出仓单和授信额度，农户可凭粮食仓单在粮食信托期内到互助社贷款，同时也可以选择让粮食在市场价格最有利的时机出售；资金互助社则可以将已经获得质押的仓单作为第三方保证到金融机构贷款，或者从民间合法的渠道贷款，获得再融资支持。（本案例根据有关网络公开资料整理）

"一体两社"粮食信托模式的创新价值和实践效果在于：一是实现农产品资本化收益合理化。某种程度上克服了粮食集中上市价格较低，农民急需资金不得不出售的难题，获得了粮食价格上涨的收益，增加了农民收入，相当于对农民粮食的理财。据有关资料介绍，虽然农民贷款需要支付一些利息，但通过合作社集体议价交易减少中间环节而提高售粮价格、择机销售获取较高价格、减少农户自己贮存粮食的损耗等，农户种植每公顷玉米可增收3000元左右。二是在一定程度上缓解了农户、资金互助社以及农民专业合作社的融资难题。通过粮食作为第三方保证，能够有效增强农民合作社的再融资能力，推动更多社员参加粮食信托，再进一步提高市场融资能力，从而形成良性循环。三是进一步提高了农民的组织化程度。粮食信托的主体是农民和合作社，是由农户入股组成的合作制民主自治管理企业，是同一利益主体。粮食信托是农户为了增加粮食经营收入和融资便利、基于对合作社的信任将粮食委托合作社管理和经营的信用委托行为，受托人必须按照委托人的意愿管理和经营信托财产，粮食信托财产需独立承担市场风险责任，有利于合作社稳健发展，更好地保护成员利益。

当然，粮食信托模式的实施，需要合作社投入基础设施建设，如场地的硬面化建设，储粮仓库与器材、运输设备和工具等建设，需要国家予以扶持，这也应当作为扶持农业的一种方式；同时，粮食储存后的价格也可能下降而存在一定的市场风险，需要进一步从制度方面完善。

**案例之三：山东省莒县汇丰花生专业合作社以保本增值结算方式为基础、融物融资结合的金融互助模式。**

合作社原名"莒县夏庄供销社花生专业合作社"，成立于2002年7月，由供销社6名职工集资10万元组建，专门从事花生收购及销售；2003年改为莒县夏庄汇丰花生专业合作社，业务由代储代存拓展到精细加工、外贸出口等业务。2009年社员发展到700户，出资总额300万元，收购花生达到7500吨，收购资金达3.75亿元，年利润150万元，形成自有资金360余万元。注册"汇合"商标，有花生米加工厂2处，深加工车间2处，集收购、筛选、烘烤、脱皮一条龙服务，业务涉及莒县及相邻莒南、沂南县60个自然村1.2

万家农户,带动周边近 3 万亩花生种植,年加工销售花生米 1.2 万吨,经营额过亿元,带动周边县市农户 1.5 万户,安置 150 余农村劳动力就业。

根据王德业、孔磊等人(2010)的研究,该社在发展过程中的主要特点:一是农民以实物花生入股。2003 年年初,吸收部分农民以 2000~10000 斤花生作价入股,成立了注册资本 36 万元的莒县夏庄汇丰花生专业合作社,专门从事花生收购、深加工及销售,较好地解决了由于花生加工企业延期付款,合作社因应收款项挤占资金过多而陷入收购资金周转不灵的困境。二是合作社赊购社员花生与保本增值贮存、结算。由于流动资金有限远不足以承接大批量的订单,于是向农民打欠条赊购农民花生,与社员进行结算时,采取保本增值结账方式。即农户将花生卖给合作社后,如果当时不支取现金,合作社按当天的市场价给农户打好收条,农户可根据自己对市场价格的判断,认为价格较理想时随时结算货款;如果结算当天,市场价格已高于农户收条的价格时,以市场价格为准;如果农户收条上的价格高于市场价格,结算时以收条上的价格为准。花生存放的期限最长不超过一年,一年到期后,存放花生款项全部结清;如农户暂时不用现金,可以连本带利继续存放在专业合作社,利息一年结一次。从 2003 年起,有的社员已经 7 年没有提款,最高的在专业社存了价值 10 多万元的花生米。三是以赊购花生方式吸纳社员,与其他合作社、超市联合为社员提供"十大"优惠政策。只要种植户一年存放 500 斤花生,即可申请成为社员,由花生合作社向其发放社员证。作为花生合作社的社员能享受到"十大"优惠,如:持证到花生合作社交售花生,每公斤高于非社员 0.04 元;花生合作社可为社员代储花生并折款贮存;社员优先享受小额贷款担保;优惠供应良种及种植技术指导;到养猪合作社加工饲料每公斤优惠 0.04 元;社员交售生猪每公斤高于市场价 0.05 元;为社员优先供应良种仔猪及防疫技术指导;到农资超市购买化肥每袋下浮 2 元;农资超市免费为社员提供产前、产中、产后服务,为社员进行土壤化验、配方施肥、技术指导及组织专家授课培训;社员持证到供销社的超市购物享受超市会员待遇。正是这些联合优惠措施,保证了即使给农户打白条农户也接受。

该社的运作模式产生了一系列积极效果:一是降低了花生种植户的交易费用和市场风险,体现了农产品股权化和资本化效果,增加了农户的收益。农户将花生存在合作社,在价格合理时进行结算,避免了集中收获时价格较低的风险,合作社发挥组织优势提高了市场价格谈判地位。2009年社员实现收入4000万元。二是解决了合作社初期资本积累较少、融资难的问题,拓展了合作社的金融功能。自2003年至2010年3月末,合作社赊购花生节省的资金累计达1.5亿元,合作社已积累沉淀资金逾400万元,加上社员存的花生款400万元,合作社可动用的资金达800万元,大大缩短了合作社资本原始积累的时期。同时,从2006年开始开展对社员和对外的资金融通互助,拓展合作社金融功能。截至2010年3月末,该社已利用社员资金800余万元,形成自有资金360余万元,累计向社员和社员担保的农户、加工厂、农资超市提供资金达6600万元,被当地农户亲切地称为"花生银行"。三是促进了农业关联产业、关联农户、合作社的联合发展,促进了区域农民组织化程度的提升。该模式的成功运作离不开其他相关合作社、超市的联合与合作,反过来又促进了这些组织的发展壮大,从而带动区域农民组织化程度、产业水平的整体提升。

(2)3个典型案例的启示。基于农民专业合作基础上的农民资金互助,与其他农村新型金融模式比较,具有很强的制度创新性,是在整体融资困难的背景下农民的自主创新实践,其启示概括为以下方面:一是基于共同的产业持续经营需求和利益追求是目前农民资金互助有效运作的基础。与其他金融机构出于逐利性通过吸收存款、发放贷款等金融服务获取利益不同,上述3种典型都是社员有共同的经营产业或关联产业,资金互助的主要目的是为了获取产业稳定的增收利益和产业的长远发展,对于利息、股息的要求不是主要的,只要能够与存入其他正规金融机构持平或者略高即可,符合农民目前的认知程度和行为习惯。同时,资金互助社的业务是通过关联性交易(如农业投入品的统购、农产品的统销等)实现的,关联性交易不仅进一步深化了社员之间的联系,而且确保了互助资金的生产性用途。(王建英、陈东平,2011)因此,发展农民资金互助需要形成具有持续发展能力的规模优势产业,或者必须要和当地有市场优势的产业发展结合,与"一村一品"、"一乡一品"结合才具有生命力。二是合作社的吸引力和社员的信任是核心。上述3种典型都是农民专业合作社已经运行多年,经营比较规范,社员得到了实惠,对合作社比较信任,对其发展前途有信心,敢于将产品或收入交给合作社经营。因此,某种程度上发展壮大和规范农民专业合作社是发展农民合作金融的基础前提，只有涌现出能够广覆盖的规范的农民合作体系，农民合作金融体系才能够真正建立起来，按照台湾地区和日本的经验发展农民合作金融是必然选择。2012年年底，登记注册的农民专业合作社虽然数量已经超过60万个，但是运作规范、带动力强、社员信任的不超过20%，拓展合作金融需要依托于规范可信、能力强的农民专业合作社。三是内生于合作社的农民资金互助优势明显。基于农民专业合作社的资金互助社可以获得一个低成本的准入方式和发展基础，避开银监会2007年实施的《农村资金互助社管理暂行规定》中有关资金互助社的注册资本、营业场所和管理人员的门槛相对较高等限制，避免陷入发展的"高成本"陷阱。同时，基于地缘、业缘的紧密联系和信息对称性能够保证低交易成本、低信贷违约风险，具有一定的信息优势、担保优势、交易成本优势，可以减少甚至消除由于信息不对称而产生的事前逆向选择和事后道德风险问题；信息成本优势使得资金互助社的借贷手续简便、灵活，可以忽略调查、审查等耗时费力的环节，压缩时间成本与机会成本，具有成本节约优势。(王建英，陈东平，2011)四是多重积极效应显现，前景广阔。其积极效应主要是：缓解了合作社和农民融资难问题；创新了农产品股权化、赊购等多种融资方式，促进了农民闲置资金的资本化；促进合作社、农业产业化经营、地方支柱产业的发展壮大；节约了单个农户的交易成本、实现与大市场的有效对接，规避价格波动风险、实现农产品保值增值和农民增收；促进了产融有效结合，培育了农民的合作意识等，是农村金融制度、经营方式的重大创新，表现出很好的发展前景。

（3）进一步发展面临的主要问题。与日本、韩国以及台湾地区农会或农协已经建立全国自下而上完整的组织体系，或者在建立农会、农协时就将合作金融作为重要内容不同，中国的农民专业合作社目前尚处于初级自我发展阶段，农村新型合作金融体系的建设面临更大的困难。目前尚存在一些问题需要采取一定的积极措施引导，预防其风险和消极影响。一是"一体两社"产权制度及内部管理问题。在宝坻民盛合作社调查时发现，资金互助社是依托合作社进行信贷业务，借贷关系涉及专业合作社成员，这两个组织的理事长及主要管理者往往是同一班人，在账目管理方面虽然分开核算，但在固定资产、政府扶持资金使用等方面会高度重合，使得这两个实体组织的边界变得模糊不清，产权以及利益分配方面可能存在各种关联而产生纠纷，这种现象具有普遍性,如何进一步明晰产权,为持续经营奠定基础需要进一步探讨。二是风险规避问题。经营运作较规范的资金互助社一般都在社员贷款的担保、利率设定等方面采取"审慎经营"以规避风险,银监会也出台了规范的管理办法。但现实中的风险仍然存在,主要是:大部分资金互助社未经合法审批,属于"隐性经营",经营风险客观存在,一旦发生纠纷难以依法解决;不少专业合作社自身经营不规范,当合作社出现运营风险时,可能给社员造成损失,影响社会稳定;对于农业灾害风险、农产品价格波动的风险缺乏相应的政策性保险规避,如粮食信托模式中存粮户收益有保障,但合作社可能会因此遭受损失。三是互助社影响力和规模扩大面临的人才等问题。调查中了解到,规范的互助社作用逐步被社员和非社员所认识,希望加入和获取贷款的越来越多,不同合作社、互助社之间形成联盟以扩大规模、获取规模效益成为必然,但要面对人才短缺问题。按照规定,农村资金互助社理事长、经理应具备高中或中专及以上学历,上岗前应通过相应的从业资格考试。这是从事金融特殊行业的要求,但大部分没有,合作社也难以吸引金融专业人才。同时,与一般合作社面临的问题相同,大部分合作社经营成功主要在于理事长,从事金融行业的风险性、持续经营性更要求理事长及其骨干成员具有较高的素质和能力。

(4)进一步发展的主要政策措施。一是加大政府扶持。从长期看,任何支农组织没有财政税收的支持是发展不起来的,只有当政府通过各种措施扶持起一些成功的资金互助社之后,才能产生良好的示范效应。如日本政府对农协合作金融部发放的贷款给予利息补贴,免征其营业税、所得税和固定资产税,允许分红进入成本,对其存贷利率、资本充足率实行优惠,建立农业信用保证保险机构对农协经营损失和债务进行补偿等。(陈建华,2011)再比如,韩国农民向来不为贷款而发愁,其贷款统一归口于遍布全国的农协银行,这个依靠政府扶持而发展壮大起来的农民互助金融合作组织,实际上就是资金互助社。在农协银行,存款年息要比一般银行高,贷款利息十分低廉,而且贷款范围广、种类多。台湾当局出资近百亿帮助农民在农会内部建立农信部,这是农民组织的内部金融,农民主导、利息归农;农民的私有土地是在农信部实现抵押贷款的;农信部每年给农民的贷款在 100 亿台币左右,农信部的利息收入占农会收入的 85%以上,且全部归农会所有、成员共同支配,这是台湾乡村自治的重要基础。(李昌平,2010)二是重点支持有规模和实力、产业领域清晰的规范合作社拓展金融业务,实现产业发展、农民组织化建设与合作金融发展联动扶持。扶持弱质的农业产业、提高农民组织化程度一直是农业扶持政策的重点,出台了许多财政与金融优惠政策。应进一步结合建立合作金融的任务,整合各种政策,重点用于带动力和实力较强的规范合作社拓展金融业务,形成内部增强动力和外部推力相结合的机制,实现产业发展、组织化提升和金融创新统一的目标和政策体系。三是完善相关保险及风险管理制度。中央财政应建立专项担保基金为农村资金互助社向银行机构融资提供支持,明确地方财政在开办费用、基础建设、贷款贴息、经费补助、灾害损失等方面承担政府扶持责任;要落实中央财政按照互助社平均贷款余额 2%的财政补贴政策,建立信贷风险补偿机制和奖励机制,由地方政府、农民专业合作社按一定比例出资建立"贷款风险补偿基金",一旦出现贷款损失,按一定的顺序和比例从补偿基金补偿;要加大政策性保险的投入,对种植、养殖、农产品加工和物流运输等专业合作社按照其面积、产量等进行财政性保险补贴,减低农业风险损失,也在一定程度上降低资金互助社的放贷风险。四是加强对资金互助社内部产权制度、管理制度建设的指导和人员业务培训。合作社发展需要政府对内部管理制度、产权制度等方面进行业务指导,资金互助社发展更需要政府、金融管理等部门的指导与培训,这是目前的软肋之一,急需加强。

**2. 稳步发展和规范社区型农民(村)资金互助社**

农村资金互助社主要指的是社区型农民(村)资金互助社。2007 年银监会发布《农村资金互助社管理暂行规定》指出:农村资金互助社是指经银行业监督管理机构批准,由乡(镇)、行政村农民和农村小企业自愿入股组成,为社员提供存款、贷款、结算等业务的社区互助性银行业金融机构;农村资金互助社实行社员民主管理,以服务社员为宗旨,谋求社员共同利益;农村资金互助社是独立的企业法人,对由社员股金、积累及合法取得的其他资产所形成的法人财产,享有占有、使用、收益和处分的权利,并以上述财产对债务承担责任;农村资金互助社不得向非社员吸收存款、发放贷款及办理其他金融业务,不得以该社资产为其他单位或个人提供担保。但现实中不符合上述要求的互助社大量存在,注册与管理混乱、无序,有的地方出现了严重的问题。其中,江苏盐城等地发生的资金互助社倒闭、挤兑事件最具代表性。据报道,江苏省盐城市是乡镇级农民资金互助合作社"盐城"模式的原创,早在2005年就开创了资金互助合作之先河,2008年以后全省995个乡镇中40%左右的乡镇都先后建立了乡镇级的农民资金互助合作社,很多该类组织已经远远超出了农村基层合作组织"熟人"的范围,被正规金融机构称作"山寨银行"。2012年10月中旬,江苏连云港灌南县4家农民资金互助合作社突然停业,村民约2500户的1.1亿元存款下落不明。同年12月,江苏射阳县陈洋镇农民资金互助合作社4000多万元资金出现挤兑现象。20世纪90年代农村合作基金会出现的问题再次出现。

(1)农村社区型资金互助社发展中存在的主要问题。目前农村资金互助社绝大多数是经地方政府有关部门批准成立的。农村互助金融组织的发展,首先是市场自发力量的一个结果。中央有政策、地方有动力、农民有需求,不管监管部门批不批,各类资金互助社都会出现且快速发展。正规金融供给不足,部分资金互助社存款利息高,市场有需求、地方政府有积极性、政策许可,资格审查与监管不严等是主要原因。据有关调查,目前拿到牌照的农村资金互助社,其生存状态可分为三类:达到了监管标准,但却无法开展任何业务,因此处于冬眠状态;在社员内部拥有大量资金需求但却没有充足的资金供给,处于半饥饿状态;处于资金供求平衡的温饱状态,但数量最少。

根据人们对江苏盐城农民资金互助社倒闭事件调查以及各种研究成果分析,目前社区型农村资金互助社发展中存在的主要问题是:第一,办社目的不正确,资格审查不严。在利益驱动下,一些地方批办互助社的积极性高涨。江苏部分互助社吸收"互助金"存款利率(当地称"资金使用费")为7%~10%左右,而贷款利率(当地称"资金占用费")一般为15%~18%,高的达20%左右甚至更高;一些地方规定,10名以上发起人、30万元资本金即可成立农民资金互助合作社,在行政村设立的,只需10万元,缴纳100元"基础股金"即可成为社员等。办社人员以及社员的资格、能力、信誉等条件审查不严,不具备或者不完全具备条件的互助社挂牌成立,类似于农民专业合作社的数量"大跃进"。第二,注册与监管部门混乱,存在监管真空。根据金融法规,成立金融机构需经过金融监管部门认可,但大部分在地方农业主管部门审批、民政部登记注册,其法律地位不明确,属于隐性经营,纠纷难以合法解决的隐患存在,出现问题时可能会"踢皮球"无人管理,管理部门不清或多头管理导致缺乏管理积极性,"多一事不如少一事"的通病大量存在,反而形成监管真空,几乎得不到任何有效监管,成为风险之源。甚至有的地方一些"钱庄"也挂着"资金互助合作社"的招牌从事"高利贷"活动。作为农村金融改革"试点",银监部门对资金互助社的态度往往是"不支持、不反对、不监督",有的地区实行谁审批谁监管。同时,当地农业行政部门可能既无监管人才,更无专业的监管手段,对互助社经营监管长期缺位,放任自流,致使其背离办社宗旨。第三,违规经营严重,存在风险隐患。按规定农民资金互助合作组织只能吸收组织内的社员互助金,不能吸收公众存款。但现实中出现跨地区发展社员吸收、投放资金的问题。借贷对象极易扩大到社会不特定群体,进而演化为非法金融机构。江苏的事件就是4家互助社将资金违规高息借贷给"龙城集团"而产生的。第四,内部管理制度、机制不完善,背离资金互助合作的性质。有的资金互助社未建立资产负债表、利润表及股金统计表等财务报表制度,一些建立了相关制度的资金互助社也存在制度执行不到位的问题。经有关调查,江苏出现问题的资金互助社存在工作人员违规操作,做假账、高息吸储,将本该用于农业生产的资金用作他途,并收取高额利息,赚取利差;主要负责人奢侈浪费消费;违背合作社基本价值观和管理制度,互助社的制度和监督机构形同虚设,理事长一人说了算等合作社的通病。第五,资金规模小。资金互助社在运行过程中的资金来源主要有社员的股金或存款、接受捐赠和政策支持(不能吸收非社员存款)。《中央财政农村金融机构定向费用补贴资金管理暂行办法》规定可按其当年贷款平均余额的2%给予补贴;《农村资金互助社管理暂行规定》提出当互助社资本充足率大于8%、不良资产率在5%以下的可向其他银行业金融机构融入资金。但这两条措施由于大多数互助社没有获取合法的"金融许可"或者缺乏切实可行的配套政策而往往难以实现,不少互助社因此陷入"无钱可贷"的困境,资金实力不足也影响办公场地、办公设施设备等难以满足资金互助社管理要求的硬件条件。

(2)发展的主要措施。作为构建新型农村合作金融重要举措的农民资金互助社,是基于农民现实需求的自发市场行为,政府监管部门从不允许到有条件放开允许其发展,是一种进步。对于处于发展初期的新型合作金融,目前需要针对现实存在的问题以及可能产生的问题、发展的趋势采取切实可行的措施引导支持其规范有序发展，避免20世纪90年代农村合作基金会遭受一刀切取缔的厄运。一是修改完善现行的制度规范。《农村资金互助社管理暂行规定》是按照金融业的一般要求制定的管理规范，适用于发展到较高层次的互助社，现实中绝大部分互助社难以达到要求，如果按照此规定要求会增加经营成本，如需要一定的场地等，不少互助社应当取缔。同时，转化为符合银监会管理规范的互助社，可能会涉及缴纳各种税收的问题，现存的大部分互助社未必希望在银监局注册登记，况且指标有限。面对社会广泛的发展需求，需要根据实际情况，重新设计制定互助社的资格准入办法和管理规范、互助社章程，明确监管的责任主体、监管办法，引导其规范发展。对于一些规模较小、缺乏广泛信任基础的互助社进行必要的清理。需要制定一套适宜的管理体制和制度规范，避免可能的风险，必要时可适时制定出台"农村合作金融法"。二是加强互助社的规范化建设和监管。强化互助社监管是发展中的重点，监管制度、财务制度、内部控制制度等已经比较完备，关键是执行、监督，提高执行力。要在各种制度方面进行规范化指导服务。一方面是监管部门的监管与指导，另一方面是互助社内部的监管，如完善社员代表大会、理事会、监事会"三会"制度等。三是鼓励资金互助社与其他金融机构建立紧密型合作关系。资金互助社实力有限，有时会出现"无钱可贷"的情况，但在其他金融机构融资成本高，并且很难成功。可以探索"股权信贷"等模式，就是农民以资金入股成立互助社，互助社又以一定数量的资金在信用社入股，并实行贷款联保机制，信用社根据入股的条件，为合作社发放一定数额的贷款。

## 四、加快完善发展新型农村商业化金融组织，形成规范的竞争性金融市场

传统正规金融机构垄断经营、农村资金外流、"三农"融资困难、民间高利贷盛行以及农村资源资产增值由于缺乏高效率的金融导致潜力难以发挥，农民中的资金只能存在银行获取微不足道的利息（乃至不及通胀率），制约农村经济、农民增收以及农村市场经济完善发展是重大的现实问题，促使政府从2006年起开始谨慎降低金融准入门槛，设计出台小额贷款公司和村镇银行等商业化金融模式，引导民间资本公开化，力图引导形成竞争性农村

金融生态,缓解"三农"以及小微企业贷款难题。2010年5月,国务院发布了《关于鼓励和引导民间投资健康发展的若干意见》明确提出:"允许民间资本兴办金融机构,鼓励民间资本发起或参与设立村镇银行、贷款公司、农村资金互助社等金融机构。"银监会统计显示,2011年年底,农村中小金融机构(包括农村信用社、农村商业银行、农村合作银行)整体股权结构中,民间资本占比已达92%。江苏、浙江等经济较为发达的区域,民间资本进入银行业情况相对更为明显。但主要的新型组织模式是小额贷款公司和村镇银行。

## 1. 小额贷款公司模式

银监发〔2008〕23号《关于小额贷款公司试点的指导意见》指出:"小额贷款公司是由自然人、企业法人与其他社会组织投资设立,不吸收公众存款,经营小额贷款业务的有限责任公司或股份有限公司;小额贷款公司的主要资金来源为股东缴纳的资本金、捐赠资金,以及来自不超过两个银行业金融机构的融入资金。"央行发布的《2012年小额贷款公司数据统计报告》显示,截至2012年12月末,全国共有小额贷款公司6080家,比2011年增加1798家;贷款余额5921亿元,全年新增贷款2005亿元;从业人员70343人,实收资本5146.97亿元。小额贷款公司机构数量超过400家的地区包括内蒙古自治区、江苏省、安徽省和辽宁省,其中江苏省有485家,位列全国首位;绝大部分小额贷款公司主要在城市中,农村相对较少,尤其是民营经济不发达、经济实力不强的农村很少。

小额贷款公司在发展中也面临很多问题需要逐步加以解决,概括起来主要是两方面:一是法律地位不明的身份障碍,在服务农村金融市场中处于不利地位。小额贷款公司属于一般工商企业,从事金融业务却不能取得金融许可证,被排除在正规的金融体系之外,在同业拆借、税收优惠、财政补贴、法律诉讼、利用银行征信系统等方面难以享受与金融机构的同等待遇。例如,根据《财政部、国家税务总局关于农村金融有关税收政策的通知》(财税〔2010〕4号)规定,对金融机构单笔贷款在5万元以下的农户小额贷款免征营业税,所得税税基减少10%;针对机构设立在县域的农信社、农商行、农合行和贷款公司、村镇银行,营业税按照3%的税率执行(大银行为5%)。而小额贷款公司无法享受这些优惠政策,全部利息收入要缴纳企业所得税25%、营业税及附加5.56%,税赋高是制约小额贷款公司发展的主要瓶颈。同时,受限于"非金融机构"的身份,小额贷款公司融资不能采用同业拆借方式,只能采取工商企业贷款方式从银行获得融资,因而需要提供相应的担保,而小额贷款公司不具备充足的抵押和质押资产,从而增加了融资的难度和成本,不得不提高贷款利息,高利率会引发严重的"挤出效应"。二是后续资金来源不足,服务能力受限。小额贷款公司"只贷不存",资金来源于股东。银监会和中国人民银行2008年联合发布的《关于小额贷款公司试点的指导意见》中规定,小额贷款公司从银行业金融机构获得融入资金的余额,不得超过其资本净额的50%;单一自然人、企业法人、其他社会组织及其关联方持有的股份,不得超过小额贷款公司注册资本总额的10%。银行再融资和股东增资扩股是小额贷款公司获得资金的两大主要渠道,但受限于1:0.5的融资比率和10%的最大股东持股上限,这两种方式远难满足小额贷款公司的融资需求。由于不吸收存款,且受贷款利率上限和融资比例的限制,加上贷款笔数多、单笔金额小、机会成本大,小额贷款公司的资产收益率比较低;小额贷款公司融资成本较高,必须对客户进行筛选,贷款投放流入利润较高的行业,大大影响了小额贷款公司对小微企业和"三农"的支持效果。

### 2. 村镇银行模式

按照《村镇银行管理暂行规定》(〔2007〕5号)要求,村镇银行是经银监会依据有关法律、法规批准,由境内外金融机构、境内非金融机构企业法人、境内自然人出资,在农村地区设立的主要为当地农民、农业和农村经济发展提供金融服务的银行业金融机构;村镇银行最大股东或唯一股东必须是银行业金融机构;最大银行业金融机构股东持股比例不得低于村镇银行股本总额的20%(2012年调整为15%)。自2007年2月8日中国首家村镇银行获批开业至2013年2月7日,六年间共设立1502家村镇银行,尤其是2010年之后村镇银行开始了相对明显的扩张,2010~2012年分别设立277家、455家和514家。四川、河南、浙江、辽宁、广西、山东、内蒙古、安徽和江西等地数量较多。

村镇银行在当地吸收的存款只能用于当地,不得在区县以外放款,决定了村镇银行可以为农村金融体系注入"新鲜血液"、增加金融资源供给。(黄兴国,2013)但在发展过程中也面临一些问题需要解决,核心是增强发展能力,竞争能力受到许多不利因素的制约。一是"吸储难"导致的资金实力不足。较之于国有大银行及股份制银行,村镇银行规模小,自身发展历程短暂,信誉积累普遍偏低,且不具备政府的隐性担保背景,社会认知度低、网点不足, 农民对其安全程度和信誉度普遍持怀疑或观望态度, 吸收存款较为困难,很难形成一个可持续的稳定的资金来源渠道,部分村镇银行资金来源主要是以对公存款为主,稳定性较差,潜在的支付风险高;存款结构不均衡,月末的临时性存款较大,而真正对存款起稳定作用的定期存款占比较小。事实上与其他金融机构是一种争夺存款的竞争性关系, 难以形成有效的互补格局。部分村民愿意将钱存入村镇银行的初衷主要是为获得优惠贷款。在存款不足的情况下面临旺盛的贷款需求可贷资金明显不足,支农缺乏后劲。二是产品与服务"同质化",缺乏特色,盈利能力不强。按目前规定,村镇银行的设立需要有大中型银行作为主发起人,并起到控股、指导、监管和兜底作用,控制可能发生的风险,但某种程度上类似于商业银行的分支机构,经营管理缺乏独立性,易于被作为大股东的商业银行"同化",产品同质化(品种、贷款管理以及风险分担延续信用社的做法),在竞争中没优势。目前村镇银行主要靠利息差盈利,利率市场化不断推进,针对村镇银行的扶持政策及税收优惠政策难以落实,盈利能力将面临困境。三是高素质人才缺乏。受到收入、事业前景等多种因素制约,村镇银行招聘高素质业务人员、管理人员较为困难,新员工较多,业务素质有待提高。四是"一股独大"现象普遍,偏离村镇银行发展初衷和目的。村镇银行发起人基本上都是第一大股东,外资银行发起设立的基本上是其发起银行持有100%的股份,一些中资银行在发起设立村镇银行时也采取了100%控股的方式。能够参股村镇银行的企业法人一般是为数不多的资产实力雄厚的大中型企业,自然人的机会极其有限,大多数村镇银行即使吸收了自然人股东,也是发起银行的员工或者发起银行的关系人。期望通过村镇银行缓解农民以及农村小微企业贷款难、打破农村金融垄断等政策目标尚需很长时间。

### 3. 促进新型商业化农村金融组织完善发展的主要对策建议

引导金融机构以及民间资本在农村建立村镇银行、小额贷款公司是完善农村金融组织载体、激活民间资本、引导农村民间资金合法借贷融资以及抑制高利贷的重要举措,也是完善农村金融市场体系的基础任务之一。作为特殊行业的金融机构是一个累积信用的行业,村镇银行、小额贷款公司作为新型商业金融机构，能否生存发展最终取决于本身的信誉，需要获取投资者、存贷款用户的信任，这种信誉需要在几十年、上百年的发展中积累，才能实现长期永续经营。与邮政储蓄、信用社等金融机构经历几十年发展建立的信用基础和客户群相比，对新型金融机构必须给予合适的发展政策和土壤，找到适宜的盈利模式和服务产品，与传统正规金融机构形成相互补充、有效竞争，才能生存发展。

（1）进一步扶持民间资本，拓宽投资发展农村商业金融的渠道。一是着力于打破农村金融垄断。要建立一种公平自由的竞争氛围，让民间资本和国有资本进行公平竞争，让民间资本可以顺利进入银行系统，让国有银行和"民营银行"可以进行公平竞争。建立自由、公开且平等的金融交易准入审核标准，并且将之细化，使之具备可操作性。二是进一步放宽农村金融机构的准入门槛和降低监管标准。适当放宽"只贷不存"类金融机构在信息披露、会计准则、风险控制乃至资本充足等方面的监管标准，降低农村金融服务成本。继续允许成本低廉、开展简单业务、能够维持微利的各类机构进入农村金融市场。三是正确发挥财政补贴的作用，实现成本可覆盖。对于农村金融中具有政策性特点的业务，财政应给予一定补贴，补贴方式可根据业务和机构运作特点进行选择（可采用招标的方式），但要事先明确补贴机制和内容，提高补贴资金的运用效率。

（2）完善小额贷款政策，着力促进小额贷款公司在农村发展。一是降低小额贷款公司准入的资本门槛。变小额贷款公司审批制为报备制，特别要鼓励民间资本投资建立在县域、乡镇、城乡社区的小额贷款公司，有效弥补农村金融不足。降低小额贷款公司设立的门槛，由现在的千万元以上降为500万元左右，以适应农村的特点。二是放宽政策，鼓励符合条件的小额贷款公司转制为村镇银行。尝试放宽小额贷款公司改制村镇银行的条件，改变村镇银行必须是商业银行作为最大股东或唯一股东和"单一非金融机构企业法人、自然人及关联方持股不超过10%"的基本条件，以增加民间资本投资小额贷款公司的吸引力。因为，按照现在的村镇银行标准，改制后小额贷款公司交由银行控股及管理，小额贷款公司的股东只能以参股形式出现，原有股东就变成了靠边站的财务投资者，小额贷款股东普遍不能接受，会影响股东投资农村小额贷款公司和村镇银行的积极性。

（3）着力完善村镇银行发展制度与机制。一是推进村镇银行"本土化、民营化、专业化"。借鉴天津经验，积极村镇银行"本土化、民营化、专业化"发展新模式：在坚持银行作为主发起人的前提下，增资调整股权结构，积极吸纳当地优质民营企业和经济组织入股，让当地股权占比超过50%（单家持股比例低于5%），突出民营股东在公司治理中的话语权，推进村镇银行管理和服务的专业化建设。（黄兴国，2013）二是拓宽村镇银行资金来源渠道。尽快推出存款保险制度，增强存款人对村镇银行的信心。农村金融机构参加存款保险，缴纳存款保险费，发挥存款类金融机构相互间的承保能力，保护存款人利益。要实行差别化的支农再贷款政策，缓解村镇银行的资金压力。要明确村镇银行在全国银行间同业拆借市场的资格，增加其资金补充渠道。三是出台更多优惠政策并落到实处，引导村镇银行差异化发展。强化村镇银行服务"三农"的正向激励机制，综合运用支农再贷款、存款准备金、利率政策、税收优惠以及专项奖励等措施，鼓励村镇银行在业务品种和目标客群方面切实向"三农"倾斜。要落实地方政府在营业税、所得税、分红、坏账核销等方面给予的优惠政策，争取延长财政资金补贴期限，争取监管部门的支持，在差异化中寻找出路。

## 五、区域金融系统创新激活农村资源资产市场化资本化潜能："丽水模式"之实践与启示

浙江省丽水市2011年年末户籍人口261多万，农业人口约210万，山高路远、居住分散。全市土地面积172.75万公顷，其中耕地16.41万公顷，山地156.31万公顷，林业用地面积146.24万公顷，其中有林地134.19万公顷，森林覆盖率80.79%。受多重因素制约，过去农村金融服务有效供给不足，农村金融服务网点缺位严重，丰富的农村资源难以实现资本化增值，林农守着"聚宝盆"却过着"穷日子"，"穷在山上、难在路上、缺在钱上"的丽水老话道出了金融缺失的影响。伴随着集体林权制度改革的推进，该市开始按照"政府支持、人行主导、多方参与、多方受益"的原则，通过重点实施信贷支农、信用惠农、支付便农、创新利农四大金融支农工程，建立起一个多层次、低成本、覆盖广，适度竞争机制和商业运作模式相结合的现代农村金融服务体系，走上了一条城乡金融服务均等化的"普惠型"农村金融发展之路，有效破

解了"三农"发展资金瓶颈,取得了"叶子变票子、青山变金山、资源变资本"的成效,形成了农民增收、金融机构增效、政府满意的多赢格局,被称作"丽水模式"。在2012年中国县域金融年会上,丽水市云和县荣获"全国十佳金融生态示范县"称号。2012年3月30日,央行和浙江省政府联合批准在丽水市进行农村金融改革试点,丽水成为全国首个经央行批准的农村金融改革试点地区,与温州金融改革实验区共同成为中国金融改革的主要区域(丽水市距离温州只有126公里)。(本案例主要根据《中国金融年鉴2012》、陈江静以及于洪海等作者的文章整理)

### 1. 金融创新的主要做法

"丽水模式"主要体现在信贷支农、信用惠农、支付便农和创新利农等4个相互关联的主要方面。

(1)信贷支农:林权抵押贷款扩面增量,为农村发展注入新鲜"血液"。一是多平台建设。在全市范围内建立起市、县两级"一机构三中心"的森林资源流转服务平台,即:森林资源调查评价机构主要为森林资源流转变现提供调查规范设计和资产评估,林权管理中心负责林权确认、变更、过户、抵押登记等,森林资源收储中心主要为贷款提供担保,并负责对抵押林权的收储和处置工作,林权交易中心主要负责收集和发布林权流转交易信息和组织林权流转招标拍卖挂牌等。二是多品种覆盖。首创林农小额循环贷款、林权直接抵押贷款和森林资源收储中心担保贷款3种林权抵押贷款新模式。林农小额循环贷款是在信用村、信用户创建的基础上,以"信用+林权抵押"的方式核定最高贷款授信额度,并采取"集中评定、一次登记、随用随贷、余额控制、周转使用"的管理办法,简化贷款手续,解决千家万户林农贷款难问题。林权直接抵押贷款是对森林资源良好、权属清晰、变现容易的林权,推行直接向银行抵押贷款,解决林业企业和生产经营大户的大额资金需求。森林资源收储中心担保贷款是按收储中心担保基金的一定倍数确定其担保贷款的最高限额,银行贷款由收储中心担保,借款人以林权向收储中心提供反担保,解决林业龙头企业、专业合作社和林业专业户在产业化初期的融资问题。三是多机构参与。推动财政贴息、风险补偿和业务考核等政策措施,发挥支农再贷款作用,实行激励优惠存款准备金率,积极发挥农村信用社支农主力军作用;以政策激励全市各金融机构共同参与林权抵押贷款业务。如与市农发行签订《农业政策性金融支持丽水林业发展合作协议》，发放林权抵押贷款；市农行发放以林权等资产作为抵押物的"惠农卡"等。

（2）信用惠农：全面推进农村信用体系建设，打通农村金融"血管"。从开展地毯式、精细化的农户信用信息采集、信用等级评价入手，在全市共抽调1.73万名机关、乡镇和村干部组成3453个农户信息采集小组、198个农户信用评价小组和3个业务指导小组，扎实推进农村信用体系建设，建立全国第一个农户信用数据库，农民普遍用上信用证。一是把好"三个关"，夯实建设基础。主要是：把好农户信用评价标准关，制定下发《丽水市农户信用等级评价暂行办法》和《农户信用等级评价百分表》，明确了评价的定量与定性指标；把好农户信息采集关，成立信息采集小组，上门逐户采集本村的农户信用信息；把好农户信用评价流程关，全面推行行政村农户信息采集小组初评、乡镇农户信用等级评价小组复评和县级农户信用等级评价指导小组终审的"三级"评价办法。二是运用"三个力"，形成工作合力。主要是：积极借助各级政府的行政推动力，成立了全市农村信用体系建设领导小组，逐级签订农村信用体系建设工作目标责任书，将其纳入各级党委政府年度工作考核范围，形成了市、县、乡、村四级横向到边、纵向到底的工作网络体系；充分发挥各涉农金融机构的政策吸引力，督促指导各涉农金融机构结合自身实际，有针对性地制定一系列惠农贷款措施，调动农户参与信用评级的积极性和主动性；充分激发广大农户主动参与的内在驱动力，利用电视、报纸、广播等各种传媒进行全方位的宣传，将农户信用等级、授信额度和优惠政策在村里张榜公示，把农户荣誉感和信用意识以及实际利益统一起来，提高了农户主动参与农村金融改革的积极性。将38万多农户信息纳入数据库管理，对农户信用等级综合评定为A、AA、AAA，对获得"信用户"资格的农户发放信用证，AAA级信用农户最高授信额度达到10万元，且对不同等级的信用农户给予不同的利率优惠等，政府还推出了贴息扶持政策，对小额农户贷款按基准利率的50%给予贴息等。三是实行"三个联"，提升工作实效。主要是：实行资产评估、信用等级评价、授信额度评定"三联评"，最大限度降低贷款风险；实行信用贷款、抵押贷款、联保贷款"三联动"，满足不同群体的贷款需求；实行政府、银行、农户"三联手"，建立起"政府协调、人行主导、多方参与、各方受益"的模式，为农户信用等级评价工作提供强有力的组织机制和政策保障。四是创建"三个平台",构建长效机制。主要是:建立宣传培训平台,对全市 186 个乡镇党委书记分三期进行了农村金融改革专题培训;建立责任落实平台,制定出台《丽水市农村信用体系建设工作领导小组成员单位工作职责和任务》、《丽水市农村信用体系建设工作督查方案》和考核办法等一系列文件;建立信息共享平台,率先研发了市、县两级联网的"农户信用信息数据库系统",并将 38 万多户的农户信息全部纳入数据库管理体系中。

(3)支付便农:实现"银行卡助农取款服务"全覆盖,推动农村金融"血液"循环。按照"政府支持、人行指导、涉农银行机构分片负责、相关部门共同参与"的原则,指导辖区内金融机构在行政村指定商店设立服务点,布放专用 POS 机,让农民就近支取养老、医疗等涉农补贴资金,享受最急需、最基本的支付结算服务,有效改善农村地区支付服务环境,已在 2114 个行政村设立了助农取款服务点。一是加大政府支持力度,构建"四级联动"工作机制。将"银行卡助农取款服务"工作列为全市十件大事之一,成立了市、县、乡三级"银行卡助农取款服务"工作领导小组,并与各县(市、区)政府签订了工作目标责任书,设立专项支持资金,将"银行卡助农取款服务"工作纳入年度工作考核范围。二是加强业务指导,有序推进试点工作。制定《丽水市"银行卡助农取款服务"工作指导意见》,明确承办银行在业务管理、内控制度、人员配备等方面需具备的条件,以及指定商店在信用等级、业务素质、资金实力等方面的具体要求。同时,组织承办银行上门对指定商店开展一对一培训,包括制度规章、业务办理、纠纷处理等方面内容。三是引入激励机制,调动各方参与积极性。如实行"分片包干"负责制,对取款服务点给予一定的奖励和资金补助,承办银行出台以"减免费用、信贷支持、利率优惠、全额贴息"为主要内容的配套优惠政策等。

(4)创新利农:积极推动农村金融产品与服务创新,实现农村金融自我"造血"。一是积极推进信贷产品创新。推出企业联保贷款、茶园抵押贷款、石雕抵押贷款、香菇仓单质押贷款等支农金融新产品,有效拓宽了农民的融资渠道。二是有效拓展贷款抵押物范围。探索企业商标专用权质押贷款业务新形式,在拓展贷款抵押物范围上取得了突破,有效解决拥有品牌或技术优势的企业贷款难、担保难等问题。三是创新保障特殊群体贷款需求。针对农村基层党员、妇女、低收入农户等特殊群体,推出了农村青年创业贷款、农村妇女创业贷款、低收入农户扶持贷款等特色信贷产品,有效解决了特殊群体的贷款需求。四是推进农村保险业务发展。努力扩大政策性农业保险覆盖面,探索开展农村小额人身保险和小额贷款信用保证保险试点工作,积极发展林业、茶叶、香菇、杨梅等具有地方特色的农产品保险品种,进一步完善涉农贷款风险补偿机制,为农村金融市场稳健发展创造有利条件。

**2. 金融创新促进农村资源资产市场化资本化的主要成效**

(1)实现农村资源资产市场化资本化的基础体系基本建立,金融制约有效破解。据有关资料,截至 2012 年 5 月,丽水 9 个县市区已建立起林权管理中心、森林资源收储中心、林权交易中心和森林资源调查评估机构,12 家银行业金融机构已开展林权抵押贷款业务。截至 2012 年 6 月末,丽水金融机构累计发放农房抵押贷款 9500 余笔,金额 17.18 亿元;茶园资产抵押贷款 286 笔,金额 1579 万元;香菇仓单质押贷款 50 多户,金额 1130 多万元;石雕抵押贷款余额达到 2.28 亿元;向"惠明茶叶"等辖区知名品牌企业发放商标专用权质押贷款 2500 万,发放专利权质押贷款 600 万元,党员创业贷款、农村妇女创业贷款、下岗失业人员小额贷款、农村青年创业贷款等各类扶持性贷款余额达到 1.01 亿元。截至 2012 年 10 月末,全市涉农贷款余额 547.87 亿元,同比增长 20.32%;林权抵押贷款不良贷款率仅为 0.22%;全市 100%行政村开展农户信用等级评价,92%的农户通过信用评定。截至 2012 年年底,全市林权抵押贷款余额达到 30.2 亿元,居浙江省首位。共创建信用村 692 个,信用乡(镇)24 个,信用社区 13 个,信用县 1 个;有近 18 万信用农户累计获得贷款 159.7 亿元;2114 个助农取款点累计办理小额取现 1 亿多元,惠及 130 余万农民;小额贷款"整村批发"试点和小额贷款保证保险试点分别为信用农户提供近 20 亿元资金支持,为小微企业和城乡个体创业者解决了 7.36 亿元融资需求;保险业多项增长指标位居全省前列,农业保险保障额度达 102 亿元。

(2)金融激活农村资源资本化潜力,促进经济发展和农民增收效果明显。2012 年,丽水市农民人均纯收入 8855 元,比 2011 年增加 1046 元,名义增长 13.4%,高于全省增幅(11.3%)2.1 个百分点,增幅连续 4 年居全省各市首位,各县(市、区)农民人均纯收入增幅全部超过 13.0%,均高于全省增幅;全市农民工资性收入人均 3855 元,比 2011 年增加 502 元,对全年纯收入的贡献率48.0%,是拉动农民纯收入增长的最主要力量。农民家庭经营性收入人均3931元,对全年纯收入的贡献率为40.1%,也是农民收入增加的主要来源。同时,在全国率先完成"银行卡助农取款服务"农村全覆盖,每年可为全市农民节省交通费用7200多万元。

### 3. 丽水市农村金融改革创新的启示

丽水市的改革从地方政府主动试点取得成效,进而成为国家唯一的农村金融改革试验区,从中可以得到很多经验和启示。

(1)农村资源蕴含巨大的资本化增值发展潜力,金融创新是激活资源潜能、加快农村发展的必要条件。中国很多地方拥有丰富的自然资源、传统文化资源等多种资源,有些是特色资源,尤其是在边远山区等地。但这些地区也是金融资本严重短缺、融资成本和金融服务成本相对较高的地区,成为制约农村发展、制约农村资源资产市场化资本化的重要障碍。在全面建成小康社会的关键时期,面临经济增长点缺乏、增长放缓的压力,农村资源的潜力只要能和资金有效结合,将释放出巨大的能量。

(2)农村金融难题是完全可以破解的,关键在于理念以及方式方法的创新。城乡金融鸿沟差距以及农村"金融贫血症"存在多年,是制约发展的重要障碍,在金融资本严重短缺和工业化发展的一定历史阶段有其客观必然性,人们从各个角度对其产生的原因等进行了解析。但不同地区的实际差异较大,发展的路径应当各异,金融应当跟进服务资源开发与产业发展,找到多方共赢的切入点。丽水模式说明,问题的关键是想不想破解"三农"融资难题,在于金融机构能否实现理念和方式方法创新。

(3)区域金融服务改革需要发动各种力量,调动各种积极性。金融服务"三农"有以下两种可行的基本路径:一是基于完全市场机制的自然发展路径,农业融资难题将难以有效破解,或者需要很长的历史时期,付出高昂的社会成本;二是基于政府主动引导干预基础之上的"政府与市场"有机结合路径,统筹金融机构的利益、资源、优势等与政府的组织、政策、行政资源、利益目标等方面,实现均衡、共赢。丽水市的改革正是发挥金融机构、政府等多种力量的结果。

(4)建立高效完善的农村区域金融服务体系是一项系统工程。金融服务行业具有特殊性,需要针对农村的现实特点,按照金融服务业的发展要求,在信用体系等金融生态环境、金融产品、担保评估体系、资源产权制度等方面做大量的基础性工作,需要进行系统的改革创新。这是丽水市农村金融改革之所以能够实现"多赢"的重要原因。在某些方面,全国也在加快推进,例如农户信用档案建设,截至 2011 年年末,全国共为 1.4 亿农户建立了信用档案,并对其中的 9300 万户进行了信用评定,已建立信用档案的农户中获得信贷支持的农户 8100 万户,贷款余额 1.5 万亿等。

# 参考文献

[1]安丽媛.现阶段我国农村弱势群体合法利益诉求满足途径.陕西师范大学博硕论文,2012.

[2]毕美家.中国特色现代农业制度研究——基于合作制的经济学与经验分析.北京:人民出版社,2010.

[3]蔡继明,邝梅.论中国土地制度改革——中国土地制度改革国际研讨会论文集.北京:中国财政经济出版社,2009.

[4]曹茜,汪洁.论农民专业合作社的法律地位.法制与社会,2010(12).

[5]重庆市人民政府办公厅.关于开展农村土地承包经营权居民房屋和林权抵押贷款及农户小额信用贷款工作的实施意见(试行).2011-01-19.

[6]崔宝玉.农民专业合作社中的委托代理关系及其治理.财经问题研究,2011(2).

[7]陈伯君,钟怀宇.国企改革对农村土地改革的启示与镜鉴.探索,2008(3).

[8]陈东辉.探索农村基层治理新机制.农民日报,2011-01-17.

[9]陈国富,卿志琼.权利保护的经济理论与中国转型期的地权流转.南开学报(哲学社会科学版),2011(1).

[10]陈建华.农民专业合作社的金融需求、供给与对策.中国农村研究(内部资料),2011(23).

[11]陈江静.增强农村金融"输血造血"功能——浙江省丽水市农村金融改革的实践与探索.中国共产党新闻网,2012-10-29.

[12]陈锡文.改革农村土地制度不能动摇"用途管制"原则.中国改革,2010-12-16.

[13]陈晓娜.集体林权制度改革效益评价及模式选择研究——以泰安市

为例.山东农业大学博士学位论文,2012.

[14]陈雨露,马勇.中国农村金融论纲.北京:中国金融出版社,2010.

[15]程国栋.我国农民的财产性收入问题研究.福建师范大学博硕论文,2005.

[16]程耀明.土地征用价格的制度缺陷及改革路径选择.中国物价,2004(5).

[17]常英.多元性、主体性与新农村建设.中国农业大学学报(社会科学版),2006(4).

[18]崔欣.中国农村集体建设用地使用权制度研究.中国社会科学院研究生院博士学位论文,2011.

[19]戴威,陈小君.论农村集体经济组织成员权利的实现——基于法律的角度.人民论坛,2012(2).

[20]党国英.让农民真正成为土地的主人.科学决策,2006(8).

[21]邓勇.重庆地票:让农民的"死资产"变活.中国财经报,2012-02-21.

[22]丁关良.土地承包经营权流转存在的法律问题和专项立法及配套制度改革完善研究——2009年"中国农村土地问题立法研讨会"发言.中国农地法律网,2010-05-14.

[23]杜国明."村改居"后农村集体经济组织面临的新问题探讨——基于广东省的调研分析.农村经济,2011(8).

[24]都江堰市人民政府办公室.都江堰市农村集体经济组织管理办法(都办发〔2008〕172号).

[25]杜丽娟,赵艳霞,任伟.马克思地租理论在土地流转定价中的应用研究.农业经济,2010(4).

[26]杜晓溪.城乡协调发展背景下政府职能转变研究.华中师范大学博士学位论文,2011.

[27]段庆林.中国农村消费函数分析.统计与信息论坛,2000(3).

[28]方志权.农村产权制度改革势在必行.东方早报,2012-12-24.

[29]樊纲.渐进改革的政治经济学分析.上海:上海远东出版社,1996.

[30]高帆.土地承包经营权流转的"不可能三角":解释及出路.学术月刊,2011(8).

[31]高洁,廖长林.英、美、法土地发展权制度对我国土地管理制度改革的启示.经济社会体制比较(双月刊),2011(4).

[32]高荣霞.我国农村资金互助社的现状分析.农村经济与科技,2011(2).

[33]关锐捷.理直气壮为农村社区集体经济组织正名.农村经营管理,2010(2).

[34]关锐捷.农村社区集体经济组织的现状与对策.农民日报,2011-02-22.

[35]国务院发展研究中心课题组.失地农民权益保护及若干政策建议.改革,2009(5).

[36]国务院发展研究中心课题组.中国失地农民权益保护及若干政策建议.改革,2009(5).

[37]国务院法制办公室.中华人民共和国城乡规划法注解与配套.北京:中国法制出版社,2008.

[38]国务院法制办公室.中华人民共和国土地管理法注解与配套.北京:中国法制出版社,2008.

[39]国务院法制办公室.中华人民共和国农村土地承包法注解与配套.北京:中国法制出版社,2008.

[40]国务院法制办公室.中华人民共和国物权法注解与配套.北京:中国法制出版社,2008.

[41]郭忠军,王伟,吕大军.小额贷款公司的经营困境与求解探索:荣庆案例.金融发展研究工作,2011(4).

[42]韩俊."土地换户口"须慎重.中国经营网,2011-01-07.

[43]韩俊.在家庭经营基础上推进农业现代化.人民日报,2012-01-18.

[44]韩俊,张云华.村级集体经济发展要有合适定位.国研网,2008-05-22.

[45]韩松.关于农地承包经营权的调整——2009年"中国农村土地问题立法研讨会"发言.中国农地法律网,2010-05-14.

[46]郝乃桢,蒋爱丽.村级集体经济组织产权制度改革——构建股权结构的若干思考.天津经济,2009(10).

[47]何广文.拓宽民间资本进入金融业路径 有效解决"三农"发展融资瓶颈.农民日报,2012-05-28.

[48]何晓星.论中国土地资本化中的利益分配问题.上海市经济学会学术年刊,2006.

[49]华强.重庆户改跃进隐忧,地票交易过程不透明.投资者报,2012-03-25.

[50]霍翠芬.浅谈农村集体资产处置的有关问题.经济研究导刊,2011(7).

[51]胡亦琴.农村土地市场化进程中的政府规制研究.北京:经济管理出版社,2009.

[52]胡亦琴.农地资本化经营与政府规制研究.农业经济问题,2006(1).

[53]黄奇帆.激活金融要素解决农村贷款难——重庆市农村金融的探索与实践.农民日报,2012-05-08.

[54]黄庆河.农民专业合作社融资模式调查.甘肃金融,2011(1).

[55] 黄小虎. 征地制度改革与发展方式转变. 中国宏观经济信息网,2011-12-29.

[56]黄兴国.村镇银行成为撬动城乡一体化有力杠杆.网易财经,2013-02-17.

[57]纪良纲.政府与农村市场中介组织间关系的比较分析.经济与管理,2009(4).

[58]贾抒.农村集体经济改革破解陈旧利益格局.南方日报,2011-03-10.

[59]金丽馥.新时期农村股份合作制探析.当代经济研究,2009(1).

[60]江华,杨秀琴.农村集体建设用地流转——制度变迁与绩效评价.北京:中国经济出版社,2011.

[61]蒋成忠.破解集体经济组织改制难题.农村经营管理,2011(2).

[62]蒋省三,刘守英.土地资本化与农村工业化——广东佛山市南海经济发展调查.管理世界,2003(11).

[63]康亮.连云港4家农民合作社突然关门 村民上亿存款不知所踪.中国广播网,2012-10-23.

[64]唐在富.中央政府与地方政府在土地调控中的博弈分析——诠释宏

观调控中政府间关系协调的一种新尝试.当代财经,2007(8).

[65]蓝虹.环境资源市场价格是环境资源的产权价格.人文杂志,2004(2).

[66]李昌平.土地集体所有、村社内置金融与农村发展和有效治理.银行家,2010(6).

[67]李春平,刘艳青.持牌农村合作金融机构的制度成本:聚福源资金互助社案例.金融发展研究,2010(7).

[68]李冬梅.中国农地征用的制度经济学分析.财经问题研究,2010(7).

[69]李国强."权能分离论"的解构与他物权体系的再构成———一种解释论的视角.法商研究,2010(1).

[70]李宏伟.我国农业成长的融资需求与农村金融类型选择.北京:中国金融出版社,2009.

[71]李静,韩斌.中国农村市场化研究报告.北京:东方出版社,2011.

[72]李菁,邱青青.买方市场条件下农地信用租赁定价机制探讨.中国农村经济,2011(4).

[73]李俊英.北京郊区村级集体经济制度创新研究.中国农业科学院博士学位论文,2005.

[74]李俊英.农村集体经济组织的主要形式与发展趋势.农村经营管理,2010(2).

[75]李君友,孙柏文.农村土地承包经营权资本化的现实困境及出路———以土地使用权资本化的"徐庄模式"为参照.中华全国律师协会经济专业委员会2009年年会(贵州)论文集.

[76]李克超.村镇银行发展存风险隐患.当代金融家,2013-03-07.

[77]李立国.巩固农村基层民主建设成果.农民日报,2010-12-23.

[78]李力韵,陈奇伟.小产权房带来的价格和法律问题及解决途径.价格月刊,2013(1).

[79]李永安.论我国《村民委员会组织法》修改的前瞻性问题.河南省政法管理干部学院学报,2010(1).

[80]李明月,胡竹枝.耕地保护、地方政府道德风险与土地管理体制变革.经济体制改革,2009(3).

［81］李荣.上海农村土地流转市场全面建成.农民日报,2012-01-30.

［82］李尚勇.农民合作社的国际经验与制度要求.上海农村经济,2011（3）.

［83］李文龙,温跃,等.农村土地经营使用权抵押的枣庄模式.金融时报,2010-05-29.

［84］李先玲.农村金融体系功能缺陷与土地流转.金融经济,2010（1）.

［85］梁慧星,陈华彬.物权法.北京:法律出版社,2007.

［86］梁若冰.财政分权下的晋升激励、部门利益与土地违法.经济学（季刊）,2009（1）.

［87］梁爽.土地非农化过程中的收益分配及其合理性评价.中国土地科学,2009（1）.

［88］刘根荣.市场秩序理论研究——从利益博弈的角度.厦门大学博士学位论文,2004.

［89］刘金发.农村集体资产流失的产权思考.农村经营管理,2006（12）.

［90］刘攀,李娥,黄小蓉.国内外农村土地流转金融模式比较.浙江金融,2010（4）.

［91］刘萍.农村金融制度中的信贷担保物:困境与出路.金融研究,2009（2）.

［92］刘守英.集体土地资本化与农村城市化——北京市郑各庄村调查.北京大学学报（哲学社会科学版）,2008（6）.

［93］刘守英.土地管理法修改必须遵循的几个原则——2009 年"中国农村土地问题立法研讨会"发言.中国农地法律网,2010-05-14.

［94］刘守英.以土地谋发展模式的风险与改革.中国经济新闻网,2012-08-27.

［95］刘小红.产权结构、产权关系与制度创新:对农村集体内农地产权关系的考察.南京农业大学博士论文,2011.

［96］刘愿.农民从土地股份制得到什么？——以南海农村股份经济为例.管理世界,2008（1）.

［97］刘元胜.农村集体建设用地产权流转价格形成机理.农村经济,2012（3）.

[98]刘召伟.农村土地使用产权资本化初探.山亭农经信息网,2009-08-19.

[99]龙开胜,陈利根.基于农民土地处置意愿的农村土地配置机制分析.南京农业大学学报(社会科学版),2011(4).

[100]罗楚亮,赵人伟,等.我国居民的财产分布及其国际比较.经济学家,2009(9).

[101]罗海林.论我国农村金融制度生成模式之转向.南方金融,2011(1).

[102]罗满妹.城镇征地中多元主体的利益分配关系及其调整研究——基于失地农民主观认知的视角.湖南师范大学博硕论文,2009.

[103]吕士伟,张勇.基础信用和俱乐部机制:农民专业合作社金融功能拓展案例研究.金融发展研究,2010(5).

[104]马维骥.以新的理念和思路破解农村发展难题——农村资产资本化的现状分析与对策研究.陕西日报,2010-09-16.

[105]马文锋,胡彦华,李建新.宁夏:平罗农村土地信用合作社启示录.新华网,2008-11-02.

[106]麻勇爱.个体选择自由 VS 帕累托改进:对土地立法原则的思考——2009 年"土地流转制度与村庄建设"研讨会发言.中国农地法律网,2010-05-14.

[107]麻渝生,苏卫.农村集体经济组织的演变、问题及对策.中共成都市委党校学报,2008(6).

[108]毛科军.中国农村产权制度研究.太原:山西经济出版社,1993.

[109]毛科军.关于推进农村资源和农民资产市场化资本化的研究.天津农学院学报,2010(2).

[110]农业部.四川成都:坚持统筹城乡基本方略,大力推进都市现代农业跨越发展.中国农业信息网,2012-05-10.

[111]农业部经管司、经管总站.全国 2011 年农村土地承包经营及管理情况.中国农经信息网,2012-04-17.

[112]农业部经管司、经管总站.全国 2011 年农民专业合作社发展情况.中国农经信息网,2012-04-25.

[113]农业部课题组.推进农村集体经济组织产权制度改革.中国发展观

察,2006(12).

[114]欧阳安蛟.农村宅基地使用管理制度研究.浙江大学博士学位论文,2010.

[115]彭真明.面向农地流转话语与实践的反思——2009 年"中国农村土地问题立法研讨会"发言.中国农地法律网,2010-05-14.

[116]朴明珠.论农村民主自治的经济基础.前沿,2011(2).

[117]齐海山,翟景耀."囤粮"换资金:吉林粮食信托试解定价权之困.半月谈,2011(3).

[118]綦好东,岳书铭,刘小明."四荒"资源产权流转的运作规则与操作规程研究.中国农村经济,2001(10).

[119]乔永平.森林资源产权市场建设研究.南京林业大学博士学位论文,2008.

[120]秦大河,张坤生,等.中国人口资源环境与可持续发展.北京:新华出版社,2002.

[121]秦伟,杨勇.论所有权及其权能分离的双向性.东岳论丛,2001(4).

[122]任明杰.山东胶州农民办巨型家庭农场.中国证券报,2013-02-21.

[123]饶艾,张俊.我国统筹城乡发展的困境与对策——基于社会法理念的分析.理论与改革,2011(6).

[124]茹荣华.我国农村集体土地流转制度研究.华东政法大学博硕论文,2009.

[125]阮梦君.市场经济体制下的地方政府角色定位及其职能研究——以浙江省若干发达县市为例.浙江师范大学硕士学位论文,2010.

[126]税玉海.宁夏平罗土地信用合作社调查.中国土地,2008(10).

[127]隋海鹏.农村集体建设用地使用权流转法律制度研究.南京农业大学硕士学位论文,2010.

[128]孙春芳.北京郑各庄集体建设用地入市陷困局.21 世纪经济报道,2010-12-07.

[129]唐景明.农村集体经济组织成员资格认定的实践与思考.农村工作通讯,2012(4).

[130]唐真龙."摸着石头过河":川渝统筹城乡金融改革上路.上海证券

报,2011-06-01.

[131]田光明.城乡统筹视角下农村土地制度改革研究——以宅基地为例.南京农业大学博士学位论文,2011.

[132]田先红.从维权到谋利——农民上访行为逻辑变迁的一个解释框架.开放时代,2010(6).

[133]天津农村产权交易所月底正式交易农民成股东.天津日报,2011-10-18.

[134]田雨露.村级"一事一议"功能缘何弱化.农民日报,2011-02-01.

[135]王德祥,李建军.农村集体经济实现形式问题探讨.农村经济,2010(1).

[136]王德祥,张建忠.我国农村集体经济组织形式发展趋势研究.西北农林科技大学学报(社会科学版),2011(1).

[137]王德业,孔磊,桑亮光,等.农民专业合作社拓展金融功能研究:夏庄花生合作社案例.金融发展研究,2010(5).

[138]王峰.小额贷款公司的"江苏模式".金融时报,2010-12-29.

[139]汪晖,等.土地发展权转移与农民集中居住的地方试验.领导者,2011(37).

[140]王建英,陈东.平内生于农民专业合作社的资金互助社运行机制分析——基于不同经济发展程度的考察.金融理论与实践,2011(2).

[141]王景新,李玲.苏浙农村资金互助合作社的调查与评价.中国经济时报,2009-10-14.

[142]王军征.关于实行耕地占补平衡制度的调查与思考.资源网,2010-10-08.

[143]王权典.社区集体经济组织改制目标定位与职能重构之法律研析.法学论坛,2009(4).

[144]王荣,邓大才.大陆农地制度变革60年:基本经验与教训.中国农村研究网,2011-11-04.

[145]王士海,刘俊浩.《农民专业合作社法》的正负效应分析.重庆工商大学学报(西部论坛),2007(6).

[146]王卫峰,王珏.浙江:台州合作社渴望破解土地承包困局.农民日

报,2012-06-12.

[147]王忠林.我国农村集体土地流转制度研究.中国海洋大学博士学位论文,2011.

[148]温铁军.粮食问题:现象与实质.中国党政干部论坛,1995(10).

[149]温铁军.我国集体林权制度三次改革解读.经济参考报,2009-08-13.

[150]吴次芳.农村土地产权制度应推行渐进式改革.中国国土资源报,2009-12-11.

[151]武建奇.马克思的产权思想——以阶级人假设为前提,以劳动者产权为核心.西南财经大学博士学位论文,2007.

[152]吴学双,魏永文.对福建省首家村镇银行的调查与思考.福建金融,2011(2).

[153]吴泽林.生产大户带动型农民专业合作社利益问题研究——以江苏省江阴市为例.中国农经信息网,2012-08-03.

[154]习近平.中国农村市场化研究.清华大学博士学位论文,2001.

[155]谢妮霞,郭大林.乡村治理主体的利益冲突与规制.辽宁行政学院学报,2010(11).

[156]谢雪燕.利益博弈视角下的小产权房问题.中国土地制度改革——中国土地制度改革国际研讨会论文集(蔡继明,邝梅,主编).北京:中国财政经济出版社,2009.

[157]谢勇模."山寨银行"为何出现.中国乡村发现,2010-07-08.

[158]夏珺,梁小琴.落实科学发展观的生动实践——成都统筹城乡综合配套改革试验的调研与思考.人民日报,2011-02-28.

[159]徐凤真.集体土地征收中"公共利益"被泛化的根源与化解路径探析.齐鲁学刊,2010(4).

[160]徐增阳,杨翠萍.合并抑或分离:村委会和村集体经济组织的关系.当代世界与社会主义,2010(3).

[161]薛华勇.权利的贫困——宪政视野下的小产权房问题透视.法治研究,2009(7).

[162]杨劲.农村土地资本化:基于资本、产权和制度视角的研究.广州:

广东人民出版社,2011.

[163]杨继瑞.土地承包经营权市场化流转的思考与对策.经济社会体制比较(双月刊),2010(3).

[164]杨黔.上海市松江区"家庭农场"经营模式的经验启示.中国农经信息网,2013-02-20.

[165]杨仕省,高咏梅.重庆地票制度漏洞开始浮现.华夏时报,2012-03-31.

[166]叶芳.冲突与平衡:土地征收中的权力与权利.华东师范大学博士学位论文,2010.

[167]尹焕三.村民自治运行中新的社会焦点问题研究——对全国第一个村民自治示范县的实证分析.理论探讨,2011(1).

[168]于长革.中国财政分权的演进与创新.北京:经济科学出版社,2010.

[169]郁建兴,高翔.农业农村发展中的政府与市场、社会:一个分析框架.中国社会科学,2009(6).

[170]于洪海.人行批准丽水启动全国首个农村金融改革试点.浙江日报,2012-05-18.

[171]俞可平."十二五"期间中国政府可能进行的治理改革创新.中央编译局,2010-10-31.

[172]俞乒乒.宁波市江北区农村集体资产处置与股份合作制改革的实践.中国农业科学院研究生院硕士学位论文,2010.

[173]余葵.有的放矢强化"三资"管理——全国农村集体"三资"管理现状调查.中国农经信息网,2012-04-23.

[174]于战平.促进农民专业合作社发展方式转变的扶持政策选择——基于天津"一区、一村、一社"的调查与思考.农业展望,2012(8).

[175]于战平.村级集体经济改革发展的特点和面临的问题分析.南方农村,2012(8).

[176]于战平.基于产业共同体需求的农民专业合作社内部融资问题研究.区域金融研究,2012(6).

[177]于战平.中国农民专业合作社发展问题的思考与建议.经济研究导刊,2011(7).

[178]袁界平,周应堂.试论农村集体经营性资产营运管理体制的建立.农村合作经济经营管理,1999(10).

[179]袁震.农村土地承包经营权流转形式之法理分析.河北法学,2011(8).

[180]原玉廷.价值理论重构与市场规律探析——市场化改革与建设研究.北京:经济科学出版社,2011.

[181]瞿振元,李小云,王秀清.中国社会主义新农村建设研究.北京:社会科学文献出版社,2006.

[182]赵书凯.走进上访群体,反思倍访体系.改革内参,2004(3).

[183]张丙宣.科层制、利益博弈与政府行为——以杭州市J镇为个案的研究.浙江大学博士学位论文,2010.

[184]张光宏.宅基地使用权问题立法研究——2009年"中国农村土地问题立法研讨会"发言.中国农地法律网,2010-05-14.

[185]张红宇.公平与效率视阈下的政府经济行为研究.吉林大学博士学位论文,2011.

[186]张红宇,范照兵."四荒地"使用权拍卖的产权界定与成效.中国土地,1996(10).

[187]张环泽,张松.枣庄:土地资本化的新探索.大众网——大众日报,2009-12-14.

[188]张全景.我国土地用途管制制度的耕地保护绩效研究.南京农业大学博士学位论文,2007.

[189]张曙光.集体建设用地地权的实施和保护——兼及"小产权"房.社会学人类学中国网,2010-05-14.

[190]张文皓,薛超,刘海龙,等.农村资金互助社缘何被"山寨化".财经界(学术版),2010(10).

[191]张晓山.后农业税时代农村回归物质与权利命题.21世纪经济报道,2010-05-14.

[192]张晓娅.现阶段我国弱势群体利益诉求机制建设研究.郑州大学博硕论文,2010.

[193]张雯丽.土地托管模式是规模化经营的新途径.农民日报,2012-

06-11.

[194]张义成.浅析农民资金互助社异化原因.中国农经信息网,2013-01-17.

[195]张玉庆.发挥产权市场作用加快区域经济腾飞.中国信息报,2008-09-01.

[196]张云华.关于制定《农村集体经济组织法》的思考——以四川省都江堰市的探索为例.农业经济问题,2010(5).

[197]张云华.企业下乡租地应有准入门槛.农民日报,2012-02-20.

[198]张云华,等.中国农地流转问题调查.上海:上海远东出版社,2012.

[199]张正平,梁毅菲,唐倩.小额贷款公司"偏向"中小企业:争议与辨析.经济研究参考,2011(20).

[200]赵德起.农民农地产权优化的理论探索及路径选择(一).体制改革,2009(1).

[201]郑风田.过半农民盼国家征地,种地与盖楼收入差30万倍.中国经济周刊,2012-01-31.

[202]郑风田.中国式家庭农场须精心谋划.环球时报,2013-02-20.

[203]郑慧斌,等.快速城镇化条件下天津农村集体经济组织股份制改革研究.求知,2012(7).

[204]郑涛.论我国失地农民经济利益诉求构成与回应途径.北方经济,2012(6).

[205]郑有贵.农村社区集体经济组织法人地位研究.农业经济问题,2012(5).

[206]钟甫宁.农业经济学(第五版).北京:中国农业出版社,2011.

[207]中共中央马克思 恩格斯 列宁 斯大林著作编译局.马克思恩格斯全集.北京:人民出版社,1975.

[208]中国法制出版社.中华人民共和国村民委员会组织法(实用版).北京:中国法制出版社,2010.

[209]中国金融年鉴杂志社.中国金融年鉴2012.北京:中国金融出版社,2012.

[210]中国人民银行农村金融服务研究小组.中国农村金融服务报告

2008.北京:中国金融出版社,2008.

[211]钟志敏.八家农交所齐聚北京寻对策.中国证券报,2011-11-14.

[212]周其仁.产权与制度变迁:中国改革的经验研究.北京:北京大学出版社,2004.

[213]周小全.统筹城乡发展中的农地金融问题探析.金融理论与实践,2012(5).

[214]周维环,张恩海.农村集体经济组织产权制度改革刍议.天津日报,2008-04-24.

[215]周业安,冯兴元,赵坚毅.地方政府竞争与市场秩序的重构.中国社会科学,2004(1).

[216]周英.新农村建设市场化问题研究.北京:新华出版社,2010.

[217]朱琳,韦露茹.村镇银行面临的发展困境.中国经济网——农村金融时报,2013-02-26.

[218]诸培新,曲福田.农地非农化配置中的土地收益分配研究——以江苏省 N 市为例.南京农业大学学报(社会科学版),2006(3).

[219]朱启臻,芦晓春.影响我国未来粮食安全的隐忧.农民日报,2012-04-24.

[220]朱述斌,申云,石成玉.农地流转市场中介平台与定价机制研究.农业经济与管理,2011(3).

[221]朱燕.我国农村产权交易机构业务发展探析.产权导刊,2012(3).

[222]Klaas Baks and Charles Kramer. Global liquidity and Asset Prices: Measurement, Implications, and Spillovers. IMF Working Paper, 1999(168).

[223]Lawrence E. Harris. Liquidity, trading rules, and electronic trading systems. Monograph Series in Finance and Economics, 1990, 4:1233-1332.

# 后　记

中国 35 年波澜壮阔的改革开放取得了举世瞩目的成就。但同时也产生了世界性的、并且具有中国特色的"三农"问题和改革难题。个中缘由众说纷纭，对于未来改革发展的理念、重点、措施等问题在社会的各个阶层、不同人群中存在严重的分歧。什么应当是未来农村改革的主线，同样一直困扰着我们。20 世纪 90 年代初，我们研究了中国农村产权制度改革问题，出版了《中国农村产权制度研究》一书；21 世纪初，我们研究了农村改革发展难题——城乡统筹问题，出版了《中国农村改革开放 30 年》一书；21 世纪 10 年代初，我们研究了农村资源资产的商品化、市场化和资本化问题，即将出版《中国农村资源资产市场化资本化研究》一书。我们认为深化农村资源资产的市场化资本化改革是未来破解中国"三农"问题的核心所在。这些观点的形成与提出，既是我们认真思考的结果，更是全国一些地区如火如荼的改革实践和成就对我们的启示。3 年前，我们开始对农村资源资产的市场化资本化问题进行研究并力求形成一本专著，力图在理论和政策上破解中国市场经济体制改革中城乡分割、农村商品化市场化程度低、农村发展活力不强等问题，推进城乡统一平等的市场经济体制建设，将农村资源资产的优势转化为社会经济发展的现实。

全书可分三部分，第一部分通过序言的形式，重点对农村资源资产市场化资本化的背景、实践价值、基本思路等问题进行深入分析，力图精炼概括全书的研究背景、基本思路和观点。第二部分对农村资源资产市场化资本化的内涵、基本要求和路径等基础问题进行探讨，提出并重点研究农村资源资产市场化资本化的主体性、分离性、流动性和调控性等相关理论问题、实践问题；第三部分在总结分析全国各地农村资源资产市场化资本化典型性实践做法、面临的矛盾与冲突、急需解决问题的基础上，重点在市场化资本化基本制度创新、市场主体培育和农村金融创新等方面,分析提出了促进农村资源资产市场化资本化的制度创新建议。

本书是集体研究的成果。毛科军提出全书研究主题、调查思路、基本观点,制定研究大纲和写作框架,承担序言的执笔写作,负责全书的统稿审稿工作。于战平负责执笔写作第五章、第六章、第七章、第八章、第九章,曲福玲负责执笔写作第一章、第二章、第四章,第三章由于战平、曲福玲共同完成。

我们处在一个中国经济社会大转型的历史时期,也是研究"三农"问题最活跃,各种思想观念、创新性实践做法大碰撞和成果最丰富的时期,现代信息技术使我们能够较系统地获取海量的信息,也必须在这些研究成果的基础上进行创新发展。本书在研究写作过程中参考了大量的研究成果,每写一章作者均要花费数月时间阅读研究数百万字乃至千万字的各种文献,其中大部分通过列出参考文献的方式表示了对作者的敬意和感谢。当然也有少数观点并未通过注释或参考文献的形式标注,主要是基于对观点的认知不一或者基于表述连贯性的考虑,在此对其作者们表示深深的歉意和由衷的感谢。

同时,本书在研究写作过程中,得到了天津市各区县委研究室以及其他有关部门在实际调研方面的大力支持,正是这些调研得到的活生生的实践案例极大地丰富并支持了本书的内容和观点,在此对你们表示感谢。

山西经济出版社的领导和编辑对本书的出版付出了很多心血,并给了很多鼓励、支持与帮助,在此深表感谢。

最后,需要说明的是,限于作者的能力水平以及时间精力,本书未能就农村资源资产的市场化资本化的所有问题进行全面深入和系统的研究,譬如农村劳动力资源、文化资源、矿产资源等问题,留下的遗憾待以后继续探讨。同时,书中难免出现一些错误和疏漏,敬请批评指正。

期望党的十八届三中全会在农村资源资产市场化资本化改革上有更大突破,也期望这本书对推进中国农村的改革发展乃至整个中国的改革发展有所参考与贡献!

作 者

2013 年 10 月

**图书在版编目(CIP)数据**

中国农村资源资产市场化资本化研究 / 毛科军,于战平,曲福玲著.
—太原:山西经济出版社,2013.10

ISBN 978 – 7 – 80767 – 720 – 8

Ⅰ.①中⋯ Ⅱ.①毛⋯ ②于⋯ ③曲⋯ Ⅲ.①农业资源–经济市场
化–研究–中国 Ⅳ.①F723.82

中国版本图书馆 CIP 数据核字(2013)第 243379 号

## 中国农村资源资产市场化资本化研究

| | |
|---|---|
| 著　　者 | 毛科军　于战平　曲福玲 |
| 出 版 人 | 赵建廷 |
| 责任编辑 | 李慧平 |
| 助理编辑 | 姚　岚　侯轶民 |
| 装帧设计 | 赵　娜 |

出 版 者：山西出版传媒集团·山西经济出版社
地　　址：太原市建设南路 21 号
邮　　编：030012
电　　话：0351-4922133(发行中心)
　　　　　0351-4922085(综合办)
E – mail：sxjjfx@163.com
　　　　　jingjshb@sxskcb.com
网　　址：www.sxjjcb.com

经 销 者：山西出版传媒集团·山西经济出版社
承 印 者：山西科林印刷有限公司

开　　本：787mm×1092mm　1/16
印　　张：24.5
字　　数：368 千字
印　　数：1—3000 册
版　　次：2013 年 10 月　第 1 版
印　　次：2013 年 10 月　第 1 次印刷
书　　号：ISBN 978 – 7 – 80767 – 720 – 8
定　　价：48.00 元